Zürcher Studien zur Rechtsgeschichte | 62

Herausgegeben im Auftrag der Rechtswissenschaftlichen Fakultät
der Universität Zürich von W. Ernst, M. T. Fögen, M. Senn und A. Thier

Goran Seferovic

Das Schweizerische Bundesgericht 1848–1874

Die Bundesgerichtsbarkeit
im frühen Bundesstaat

Schulthess § 2010

Zürcher Studien zur Rechtsgeschichte

Diese Reihe setzt zusammen mit den

Zürcher Studien zum öffentlichen Recht
Zürcher Studien zum Privatrecht
Zürcher Studien zum Strafrecht
Zürcher Studien zum Verfahrensrecht
Zürcher Studien zur Rechts- und Staatsphilosophie

die Zürcher Beiträge zur Rechtswissenschaft fort.

Abdruck der der Rechtswissenschaftlichen Fakultät
der Universität Zürich vorgelegten Dissertation.

Bibliografische Information der Deutschen Nationalbibliothek
Die Deutsche Nationalbibliothek verzeichnet diese Publikation in der Deutschen National-
bibliografie; detaillierte bibliografische Daten sind im Internet über http://dnb.d-nb.de
abrufbar.

Alle Rechte, auch die des Nachdrucks von Auszügen, vorbehalten. Jede Verwertung ist
ohne Zustimmung des Verlages unzulässig. Dies gilt insbesondere für Vervielfältigungen,
Übersetzungen, Mikroverfilmungen und die Einspeicherung und Verarbeitung in elektronische Systeme.

© Schulthess Juristische Medien AG, Zürich · Basel · Genf 2010
  ISBN 978-3-7255-5981-7

www.schulthess.com

© Fotografie: Goran Seferovic, 2008
Urteil des Bundesgerichts vom 8. Januar 1862 in Sachen Einwohnergemeinde Thunstetten
gegen den Schweizerischen Bundesrat.
Das Dokument findet sich im Archiv des Bundesgerichts in Lausanne.

Für Debora

Vorwort

Dieses Thema wählte ich auf Anregung von Frau Prof. Dr. Marie Theres Fögen, welche mich bereits im ersten Semester und in späteren Lesekreisen dazu aufforderte, mich kritisch mit der Rechtswissenschaft und ihren Grundlagen auseinander zu setzen. Ihr früher Tod am 18. Januar 2008 verunmöglichte es ihr, mich bis zum Abschluss meiner Arbeit zu betreuen, wobei sie bis zuletzt mit Interesse die Entwicklung meines Projekts verfolgte.
Nach einer kurzen Phase der Unsicherheit fand ich in Herrn Prof. Dr. Andreas Kley einen begeisterten Betreuer, welcher mir mit seinen eigenen Forschungen, an denen ich als Assistent an seinem Lehrstuhl teilnehmen durfte, eine neue Perspektive auf mein Thema eröffnete. Er ermöglichte mir, mein Projekt nahtlos weiterzuverfolgen. Kapitel, die ich ihm einreichte, erhielt ich bereits nach wenigen Tagen mit hilfreicher Kritik zurück, was wesentlich dazu beitrug, meine Arbeit innert nützlicher Frist fertigzustellen.
Dr. iur. Michael Bütler danke ich für das sorgfältige Lektorat, meiner Kollegin lic. iur. Karen Grossmann für die kritische Durchsicht von Teilen des Textes.
Für die biographischen Informationen der Bundesrichter konnte ich mich auf einen Vorabdruck des im Erscheinen begriffenen Lexikons der Bundesrichter von Herrn Prof. Dr. Michele Luminati stützen, dem ich an dieser Stelle herzlich danken möchte. Ich bedanke mich ausserdem bei den Herren Siegenthaler und Sauvin, den Mitarbeitern im Archiv des Bundesgerichts, die mir jeweils eine unkomplizierte Recherche in Lausanne ermöglichten.
Mein grösster Dank gebührt meiner Frau Debora Tratar Seferovic, welche alle meine Texte jeweils als erste lesen musste, was für sie nicht immer ein Vergnügen war. Ihre Kritik und ihr motivierender Zuspruch begleiteten mich durch meine Arbeit hindurch und machten deren Abschluss überhaupt erst möglich. Ihr ist diese Arbeit gewidmet.

Zürich, im November 2009 GORAN SEFEROVIC

Inhaltsübersicht

Inhaltsverzeichnis IX

Abkürzungsverzeichnis XVII

Literaturverzeichnis XXI

Quellenverzeichnis XXIX

Einleitung 1

Kapitel 1: Grundlagen 3

Kapitel 2: Zivilrechtspflege 43

Kapitel 3: Verwaltungsrechtspflege 77

Kapitel 4: Staatsrechtspflege auf Umwegen 181

Kapitel 5: Strafrechtspflege 217

Kapitel 6: Schlussfolgerungen 265

Schluss 279

Anhang 283

Inhaltsverzeichnis

Abkürzungsverzeichnis XVII

Literaturverzeichnis XXI

Quellenverzeichnis XXIX
   I.   Archiv des Schweizerischen Bundesgerichts XXIX
      1.   Dossiers Zivilprozesse XXIX
      2.   Dossier Strafprozess XXXI
      3.   Protokollbände des Schweizerischen Bundesgerichts XXXII
   II.   Bundesarchiv (digitalisiertes Bundesblatt) XXXII
      1.   Geschäftsberichte des Bundesgerichts XXXII
      2.   Heimatrecht des Christoph Hartmann XXXIV
      3.   Ehescheidung Frau Kammenzind-Inderbitzin contra Alois
          Kammenzind XXXIV
      4.   Einwohnergemeinde Thunstetten contra Bundesrat
          (Schadenersatz) XXXV
      5.   Kanton Neuenburg contra Bund (Postentschädigung) XXXV
      6.   Weitere XXXVI
   III. Staatsarchiv Zürich XXXVI
      1.   Zürcher Kaufhausprozess XXXVI
      2.   Heimatrecht des Christoph Hartmann XXXVI
   IV. Stadtarchiv Zürich XXXVI
   V.   Staatsarchiv des Kantons Schaffhausen XXXVII

Einleitung 1

Kapitel 1: Grundlagen 3
  § 1.   Politik und Recht – Ein Anfang 3
      I.   Oberster Gerichtshof in der Helvetik 3
      II.   Mediation und Tagsatzungsperiode 5
      III. Verfassungsentwürfe 8
         1.   Kasimir Pfyffers Zuruf 8
         2.   Versuch einer Bundesrevision durch die Tagsatzung 10
      IV. Fazit 12
  § 2.   Gesetzliche Grundlagen des Bundesgerichts 13
      I.   Verfassungsgrundlage 13
         1.   Ausarbeitung der Verfassung 13
         2.   Grundsätze des Bundesgerichts in der Verfassung 15
         3.   Unvereinbarkeiten 16
      II.   Zuständigkeitsordnung 18

		1.	Einleitung 18
		2.	Zuständigkeiten gemäss Verfassung 20
			a. Zivilrechtliche Streitigkeiten 20
			b. Strafsachen 21
			c. Staatsrechtliche Streitigkeiten 22
		3.	Zuständigkeiten gemäss Bundesgesetzgebung 23
			a. BG über die Organisation der Bundesrechtspflege, vom 5. Juni 1849 23
			b. BG betreffend die Verbindlichkeit zur Abtretung von Privatrechten, vom 1. Mai 1850 24
			c. BG die Heimatlosigkeit betreffend, vom 3. Dezember 1850 24
			d. BG über die Verantwortlichkeit der eidgenössischen Behörden und Beamten, vom 9. Dezember 1850 25
			e. BG über den Bau und Betrieb von Eisenbahnen im Gebiete der Eidgenossenschaft, vom 28. Juli 1852 26
			f. Nachtragsgesetz betreffend die gemischten Ehen, vom 3. Hornung [Februar] 1862 26
			g. Bundesbeschluss betreffend die Verteilung des Reinertrages des Postregals an die Kantone, vom 24. Juli 1852 27
	III.	Fazit 27
§ 3.		Organisation der Bundesrechtspflege 29
	I.	Entwurf und Organisationsgesetz von 1849 29
		1.	Redaktionskommission des OG 1849 29
		2.	Inhalt des OG von 1849 31
			a. Anzahl und Amtsdauer der Richter 31
			b. Besetzung des Gerichts 31
			c. Zeitpunkt und Ort der Sitzungen 32
	II.	Aufnahme der richterlichen Tätigkeit 33
		1.	Wahl und Konstituierung des ersten Bundesgerichts 33
		2.	Provisorische Verfahrensvorschriften 33
		3.	Provisorisches Prozessgesetz 34
	III.	Arbeitslast des Bundesgerichts 35
		1.	Sitzungen und Fallzahlen 35
		2.	Verteilung der Fälle nach Rechtsgebieten 36
	IV.	Weitere Aufgaben des Bundesgerichts 37
		1.	Stellungnahme zum Prozessgesetz 37
		2.	Aufsicht über die Schätzungskommissionen 38
		3.	Rechenschaftsberichte an die Bundesversammlung 39

Kapitel 2: Zivilrechtspflege 43
§ 4. Der Zürcher Kaufhausprozess – Bundesgericht als Schiedsgericht 43
  I. Einleitung 43
  II. Vorgeschichte 44

	1.	Vertrag vom 22. April 1834	45
	2.	Kantonale Gesetzgebung der dreissiger Jahre	46
III.		Eine zürcherische Streitigkeit	47
	1.	Die Stadt sorgt vor – Bluntschlis Rechtsgutachten vom 26. April 1846	47
	2.	Die Stadt fragt Friedrich Ludwig Keller um Rat	49
	3.	Vertreter der Parteien	49
		a. Eduard Meyer – Vertreter der Stadt	49
		b. Friedrich Gustav Ehrhardt – Vertreter des Kantons	50
	4.	Bezirksgericht Zürich - Zuständigkeiten	51
	5.	Rekurs ans Obergericht des Kantons Zürich	52
	6.	Debatte im Grossen Rat	53
	7.	Vor dem Bezirksgericht Zürich – Hauptfrage	54
IV.		Bundesgericht soll's richten	56
	1.	Zuständigkeit des Bundesgerichts	56
	2.	Anwendbares Verfahren	57
V.		Instruktionsverfahren unter Kasimir Pfyffer	58
	1.	Erstes Gutachten der Fakultät Berlin – März 1854	59
	2.	Erstes Gutachten Dernburgs – 1856	59
		a. Ehrhardt muss Zeit schinden	59
		b. Inhalt	61
	3.	Pfyffer reagiert auf die Gutachten	63
	4.	Gutachten der Fakultät München – 28. Januar 1857	63
	5.	Zweites Gutachten aus Berlin – Februar 1857	64
	6.	Zweites Gutachten Dernburgs – 23. November 1857	65
	7.	Stimmung in der Zürcher Presse	66
VI.		Urteil des Bundesgerichts	67
	1.	Richterbank	67
	2.	Urteil vom 2. Dezember 1857	69
		a. Vorfrage	70
		b. Hauptfrage	71
VII.		Reaktionen, Ausblick	73
	1.	Reaktionen	73
	2.	Ausblick	74
VIII.		Fazit	75

Kapitel 3: Verwaltungsrechtspflege **77**
§ 5. Verwaltungsgerichtsbarkeit unter der BV von 1848 77
    I. Staatsrecht, Verwaltungsrecht, Zivilrecht 77
    II. Justizstaat oder Selbstverwaltung 79
    III. Bürger und Beamte 81
§ 6. Heimatlose vor dem Bundesgericht 83
    I. Bedeutung der Heimatlosenfrage 85

	1.	Ausdifferenzierung der Bürgerrechte seit der Reformation 85
	2.	Zusammenhang zwischen mangelhaften Bürgerrechten und Nicht-Sesshaftigkeit 87
	3.	Der grosse Gaunerprozess als Wendepunkt (1824–1826) 87
	4.	Heimatlosenfrage als Katalysator 89
II.		Verfahren in Heimatlosen-Angelegenheiten 92
	1.	Vom Konkordat zum Heimatlosengesetz 92
	2.	Bundesgesetz die Heimatlosigkeit betreffend 93
	3.	Generalanwalt 93
III.		Heimatrecht des Christoph Hartmann 95
	1.	Zur Auswahl von Hartmann 95
	2.	Christoph Hartmann 95
	3.	Die Zeiten haben sich geändert 97
IV.		Verfahren vor Bundesgericht 98
	1.	Klage des Bundes 98
	2.	Klageantwort des Kantons Schaffhausen 100
	3.	Klageantwort des Kantons Zürich 100
	4.	Replik des Generalanwalts 102
V.		Urteil des Bundesgerichts vom 21. Dezember 1853 102
	1.	Richterbank 103
	2.	Vorfrage 104
	3.	Hauptfrage 105
VI.		Ausblick 106
VII.		Fazit 108
§ 7.		Bundesgericht als Schätzungsbehörde 109
I.		Einleitung 109
II.		Gesetzliche Grundlagen 111
	1.	Ursprünglicher Verfahrensablauf 112
		a. Weg zur Schätzungskommission 112
		b. Beschwerde ans Bundesgericht 113
	2.	Mangelhafte Bundesgesetzgebung? 113
		a. Politik verweigert sich 114
		b. Bundesgericht hilft sich selbst 115
		c. Reaktion der Kommission des Ständerates 117
		d. Revision des Enteignungsgesetzes 117
	3.	Zwischenfazit 118
III.		Caspar Honegger gegen die Eisenbahn Wald-Rüti 119
	1.	Angefochtener Entscheid 119
	2.	Instruktionskommission 121
	3.	Entscheid des Instruktionsrichters 122
	4.	Reaktion der Parteien 123
IV.		Fazit 124
§ 8.		Der fehlbare Konsul – Staats- und Beamtenhaftung 125

I.	Vorgeschichte	126
1.	Die Geschwister Schneider und ihr Wechsel	126
2.	Wyss gegen den Einwohnergemeinderat Thunstetten	129
3.	Einwohnergemeinderat Thunstetten gegen den Regierungsrat	129
II.	Kompetenz des Bundesgerichts?	130
1.	Bundesrat vor dem Friedensrichter	130
2.	Bundesrat vor der Bundesversammlung	131
III.	Verfahren vor dem Bundesgericht	133
1.	Klage der Einwohnergemeinde Thunstetten	133
2.	Klageantwort des Bundesrates	133
IV.	Urteil des Bundesgerichts vom 8. Januar 1862	137
1.	Richterbank und Ausstand	137
2.	Sachverhalt	139
3.	Erwägungen und Urteil	140
4.	Ausblick	142
V.	Fazit	143
§ 9.	Entschädigung der Kantone für den Entzug des Postmonopols	144
I.	Vorgeschichte	144
1.	Zeit vor dem Bundesstaat	144
2.	Regelung unter der Bundesverfassung von 1848	146
II.	Postentschädigung des Kantons Neuenburg	148
1.	Vorgeschichte	148
2.	Meinungen der Bundesorgane	149
III.	Verfahren vor dem Bundesgericht	150
1.	Klage Neuenburgs	150
2.	Klageantwort des Bundesrates	151
3.	Replik und Duplik	152
IV.	Urteil des Bundesgerichts vom 28. Juni 1854	153
1.	Richterbank	153
2.	Sachverhalt	154
3.	Erwägungen und Urteil	154
4.	Ausblick	155
V.	Fazit	155
§ 10.	Bundesgericht anstelle kantonaler Gerichte – Streit um die Hospeswohnung	157
I.	Vorgeschichte	158
II.	Weg ans Bundesgericht	160
1.	Rechtsgutachten der Staatswissenschaftlichen Fakultät der Universität Zürich	160
2.	Rechtsgutachten der juristischen Fakultät der Universität von Bern	163
III.	Verfahren vor Bundesgericht	165
1.	Klage der Geistlichkeit Schaffhausens	165

			2. Kompetenzfrage vor der Bundesversammlung 166

       2. Kompetenzfrage vor der Bundesversammlung 166
       3. Klageantwort der Regierung Schaffhausens 169
          a. Kompetenzeinrede 169
          b. Eventuelle Einlassung 171
       4. Replik der Geistlichkeit Schaffhausens 172
    IV. Urteil des Bundesgerichts vom 2. Juli 1869 173
       1. Richterbank 173
       2. Sachverhalt 175
       3. Erwägungen und Urteil 176
    V. Ausblick 177
    VI. Fazit 178

Kapitel 4: Staatsrechtspflege auf Umwegen 181
 § 11. Bundesgericht als Ehegericht 181
    I. Konfessionelle Gegensätze – Entwicklung der Bundesgesetzgebung 181
    II. Josepha Inderbitzin – Langer Weg zur Ehescheidung 185
       1. Rekurs an den Bundesrat 187
          a. Standpunkt der Rekurrentin 187
          b. Antwort des Konsistoriums von Schwyz 188
          c. Entscheid des Bundesrates 189
       2. Beschwerde und Petition an die Bundesversammlung 189
          a. Bericht der Mehrheit der Kommission des Nationalrates zur Beschwerde 190
          b. Meinung der Mehrheit der Kommission des Nationalrates zur Petition 191
          c. Bericht der Kommissionsminderheit des Nationalrats ... 192
          d. Meinung der Kommission des Ständerates zu Beschwerde und Petition 194
          e. Entscheide des National- und Ständerates 195
       3. Botschaft des Bundesrates zum Nachtragsgesetz 195
          a. Gegenwärtige kantonale Scheidungsrechte 196
          b. Regelung auf Bundesebene? 197
    III. Gesetzliches Verfahren in Ehescheidungen vor Bundesgericht 198
    IV. Verfahren vor Bundesgericht 199
       1. Scheidungsklage Josepha Inderbitzins 200
          a. Sachverhalt 200
          b. Zuständigkeit des Bundesgerichts und Begründung der Klage ... 202
          c. Scheidungsfolgen 204
       2. Klageantwort Alois Kammenzinds 205
          a. Sachverhalt 205
       3. Replik und Duplik 209
    V. Urteil des Bundesgerichts vom 2. Juli 1863 209
       1. Richterbank 209

	2.	Erwägungen und Urteil	211
	3.	Ausblick	213
VI.		Fazit	213

Kapitel 5: Strafrechtspflege 217
§ 12. Kassationsverfahren 217
    I.   Verfahren bei Übertretungen fiskalischer oder polizeilicher Bundesgesetze 217
    II.   Das Zollvergehen Peter Jaquiers 219
    III.   Verfahren vor dem eidgenössischen Kassationsgericht 221
        1.   Der Weg ans eidgenössische Kassationsgericht 221
        2.   Standpunkt des Rekurrenten 222
        3.   Standpunkt des Generalanwalts 222
    IV.   Urteil des Kassationsgerichts vom 223
        17. Dezember 1856 223
        1.   Richterbank 223
        2.   Erwägungen und Urteil 224
    V.   Fazit 225
§ 13. Der vergessliche Postbeamte – Eidgenössisches Strafverfahren 226
    I.   Behörden der eidgenössischen Strafrechtspflege 226
        1.   Generalanwalt 226
        2.   Untersuchungsrichter und Anklagekammer 227
        3.   Kriminalkammer und eidgenössische Geschworene 228
    II.   Der Fall Johannes Eberli 229
        1.   Beim Bezirksammann 229
        2.   Kantonale oder eidgenössische Zuständigkeit? 231
        3.   Jakob Dubs' Untersuchung 232
    III.   Vor der Anklagekammer 236
        1.   Amiets Begehren um Versetzung Eberlis in den Anklagezustand vom 23. Oktober 1852 236
        2.   Entscheid der Anklagekammer 237
    IV.   Der Weg vor den Assisenhof 238
        1.   Anklageschrift 238
        2.   Wahl des Bezirksanwalts und des Sekretärs der Assisen ... 240
        3.   Gesuch auf Haftentlassung durch den Verteidiger 241
        4.   Geschworene 243
        5.   Erster Termin zur Verhandlung 244
        6.   Umstrittene Ergänzung der Anklageschrift 244
    V.   Prozess vor dem eidgenössischen Assisenhof 248
        1.   Richterbank 248
        2.   Verhandlungen vor dem Assisenhof 249
        3.   Wahrspruch der Geschworenen und Urteil des Assisenhofes 250
            a.   Wahrspruch der Geschworenen 250

		b. Schlussanträge des Bezirksanwalts und der Verteidigung 250

- b. Schlussanträge des Bezirksanwalts und der Verteidigung 250
- c. Massgebende Gesetze 251
- d. Erwägungen der Kriminalkammer 253
- e. Urteil der Kriminalkammer vom 10./11. Januar 1853 254
- VI. Ausblick – Abschaffung in Raten 255
  - 1. Zeit bis 1874 255
  - 2. Einschränkungen der Zuständigkeiten durch das OG von 1893 und das StGB von 1937 257
- VII. Würdigung 259

Kapitel 6: Schlussfolgerungen 265
- § 14. Bundesgericht zwischen Recht, Politik und Wissenschaft 265
  - I. Wissenschaftliche Rechtsprechung? 265
  - II. Politische Rechtsprechung? 269
  - III. Rechtsprechende Politik? 272
  - IV. Entpolitisierung der Rechtsprechung 274

Schluss 279

Anhang 283
- § 1. Transkript des Registraturbandes des Bundesgerichts 283
  - I. Straffälle 285
  - II. Zivilfälle 287
- § 2. Graphische Darstellung der Fallzahlen 358
- § 3. Schema Bundesjustiz 359
- § 4. Transkript des Urteils des BGer vom 21. Dezember 1853 bezüglich des Heimatrechts von Christoph Hartmann 360

Abkürzungsverzeichnis

ABGer	Archiv des Schweizerischen Bundesgerichts
a.M.	anderer Meinung
Anm.	Anmerkung
AS	Amtliche Sammlung der Bundesgesetze und Verordnungen
Aufl.	Auflage
a.W.	(Franken) alter Wert
BAR	Bundesarchiv
BB	Bundesbeschluss
BBl	Bundesblatt
Bd.	Band
BG	Bundesgesetz
BGbR	Bundesgesez über das Verfahren bei dem Bundesgerichte in bürgerlichen Rechtsstreitigkeiten vom 22. Wintermonat 1850 (AS II 77 ff.)
BGgE	Bundesgesez die gemischten Ehen betreffend vom 3. Christmonat 1850 (AS II 130 ff.)
BGGest	Bundesgesez betreffend den Gerichtsstand für Zivilklagen, welche von dem Bunde oder gegen denselben angehoben werden, vom 22. November 1850 (AS II 73 ff.)
BGer	Bundesgericht
BStPO 1851	Bundesgesez über die Bundesstrafrechtspflege vom 27. August 1851 (AS II 743 ff.)
BuriLex	Lexikon der Bundesrichter von Michele Luminati, im Erscheinen
BV 1848	Bundesverfassung der Schweizerischen Eidgenossenschaft vom 12. Herbstmonat 1848 (AS I 3 ff.)
BV 1874	Bundesverfassung der Schweizerischen Eidgenossenschaft vom 29. Mai 1874 (AS I 1 ff.)

BV 1999	Bundesverfassung der Schweizerischen Eidgenossenschaft vom 18. April 1999 (SR 101)
Ders.	Derselbe
Doss.	Dossier
EntG 1850	Bundesgesetz betreffend die Verbindlichkeit zur Abtretung von Privatrechten vom 1. Mai 1850 (AS I 319 ff.)
Fasz.	Faszikel
FStrV	Bundesgesetz betreffend das Verfahren bei der Uebertretung fiskalischer und polizeilicher Bundesgesetze vom 30. Juni 1849 (AS I 87 ff.)
HBLS	Historisch-Biographisches Lexikon der Schweiz (Neuenburg)
HG 1850	Bundesgesez, die Heimathlosigkeit betreffend vom 3. Dezember 1850 (AS II 138 ff.)
insb.	insbesondere
i.S.v.	im Sinne von
Kap.	Kapitel
KassG	Eidgenössisches Kassationsgericht
Komm.	Kommission
KV/SH	Kantonsverfassung des Kantons Schaffhausen
m.w.H.	mit weiteren Hinweisen
N.F.	Neue Folge
NGgE	Nachtragsgesetz, betreffend die gemischten Ehen vom 3. Hornung 1862 (AS IV 126 ff.)
NR	Schweizerischer Nationalrat
NZZ	Neue Zürcher Zeitung (Zürich)
OG 1849	Bundesgesetz über die Organisation der Bundesrechtspflege vom 5. Juni 1849 (AS I 65 ff.)
OG 1893	Bundesgesetz über die Organisation der Bundesrechtspflege vom 22. März 1893 (AS N.F. XIII 455 ff.)
OGH	Oberster Gerichtshof der Helvetik
OS	Offizielle Gesetzessammlung des Kantons Zürich

Prot. Bd.	Protokollbände des Schweizerischen Bundesgerichts (Bundesgerichtsarchiv)
Rz.	Randziffer
SJZ	Schweizerische Juristen-Zeitung (Zürich)
SR	Systematische Sammlung des Bundesrechts
StASH	Staatsarchiv des Kantons Schaffhausen
StAZ	Staatsarchiv des Kantons Zürich
StdA	Stadtarchiv Zürich
StR	Schweizerischer Ständerat
u.a.	unter anderem (anderen)
VO	Verordnung
VG 1850	Bundesgesez über die Verantwortlichkeit der eidgenössischen Behörden und Beamten, vom 9. Dezember 1850 (AS II 149 ff.)
VR	Verwaltungsrat
VVE	Verordnung betreffend das Verfahren im Ehescheidungsprozeße vor Bundesgericht, vom 5. Heumonat 1862 (AS VII 293 ff.)
ZBJV	Zeitschrift des Bernischen Juristenverein (Bern)
ZG 1849	Bundesgesetz über das Zollwesen vom 1. September 1849 (AS I 180 ff.)
ZG 1851	Bundesgesetz über das Zollwesen vom 27. August 1851 (AS II 535)
zit.	zitiert
ZSR	Zeitschrift für schweizerisches Recht (Basel)
ZStrR	Schweizerische Zeitschrift für Strafrecht (Bern)
ZVR	Zeitschrift für vaterländisches Recht (Bern)
ZZR	Zeitschrift für Kunde und Fortbildung der Zürcherischen Rechtspflege (Zürich)

Literaturverzeichnis

Angaben zu Literatur, welche nur einmal verwendet wurde, finden sich vollständig in den Anmerkungen.

AMTLICHE SAMMLUNG der neueren Eidgenössischen Abschiede, 1803–1813, Bern 1842

ARGAST REGULA, Staatsbürgerschaft und Nation: Ausschließung und Integration in der Schweiz 1848–1933, Diss. (Zürich), Göttingen 2007

BAUMGARTNER GALLUS JAKOB, Schweizerspiegel. Drei Jahre unter der Bundesverfassung von 1848, Zürich 1851

BÄUMLIN RICHARD, Verfassung und Verwaltung in der Schweiz, in: Verfassungsrecht und Verfasssungswirklichkeit: Festschrift für Hans Huber zum 60. Geburtstag 24. Mai 1961, Bern 1961, S. 69–93

BAUR BRIGITTE/BOESCH EVELYN/VOGEL LUKAS, «Welch ein Leben!». Quellentexte zum gesellschaftlichen Umbruch in der Innerschweiz nach 1798, Zürich 1998

Bitt- und Beschwerdeschrift an die schweizerische Bundesversammlung in Sachen der Frau Josepha Inderbitzin, geschiedene Kammenzind, gebürtig von Schwyz, betreffend ein Erkenntniß des bischöflich-churerischen Priestergerichts in dort gegen die genannte Protestantin. Nebst zwei Anhängen: a) Beilagen; b) Blick auf das langjährige Verfahren gegen die Gesuchstellerin, Glarus 1859 (zit. Bitt- und Beschwerdeschrift)

BLUMER JOHANN JAKOB, Handbuch des schweizerischen Bundesstaatsrechtes, Band I, Schaffhausen 1863 (zit. BLUMER I)

BLUMER JOHANN JAKOB, Handbuch des schweizerischen Bundesstaatsrechtes, Band II, Schaffhausen 1864 (zit. BLUMER II)

BLUNTSCHLI JOHANN CASPAR, Rechtsgutachten über die Befugnisse des Kaufhauses in Zürich: durch Veranstaltung des Stadtrathes veröffentlicht, Zürich 1846 (zit. BLUNTSCHLI, Gutachten)

BLUNTSCHLI JOHANN CASPAR, Verwaltungsrecht und Verwaltungsrechtspflege. Eine Studie betreffend die neueste Gesetzgebung in Baden, in: Kritische Vierteljahrsschrift für Gesetzgebung und Rechtswissenschaft, Bd. VI (1864), S. 257–291 (zit. BLUNTSCHLI, Verwaltungsrecht)

BRAND ERNST, Eidgenössische Gerichtsbarkeit, III. Teil, Abhandlungen zum schweizerischen Recht, N. F. Heft 346, Bern 1962

BURCKHARDT WALTHER, Kommentar zur Bundesverfassung der Schweizerischen Eidgenossenschaft, 2. Aufl., Bern 1914

CAVIN PIERRE, 100 Jahre Bundesgericht – Centenaire du tribunal fédéral, in: Documenta helvetica, Nr. 2, 1975, S. 15–18

DERNBURG HEINRICH, Rechtsgutachten über den Rechtsstreit zwischen der Stadt Zürich, Klägerin, gegen den Staat Zürich, Beklagten, betreffend Entschädigung wegen Aufhebung der Kaufhausgebühren, Zürich 1856 (zit. DERNBURG I)

DERNBURG HEINRICH, Zweites Rechtsgutachten über den Rechtsstreit zwischen der Stadt Zürich, Klägerin, gegen den Staat Zürich, Beklagten, betreffend Entschädigung wegen Aufhebung der Kaufhausgebühren, Zürich 1857 (zit. DERNBURG II)

DUBS JAKOB, Das öffentliche Recht der schweizerischen Eidgenossenschaft, Bd. I und II, Zürich 1878 (zit. DUBS I, DUBS II)

DUBS JAKOB, Die schweizerische Demokratie in ihrer Fortentwicklung, Zürich 1868 (zit. DUBS, Demokratie)

EICHENBERGER KURT, Der gerichtliche Rechtsschutz des Einzelnen gegenüber der vollziehenden Gewalt in der Schweiz, in: Mosler Hermann (Hrsg.), Gerichtsschutz gegen die Exekutive, Bd. 2, Köln 1970, S. 943–987

ELSENER FERDINAND, Die Schweizer Rechtsschulen vom 16. bis zum 19. Jahrhundert, unter besonderer Berücksichtigung des Privatrechts, Die kantonalen Kodifikationen bis zum Schweizerischen Zivilgesetzbuch, Zürich 1975

FISCHBACHER ALAIN, Verfassungsrichter in der Schweiz und in Deutschland: Aufgaben, Einfluss und Auswahl, Diss. (Zürich), Zürich 2006

FLEINER FRITZ/GIACOMETTI ZACCARIA, Schweizerisches Bundesstaatsrecht, Zürich 1949

FÖGEN MARIE THERES, Lob der Pandektistik, in: Summa. Dieter Simon zum 70. Geburtstag, hrsg. R. M. Kiesow, R. Ogorek und Sp. Simitis, Frankfurt am Main 2005, S. 179–205 (zit. FÖGEN, Pandektistik)

FÖGEN MARIE THERES, Römische Rechtsgeschichten: Über Ursprung und Evolution eines sozialen Systems, Göttingen 2002 (zit. FÖGEN, Rechtsgeschichten)

Gesetzes-Sammlung des Kantons St. Gallen von 1803 bis 1839, Amtliche Ausgabe, Bd. 1, St. Gallen 1842 (zit. Gesetzessammlung SG, Nr. und Seitenzahl)

GRIEDER FRITZ, Das Postwesen im helvetischen Einheitsstaat (1798–1803), Phil.-Hist. Diss. (Basel), Basel 1940

GRUNER ERICH, Die Schweizerische Bundesversammlung 1848–1920, Bern 1966

HÄFELIN ULRICH/MÜLLER GEORG/UHLMANN FELIX, Allgemeines Verwaltungsrecht, 5. Aufl., Zürich/Basel/Genf 2006

HAFNER PIUS, Die Mischehe und deren Scheidung kraft Bundesrecht im ersten Bundesstaat, in: Zeitschrift für schweizerische Kirchengeschichte 73 (1979), S. 1–168

HAEFLIGER ARTHUR, Hundert Jahre Schweizerisches Bundesgericht, in: SJZ 71 (1975), S. 1–8

HEIMANN MELCHIOR, Bundesverfassung und Staatsverfassungen der Kantone, Nidau 1864

HEIZ KARL, Das «eidgenössische Recht» 1798–1848: Die schweizerische Bundesgerichtsbarkeit in der Periode des Übergangs von der alten zur neuen Eidgenossenschaft, Diss. (Zürich), Zürich 1930

HEYEN ERK VOLKMAR, Französisches und englisches Verwaltungsrecht in der deutschen Rechtsvergleichung des 19. Jahrhunderts: Mohl, Stein, Gneist, Mayer, Hatschek, in: Verwaltung und Verwaltungsrecht in Frankreich und England (18./19. Jh.), Baden-Baden 1996, S. 163–189

HILLEBRAND JULIUS HUBERT, Das Bundesgericht und die Bundesrechtspflege der Schweiz (1. Teil), in: Kritische Zeitschrift für Rechtswissenschaft und Gesetzgebung des Auslandes, Bd. 23 (1851), S. 339–353 (zit. HILLEBRAND I)

HILLEBRAND JULIUS HUBERT, Das Bundesgericht und die Bundesrechtspflege der Schweiz (2. Teil), in: Kritische Zeitschrift für Rechtswissenschaft und Gesetzgebung des Auslandes, Bd. 24 (1852), S. 35–66 (zit. HILLEBRAND II)

HIS EDUARD, Geschichte des neueren schweizerischen Staatsrechts, Der Bundesstaat von 1848 bis 1914, 3. Teil, Basel 1920–1938

JENNY LEONHARD, Die Verwaltungsrechtspflege in der Schweizerischen Eidgenossenschaft, Glarus 1910

JURISTEN-FAKULTÄT BERLIN, Rechtsgutachten der Juristen-Fakultät zu Berlin in Sachen der Stadt Zürich gegen den Fiskus des Kantons Zürich betreffend Entschädigung für aufgehobene Kaufhausgebühren, Zürich 1854 (zit. BERLIN I)

JURISTEN-FAKULTÄT BERLIN, Zweites Rechtsgutachten der Juristenfakultät zu Berlin in Sachen der Stadt Zürich gegen den Fiskus des Kantons betreffend Entschädigung für aufgehobene Kaufhausgebühren, Zürich 1857 (zit. BERLIN II)

JURISTEN-FAKULTÄT DER KÖNIGLICH BAYRISCHEN LUDWIG-MAXIMILIANS-UNIVERSITÄT (MÜNCHEN), Rechtsgutachten in Sachen der Stadt Zürich wider den Fiskus des eidgenössischen Kantons Zürich betreffend die Verhältnisse des Kaufhauses in Zürich, Zürich 1857 (zit. MÜNCHEN)

KÄGI WERNER, Zur Entwicklung des Schweizerischen Rechtsstaates: Rückblick und Ausblick, in: ZSR (1952), S. 173–236

KIENER REGINA, Richterliche Unabhängigkeit: verfassungsrechtliche Anforderungen an Richter und Gerichte, Bern 2001

KÖLZ ALFRED, Neuere schweizerische Verfassungsgeschichte, Bd. I, Ihre Grundlinien vom Ende der Alten Eidgenossenschaft bis 1848, Bern 1992 (zit. KÖLZ I)

KÖLZ ALFRED, Neuere schweizerische Verfassungsgeschichte, Bd. II, Ihre Grundlinien in Bund und Kantonen seit 1848, Bern 2004 (zit. KÖLZ II)

KUNDERT WERNER, Der Basler Schanzenstreit 1859/62, in: Basler Zeitschrift für Geschichte und Altertumskunde 73 (1973), S. 157–194

LACCHÉ LUIGI, Regard outre-Manche: le jury d'expropriation et les loqiques du droit administrative français au début du 19e siècle, in: Verwaltung und Verwaltungsrecht in Frankreich und England (18./19. Jh.), Baden-Baden 1996, S. 135–151

LEVI ROBERT, Der oberste Gerichtshof der Helvetik, Diss. (Zürich), Zürich 1945

LITERARISCHES VERLAGSBUREAU ALTWEGG-WEBER (Hrsg.), Das Schweizerische Vaterland in seinen bundesstaatsrechtlichen Verhältnissen, seiner Bundesversammlung, seinen eidgenössischen Konkordaten, seiner Bundesgewalt und seinen Staatsverträgen mit dem Auslande, St. Gallen 1865 (zit. LITERARISCHES VERLAGSBUREAU)

LUMINATI MICHELE, Lexikon der Bundesrichter (im Erscheinen)

MEIER THOMAS DOMINIK/WOLFENSBERGER ROLF, «Eine Heimat und doch keine»: Heimatlose und Nicht-Sesshafte in der Schweiz (16.–19. Jahrhundert), Zürich 1998

MITTERMAIER CARL JOSEPH ANTON, Das Gesetz des Kantons St. Gallen vom 24. November 1838 in Bezug auf die Strafarten, in: Archiv des Criminalrechts NF 1839, S. 185–199

MÜLLER EDGARD JACQUES, Die heutige Bedeutung der Schwurgerichte in der Schweiz, Diss. (Zürich), Winterthur 1957

NÄGELI ELISABETH, Die Entwicklung der Bundesrechtspflege seit 1815, Diss. (Zürich), Zürich 1920

OFFIZIELLE SAMMLUNG der das Schweizerische Staatsrecht betreffenden Aktenstücke, der in Kraft bestehenden Eidgenössischen Beschlüsse, Verordnungen und Concordate und der zwischen der Eidgenossenschaft und den auswärtigen Staaten abgeschlossenen besonderen Verträge, Bd. I–III, Zürich 1820–1849 (zit. OFFIZIELLE SAMMLUNG, Bd., Seitenzahl)

OGOREK REGINA, Richterkönig oder Subsumtionsautomat? Zur Justiztheorie im 19. Jahrhundert, Frankfurt am Main 1986 (zit. OGOREK, Subsumtionsautomat)

OGOREK REGINA, Richter und Politik – aus historischer Sicht, in: Ogorek, Regina: Aufklärung über Justiz, Erster Halbband, Abhandlungen und Rezensionen, Frankfurt am Main 2008, S. 139–155 (zit. OGOREK, Richter und Politik)

OGOREK REGINA, Individueller Rechtsschutz gegenüber der Staatsgewalt: Zur Entwicklung der Verwaltungsgerichtsbarkeit im 19. Jahrhundert, in: Jürgen Kocka (Hrsg.), Bürgertum im 19. Jahrhundert, Bd. 1, München 1988, S. 372–405 (zit. OGOREK, Verwaltungsgerichtsbarkeit)

PFYFFER KASIMIR, Sammlung einiger kleinern Schriften Dr. Kasimir Pfyffer's nebst Erinnerungen aus seinem Leben, Zürich 1866

RAPPARD WILLIAM E., Die Bundesverfassung der Schweizerischen Eidgenossenschaft 1848–1948: Vorgeschichte, Ausarbeitung, Weiterentwicklung: hrsg. zur Jahrhundertfeier der Verfassung auf Veranlassung der Pro Helvetia, Zürich 1948

RASTER JOSUA, Enteignung und Eisenbahnbau: Entwicklung und Praxis eines Rechtsinstituts um die Mitte des 19. Jahrhunderts im Kanton Zürich, Diss. (Zürich), Zürich/Basel/Genf 2003

Rechtsgutachten der juristischen Fakultät von Bern betreffend die in den Rechtsstreit zwischen der Geistlichkeit des Kantons Schaffhausen und dem Staat Schaffhausen über die sogenannte Hospes-Wohnung von der Regierung des Kantons Schaffhausen aufgestellten und der Fakultät zur Begutachtung überwiesenen Sätze, Bern 1868 (zit. Gutachten Bern)

Rechtsgutachten der staatswissenschaftlichen Facultät zu Zürich in Sachen der reformierten Geistlichkeit des Ct. Schaffhausen gegen den Canton Schaffhausen, die Rechte an der sogenannten Hospeswohnung betreffend, Schaffhausen 1866 (zit. Gutachten Zürich)

REGIERUNG DES KANTONS BASELSTADT (Hrsg.), Der Rechtsstreit über die Basler Festungswerke, Basel 1862 (zit. Basler Festungswerke)

ROSSI PELLEGRINO/LOUIS EDOUARD, Bericht über den Entwurf einer Bundesurkunde, erstattet von der Commission der Tagsatzung: Berathen und beschlossen in Luzern den 15. Christmonath 1832, Zürich 1833

RÜTTIMANN JOHANN JAKOB, Das nordamerikanische Bundesstaatsrecht verglichen mit den politischen Einrichtungen der Schweiz, Zürich 1867

SALESKI KATHARINA M., Theorie und Praxis des Rechts im Spiegel der frühen Zürcher und Schweizer Juristischen Zeitschriften, Diss. (Zürich), Zürich 2007

SCHULTHESS HANS (Hrsg.), Schweizer Juristen der letzten hundert Jahre, Zürich 1945

SEEGER CORNELIA, Étapes de l'Unification du Droit Matrimonial Suisse: de la République Helvétique à la Loi de 1874, in: Caroni Pio (Hrsg.) L'Unification du Droit Privé Suisse au XIXe Siècle, Fribourg 1986, S. 57–74

SIMON DIETER, Jurisprudenz und Wissenschaft, in: Rechtshistorisches Journal 7 (1988), S. 141–156

STALDER BIRGIT, Der Ehehimmel begann schon früh sich zu trüben: Geschlechterbeziehungen und Machtverhältnisse in Scheidungsprozessen zwischen 1876 und 1911, Diss. (Bern), Berlin 2008

STOLLEIS MICHAEL (Hrsg.), Juristen: Ein historisch biographisches Lexikon: von der Antike bis zum 20. Jahrhundert, München 1995

STOOSS CARL, Das Bundesstrafrecht der Schweiz, in: Der Gerichtssaal (Erlangen), Jhg. 40 (1888), S. 121–138

TOQUEVILLE ALEXIS DE, De la démocratie en Amérique, Tome I, zitiert nach der 13. Aufl., Paris 1850 (zit. TOCQUEVILLE I, Kapitel, Seitenzahl)

TOQUEVILLE ALEXIS DE, De la démocratie en Amérique, Tome II, zitiert nach der 4. Aufl., Bruxelles 1837 (zit. TOCQUEVILLE II, Kapitel, Seitenzahl)

TOQUEVILLE ALEXIS DE, De la démocratie en Amérique, Tome III, zitiert nach der 15. Aufl., Paris 1868 (zit. TOCQUEVILLE III, Kapitel, Seitenzahl)

ULLMER RUDOLF EDUARD, Die staatsrechtliche Praxis der schweizerischen Bundesbehörden aus den Jahren 1848–1860 (Band I), Zürich 1862 (zit. ULLMER I)

ULLMER RUDOLF EDUARD, Die staatsrechtliche Praxis der schweizerischen Bundesbehörden aus den Jahren 1848–1863 (Band II), Zürich 1866 (zit. ULLMER II)

VOGT GUSTAV, Die Gerichtsbarkeit des eidgenössischen Bundes nach heutigem schweizerischen Staatsrecht, in: Zeitschrift für die gesamte Staatswissenschaft 1857, S. 328–430

WYSS FRIEDRICH VON, Ueber Rechtsstudium in der Schweiz und Studium des schweizerischen Rechtes: Akademische Antrittsrede, Basel 1874

Quellenverzeichnis

Angaben zu Quellen, welche höchstens zweimal verwendet wurden, finden sich vollständig in den Anmerkungen.

I. Archiv des Schweizerischen Bundesgerichts

1. Dossiers Zivilprozesse

Dossier Nr. 27 Bund contra Schaffhausen und Zürich (Heimatrecht des Christoph Hartmann)

Dossier Nr. 41 Kanton Neuenburg contra Bund (Postentschädigung Neuenburg)

Exposé de demande pour le canton de Neuchâtel contre la confédération Suisse, vom 27. Sept. 1853, ABGer Doss. 41, Fasz. 3 (zit. Demande Neuchâtel, Seitenzahl, ABGer Doss. 41)

Réponse du conseil fédérale sur l'Exposé de demande de Neuchâtel, vom 26. Nov. 1853, ABGer Doss. 41, Fasz. 13 (zit. Réponse conseil fédérale, Seitenzahl, ABGer Doss. 41)

Dossier Nr. 227 Stadt Zürich contra Fiscus Zürich (Kaufhausprozess)

Dossier Nr. 425 Einwohnergemeinde Thunstetten contra Bundesrat (Forderung auf Schadenersatz)

Klagschrift des Einwohnergemeinderathes Thunstetten vom 6. Juli 1861, ABGer Doss. 425, Fasz. 2 (zit. Klageschrift Thunstetten, Seitenzahl, ABGer Doss. 425)

Vertheidigungsschrift des Schweizerischen Bundesrathes vom 30. September 1861, ABGer Doss. 425, Fasz. 3 (zit. Klageantwort Bundesrat, Seitenzahl, ABGer Doss. 425)

Urteil des schweizerischen Bundesgerichts vom 8. Januar 1862 betr. Regressklage des Einwohnergemeinderates Thunstetten, ABGer Doss. 425, Fasz. 16 (zit. Urteil des BGer vom 8. Januar 1862, Seitenzahl, ABGer Doss. 425)

Dossier Nr. 463 Frau Kammenzind-Inderbitzin contra Alois Kammenzind von Gersau Kanton Schwyz (Ehescheidung)

Scheidungsklage aus einer gemischten Ehe zu Handen des h. Bundesgerichts. Klägerin: Frau Josepha Inderbitzin, verehelichte Kammenzind in Zürich; Beklagter: Herr Alois Kammenzind in Gersau, Kanton Schwyz, ABGer Doss. 463, Fasz. 1 ff. (zit. Klageschrift Inderbitzin, Seitenzahl, ABGer Doss. 463)

Antwort des Bezirksgerichtspräsidenten Alois Kammenzind, von Gersau, auf die Klage seiner Ehefrau Josepha geb. Inderbitzin, betreffend Scheidung, ABGer Doss. 463, Fasz. 29 ff. (zit. Klageantwort Kammenzind, Seitenzahl, ABGer Doss. 463)

Urteil des schweizerischen Bundesgerichts vom 2. Juli 1863 betr. Ehescheidung Josepha Kammenzind-Inderbitzin contra Alois Kammenzind, ABGer Doss. 463, Fasz. 219 (zit. Urteil des BGer vom 2. Juli 1863, Seitenzahl, ABGer Doss. 463)

Dossier Nr. 582 Geistlichkeit des Kantons Schaffhausen gegen Kanton Schaffhausen (Hospeswohnung)

Urteil des Bundesgerichts vom 2. Juli 1869 betreffend die sogenannte Hospeswohnung, ABGer Doss. 582, Fasz. 6 (zit. Urteil des BGer vom 2. Juli 1869, nähere Titelangabe, ABGer Doss. 582)

Dossier Nr. 941 Caspar Honegger in Dürnten gegen die Eisenbahn Wald-Rüti (Expropriation)

Gutachtlicher Entscheid des Instruktionsrichters vom 12. August 1874, ABGer Doss. 941, Fasz. 3 (zit. Gutachtlicher Entscheid, ABGer Doss. 941, Seitenzahl)

Quellenverzeichnis

Dossier Nr. 188 Kassationsurteil Peter Jacquier contra Schweizerisches Zolldepartement

Beschwerdeantwort des Generalanwalts vom 19. November 1856, ABGer, Doss. 188 (zit. Beschwerdeantwort Generalanwalt, Seitenzahl, ABGer, Doss. 188)

Urteil des eidgenössischen Kassationsgerichts vom 17. Dezember 1856, ABGer Doss. 188 (zit. Urteil des KassG vom 17. Dezember 1856, Seitenzahl, ABGer Doss. 188)

2. Dossier Strafprozess

Dossier Nr. 1a, b (Straffälle) Straffurteil gegen Johannes Eberli, Posthalter von Oberuzwil wegen Unterschlagung

Anklageakte gegen Johannes Eberli von Bußnang, Kantons Thurgau gewesener Posthalter in Oberutzwyl, Kantons St. Gallen puncto Unterschlagung der Post anvertrauter Gelder, d.d. 10. November 1852, ABGer Doss. 1a (Straffälle), Fasz. 133 (zit. Anklageakte Eberli, Seitenzahl, ABGer Doss. 1a (Straffälle))

Begehren des Generalprokurators der schweizerischen Eidgenossenschaft an die Anklagekammer des eidgenössischen Bundesgerichtes in Strafuntersuchung gegen Johann Eberli vom 23. Oktober 1852, ABGer Doss. 1a (Straffälle), Fasz. 131a (zit. Begehren Generalprokurator, Seitenzahl, ABGer Doss. 1a (Straffälle))

Bericht über die Untersuchung gegen Eberli von Seiten des Bezirksammann von Untertoggenburg vom 9. Juli 1852, ABGer Doss. 1a (Straffälle), Fasz. 61 (zit. Bericht Bezirksammann Untertoggenburg, Seitenzahl, ABGer Doss. 1a (Straffälle))

Erkennung der Versetzung in den Anklagezustand im Namen der schweizerischen Eidgenossenschaft vom 6. November 1852, ABGer Doss. 1a (Straffälle), Fasz. 132 (zit. Erkenntnis der Versetzung in den Anklagezustand, Seitenzahl, ABGer Doss. 1a (Straffälle))

Protokoll des Verhörs von Johannes Eberli vom 27. Dezember 1852, ABGer Doss. 1a (Straffälle), Fasz. 153 (zit. Verhör Eberli vom 27. Dezember 1852, Seitenzahl, ABGer Doss. 1a (Straffälle))

Schreiben Jakob Amiets an Jakob Dubs vom 21. Dezember 1852, ABGer Doss. 1a (Straffälle), Fasz. 143 (zit. Schreiben Amiets an Dubs, Seitenzahl, ABGer Doss. 1a (Straffälle))

Urteil der Assisen des vierten eidgenössischen Assisenbezirks in St. Gallen vom 10./11. Januar 1853, ABGer Doss. 1b (Straffälle), Fasz. 1 (zit. Urteil des Assisenhofes vom 10./11. Januar 1853, Seitenzahl, ABGer Doss. 1a (Straffälle))

3. Protokollbände des Schweizerischen Bundesgerichts

Urteil des Bundesgerichts vom 21. Dezember 1853 betreffend Heimatrecht des Christoph Hartmann, ABGer Prot. Bd. I, S. 215 ff. (zit. Urteil des BGer vom 21. Dezember 1853, ABGer Prot. Bd. I, Seitenzahl, evtl. nähere Titelangabe)

Urteil des Bundesgerichts in Sachen Postentschädigung Neuenburg vom 28. Juni 1854, ABGer, Prot. Bd. I, S. 319 ff. (zit. Urteil des BGer vom 28. Juni 1854, ABGer, Prot. Bd. I, Seitenzahl)

II. Bundesarchiv (digitalisiertes Bundesblatt)

1. Geschäftsberichte des Bundesgerichts

Bericht des schweiz. Bundesgerichtes an die hohe Bundesversammlung über seine Geschäftsführung im Jahr 1853, vom 22. April 1854, BBl 1854 II 461 ff. (zit. Geschäftsbericht BGer 1853, Stelle im BBl)

Bericht des schweiz. Bundesgerichtes an die hohe Bundesversammlung über seine Geschäftsführung im Jahr 1854, vom 23. April 1855, BBl 1855 II 1 ff. (zit. Geschäftsbericht BGer 1854, Stelle im BBl)

Bericht des Bundesgerichtes an die hohe Bundesversammlung über seine Geschäftsführung im Jahr 1855, vom 3. April 1856, BBl 1856 II 1 ff. (zit. Geschäftsbericht BGer 1855, Stelle im BBl)

Bericht des schweizerischen Bundesgerichtes an die hohe Bundesversammlung über seine Geschäftsführung im Jahr 1856, vom 8. April 1857, BBl 1857 I 613 ff. (zit. Geschäftsbericht BGer 1856, Stelle im BBl)

Bericht des schweizerischen Bundesgerichts an die hohe Bundesversammlung über seine Geschäftsführung im Jahr 1859, vom 1. Mai 1860, BBl 1860 II 401 ff. (zit. Geschäftsbericht BGer 1859, Stelle im BBl)

Bericht des schweizerischen Bundesgerichts an die h. Bundesversammlung über seine Geschäftsführung im Jahr 1860, vom 31. Dezember 1860, BBl 1861 I 135 ff. (zit. Geschäftsbericht BGer 1860, Stelle im BBl)

Bericht des schweizerischen Bundesgerichts an die h. Bundesversammlung über seine Geschäftsführung im Jahr 1862, vom 19. Januar 1863, BBl 1863 I 381 ff. (zit. Geschäftsbericht BGer 1862, Stelle im BBl)

Bericht des schweizerischen Bundesgerichts an die hohe Bundesversammlung über seine Geschäftsführung im Jahr 1863, vom 18. Februar 1864, BBl 1864 I 221 ff. (zit. Geschäftsbericht BGer 1863, Stelle im BBl)

Bericht des schweizerischen Bundesgerichts an die hohe Bundesversammlung über seine Geschäftsführung im Jahr 1866, vom 19. März 1867, BBl 1867 I 457 ff. (zit. Geschäftsbericht BGer 1866, Stelle im BBl)

Bericht des Bundesgerichtes an die hohe Bundesversammlung über seine Geschäftsführung im Jahr 1867, vom 30. April 1868, BBl 1868 II 419 ff. (zit. Geschäftsbericht BGer 1867, Stelle im BBl)

Bericht des Bundesgerichts an die hohe Bundesversammlung über seine Geschäftsführung im Jahr 1868, vom 2. März 1869, BBl 1869 I 429 ff. (zit. Geschäftsbericht BGer 1868, Stelle im BBl)

2. Heimatrecht des Christoph Hartmann

Bericht des Bundesrathes an die Bundesversammlung über das Gesetz, betreffend die Heimathlosigkeit, vom 30. September 1850, BBl 1850 III 123 ff. (zit. Bericht des Bundesrates über das HG, Stelle im BBl)

3. Ehescheidung Frau Kammenzind-Inderbitzin contra Alois Kammenzind

Beschluss des Bundesrathes über die Rekursbeschwerde der Frau Josepha Inderbizin, gesch. Kammenzind, von Schwyz, vom 4. Januar 1859, BBl 1859 II 355 ff. (zit. Beschluss des Bundesrates vom 4. Januar 1859, Stelle im BBl)

Beschluss des schweizerischen Bundesrathes in der Rekurssache verschiedener Angehöriger des Kt. Schwyz, das Verbot gemischter Ehen betreffend, vom 4. März 1850, BBl 1850 I 261 ff. (zit. Beschluss Bundesrat vom 4. März 1850, Stelle im BBl)

Bericht der Mehrheit der Kommission des Nationalrathes über die Rekursbeschwerde der Frau Kammenzind, geb. Inderbitzin, vom 16. Juli 1859, BBl 1859 II 360 ff. (zit. Mehrheitsbericht Komm. NR, Stelle im BBl)

Bericht der Mehrheit der Kommission über die Bittschrift des Arztes Benz von Siebnen, gemischte Ehen betreffend, vom 7. Herbstmonat 1850, BBl 1850 III 1 ff. (zit. Bericht Benz Mehrheit Komm. NR, Stelle im BBl)

Bericht der Minorität der nationalräthlichen Kommission über die Rekursbeschwerde der Frau Josepha Kammenzind, geb. Inderbitzin, von Schwyz, vom 18. Juli 1859, BBl 1859 II 168 ff. (zit. Minderheitsbericht Komm. NR, Stelle im BBl)

Bericht der ständeräthlichen Kommission in der Rekurssache der Josepha Kammenzind, geb. Inderbitzin, contra Schwyz, betreffend Verfassungsverletzung, vom 23. Juli 1859, BBl 1859 II 378 ff. (zit. Bericht Komm. StR, Stelle im BBl)

Botschaft des Bundesrathes an die h. Bundesversammlung, betreffend die gemischten Ehen, vom 24. Mai 1861, BBl 1861 II 1 ff. (zit. Botschaft Bundesrat betr. gemischte Ehen, Stelle im BBl)

4. Einwohnergemeinde Thunstetten contra Bundesrat (Schadenersatz)

Bericht des Bundesrathes an die Bundesversammlung, betreffend die Regreßklage der Gemeinde Thunstetten gegen den Bundesrath, vom 14. Dezember 1860, BBl 1861 I 114 ff. (zit. Bericht Bundesrat vom 14. Dezember 1860, Stelle im BBl)

5. Kanton Neuenburg contra Bund (Postentschädigung)

Bericht der vom eidg. Ständerath bestellten Kommission zur Prüfung und Begutachtung der von der Eidgenossenschaft den Kantonen zu leistenden Postentschädigungen, vom 23. Dezember 1851, BBl 1852 I 285 ff. (zit. Bericht Postentschädigung, Komm. StR, Teil I, Stelle im BBl)

Bericht der vom eidg. Ständerath bestellten Kommission zur Prüfung und Begutachtung der von der Eidgenossenschaft den Kantonen zu leistenden Postentschädigungen (Fortsezung), BBl 1852 I 311 ff. (zit. Bericht Postentschädigung, Komm. StR , Teil II, Stelle im BBl)

Bericht der vom eidg. Ständerath bestellten Kommission zur Prüfung und Begutachtung der von der Eidgenossenschaft den Kantonen zu leistenden Postentschädigungen (Schluß), BBl 1852 I 337 ff. (zit. Bericht Postentschädigung, Komm. StR, Teil III, Stelle im BBl)

Botschaft des schweizerischen Bundesrathes an die beiden gesezgebenden Räthe der Eidgenossenschaft, betreffend den an die Kantone zu vertheilenden Reinertrag des Postregals, vom 25. Juni 1851, BBl 1852 I 235 ff. (zit. Botschaft des Bundesrates betr. Postregal, Stelle im BBl)

6. Weitere

Botschaft des Bundesrathes an die h. Bundesversammlung, betreffend die Revision der Bundesverfassung, vom 17. Juni 1870, BBl 1870 II 665 ff. (zit. Botschaft des Bundesrats betreffend Revision BV, Stelle im BBl)

III. Staatsarchiv Zürich

1. Zürcher Kaufhausprozess

Mappen zum Zürcher Kaufhausprozess zwischen der Stadt Zürich und dem Fiskus des Kantons Zürich, StAZ R 77.5.3, R 77.5.4, R 77.5.5

Brief Friedrich Gustav Ehrhardts an Johann Jakob Rüttimann vom 11. Juli 1856, StAZ R 77.4.2

Urteil des Bundesgerichts vom 2. Dezember 1857 in Sachen Stadt Zürich contra Fiscus Zürich, StAZ R 77.4.3

2. Heimatrecht des Christoph Hartmann

Mappe mit diversen Akten zum Heimatrecht Christoph Hartmanns StAZ N 34a.1

Schreiben des Generalanwalts Amiet an die Direktion der Polizei des Kantons Zürich, vom 1. [?] September 1853, StAZ N 34a.1 (zit. Schreiben Amiets an die Zürcher Polizeidirektion, StAZ N 34a.1.)

IV. Stadtarchiv Zürich

Mappe mit sechs Bänden zum Kaufhausprozess. V.c.b.342, Band I–VI

Gesuch des Stadtrats von Zürich an den Hohen Grossen Rath des Kantons Zürich vom 18. Juni 1853 (gedruckt), StdA V.c.b.342:1,

Fasz. 62. (zit. Gesuch Stadtrat an Grossen Rat vom 18. Juni 1853, StdA V.c.b.342:1, Fasz. 62)

Nachruf. Zur Erinnerung an Eduard Meyer, Advokat. Zürich 1814–1882, Zürich 1882, StdA Nd Meyer, Eduard USTAZR. (zit. Nachruf Meyer, Seitenzahl)

V. Staatsarchiv des Kantons Schaffhausen

Mappen S IV 1–21 «Eckstein und Hospeswohnung»

Antwort für die Regierung des Cantons Schaffhausen gegen die reformirte Geistlichkeit des Cantons Schaffhausen an das hohe Bundesgericht, vom 20. Januar 1869, StASH IV 13 (zit. Klageantwort Regierung, Seitenzahl, StASH IV 13)

Mappe S V 1 «Verträge»

Einleitung

Werden Festschriften zu runden Jubiläen des Bundesgerichts verfasst, so beginnt die Zeitrechnung üblicherweise am 1. Januar 1875, mit der Gründung des ständigen Bundesgerichts in Lausanne.[1] Dass aber bereits unter der Verfassung von 1848 ein nicht ständiges Bundesgericht errichtet wurde, wird kaum erwähnt. So hat diese Institution in den Augen der meisten Autoren keine nennenswerte Bedeutung, der Bundesgerichtspräsident von 1975 war sogar der Ansicht, dass erst das Bundesgericht von 1875 diesen Namen wirklich verdient hatte.[2] Wird das nicht ständige Bundesgericht erwähnt, so beschränken sich mit einer Ausnahme[3] alle Publikationen auf eine oberflächliche Betrachtung des frühen Bundesgerichts und machen sich nicht die Mühe, die lückenlos vorhandene Rechtsprechung im Archiv des Bundesgerichts bis 1874 zu berücksichtigen. Um diesen Datenbestand zu erschliessen, findet sich im Anhang eine Transkription des Registerbandes des Bundesgerichts bis 1874, womit es möglich wird, einen Rechtsfall anhand der Parteien oder des Datums zu finden und womit eine Lücke in der Sammlung der Rechtsprechung des Bundesgerichts geschlossen werden soll, die bereits Fleiner/Giacometti beklagt haben.[4]

Da bis heute keine fundierte wissenschaftliche Auseinandersetzung mit dem Bundesgericht vor 1875 stattgefunden hat, bildeten die überwiegend handschriftlichen Dossiers des Bundesgerichtsarchivs sowie die dortigen Protokollbände die Hauptquelle dieser Arbeit. Anhand dieser Rechtsprechung, den allgemeinen gesetzlichen Grundlagen und nicht zuletzt der Biographien der Bundesrichter und Ersatzrichter soll die Frage geklärt werden, ob das Bundesgericht vor 1875 tatsächlich diesen Namen nicht verdient hat oder ob es nicht vielleicht eher als ein *Bundesgericht vor dem Bundesgericht* zu be-

---

[1] Vgl. CAVIN, S. 15 ff.; HAEFLIGER, S. 1 ff.
[2] CAVIN, S. 15.
[3] Als einziger hat sich ERNST BRAND die Mühe gemacht, sich in die Protokollbände des nicht ständigen Bundesgerichts einzulesen.
[4] Vgl. FLEINER/GIACOMETTI, S. 629 f., Anm. 2.

zeichnen ist, welches im Kern bereits den Charakter des späteren, ständigen Gerichtshofes in sich trug.

In Anbetracht der Tatsache, dass diese Arbeit die erste ist, die sich in vertiefender Weise mit dem Bundesgericht vor 1875 befasst, kann es jedoch nicht ihr Ziel sein, eine Entwicklung der Rechtsprechung in den vielfältigen Rechtsgebieten aufzuzeigen, auch weil die Fallzahlen oft sehr gering waren. Das Ziel liegt darin, einen Überblick über die Rechtsprechung des Bundesgerichts zu vermitteln und anhand von ausgewählten Fällen zu veranschaulichen, wie das junge Bundesgericht seine Grundlagen im Verhältnis mit der Politik festigte und weiterentwickelte.

Was die zahlreichen Geldbeträge in dieser Arbeit betrifft, so lässt sich das Preisgefüge im 19. Jahrhundert, auch unter Berücksichtigung der Inflation, nur bedingt mit dem heutigen vergleichen. Viele Preis- und Lohnreihen sowie statistisches Material aus dieser Zeit finden sich in der Historischen Statistik der Schweiz.[5]

---

[5] RITZMANN-BLICKENSTORFER HEINER (Hrsg.), Historische Statistik der Schweiz, Zürich 1996.

Kapitel 1: Grundlagen

§ 1. Politik und Recht – Ein Anfang

I. Oberster Gerichtshof in der Helvetik

Die eidgenössische Gerichtsbarkeit wurde zum ersten Mal während der Helvetischen Republik von 1798 bis 1803 mit einem obersten Gerichtshof für das gesamte Staatsgebiet zentralisiert.[6] Dieser Gerichtshof setzte sich aus je einem Richter pro Kanton zusammen, welche von kantonalen Wahlmännern gewählt wurden. Präsident, Gerichtsschreiber und öffentlicher Ankläger wurden vom Direktorium (Exekutive) bestellt.[7] Dem Obersten Gerichtshof der Helvetik (OGH) kam die erstinstanzliche Strafgerichtsbarkeit über die Mitglieder der Räte und über das Direktorium zu, ausserdem war er für gewisse schwere Verbrechen zuständig. Gegen Strafurteile unterer Instanzen war unter Umständen die Appellation an den OGH möglich. Der OGH war auch Kassationsgericht in Zivilsachen, wobei Zivilurteile kassiert wurden, wenn die Urteile durch das örtlich oder sachlich unzuständige Gericht ergangen waren, die Urteile an Formmängeln litten oder gegen die Staatsverfassung verstiessen.[8] Weiter kam dem OGH die Oberaufsicht über die unte-

---

[6] Ein kurzer Überblick findet sich bei NÄGELI, S.12 f.; vgl. für weitergehende Ausführungen: LEVI, S. 39 ff.
[7] KÖLZ I, S. 120.
[8] Im Sinne eines Exkurses ist darauf hinzuweisen, dass die Helvetik lediglich ein helvetisches Strafgesetzbuch hervorgebracht hat. Die Bestrebungen ein Zivilgesetzbuch zu schaffen, kamen nicht über frühe Entwürfe hinaus und mündeten nicht einmal in eine Vorlage ans Parlament. Die massgeblichen Errungenschaften der Helvetik auf dem Gebiet des Zivilrechts, besonders im Eherecht, Erbrecht und in der Ablösung alter Grundlasten, wurden mittels einzelner Gesetze erreicht. Diese Gesetze wurden als eine Art Übergangsrecht betrachtet, vgl. dazu ELSENER, S. 260 ff. Dieser sah den massgeblichen Grund für das Scheitern des Zivilgesetzbuches in der mangelnden Qualifikation der Parlamentarier.

ren Gerichte zu, was der streng hierarchischen und zentralistischen Konzeption des Einheitsstaates entsprach.

Es fällt schwer eine Entwicklungslinie vom OGH zum Bundesgericht von 1848 auszumachen. Gewisse Elemente weisen zwar Übereinstimmungen auf, so besonders die Strafgerichtsbarkeit, doch sind die Verfassungsgrundlagen Helvetiens und des Bundesstaates von 1848 fundamental verschieden. Hinzu kam das Bestreben der Verfassungsväter, jeden Hinweis auf die Herkunft der institutionellen Neuerungen zu verschweigen.[9] So machten die beteiligten Persönlichkeiten keine, unklare oder schlicht falsche Angaben zu den Quellen ihrer Institutionen. Besonders die Helvetik sollte nirgends offen als Inspiration aufscheinen, war man sich doch in der negativen Bewertung dieser Epoche für die Schweiz einig.[10] Die staatlichen Institutionen wurden mit neuen Namen versehen und sobald sie sich in einzelnen Kantonen etabliert hatten, wurde nur noch auf diese Kantone Bezug genommen, ohne die ausländischen Wurzeln zu erwähnen.[11] Wenn überhaupt, so wurde am ehesten noch Bezug auf die USA genommen; französischer Einfluss wurde jedoch bewusst verschwiegen, da die französische Revolution und ihre Neuerungen durch die darauffolgenden katastrophalen Entwicklungen in Europa und in der Schweiz diskreditiert waren.[12]

Den OGH jedoch schlicht als eine Episode zu bezeichnen, die kaum Einfluss auf die späteren Verfassungsentwürfe hatte, scheint meines Erachtens trotzdem etwas zu verkürzt.[13] Allein die Tatsache, dass der OGH in der kurzen Zeit seines Bestehens annähernd 4000 Fälle beurteilte – davon etwa 3500 Zivilfälle – lässt vermuten, dass die Institution des OGH nicht ganz spurlos

---

[9] Vgl. zu den Strategien der Verschleierung allgemein für die Periode 1830–47: KÖLZ I, S. 616 ff.
[10] Vgl. zum Verschweigen der Verfassungsquellen aus der Helvetik LEVI, S. 7 ff.
[11] KÖLZ I, S. 620 ff.
[12] KÖLZ I, S. 623 f.
[13] Die Bedeutung des OGH relativierend NÄGELI, S. 13 und ELSENER, S. 277; differenzierter: LEVI, S. 93 f.

aus der Verfassungslandschaft verschwand.[14] Der OGH wurde im Zuge der Mediation am 9. März 1803 aufgehoben.[15]

II. Mediation und Tagsatzungsperiode

Unter der Mediationsakte wurden die Streitigkeiten zwischen den Kantonen grundsätzlich wieder an eidgenössische Schiedsgerichte gewiesen.[16] Im Gegensatz zu der Zeit vor der Helvetik, war nun aber die Tagsatzung gefordert, sofern der Weg über die Schiedsgerichte keinen Erfolg brachte. Die Deputierten der Tagsatzung vereinigten sich zum sogenannten «Syndicat» und jeder stimmte ohne Instruktionen, mit jeweils einer Stimme.[17]

Mit dem Untergang des napoleonischen Reiches, wurde auch die von Napoleon diktierte Mediationsakte aufgehoben, die Mediationszeit 1803–1813 ging damit zu Ende.[18] An der «langen Tagsatzung» vom 6. April 1814 bis zum 31. August 1815 wurde – unter ausländischem Druck – der Bundesvertrag von 1815 geschlossen. Die Schweizer Kantone waren damit wieder weitgehend souverän, einzige gesamteidgenössische Institution war wieder die Tagsatzung, die jährliche Versammlung der Vertreter der 22 Kantone.[19] Art. 5 des Bundesvertrages regelte die eidgenössische Rechtspflege, danach sollten alle Gegenstände, welche nicht durch den Bundesvertrag gewährleis-

---

[14] LEVI, S. 93, wobei dieser anmerkt, dass man angesichts der Zahl von etwa 800 Fällen pro Jahr nicht mehr nachvollziehen konnte, wie gründlich diese beraten wurden.

[15] LEVI, S. 93. Die Akten und Protokolle finden sich im Schweizerischen Bundesarchiv, im Zentralarchiv der Helvetischen Republik, vgl. HUNZIKER GUIDO et al., Das Zentralarchiv der Helvetischen Republik 1798–1803, Bd. 2, Bern 1992, S. 169 ff.

[16] Das Verfahren beschreibt HILLEBRAND I, S. 339 ff.

[17] Vgl. zum Vorgehen und den massgebenden Bestimmungen: NÄGELI, S. 13 f.; vgl. auch HILLEBRAND I, S. 340 ff.

[18] Abschied der eidgen. Versammlung zu Zürich 1813/14, S. 53, abgedruckt bei OECHSLI WILHELM, Quellenbuch zur Schweizergeschichte. Für Haus und Schule, 2. Aufl., Zürich 1901, S. 651. Dies obwohl die Akte gar nicht so unbeliebt gewesen war und der darauf folgende Bundesvertrag immer wieder an der Mediationsakte gemessen wurde, vgl. dazu RAPPARD, S. 30.

[19] Vgl. zum Bundesvertrag und seiner Entstehung KÖLZ I, S. 184 ff.; NÄGELI, S. 15 ff.; RAPPARD, S. 31 ff.

tet waren, an das «eidgenössische Recht» gewiesen werden.[20] Dieser Begriff blickt auf eine lange Tradition zurück.[21] Das «eidgenössische Recht» bezeichnete nicht in erster Linie materielles Recht, sondern vielmehr Staatsvertragsrecht zwischen den Kantonen, genauer das Verfahrensrecht bei interkantonalen Sachverhalten.[22] Dieser Prozess folgte einem differenzierten Verfahren, welches sich unter dem Bundesvertrag noch weiter verfeinerte.[23] Erst 1846 wurde verbindlich festgestellt, dass die Tagsatzung abschliessend darüber entscheiden konnte, ob eine Streitigkeit überhaupt dem eidgenössischen Recht unterstand.[24] War dies der Fall, so wurde sie einem Schiedsgericht zugewiesen.[25] Der Zugang zu einem solchen Schiedsgericht war jedoch abhängig von einem Entscheid der politischen und weisungsgebundenen Tagsatzung.[26] Diese entschied, ob die Streitfrage von ihr selbst, von kantonalen Gerichten oder von Schiedsgerichten beurteilt werden sollte. Das Recht sollte also nur dort zum Zuge kommen, wo es politisch als opportun galt.

Von 1815 bis 1848 amteten 27 Schiedsgerichte.[27] Die materiell-rechtlichen Fragen, die sich stellten,[28] standen im Gegensatz zu den politischen Manövern, die es oft verunmöglichten, überhaupt ein Schiedsgericht zu bestellen. An den Schiedsgerichten waren juristisch gebildete Männer wie KASIMIR

---

[20] Abgedruckt bei NÄGELI, S. 17 f.
[21] Vgl. STEINER PETER, Eidgenössisches Recht, in: Historisches Lexikon der Schweiz (HLS), Bd. 4, Basel 2005, S. 124 f.
[22] Ausführlich zum Begriff des «eidgenössischen Rechts» HEIZ, S. 1 ff., demnach tauchte der eigentliche Begriff zum ersten Mal im Bundesvertrag von 1815 auf.
[23] Vgl. zur Entwicklung des Verfahrens: HEIZ, S. 181 ff.; SENN MARCEL, Schiedsgericht, in: Historisches Lexikon der Schweiz (HLS), Version vom 25. September 2006, URL: http://www.hls-dhs-dss.ch/textes/d/D9602.php.
[24] Vgl. zur Institution der Tagsatzung und ihrem Verhältnis zu den Schiedsgerichten: VOGT, S. 23 ff. und NÄGELI, S. 21 ff. (zur Tagsatzung insb. S. 33 ff.).
[25] Die Tagsatzung versuchte jedoch auf vielfältige Weise auf die Streitparteien einzuwirken und sie zu einer Verständigung zu bringen. Das Verfahren beschreibt NÄGELI eingehend auf S. 21 ff. Vgl. zur Kritik ROSSI, S. 90 ff., Anm. 44.
[26] Im Unterschied zum Syndicat, wo die Abgeordneten ohne Instruktion abzustimmen hatten, vgl. Anm. 17.
[27] HEIZ, S. 263, andere Angaben bei NÄGELI, S. 31 und Tabelle S. 134.
[28] So stellte sich im Prozess um den Gotthardstrassenbau beispielsweise die Frage, ob der Unternehmer Jauch Auftragnehmer oder Werknehmer war, vgl. HEIZ, S. 271 f.

§ 1 Politik und Recht – Ein Anfang

PFYFFER,[29] JOHANN KONRAD KERN[30] und FRIEDRICH LUDWIG KELLER[31] beteiligt. Dies darf jedoch nicht darüber hinweg täuschen, dass der Kompe-

---

[29] PFYFFER, KASIMIR (1794–1875). Der Sohn eines Hauptmanns der Schweizer Garde in Rom und Bruder des Eduard Pfyffers studierte von 1813–14 Rechtswissenschaft in Tübingen, von wo er ohne Abschluss nach Luzern zurückkehrte, um dort 1814 sein Anwaltspatent zu erlangen. 1820 bis 1821 schloss er seine Studien in Heidelberg mit dem Doktortitel ab, wobei er zu dieser Zeit bereits ein Gehalt als Prof. für Rechtswissenschaft und vaterländische Geschichte am Lyzeum in Luzern bezog. Trotz dieses versteckten Stipendiums sah Pfyffer die Übernahme der Lehrverpflichtung als «grosses Opfer» an, da er seine lukrative Advokatur vernachlässigen musste. Pfyffer wirkte im Luzerner Bezirks- und Obergericht sowie als Präsident des Appellationsgerichts, welchem er durch Ordnung im Innern zu einer «würdigen» Stellung verhalf. Obwohl sich Pfyffer als Juristen und nicht als Politiker sah, und die Wahl in den Bundesrat 1854 aus diesem Grunde ablehnte, bekleidete er während seines Lebens mehrere politische Ämter. Pfyffer war u.a. Tagsatzungsgesandter, Luzerner Grossrat (1826–67), Stadtpräsident von Luzern und Mitglied des Luzerner Verfassungsrates (1830–31, 1841). Auf Bundesebene war Pfyffer Nationalrat (1848–63) und Bundesrichter (1848–63). Auch ausserhalb von Politik und Gerichten war Pfyffer vielfältig engagiert, so war er Mitbegründer und Verwaltungsrat der Kantonalen Spar- und Leihkasse Luzern, führendes Mitglied des Schweizerischen Juristenvereins sowie Mitbegründer der Helvetischen Gesellschaft und der Vaterländischen Gesellschaft. Als Gesetzesredaktor machte sich Pfyffer auf kantonaler Ebene mit dem Bürgerlichen Gesetzbuch Luzerns, dem Strafgesetzbuch und dem Schuldbetreibungs- und Konkursgesetze verdient. Vgl. BuriLex, Kasimir Pfyffer [von Altishofen]; PFYFFER, Erinnerungen.

[30] KERN, JOHANN KONRAD (1808–1888). Der Thurgauer Johann Konrad Kern – dessen Vater Landwirt, Weinhändler, Amtsrichter und Kantonsrat war – besuchte das Carolinum am Zürcher Grossmünster, studierte Theologie in Basel (1826–27) und Rechtswissenschaft in Basel (1826–30) sowie in Berlin, Heidelberg und Paris, worauf er 1830 in Heidelberg die Doktorwürde erlangte. Kern war im Thurgau von 1831 bis 1837 als Anwalt tätig, war von 1837 bis 1849 Präsident des Thurgauer Obergerichts und Verhörrichter, Thurgauer Regierungsrat 1849–52 und von 1857 bis 1883 bevollmächtigter Gesandter in Paris. Kern war der Führer der Thurgauer Liberalen 1837–53, Tagsatzungsgesandter von 1845 bis 1848 und Mitglied der Sonderbundskommission, der Siebnerkommission, der Verfassungskommission und Redaktor des ersten Entwurfs der BV 1848. Im Bundesstaat schlug Kern die Wahl zum Bundesrat 1848 aus, war jedoch 1848–54 Bundesrichter, Nationalrat 1848–54, gleichzeitig von 1849 bis 1852 Thurgauer Regierungsrat und Ständerat (1855–57). Kern war auch in der Wirtschaft engagiert, so war er Gründer und Präsident der Thurgauer Hypothekenbank 1850–58, Vizepräsident und später Präsident der Direktion der Nordostbahn sowie Vizepräsident der Zürich-Bodenseebahn. Vgl. ROTHENBÜHLER VERENA, Kern, Johann Konrad, in: Historisches Lexikon der Schweiz (HLS), Bd. 7, Basel 2008, S. 188; BuriLex, Johann Konrad Kern.

[31] KELLER, FRIEDRICH LUDWIG (1799–1860). Der Sohn eines Zürcher Gutbesitzers besuchte das Politische Institut in Zürich und studierte danach Jura in Berlin und Göttingen, wo er 1822 zum Dr. iur. ernannt wurde. Zurück in Zürich war Keller Lehrer für Zivilrecht am Politischen Institut und lehnte einen Ruf nach Jena ab. 1826 wurde er Prof. am Politischen Institut und 1826 Amtsrichter in Zürich, wo er an der Spitze der juristischen Re-

tenzentscheid bei der Tagsatzung lag und damit von einem durchgängigen Rechtsschutz nicht die Rede war. Streitparteien waren ohnehin nur die Kantone.[32]

III. Verfassungsentwürfe

1. Kasimir Pfyffers Zuruf

Die verfassungsmässige Grundlage der Tagsatzungsperiode war der Bundesvertrag von 1815. Während nach Meinung von Schwyz und Nidwalden eine Revision dieses Staatsvertrages überhaupt nur einstimmig erfolgen konnte, lehnte eine grosse Zahl von konservativen Kantonen eine Revision grundsätzlich ab.[33] Doch mit jeder radikal-liberalen Revolution in den Kantonen, stieg die Zahl der Befürworter einer Revision innerhalb der Tagsatzung.[34]

---

formbewegung stand. Es folgte die Wahl in den Grossen Stadtrat Zürichs und in den Grossrat. Keller war der Führer der Zürcher Radikal-Liberalen. Ab 1831 war Keller Obergerichtspräsident und mehrmals Tagsatzungsgesandter sowie Richter am eidgenössischen Schiedsgericht, wo er 1833 bis 1834 als Obmann an der Basler Kantonsteilung beteiligt war. Mit der Herausgabe der «Monatschronik der zürcherischen Rechtspflege» machte es sich Keller u.a. zum Ziel, eine Sammlung der Praxis der Zürcher Gerichte zu veröffentlichen. Keller hatte aus mehreren Gründen viele Gegner, so respektierte er die Gewaltenteilung wenig, zeichnete sich durch einen ausschweifenden Lebenswandel aus und neigte zu harten politischen Konfrontationen. Nachdem er die Wiederwahl in den Grossen Rat 1842 abgelehnt hatte, widmete sich Keller in Deutschland der Wissenschaft, so war er ab 1844 Prof. für römisches Recht in Halle und ab 1846 Savignys Nachfolger in Berlin. In Deutschland wurde sich Keller seines Adelsgeschlechts wieder bewusst, nannte sich «von» Keller, trat der preussischen Junkerpartei bei und wurde geheimer Justizrat. Als Gutsbesitzer verschuldete sich Keller schwer. Von seinen Zürcher Parteifreunden entfremdete er sich und starb auf der Rückreise von einem letzten Besuch in Zürich 1860. Keller wird gewürdigt als Schöpfer der Zürcher Justizreform und als Begründer der schweizerischen Rechtswissenschaft. Über die Landesgrenzen hinaus, gilt er als einer der grössten Juristen des 19. Jhd. Vgl. SCHMID BRUNO, Keller Friedrich Ludwig, in: Historisches Lexikon der Schweiz (HLS), Bd. 7, Basel 2008, S. 160 f.; SALESKI, S. 49 ff.

[32] Vgl. HEIZ, S. 247 ff.; zur Beurteilung des Verfahrens auch BRAND, S. 1 f.
[33] Vgl. KÖLZ I, S. 378.
[34] Einen Überblick über diese Periode bieten neben weiteren: KÖLZ I, S. 459 ff. und RAPPARD, S. 63 ff.

§ 1 Politik und Recht – Ein Anfang

In dieser angespannten Situation sorgte Kasimir Pfyffer mit seinem «Zuruf an den eidgenössischen Vorort Luzern»[35] für Aufsehen. Darin skizzierte er bereits 1831, in welche Richtung sich die Verfassungsdiskussion seiner Meinung nach entwickeln sollte.[36] Pfyffers Schrift enthielt zum ersten Mal die Forderung nach einem Bundesgericht.[37] Was als «Zuruf» daher kam, war eigentlich eine Skizze für einen Verfassungsentwurf, dem zwar die theoretische Fundierung fehlte[38], der in seinen Zielen aber weit über die Bundesverfassung von 1848 hinausging.[39] Betrachtet man die Stellung des Bundesgerichts im Entwurf genauer, fällt auf, dass Pfyffers Zuruf mehr der BV von 1874 ähnelt, als derjenigen von 1848. Die Kompetenzen des Bundesgerichts waren die folgenden:

1. Das Bundesgericht beurteilt in erster Instanz Streitigkeiten unter Ständen auf eingereichte Klage hin.
2. Es urteilt über Klagen wegen Verfassungsverletzungen, sofern kein Schutz durch die Grossen Räte besteht.[40]
3. Appellationshof für Zivilsachen ab einem bestimmten Streitwert.

---

[35] Zu Pfyffers Wirken im Kanton Luzern, besonders in der Gesetzgebung: NICK KONRAD, Kasimir Pfyffer und die Luzerner Verfassungspolitik in den Jahren 1827–1841 und SCHMID ANNEMARIE, Kasimir Pfyffer und das Bürgerliche Gesetzbuch für den Kanton Luzern (1831–1839). Kurze Erwähnung verdient die Kontroverse, ob der Zuruf in Wirklichkeit nicht von Ludwig Snell verfasst worden war. In diesem Sinne KÖLZ I, S. 374 m.w.H. Hingegen belegt BRAND (S. 10 f.) überzeugend, dass Pfyffer tatsächlich der Autor war, er bezeichnet Gegenteiliges als Schmähung.

[36] PFYFFER, Erinnerungen, S. 31 ff.

[37] BRAND, S. 3.

[38] Vgl. KÖLZ I, S. 376.

[39] Der Zuruf hatte auch Neid bei BLUNTSCHLI erweckt. Er sandte die Schrift zwar seinem Brieffreund, dem Historiker LEOPOLD VON RANKE, der um Schriften bat, welche in der Schweiz Aufsehen erregten, fügte über Pfyffer aber an: «[...] Pfyffer hat weder grosse Kenntnisse... noch auch ungewöhnliche Talente.», vgl. BRAND, S. 46 f.

[40] Der Begriff der «Grossen Räte» wurde wohl gewählt, weil noch nicht vorhersehbar war, wie die eidgenössischen Kammern heissen werden, geschweige denn ob es zwei Kammern sein werden. Vgl. zu den späteren Diskussionen in der Tagsatzung RAPPARD, S. 150 ff.

4. Appellationshof in Kriminalsachen, «wenn gewisse schwere Strafen eintreten.»[41]

Das Bundesgericht nach Pfyffers Entwurf wäre demnach erstinstanzlich lediglich in einer Art «Staatsrechtlichen Klage» tätig geworden. Als Appellationsinstanz hätte es jedoch weite Zuständigkeiten gehabt, und sogar selbst eine Vorstufe der staatsrechtlichen Beschwerde war vorgesehen.

2. Versuch einer Bundesrevision durch die Tagsatzung

Thurgau forderte in der Tagsatzung von 1831, es sei eine Staatsverfassung auszuarbeiten. Dieses Ansinnen fand aber keine Mehrheit, weshalb die Tagsatzung mit knappen 12 Stimmen beschloss, den Thurgauer Antrag «ad referendum et instruendum» zu empfehlen. Auf der nächsten Tagsatzung gelang es schliesslich mit 13 ½ Stimmen immerhin eine *Revision* des Bundesvertrages anzunehmen, eine eigentliche *Verfassung* auszuarbeiten war nicht mehrheitsfähig.[42] Bereits am 15. Dezember 1832 konnte die Revisionskommission der Tagsatzung ihre «Bundesurkunde der Schweizerischen Eidgenossenschaft» präsentieren.[43] Dieser Entwurf der Kommission wollte ein Bundesgericht mit neun Bundesrichtern schaffen. Seine Zuständigkeiten wurden durch die Bundesurkunde aber auf ein «Zivilgericht» und ein «Kriminalgericht» beschränkt, staatsrechtliche Streitigkeiten sollten ihm vollständig entzogen sein.[44] Als Zivilgericht hätte es Streitigkeiten zwischen Kantonen beurteilt, sofern ein Vermittlungsversuch durch die Tagsatzung oder den Bundesrat vorausgegangen wäre und keine Überweisung an ein Schiedsgericht erfolgte. Weiter hätte das Bundesgericht Streitigkeiten zwischen einem Kanton und dem Bund sowie Heimatlosenstreitigkeiten ent-

---

[41] PFYFFER, Erinnerungen, S. 46.
[42] Vgl. KÖLZ I, S. 376 ff.; RAPPARD, S. 72 ff.
[43] Der Entwurf wurde *Bundesurkunde* genannt, wohl um wenigstens terminologisch näher bei der Urkunde von 1815 zu liegen, vgl. KÖLZ I, S. 379.
[44] Vgl. Art. 102 f. des Entwurfs, abgedruckt bei BRAND, S. 39.

§ 1 Politik und Recht – Ein Anfang

schieden.[45] Vorgesehen war ausserdem die Möglichkeit, dass ein Kanton im Interesse einer Privatperson oder einer Korporation gegen einen anderen Kanton klagen konnte.[46]

Nachdem der Entwurf den Kantonen zur Vernehmlassung übergeben worden war, verabschiedete die Tagsatzung im Mai 1833 eine bereinigte Fassung. Diese sah auch für das Bundesgericht einige Änderungen zum Kommissionsentwurf vor.[47] Sowohl der oben erwähnte Vermittlungsversuch durch die Tagsatzung oder den Bundesrat, als auch die Möglichkeit, den Streit an ein Schiedsgericht zu überweisen, wurden entfernt. Gerade diese beiden Änderungen sind für das Wirken eines Bundesgerichtes von zentraler Bedeutung, da die Zuständigkeit des Bundesgerichts nicht mehr durch Vermittlungen politischer Behörden oder durch eine freiwillige Gerichtsbarkeit umgangen werden konnte. Nicht umsonst wurde der Begriff des *Schiedsgerichts* aus der späteren Bundesverfassung von 1848 eliminiert, obwohl das Bundesgericht durch Private weiterhin als Schiedsgericht angerufen werden konnte.[48] Auf diese Weise sollte es gelingen, über die unsägliche Situation hinweg zu kommen, dass sich bis anhin ein Kanton weigern konnte, einen Schiedsrichter zu bezeichnen, um damit das Schiedsverfahren zu verunmöglichen.[49]

Die revidierte Bundesurkunde wurde den Kantonen zum Entscheid vorgelegt, wobei in den meisten Kantonen die Parlamente darüber zu entscheiden hatten. Den liberalen Kantonen war der Entwurf zu föderalistisch und zu konservativ, die konservativen Kantone lehnten ihn ab, weil sie gar keine Revision des Bundesvertrages wünschten. Als das Volk im Kanton Luzern den Entwurf ablehnte – obwohl Luzern als Bundessitz vorgesehen war – war die Revision gescheitert.[50]

---

[45] Vgl. KÖLZ I, S. 383.
[46] In der Tagsatzung sorgten diese Fälle immer wieder für Zerwürfnisse, da Art. 5 des Bundesvertrages lediglich diejenigen Streitigkeiten an das «eidgenössische Recht» wies, welche Streitigkeiten zwischen Kantonen betrafen. Vgl. NÄGELI, S. 21 ff.
[47] Vgl. BRAND, S. 50.
[48] Vgl. Art. 102 BV 1848, sowie unten Anm. 100.
[49] Dazu eindringlich VOGT, S. 358 f.
[50] Vgl. KÖLZ I, S. 385 f.

IV. Fazit

Die Bundesurkunde von 1832 war «keine Sternstunde der schweizerischen Verfassungsgebung».[51] Sie war ein Abbild der Zerrissenheit der Eidgenossenschaft und scheiterte daran, dass sie es dem liberalen und dem konservativen Lager recht machen wollte. Die eidgenössische Gerichtsbarkeit stand in diesen Wirren nicht im Vordergrund, die Frage war eher, ob der Bundesvertrag überhaupt revidiert werden sollte und ob ein Bundesstaat gegründet werden sollte. Dass in einem Bundesstaat auch ein Bundesgericht – in der einen oder anderen Form – bestehen sollte, war unbestritten.[52] Während die Gründung des Schweizerischen Bundesstaates umstritten war und erst nach dem Sonderbundskrieg gelang, war die grundsätzliche Existenz eines Bundesgerichts in allen Verfassungsentwürfen vorgesehen. In nicht amtlichen Verfassungsentwürfen wurde das zu schaffende Bundesgericht entweder gar nicht näher erwähnt[53] oder sogar zum Verfassungsgericht ausgebaut. So sollte das Bundesgericht im Entwurf von James Fazy auch Beschwerden von Individuen über Verletzung ihrer verfassungsmässigen Rechte behandeln.[54] Abgesehen vom Entwurf Pfyffers, wurde dem Bundesgericht lediglich eine fragmentarische Kompetenz zugebilligt. Im Revisionsversuch der Tagsatzung und anhand der Abänderungsvorschläge der Kantone schien sich abzuzeichnen, wie die unvollkommene Schiedsgerichtsbarkeit langsam zugunsten einer obligatorischen Bundesgerichtsbarkeit zurückgedrängt wurde. So zeigt sich der enge Zusammenhang zwischen der Organisation des Staatswesens

---

[51] KÖLZ I, S. 384.
[52] Im gleichen Sinne forderte Gustav Vogt 1878/79 die Vereinheitlichung des Zivilrechts:«[...] so oft der Ruf nach politischer Centralisation erhoben wird, so oft erschallt auch der andere nach einheitlichem Recht[...]», ZBJV 14 (1878/79), S. 4.
[53] So der Entwurf von Ignaz Paul Vital Troxler: Die eine und wahre Eidgenossenschaft im Gegensatz zur Centralherrschaft und Kantonsthümelei so wie zum neuen Zwitterbunde beider: nebst einem Verfassungsentwurf, Rapperswyl 1833. Vgl. auch KÖLZ I, S. 386 ff.
[54] Das Bundesgericht bestand in Fazys Entwurf erstmals aus 22 Richtern, die ausserdem durch die Kantone auf zehn Jahre gewählt wurden. Daneben sollten 300 Geschworene gewählt werden. Vgl. FAZY JAMES, Projet de constitution fédérale, Sonderauszug (Journal de Genève), Genève 1837, S. 10 ff.; vgl. auch KÖLZ I, S. 392.

und der Institution eines obersten Gerichtshofes sowie den Kompetenzen dieses obersten Gerichts.

Der Entwurf der Tagsatzungskommission sah immer noch einen obligatorischen Vermittlungsversuch vor und die Möglichkeit, die Streitigkeit an ein Schiedsgericht zu weisen. Im revidierten Entwurf der Tagsatzung von 1833 wurden letztlich sowohl der Vermittlungsversuch, als auch die Möglichkeit, den Streit an ein Schiedsgericht zu weisen, entfernt.

§ 2. Gesetzliche Grundlagen des Bundesgerichts

I. Verfassungsgrundlage

Nachdem Pfyffer die Schaffung eines Bundesgerichts vorgeschlagen hatte, enthielten alle folgenden Entwürfe eine solche Behörde – in der einen oder anderen Form. Die Notwendigkeit einer obersten gerichtlichen Behörde in einem Bundesstaat, schien die logische Folge eines Bundesstaates zu sein.[55]

1. Ausarbeitung der Verfassung

Die Verfassung der USA war in vielerlei Hinsicht in die schweizerische Verfassungsdiskussion eingebracht worden,[56] und hat die BV 1848 nicht nur in der Gestaltung der Bundesgerichtsbarkeit beeinflusst.[57] Daneben orientierte sich die Bundesgerichtsbarkeit an alt-eidgenössischen und an französischrevolutionären Vorbildern, welche die Macht der Richter begrenzt halten wollten.[58] So bildete die Bundegerichtsbarkeit in der Schweiz – ähnlich wie in den USA – für Bundeskompetenzen eine parallele Bundesgerichtsbarkeit,

---

[55] Vgl. VOGT, S. 1 ff.
[56] Vgl. HILLEBRAND I, S. 342 f.; für die Gründe dieses Vorgehens KÖLZ I, S. 623.
[57] Vgl. HILLEBRAND I, S. 342
[58] Vgl. KÖLZ I, S. 573.

die für eine einheitliche Anwendung von Bundesgesetzen sorgen sollte.[59] Die Kompetenzen des schweizerischen Bundesgerichts waren jedoch, im Vergleich mit denjenigen der Bundesgerichte der USA, weit beschränkter und umfassten insbesondere keine generelle Verfassungsgerichtsbarkeit.[60] Zu den Verfassungsbestimmungen über das Bundesgericht fand in der Revisionskommission keine Abstimmung statt.[61] Vor der Tagsatzung rechtfertigte die Kommission die Organisation der gerichtlichen Behörden durch die Darstellung eines Rechtsstreits zwischen Solothurn und Bern, wo sich Bern weigerte einen Schiedsrichter zu ernennen und damit ein Schiedsgericht verhindern wollte.[62] Mit diesen Unzulänglichkeiten vor Augen und der Tatsache, dass die Grundlagen des Bundesgerichts durch die früheren Entwürfe vorgezeichnet worden waren, schien es, als hätte man sich damit an die Idee eines obersten Gerichtshofes gewöhnt. Es fand in der Tagsatzung keine Eintretensdebatte statt, sondern es wurde sofort der Entwurf der Kommission beraten. Dies verwundert nicht, waren die Bestimmungen zum Bundesgericht im Verhältnis zu den gescheiterten Verfassungsentwürfen von 1832 und 1833 doch nur unwesentlich abgeändert worden.[63] Was sich geändert hatte, waren jedoch die politischen Mehrheitsverhältnisse, womit die siegrei-

---

[59] Die ursprüngliche Bundesgerichtsbarkeit der USA wird durch die involvierten Streitparteien (Botschafter, Gesandte, Konsuln, Einzelstaaten) bestimmt. Die nachträgliche Gerichtsbarkeit der Bundesgerichte der USA bestimmt sich einerseits nach den Streitparteien (unterschiedliche einzelstaatliche oder ausländische Staatsbürgerschaften) und andererseits nach den Streitgegenständen (Bundesverfassung, Bundesgesetze), vgl. OLDOPP BIRGIT, Das politische System der USA: Eine Einführung, Wiesbaden 2005, S. 90 f.

[60] Vgl. für einen ausführlichen zeitgenössischen Vergleich der Bundesgerichtsbarkeiten der Schweiz und der USA: RÜTTIMANN, S. 329 ff.

[61] Vgl. Protokoll über die Verhandlungen der am 16. August 1847 durch die hohe eidgenössische Tagsatzung mit der Révision des Bundesvertrags vom 7. August 1815 beauftragten Kommission, Bern 1848, S. 137.

[62] Vgl. Bericht über den Entwurf einer Bundesverfassung vom 8. April 1848, erstattet von der am 16. August 1847 von der Tagsatzung ernannten Revisionskommission, Bern 1848, S. 69, teilweise abgedruckt bei BRAND, S. 60 f.; den Fall erwähnt auch NÄGELI, S. 24.

[63] Vgl. BRAND, S. 61.

§ 2 Gesetzliche Grundlagen des Bundesgerichts

che liberale Mehrheit ihre Verfassungsvorstellungen nun durchsetzen konnte.[64]

2. Grundsätze des Bundesgerichts in der Verfassung

Das Bundesgericht bestand gemäss der BV von 1848 aus 11 Mitgliedern und 11 Ersatzmännern.[65] Dies entsprach in gewisser Weise dem Entwurf von James Fazy, welcher ebenfalls von 22 Mitgliedern ausging, was – wohl nicht zufällig – der Anzahl Kantone entsprach.[66] So waren die ersten 22 Mitglieder des Bundesgerichts alle aus verschiedenen Kantonen.[67] Dabei mussten sich aber die Halbkantone damit begnügen, dass immer nur einer von ihnen einen Bundesrichter stellen konnte. Noch 1864 wurde der frei werdende Sitz von Kasimir Pfyffer im Bundesgericht ganz selbstverständlich durch den Luzerner Jost Weber besetzt.[68] Dass die Bundesrichter als Vertreter ihres jeweiligen Standes verstanden wurden, zeigte sich auch in der Ausstandsregel von Art. 56 Ziff. 4 OG 1849, wonach sie in den Ausstand traten, sobald es sich um Angelegenheiten ihres Heimatkantons handelte.[69] In den Geschäftsberichten des Bundesgerichts wurden Bundesrichter und Suppleanten dementsprechend auch als «Mitglieder» ihrer Stände bezeichnet.[70] Gewählt wurden die Richter und Suppleanten von der Bundesversammlung für eine Amtsdauer von drei Jahren. Ihre Amtszeit war gleich lang wie diejenige von Nationalrat und Bundesrat,[71] wählbar war jeder Schweizerbürger, der auch in den Nationalrat wählbar war. Somit musste ein zukünftiger Bundesrichter min-

---

[64] Vgl. zu den Bemühungen der Liberalen, die konservative Minderheit zu unterdrücken, jüngst: Die Iren der Schweiz, in: NZZ am Sonntag vom 6. Juli 2008, Nr. 27, S. 13.
[65] Art. 95 BV 1848 i.V.m. Art. 1 OG 1849.
[66] Vgl. FISCHBACHER, S. 17 f. m.w.H.
[67] Vgl. BRAND, S. 71 f.
[68] Vgl. Journal de Genève vom 22. Januar 1864, Nr. 18, S. 1.
[69] Vgl. auch unten § 6.V.1, sowie Anm. 515.
[70] Vgl. Bericht der Kommission des Ständerathes über die Geschäftsführung des Bundesrathes und des Bundesgerichts während des Jahres 1859, so wie über die eidgenössische Staatsrechnung vom gleichen Jahre, vom 28. Juni 1860, BBl 1860 II 443 ff. (503 f.)
[71] Vgl. Art. 65 und Art. 84 BV 1848.

destens 20 Jahre alt und stimmberechtigt sein, nicht dem geistlichen Stand angehören und nach den Gesetzen seines Heimatkantons nicht vom Aktivbürgerrecht ausgeschlossen sein.[72] Konkret bedeutete dies, dass es für die Bundesversammlung möglich war, Laienrichter zu wählen.[73] Präsident und Vizepräsident wurden durch die Bundesversammlung auf ein Jahr, aus den Mitgliedern des Gerichts gewählt.[74] Da das Bundesgericht von 1848 eine nicht ständige Behörde war, erhielten die Bundesrichter kein Gehalt, sondern wurden durch Taggelder entschädigt,[75] genau so wie die Nationalräte.[76] Das Taggeld betrug für den Bundesgerichtspräsidenten und den Gerichtsschreiber je Fr. 20.–, für die Bundesrichter und Suppleanten Fr. 15.–.[77]

3. Unvereinbarkeiten

Die BV von 1848 sah nur sehr wenige Unvereinbarkeiten vor. Ins Bundesgericht war – wie bereits erwähnt – grundsätzlich jeder Schweizer Bürger wählbar, der in den Nationalrat wählbar war.[78] Damit wurden lediglich Geistliche zur Wahl ins Bundesgericht ausgeschlossen. Gemäss Art. 97 Abs. 2 BV 1848 waren ausserdem die Mitglieder des Bundesrates und vom Bundesrat gewählte Beamte von der Wahl ins Bundesgericht ausgeschlossen. Ein Bundesrichter konnte somit der Bundesversammlung angehören, jedes kantonale Amt bekleiden und jeden beliebigen Privatberuf ausüben.[79] Vor allem die Tatsache, dass die meisten Bundesrichter gleichzeitig der Bundesversammlung angehörten wurde nicht nur in späteren Publikationen

---

[72] Art. 97 BV 1848 i.V.m. Art. 63 und Art. 64 BV 1848.
[73] Vgl. dazu FISCHBACHER, S. 19 m.w.H.
[74] Art. 98 BV 1848.
[75] Vgl. Art. 99 BV 1848.
[76] Art. 68 BV 1848, im Gegensatz zu den Ständeräten, diese wurden gemäss Art. 72 BV 1848 durch die Kantone entschädigt.
[77] Vgl. Art. 1 des Bundesgesetzes über die Kosten der Bundesrechtspflege, die Gerichts- und Anwaltsgebühren und Entschädigungen, vom 24. Herbstmonat 1856, AS V 408 ff. Dazu kamen 70 Rappen Reisegeld pro Stunde Hin- und Rückweg; vgl. auch LITERARISCHES VERLAGSBUREAU, S. 46.
[78] Art. 97 Abs. 1 BV 1848.
[79] RÜTTIMANN, S. 370.

§ 2 Gesetzliche Grundlagen des Bundesgerichts 17

kritisiert,[80] sondern auch in zeitgenössischen.[81] So stellte beispielsweise das Journal de Genève die Frage, ob es «une position bien compatible» sei, wenn der damalige Bundesrichter und zukünftige Bundesrat Jakob Stämpfli der Vertreter des Kantons Basel-Landschaft im Prozess um Postentschädigung gegen den Bund war. Stämpfli fiel nichts Besseres ein, als diese heikle Position dadurch zu entschärfen, indem er das Bundesgericht ersuchte den Prozess vor dem 1. April 1855 zu entscheiden, weil er auf dieses Datum hin sein Amt als Bundesrat antreten sollte.[82]

Im historischen Zusammenhang wurde diese Ämterkumulation jedoch nicht nur als Problem angesehen, im Gegenteil galt sie auch als Vorteil, indem eine Person von ihrer gleichzeitigen Erfahrung in Gesetzgebung und Rechtsprechung profitieren konnte.[83] Neben diesen fehlenden horizontalen Unvereinbarkeitsbestimmungen[84] war es den Bundesrichtern ebenfalls gestattet, kantonale Ämter zu bekleiden, vertikale Unvereinbarkeitsregeln bestanden keine.[85] Immerhin hatten die Bundesrichter in Fällen, wo ihre Heimatkantone Streitparteien waren, in den Ausstand zu treten. Das Bundesgericht und die Bundesrichter waren jedoch den politischen Behörden keine Rechenschaft schuldig, was ihre Rechtsprechung betraf.[86] Ihre Urteile und Entscheidungen konnten von den politischen Behörden weder aufgehoben, noch abgeändert werden.[87] Wenn auch keine personelle Unabhängigkeit zwischen Bundesrichtern und Mitgliedern der Bundesversammlung bestand, so waren die obersten eidgenössischen Behörden sachlich und organisatorisch jedoch klar getrennt.

---

[80] Vgl. NÄGELI, S. 43; KÄGI, S. 185; KUNDERT, S. 172; HAEFLIGER, S. 1.
[81] Vgl. RÜTTIMANN, S. 370; BLUMER II, S. 55; BAUMGARTNER, S. 171 ff.; LITERARISCHES VERLAGSBUREAU, S. 39.
[82] Vgl. Journal de Genève vom 31. Dezember 1854, Nr. 310, S. 2.
[83] Vgl. KÖLZ I, S. 574.
[84] Vgl. zum Begriff: KIENER, S. 250 ff.
[85] Zum Begriff: KIENER, S. 252 f.
[86] So ausdrücklich im Bericht des schweiz. Bundesgerichtes an die hohe Bundesversammlung über seine Geschäftsführung vom Juli 1851 bis zum Juli 1853, vom 20. Juli 1853, BBl 1853 III 304.
[87] Vgl. zu diesen Voraussetzungen HÄFELIN/MÜLLER/UHLMANN, S. 398, Rz. 1857.

Solche positiven Überlegungen zur damaligen Ämterkumulation haben im heutigen Verständnis der Gewaltenteilung keinen Platz mehr. Die äussere Wahrnehmung der richterlichen Behörden scheint es nicht mehr zuzulassen, dass ein Mitglied einer richterlichen Behörde gleichzeitig ein Mandat der Legislative bekleidet. So wird Mitgliedern der politischen Behörden nicht mehr zugetraut, dass sie die Neutralität und Distanzierung wahren können, die für ein Richteramt nötig sind.[88] Dass ausserdem Bundesrichter gleichzeitig in den Parlamentskommissionen sassen, die die formelle Aufsicht über das Bundesgericht wahrnahmen, ist mit der heutigen Vorstellung von Gewaltenteilung nicht zu vereinbaren.[89]

Diese Einschätzung zeigt, dass sich die heutige Begründung von personellen Unvereinbarkeiten eher an der äusseren Wahrnehmung orientiert, als an konkreten Anzeichen von Beeinflussung der Rechtsprechung durch sachfremde Erwägungen.[90] In der Rechtsprechung des nicht ständigen Bundesgerichts finden sich – zumindest keine ausdrücklichen – sachfremden Erwägungen. Im Gegenteil zeigt die Äusserung Johann Jakob Blumers an den befreundeten Anwalt Karl Gustav König, dass sich die Bundesrichter durchaus ihrer unterschiedlichen Stellungen als Richter und Mitglieder der Bundesversammlung bewusst waren.[91]

II. Zuständigkeitsordnung

1. Einleitung

Die Zuständigkeitsordnung lässt erahnen, wo der von der Politik beabsichtigte Einflussbereich des Bundesgerichts lag. Die Zuständigkeiten ergaben sich einerseits direkt aus der Verfassung, andererseits enthielt die BV 1848 die Möglichkeit, dem Bundesgericht weitere Kompetenzen durch die Bun-

---

[88] Vgl. KIENER, S. 250 f.
[89] Vgl. zu den Rechenschaftsberichten auch unten § 3.IV.3.
[90] So auch vorwiegend die Argumentation bei KIENER, S. 250 ff.
[91] Vgl. unten § 10.III.2.

§ 2 Gesetzliche Grundlagen des Bundesgerichts 19

desgesetzgebung zu übertragen. Die Rechtsprechung über alle staatsrechtlichen Streitigkeiten blieb jedoch dem Bundesrat oder auf Beschwerde hin der Bundesversammlung vorbehalten.[92] Dies entsprach der damaligen Vorstellung, wonach das Bundesgericht lediglich den «Ballast» der Rechtsprechung in feststehenden Rechtsgebieten übernehmen sollte, während die politischen Behörden das Staatsrecht durch ihre Hoheit über Gesetzgebung und Rechtsprechung weiterentwickeln sollten.[93] Aufgrund der politischen Wahlen der Bundesrichter war dieser Gegensatz zwischen Bundesgericht und politischen Behörden auf den ersten Blick nicht ganz so schroff wie in Deutschland. Dort war die Figur des Richters als blosser Subsumtionsautomat[94] in erster Linie als politisches Mittel gedacht, um die Skepsis der politischen Behörden vor der Tätigkeit der Gerichte zu überwinden. Obwohl in der Praxis nie in dieser mechanischen Weise Recht gesprochen wurde – und wohl auch nicht werden kann – war diese Figur des rein anwendenden Richters geeignet, die Politik von seiner Ungefährlichkeit zu überzeugen.[95] Die politischen Behörden lehnten weniger den Richter an sich ab, als vielmehr die Rechtsprechung nach wissenschaftlichen Gesichtspunkten. Streitige Fragen, die über den Einzelfall hinausgingen, sollten durch einen demokratisch abgestützten, politischen Entscheid entschieden und nicht unter theoretischen Gesichtspunkten betrachtet werden.[96]

---

[92] Vgl. Art. 101 Abs. 1 BV 1848. Dieser Artikel wurde erst in den Beratungen der Tagsatzung noch abgeändert. Der Redaktionsentwurf sah vor, lediglich die «politischen Streitigkeiten» dem Bundesgericht vorzuenthalten. Dabei waren sich wohl nicht alle des signifikanten Unterschiedes bewusst gewesen. Die Änderung gab zu keinen Diskussionen Anlass, vgl. RAPPARD, S. 184.

[93] Vgl. Botschaft des Bundesrats betreffend Revision BV, BBl 1870 II 700.

[94] Der Begriff stammt von REGINA OGOREK und meint den Richter, der sich streng an das positive Recht bindet, ohne durch seine Rechtsprechung selbst Recht zu schaffen und steht somit dem Richterkönig diametral gegenüber. Vgl. OGOREK, Subsumtionsautomat, S. 1 f.; vgl. auch unten Anm. 1355.

[95] Vgl. dazu unten Kap. 6.I.

[96] So ausdrücklich Ersatzrichter Eduard Häberlin in der Thurgauer Zeitung vom 30. Dezember 1859, Nr. 310, S. 2, anlässlich des Entscheides in der Sache Heinrich Wolfrath gegen den Bund (vgl. Anhang §1. II. Doss. 372). Vgl. allgemein zur Wissenschaftlichkeit auch unten Kap. 6.I.

2. Zuständigkeiten gemäss Verfassung

a. Zivilrechtliche Streitigkeiten

Das Bundesgericht beurteilte als Zivilgericht Streitigkeiten nicht staatsrechtlicher Natur zwischen Kantonen unter sich und zwischen dem Bund und einem Kanton[97] sowie Streitigkeiten zwischen dem Bund und Korporationen oder Privaten, wenn diese Kläger waren und der Streitwert mindestens Fr. 3000.– betrug.[98] Handelte es sich um Streitigkeiten zwischen Kantonen oder zwischen einem Kanton und dem Bund, so geschah die Überweisung durch den Bundesrat. Lehnte dieser die Überweisung ab, so entschied die Bundesversammlung über die Kompetenzfrage. Diese Zuständigkeitsfrage konnte für den Prozessverlauf entscheidend sein, wie sich in einer Streitigkeit zwischen dem Fiskus des Kantons Schaffhausen und der Geistlichkeit des Kantons Schaffhausen zeigte. Die dort aufgeworfene Frage, ob die Geistlichkeit überhaupt eine Korporation war, war sowohl massgebend für die Zuständigkeit des Bundesgerichts, als auch für die Frage der materiellen Entscheidung über den Anspruch.[99]

Weiter übernahm das Bundesgericht als prorogierter Gerichtsstand[100] Streitigkeiten, wenn es von den Parteien angerufen wurde und der Streitwert mindestens Fr. 3000.– betrug.[101] Einen solchen bedeutenden Fall behandelte das Bundesgericht im Zürcher Kaufhausprozess, wo sich die Stadt Zürich und der Kanton Zürich im Streit um die Entschädigung für aufgehobene Zölle nach langem hin und her dazu durchringen konnten, gemeinsam das Bundesgericht als Schiedsgericht anzurufen.[102]

---

[97] Art. 101 Ziff. 1 lit. a und b BV 1848.
[98] Der Streitwert wurde durch Art. 47 Ziff. 2. OG 1849 festgesetzt, es handelt sich um Franken a.W.
[99] Vgl. unten § 10, insb. II. 2.
[100] Der Begriff «Schiedsgericht» wurde auf Antrag Solothurns mit 18,5 Stimmen nicht in die Verfassung aufgenommen, RAPPARD, S. 184. Womöglich aufgrund der schlechten Erfahrungen im Streit mit Bern, vgl. auch Anm. 49.
[101] Art. 102 BV 1848 i.V.m. Art. 47 Ziff. 4 OG 1849.
[102] Vgl. unten § 4.

§ 2 Gesetzliche Grundlagen des Bundesgerichts   21

Ebenfalls als *Zivilgericht* beurteilte das Bundesgericht Streitigkeiten in Bezug auf Heimatlosigkeit.[103] Dass diese Streitigkeiten nur wenig mit Zivilprozessen gemeinsam hatten,[104] zeigt die Fallstudie zum Heimatrecht des Christoph Hartmann.[105]

b. Strafsachen

Zur Strafrechtspflege bildete das Bundesgericht drei Kammern, die Anklagekammer, die Kriminalkammer und das Kassationsgericht.[106] Dabei durfte ein Bundesrichter in einer Angelegenheit nur Mitglied einer dieser Abteilungen sein.[107] Die Kriminalkammer bildete zusammen mit eidgenössischen Geschworenen – den Bundesassisen – das eidgenössische Strafgericht, den sogennanten Assisenhof. Dieses Assisengericht war nur für wenige Delikte zuständig. So urteilte es anfänglich häufig über eidgenössische Beamte, sofern diese ihm von der ernennenden Bundesbehörde zur strafrechtlichen Beurteilung überwiesen worden waren.[108] Weiter urteilte das Schwurgericht über Hochverrat, Aufruhr und Gewalt gegen Bundesbehörden, Verbrechen und Vergehen gegen das Völkerrecht[109] sowie über politische Verbrechen und Vergehen bei Unruhen, welche eine eidgenössische Intervention veranlasst hatten.[110] Dementsprechend kam das Schwurgericht auch selten zum Einsatz. Es finden sich lediglich 22 Fälle im Register der betreffenden Epo-

---

[103] Art. 101 Ziff. 3 BV 1848.
[104] Vgl. zur Frage, ob die Materie zu dieser Zeit als *zivilrechtlich* aufgefasst wurde, unten §5. III.
[105] Siehe unten § 6.
[106] Art. 8 OG 1849.
[107] Art. 9 OG 1849.
[108] Diese Zuständigkeit wurde 1853 grundsätzlich den Kantonen übertragen, vgl. unten § 13.VI.1.
[109] So hatte die Anklagekammer im Jahre 1860 zu entscheiden, ob gegen John Perrier Anklage zu erheben sei, der mit seinen Genossen in Savoyen einen Aufstand gegen Frankreich anzetteln wollte, vgl. Geschäftsbericht BGer 1860, BBl 1861 I 139. Vgl. dazu auch einen Brief von Victor Schily an Karl Marx vom 21. April 1860, in: Marx Karl/ Engels Friedrich, Briefwechsel September 1859 bis Mai 1860, bearb. von Galina Golovina [et al.], Berlin 2000, S. 497 ff.
[110] Art. 104 lit. a–d BV 1848.

che.[111] 1860 regte das Bundesgericht in seinem Geschäftsbericht darum an, die Amtsdauer der bis zu 2300 eidgenössischen Geschworenen[112] von drei Jahren zu erhöhen, da die Einberufung «eine wahre Seltenheit» geworden sei und bei den Wahlen lediglich eine «sehr matte» Teilnahme zu verzeichnen sei.[113] Der erste dieser Strafgerichtsfälle war 1853 derjenige gegen den Posthalter Johannes Eberle, der wegen Unterschlagung von Postgeldern zu einer Prügelstrafe und Gefängnis verurteilt wurde.[114]

Daneben existierte ein eidgenössisches Kassationsgericht, welches alle Nichtigkeitsbeschwerden gegen das Verfahren oder ein Urteil des Assisengerichts behandelte.[115] Hauptsächlich beurteilte dieses Gericht aber Kassationsbeschwerden gegen Urteile kantonaler Gerichte, gestützt auf das BG betreffend das Verfahren bei Übertretungen fiskalischer und polizeilicher Bundesgesetze (FStrV).[116] Das Kassationsgericht hatte bis 1874 22 Fälle zu behandeln.[117] Die meisten der Fälle betrafen kleinere Übertretungen des Zollgesetzes, wie diejenige des Fuhrmanns Pierre Jaquier, welcher seine Fracht am Schweizer Zoll unrichtig deklarierte und daraufhin gebüsst wurde.[118]

c. Staatsrechtliche Streitigkeiten

Auf Antrag Genfs wurde in den Beratungen der Tagsatzung der Art. 105 in die BV aufgenommen.[119] Diese Bestimmung sah vor, dass das Bundesgericht auch Klagen wegen der Verletzung von verfassungsmässigen Rechten beurteilen sollte, jedoch nur, wenn die Bundesversammlung eine solche Klage an das Bundesgericht überwies. Die Rechtsprechung in staatsrechtlichen Streitigkeiten war, wie bereits erwähnt, grundsätzlich Bundesrat und Bundesver-

---

[111] Vgl. Registraturband im Anhang § 1. I.
[112] Vgl. BAUMGARTNER, S. 171 ff. mit kritischer Würdigung.
[113] Geschäftsbericht BGer 1860, BBl 1861 I 139.
[114] Siehe unten § 13, die Prügelstrafe wurde ihm später durch die Bundesversammlung erlassen.
[115] Art. 103 BV 1848 i.V.m. Art. 13 und 14 OG 1849.
[116] AS I 87 ff.
[117] Vgl. die betreffenden Fälle im Registraturband im Anhang § 1. II.
[118] Siehe unten § 12.
[119] BRAND, S. 63.

§ 2 Gesetzliche Grundlagen des Bundesgerichts

sammlung vorbehalten.[120] In der gesamten Zeit des nicht ständigen Bundesgerichts wurde nur gerade einmal eine solche Streitigkeit überwiesen.[121]

3. Zuständigkeiten gemäss Bundesgesetzgebung

Art. 106 der BV von 1848 sah vor, dass die Bundesgesetzgebung weitere Fälle in die Kompetenz des Bundesgerichts weisen konnte. Davon machte die Bundesversammlung mehrmals Gebrauch.[122]

a. BG über die Organisation der Bundesrechtspflege, vom 5. Juni 1849

Bereits das Organisationsgesetz von 1849 (OG 1849)[123] dehnte die Zuständigkeit des Bundesgerichts aus. So erweiterte sich dessen Zuständigkeit um nicht staatsrechtliche Streitigkeiten zwischen ausländischen Klägern und dem Bund[124] sowie auf Schadenersatzklagen, die aus einem Verbrechen entstanden waren und nicht durch das Assisengericht behandelt werden konnten.[125] Näher betrachtet wird im besonderen Teil dieser Arbeit Art. 47 Ziff. 7 OG 1849, wonach bürgerliche Streitfälle durch die Gesetzgebung eines Kantons, im Einverständnis mit der Bundesversammlung, dem Bundesgericht übertragen werden konnten.[126] In der Stadt Schaffhausen führte dies zum

---

[120] Vgl. Art. 90 Ziff. 2; sowie Art. 74 Ziff. 15 und 16 BV 1848.
[121] Fall DUPRÉ, Urteil abgedruckt in ZSR II (1853), S. 41–47. Die Zustimmung zur Überweisung ans Bundesgericht kam sehr knapp zustande, im Nationalrat mit 40:39 Stimmen, vgl. Journal de Genève vom 13. August 1851, Nr. 190, S. 2. Der Bundesrat meinte im Vorfeld der Revision der Bundesverfassung von 1874, dass dies ursprünglich nicht so vorgesehen war, vgl. Vgl. Botschaft des Bundesrats betreffend Revision BV, BBl 1870 II 699; KÄGI, S. 551 f. m.w.H.
[122] Vgl. dazu BRAND, S. 60 ff.
[123] AS I 65 ff.
[124] Art. 47 Abs. 2 Ziff. 1 lit. c OG 1849.
[125] Art. 47 Abs. 2 Ziff. 5 OG 1849.
[126] Von dieser Möglichkeit machte einzig der Kanton Schaffhausen Gebrauch. Art. 61 Abs. 2 der Kantonsverfassung sah vor, dass Streitigkeiten zwischen einer Partei und dem Fiskus auf Begehren einer Partei, unter Umgehung der kantonalen Gerichte, am Bundesgericht anhängig gemacht werden konnten. Daher unrichtig: HIS, S. 464.

bereits erwähnten Streit um die Hospeswohnung zwischen dem Fiskus des Kantons Schaffhausen und der Geistlichkeit des Kantons Schaffhausen.[127]

b. BG betreffend die Verbindlichkeit zur Abtretung von Privatrechten, vom 1. Mai 1850

Das Bundesgericht beurteilte gemäss Art. 23 des Enteignungsgesetzes (EntG 1850)[128] Klagen des Eigentümers eines Enteignungsobjektes gegen den Bauunternehmer auf Schadenersatz aus einer Einschränkung des freien Verfügungsrechts, und Klagen des ehemaligen Eigentümers auf Rückgabe des Enteignungsobjekts gemäss Art. 47 EntG 1850. Die grösste Bedeutung kam jedoch der Beschwerde gemäss Art. 35 EntG 1850 gegen Entscheide der eidgenössischen Schätzungskommissionen zu. Dem Bundesgericht stand dabei ein Entscheidungsrecht zu, es konnte den Fall aber auch zur erneuten Beurteilung an die Schätzungskommission zurückweisen.[129] Der Fall Caspar Honegger gegen die Eisenbahn Wald–Rüti zeigt, wie eine solche Beschwerde durch einen gutachtlichen Entscheid erledigt wurde, ohne dass das Gesamtgericht ein Urteil zu fällen hatte.[130] Auf diese Weise konnte das Bundesgericht die Flut von Rekursen gegen Entscheide der Schätzungskommission bewältigen.

c. BG die Heimatlosigkeit betreffend, vom 3. Dezember 1850

Die grosse Zahl von heimatlosen Personen war schon in der Tagsatzungsperiode ein gesamteidgenössisches Problem. Die Kantone schoben die Heimatlosen oft zwischen ihren Kantonsgrenzen hin und her und verunmöglichten es ihnen, sich irgendwo dauernd niederzulassen und einem Gewerbe nachzugehen. Schon unter der Herrschaft des Bundesvertrages gab es Versuche,

---

[127] Vgl. Anm. 99, sowie unten § 10.
[128] AS I 319 ff.
[129] Vgl. Art. 35 EntG 1850.
[130] Siehe unten § 7.

§ 2 Gesetzliche Grundlagen des Bundesgerichts 25

dem Problem über Konkordate zu begegnen, mit der Bundesverfassung schliesslich wurde die Sache dem Bundesgericht übertragen.[131]

Die Kompetenz zur Entscheidung von Heimatlosen-Streitigkeiten war zwar bereits in Art. 101 Ziff. 3 der BV 1848 begründet, das BG die Heimatlosigkeit betreffend, vom 3. Dezember 1850 (HG 1850)[132] präzisierte jedoch das Verfahren dahingehend, dass der Bundesrat beim Bundesgericht den Prozess einzuleiten hatte. Der bezeichnete Kanton hatte dann auf Aufforderung hin einen anderen Kanton zu nennen, von dem er glaubte, dieser hätte die Einbürgerungspflicht zu erfüllen. Der bereits erwähnte Streit um das Heimatrecht des Christoph Hartmann, fand zwischen dem Kanton Zürich und dem Kanton Schaffhausen statt und wird unten ausführlich besprochen.[133]

d. BG über die Verantwortlichkeit der eidgenössischen Behörden und Beamten, vom 9. Dezember 1850

Das Verantwortlichkeitsgesetz von 1850 (VG 1850)[134] sah vor, dass Schadenersatzklagen gegen von der Bundesversammlung gewählte Beamte beim Bundesgericht anhängig gemacht werden konnten, sofern die Bundesversammlung beschloss, der Klage Folge zu geben. Lehnte die Bundesversammlung dies ab, so stand der Bund für den Anspruch ein, und die Klage war gegen ihn zu richten.[135] Anhand dieses, nach Meinung Gustav Vogts eher mangelhaft abgefassten Verantwortlichkeitsgesetzes,[136] hatte das Bun-

---

[131] Vgl. BRAND, S. 103 ff.; RAPPARD, S. 292 ff.; NÄGELI, S. 56 f.
[132] AS II 138 ff.
[133] Vgl. Anm. 105, sowie unten § 6.
[134] AS II 149 ff.
[135] Klagen gegen Beamte, welche nicht von der Bundesversammlung gewählt worden waren, waren an den Bundesrat zu richten. Falls dieser sie ablehnte, konnte der fehlbare Beamte vor den kantonalen Gerichten verklagt werden, vgl. dazu BRAND, S. 65. Einen Eindruck des Verfahrens vermittelt das Urteil des Bundesgerichts vom 8. Januar 1862, abgedruckt in ZSR XII (1864), S. 54 ff. und in ZVR N.F. II (1863), S. 108 ff., vgl. auch unten § 8.
[136] So VOGT, S. 411 ff.

desgericht auf Klage der Berner Gemeinde Thunstetten zu entscheiden, ob der Bundesrat für Verfehlungen seiner Konsuln haften musste.[137]

e. BG über den Bau und Betrieb von Eisenbahnen im Gebiete der Eidgenossenschaft, vom 28. Juli 1852

Art. 9 des BG über den Bau und Betrieb von Eisenbahnen[138] auferlegte den Eisenbahnverwaltungen gegenüber den Betreibern von Telegraphenlinien gewisse Pflichten.[139] Kam es hierüber zu einem Streit, dessen Wert mindestens Fr. 3000.– betrug, konnte dieser durch Übereinkunft der Parteien an das Bundesgericht gerichtet werden.[140]

f. Nachtragsgesetz betreffend die gemischten Ehen, vom 3. Hornung [Februar] 1862

Die Klage auf Scheidung einer gemischten Ehe – einer Ehe, bei der die Eheleute verschiedenen Konfessionen angehörten – konnte nach Art. 1 des Nachtragsgesetzes betreffend die gemischten Ehen (NGgE)[141] beim Bundesgericht eingereicht werden, sofern die Scheidung durch die kantonale Gesetzgebung entweder ganz ausgeschlossen wurde oder sie nicht von einem *bürgerlichen Richter* beurteilt wurde.[142] Wie es überhaupt zu diesem Gesetz kam und wie eine Frau diese Scheidungsmöglichkeit durch alle politischen und rechtlichen Instanzen durchsetzte, zeigt die Fallstudie zur Ehescheidung der Josepha Inderbitzin.[143]

---

[137] Siehe unten § 8.
[138] AS III 170 ff.
[139] Die Pflichten bestanden hauptsächlich im Unterhalt der Masten und Kabel, vgl. Art. 9 des betreffenden Gesetzes.
[140] Dies i.S.v. Art. 47 Ziff. 4 OG 1849.
[141] AS VII 126. Als Ergänzung des BG die gemischten Ehen betreffend, vom 3. Dezember 1850, AS II 130 ff.
[142] Damit sollte verhindert werden, dass sich klerikale Gerichte mit der Scheidung befassten. Vgl. dazu die Besprechung eines Urteils im Geschäftsbericht des Bundesgerichts von 1866, BBl 1867 I 457 ff., sowie BRAND, S. 116.
[143] Siehe unten § 11.

g. Bundesbeschluss betreffend die Verteilung des Reinertrages des Postregals an die Kantone, vom 24. Juli 1852

Art. 33 Ziff. 4 der BV 1848 verpflichtete den Bund, die Kantone für die Abtretung des Postmonopols zu entschädigen, das im Rahmen der Bundesverfassung auf den Bund übergegangen war. Die Höhe dieser Entschädigung setzte die Bundesversammlung mit dem Bundesbeschluss betreffend die Verteilung des Reinertrages des Postmonopols fest.[144] Gleichzeitig liess sie den Kantonen in Art. 2 des BB die Möglichkeit offen, gegen diese Festsetzung vor Bundesgericht zu klagen. Dass Kantone diese Möglichkeit nutzten, zeigt die Klage des Kantons Neuenburg betreffend seine Postentschädigung, die im Rahmen dieser Arbeit dargestellt wird.[145]

III. Fazit

So unbestritten die Notwendigkeit eines Bundesgerichtes in den Verfassungsentwürfen auch war, die Politik hegte gleichzeitig auch Befürchtungen vor einer *aristocratie de la robe*, also einer eigentlichen Richterkaste, die zum Machtfaktor im Institutionengefüge werden könnte.[146] Neben der kurzen Amtszeit von drei Jahren[147] und dem engen Kompetenzbereich diente auch die Möglichkeit, Laienrichter zu wählen dazu, das Bundesgericht in seiner Bedeutung zu relativieren.[148] Das Bundesgericht war in den Augen der Politiker nicht dazu da, um Recht zu machen, sondern nur um das Recht anzuwenden.[149] So sollten noch 1874 «keine Materien dem Bundesgerichte übergeben werden, in welchen die Rechtsverhältnisse noch schwankend

---

[144] AS III 237 ff.
[145] Siehe unten § 9.
[146] Vgl. zum Ausdruck: KÄGI, S. 206 m.w.H. VOGT stellte die Vermutung auf, dass das Jury-System vor allem deshalb aufgenommen wurde, um der Angst vor dieser Aristokratie zu begegnen, vgl. VOGT, S. 356.
[147] Die zu dieser Zeit aber auch für alle «Magistraten» galt.
[148] Vgl. FISCHBACHER, S. 29.
[149] Vgl. KÖLZ II, S. 490 f.

sind», im Gegenteil sollte das Bundesgericht den Ballast der Rechtsprechung übernehmen, während Bundesrat und Bundesversammlung das Recht fortentwickeln sollten.[150]

Für Werner Kägi bestand die Funktion des Bundesgerichts vor 1874 – im Gegensatz zu heute – darin, die Rechtsvereinheitlichung in wenigen ausgewählten Gebieten voranzutreiben.[151] Als Folge dieses Bestrebens haben sich die Gewaltenteilung und der Rechtsschutz in der BV von 1848 kaum entwickelt.[152] Diese Aussage scheint plausibel, wenn man die partikulären Kompetenzen des Bundesgerichts betrachtet. Es sollte einerseits die Kantone dazu zwingen, Heimatlose einzubürgern und gemischt konfessionelle Ehen zu scheiden, andererseits sollte es in ausgewählten Gebieten für eine bundesweite Rechtsvereinheitlichung sorgen, so im aufstrebenden Eisenbahnwesen und bezüglich der Haftpflicht von eidgenössischen Beamten. Nicht seine Aufgabe war es, für einen durchgängigen Rechtsschutz zu sorgen.[153] Diese Tatsache mag die Redaktion der ZBJV dazu bewogen haben, das Bundesgericht als «nebensächlicher Anhängsel» des Bundesorganismus zu bezeichnen, da es sich «mit so überaus wichtigen Dingen [beschäftigt], wie Scheidungen, konfessionell gemischte[r] Ehen, Expropriationsstreitigkeiten, Zutheilung von Heimathlosen etc.».[154]

---

[150] Vgl. Botschaft des Bundesrats betreffend Revision BV, BBl 1870 II 700.
[151] KÄGI, S. 187; OETER STEFAN, Die Beschränkung der Normenkontrolle in der schweizerischen Verfassungsgerichtsbarkeit: Ein Beitrag zu Entstehung und gegenwärtiger Bedeutung des Art. 113 Abs. 3 der Schweizer Bundesverfassung, in: Zeitschrift für ausländisches öffentliches Recht und Völkerrecht 50 (1990), S. 545–598, (560 f.); vgl. auch den Geschäftsbericht des Bundesgerichts des Jahres 1855, wo das Bundesgericht die Rolle des eidgenössischen Kassationsverfahrens explizit darin sah, die Vereinheitlichung des materiellen Strafrechts zu fördern, Geschäftsbericht BGer 1855, BBl 1856 I 1 ff. Weiter ging KUNDERT, der das Bundesgericht als «Ausschuss» der Bundesversammlung bezeichnete, vgl. KUNDERT, S. 172.
[152] KÄGI, S. 185.
[153] RAPPARD sah den Kompetenzbereich des Bundesgerichts nach der «freien Ansicht des Gesetzgebers festgesetzt», vgl. RAPPARD, S. 185.
[154] REDAKTION DER ZEITSCHRIFT DES BERNISCHEN JURISTENVEREINS, Die Bundesrevision und der schweizerische Juristenstand, in: ZBJV VI (1870), Nr. 4, S. 125–128 (125 f.).

Es liesse sich aber auch behaupten, dass diese Dinge durchaus wichtig waren, handelte es sich doch um Rechtsgebiete, die für den aufstrebenden Bundesstaat von einiger Bedeutung waren. Alleine die Bewältigung der zahlreichen Enteignungen im Rahmen des Eisenbahnbaus führte zu über 850 Rekursen gegen Entscheide der Schätzungskommissionen, die durch das Bundesgericht erledigt wurden. In diesem Sinne war das Bundesgericht für diejenigen Materien zuständig, bei denen ein Bedarf bestand, die Rechtsverhältnisse für die gesamte Eidgenossenschaft einheitlich zu regeln.[155]

Um zu klären, welche dieser Meinungen eher zutraf, ist es meines Erachtens unumgänglich, sich mit der konkreten Rechtsprechung des Bundesgerichts zu befassen. Die bundesgerichtliche Rechtsprechung bis 1874 bildet zum ersten Mal die Basis einer solchen Analyse und sollte es ermöglichen zu klären, was die tatsächliche Rolle des Bundesgerichts im Bundesstaat von 1848 war.

§ 3. Organisation der Bundesrechtspflege

I. Entwurf und Organisationsgesetz von 1849

1. Redaktionskommission des OG 1849

Um ein Gesetz über die Organisation der Bundesrechtspflege auszuarbeiten, ernannte der Bundesrat am 26. Dezember 1848 eine Kommission[156] bestehend aus JOHANN KONRAD KERN (Präsident), JOHANN JAKOB RÜTTIMANN (Redaktor),[157] JEAN-JACQUES CASTOLDI[158] und AUGUSTE MOSCHARD.[159]

---

[155] Was das Kassationsverfahren betraf, so erkannte dies das Bundesgericht auch selbst, vgl. Geschäftsbericht BGer 1856, BBl 1856 II 3.
[156] BBl 1849 I 253 f.
[157] RÜTTIMANN, JOHANN JAKOB (1813–1876). Der Zürcher Rüttimann besuchte Kollegien am Politischen Institut Zürich, war 1829 Notarsubstitut seines Vaters in Regensberg und 1831–34 Gerichtsschreiber am dortigen Bezirksgericht. Er war der Schöpfer der Bundesstrafprozessordnung von 1849 und des Militärstrafgesetzes von 1851. Rüttimann führte in diesen beiden Gesetzen sowie in den kantonalzürcherischen Prozessgesetzen das

Der Bundesrat veröffentlichte den Entwurf am 18. April 1849 im Bundesblatt[160] sowie am 27. April 1849 seine Botschaft dazu, welche ebenfalls von der Kommission erarbeitet worden war und «auch grösstentheils aus der Feder des Hauptredaktors des Gesetzesentwurfs» (Rüttimann) floss.[161] Nachdem die Räte am 4. (Ständerat) und 5. Juni (Nationalrat) den Entwurf angenommen hatten, trat das OG 1849 am 5. Juni 1849 in Kraft.[162]

Schwurgericht ein, das er in einer Studienreise nach England 1836 studiert hatte. Für seine Abhandlung über die Schwurgerichte erhielt er 1852 den Dr. iur. h.c. der Universität Zürich. An dieser hatte er sich 1844 als PD habilitiert und wurde 1854 zum Ordinarius für Zürcher Privatrecht. 1855–1876 war er ausserdem ordentlicher Professor für Staats- und Verwaltungsrecht am Polytechnikum Zürich. Rüttimann war 1844–56 Zürcher Justizdirektor und 1848–54 Bundesrichter. Auch wirtschaftlich war Rüttimann vielfältig engagiert, so z.B. als Mitbegründer der Zürich-Bodenseebahn und der Schweizerischen Kreditanstalt sowie als Verwaltungsrat der Rentenanstalt und der Nordostbahn. Vgl. RÜTTIMANN JOHANN JAKOB, Kleine vermischte Schriften juristischen und biographischen Inhalts, Zürich 1876; BuriLex, Johann Jakob Rüttimann.

[158] CASTOLDI, JEAN-JACQUES (1804–1871). Ursprünglich aus Italien stammend, wurde Castoldi 1827 Genfer Bürger und studierte Rechtswissenschaft in Genf und Paris. 1830 wurde er zum Dr. iur. ernannt und war fortan als Anwalt tätig. Als gemässigter Radikaler war er ein Gegner von James Fazy. Castoldi war mehrere Jahre im Genfer Stadtrat (Exekutive), 1842 war er Verfassungsrat und von 1848–1871 Genfer Grossrat. Er war Mitglied der provisorischen Regierung (1846–47) und Staatsrat (1853–55). Auf Bundesebene war Castoldi Nationalrat (1848–51) und Bundesrichter (1852–57). Berufungen zum Prof. für Strafrecht (1847) und römisches Recht sowie Rechtsgeschichte (1849) lehnte er ab. Vgl. SENARCLENS JEAN DE, Castoldi, Jean-Jacques, in: Historisches Lexikon der Schweiz (HLS), Bd. 3, Basel 2004, S. 239.

[159] MOSCHARD, AUGUSTE (1817–1900). Der Sohn eines Pastors studierte Recht in Bern und Genf, war danach als Anwalt in Moutier tätig. Moschard war Präsident des tribunal de district (1846–50) und procureur du Jura (1853–65). Der radikale Umsturz bei den Wahlen 1850 brachte ihn in den Berner Staatsrat, wo er das Bildungsdepartement übernahm. Da er mit den Reformideen nicht durchgrang, verliess er bereits 1852 die Regierung wieder. Moschard war Nationalrat (1852–54) und ab 1866 Mitglied des Berner Grossen Rates, den er 1896 präsidierte. Im Kulturkampf setzte sich der Protestant Moschard vehement für die Rechte der Katholiken im Jura ein. Vgl. GOBAT JEAN-PHILLIPE, Moschard, Auguste, in: Historisches Lexikon der Schweiz (HLS), Version vom 11. Februar 2005, URL: http://www.hls-dhs-dss.ch/textes/f/F4616.php.

[160] BBl 1849 I 331 ff.
[161] BBl 1849 I 435 ff.
[162] AS I 65 ff.; BBl 1849 II 261 ff.

2. Inhalt des OG von 1849

a. Anzahl und Amtsdauer der Richter

Das Bundesgericht bestand gemäss Art. 95 BV 1848 aus elf Mitgliedern, die Zahl der Ersatzmänner wurde der Bundesgesetzgebung überlassen. Art. 1 des OG 1849 legte nun deren Zahl auf ebenfalls elf fest.[163] Die Amtsdauer der Bundesrichter betrug drei Jahre,[164] wie diejenige von Bundesräten und Nationalräten. Das Bundesgericht bestellte selber seine Kanzlei,[165] indem es gemäss Art. 4 OG 1849 einen Gerichtsschreiber für die gleiche Amtsdauer wählte. Ausserdem wählte das Bundesgericht für die gleiche Amtszeit zwei Untersuchungsrichter, einen für die französischsprachige Schweiz und einen für die Deutschschweiz.[166]

b. Besetzung des Gerichts

Die erforderliche Besetzung des Gerichts variierte je nach Art des Geschäfts. Bei Wahlen und allen Geschäften, die im Plenum und damit nicht in einer Abteilung behandelt wurden, waren sieben Bundesrichter oder Suppleanten nötig.[167] Für Entscheide in Streitigkeiten zwischen Kantonen oder zwischen Kantonen und dem Bund waren neun Richter erforderlich.[168]
Hatte das Gericht über Strafsachen zu befinden, so teilte es sich auf in eine Anklagekammer, in eine Kriminalkammer (für jeden der fünf eidgenössischen Bezirke) und in ein Kassationsgericht.[169] Anklage- und Kriminalkammer waren mit je drei Bundesrichtern besetzt,[170] das Kassationsgericht mit

---

[163] In Art. 2 und 3 wiederholte das OG 1849 die Art. 96 und 98 der BV 1848, wonach die Amtsdauer der Richter und Suppleanten drei Jahre betrug und Präsident sowie Vizepräsident von der Bundesversammlung aus den Mitgliedern des Bundesgerichts auf ein Jahr gewählt wurden.
[164] Art. 2 OG 1849.
[165] Art. 100 BV 1848.
[166] Vgl. Art. 19 OG 1849.
[167] Art. 7 Abs. 1 OG 1849.
[168] Art. 7 Abs. 2 i.V.m. Art. 47 Ziff. 1 OG 1849.
[169] Art. 8 OG 1849.
[170] Art. 10 und Art. 12 OG 1849.

drei Richtern und dem Präsidenten des Bundesgerichts.[171] Kriminalkammer und Kassationsgericht wurden jährlich erneuert,[172] die Anklagekammer jährlich zu einem Drittel.[173] Für eine gültige Beschlussfassung war in allen Abteilungen die volle Zahl von Richtern nötig.[174]

c. Zeitpunkt und Ort der Sitzungen

Die jährliche ordentliche Sitzung des Bundesgerichts fand auf Einladung des Präsidenten unmittelbar nach der Gesamterneuerung des Bundesgerichts statt. In den Jahren, in denen keine Gesamterneuerungswahlen stattfanden, versammelte sich das Bundesgericht jährlich vor dem reglementarischen Zusammentreten der Räte,[175] um die Wahlen und andere Geschäfte zu behandeln.[176] Ausserordentliche Versammlungen des Bundesgerichts konnten durch den Präsidenten einberufen werden, falls ein dringendes Bedürfnis bestand.[177] Diese ausserordentlichen Sitzungen wurden schon bald zum Normalfall, da die Geschäftslast des Bundesgerichts vermehrte Sitzungen erforderte. So versammelte sich das Bundesgericht bereits 1854 insgesamt fünf Mal.[178]

Die ordentliche Sitzung fand jeweils in der Bundeshauptstadt Bern statt. Für die nicht ordentlichen Sitzungen berief der Bundesgerichtspräsident das Gericht an den Ort, den er für die zu behandelnden Geschäfte als geeignet empfand.[179]

Die Anklagekammer versammelte sich an dem Ort, den ihr Präsident jeweils festlegte,[180] wobei sie grundsätzlich in dem eidgenössischen Assisenbezirk tagte, in dem das Verbrechen oder Vergehen verübt worden war.[181]

---

[171] Art. 13 OG 1849.
[172] Art. 12 und 13 OG 1849.
[173] Art. 11 OG 1849.
[174] Art. 15 OG 1849.
[175] Art. 75 BV 1848.
[176] Art. 5 OG 1849.
[177] Art. 6 OG 1849.
[178] Vgl. Geschäftsbericht BGer 1854, BBl 1855 II 1.
[179] Art. 17 lit. a OG 1849.
[180] Vgl. Art. 17 lit. b und c OG 1849.

§ 3 Organisation der Bundesrechtspflege

II. Aufnahme der richterlichen Tätigkeit

1. Wahl und Konstituierung des ersten Bundesgerichts

Am 17. November 1848 wählte die Bundesversammlung die Mitglieder des ersten Schweizerischen Bundesgerichts.[182] So erstaunlich das klingen mag, die Bundesrichter waren keine unbekannten Männer. Unter den elf Richtern waren acht Mitglieder der Bundesversammlung, und vier Richter waren ehemalige Tagsatzungsgesandte.[183] Es handelte sich somit um eine kantonale Elite, welche im Bundesgericht Einsitz nahm.

Das Bundesgericht fand sich am 30. Juni 1849 zu seiner ersten Sitzung in Bern ein und erledigte seine administrativen Aufgaben. So nahm das Gericht Kenntnis von der Wahl der Ersatzrichter durch die Bundesversammlung und wählte die Bundesrichter in seine Kammern.[184]

2. Provisorische Verfahrensvorschriften

In seiner Sitzung im Jahre 1849 erledigte das Bundesgericht nur administrative Aufgaben. Am 26. Juni 1850 trat es erneut zusammen, um schliesslich mit seiner richterlichen Tätigkeit zu beginnen. Da das Gericht noch über kein Prozessgesetz verfügte, gab es sich selber provisorische Verhandlungsvorschriften. So verfügte der Bundesgerichtspräsident, dass von den Parteien Klageschrift und Klageantwort einzureichen seien, wobei diese lediglich die «species facti» enthalten sollten. Rechtserörterungen waren im mündlichen Verfahren vorzubringen.[185]

---

[181] Vgl. Art. 50 OG 1849.
[182] Es waren dies: JOHANN KONRAD KERN (Präsident), KASIMIR PFYFFER (Vizepräsident), JOHANN JAKOB RÜTTIMANN, PAUL MIGY, JOHANN RUDOLF BROSI, FRANZ KASPAR ZEN-RUFFINEN, LOUIS-EUGÈNE FAVRE, JOHANN JAKOB BLUMER, JEAN FOLLY, JOHANN CARL BRENNER und FRANZ JAUCH.
[183] Vgl. BRAND, S. 71.
[184] ABGer Prot. Bd. I, S. 1 ff.
[185] Vgl. BRAND, S. 73; vgl. auch unten Anm. 996 und 997.

Das Plenum entwickelte sogleich noch weitere Verfahrensvorschriften: Klage und Antwort sollten am Tage vor der Verhandlung vorgelesen werden, die Parteiverhandlungen waren öffentlich, die Urteilsberatungen jedoch geschlossen. Die Kanzlei des Bundesgerichts sollte nach den Rechtsvorträgen den faktischen Teil der Rechtsstreitigkeiten bearbeiten und der Referent einen Urteilsentwurf abfassen, Akten und Referate wurden nicht in Zirkulation gesetzt.[186]

3. Provisorisches Prozessgesetz

Die Bundesversammlung beauftragte im April 1850 den Bundesrat, ein Prozessgesetz für das Bundesgericht auszuarbeiten. Dieser ernannte dafür eine Kommission mit dem Redaktor Johann Jakob Rüttimann, welche am 2. Oktober 1850 einen Entwurf vorlegte. Der Bundesrat überarbeitete und erweiterte diesen und verabschiedete am 15. Oktober 1850 dazu eine Botschaft an die Räte.[187] Eine Kommission des Ständerates prüfte diesen Entwurf, und gestützt auf ihren Bericht vom 12. November 1850 wurde das BG über das Verfahren in bürgerlichen Rechtsstreitigkeiten[188] ohne Beratung als provisorisches Gesetz – beschränkt auf zwei Jahre – angenommen.

Das Verfahren vor Bundesgericht in bürgerlichen Rechtsstreitigkeiten zeichnete sich durch die Verhandlungs- und Dispositionsmaxime[189] sowie durch die Öffentlichkeit und Mündlichkeit des Verfahrens aus.[190] Der Prozess wurde bis zum Hauptverfahren durch ein Mitglied des Gerichts instruiert, sodass mittels einer durchgehenden Verhandlung vor dem Bundesgericht ein Urteil gefällt werden konnte.[191] Neben dem Rechtsbehelf der Erläuterung,[192] stand

---

[186] Vgl. ABGer Prot. Bd. I, S. 7 f.
[187] BBl 1850 III 835 ff.
[188] AS II 77 ff.
[189] Vgl. zur Verhandlungsmaxime Art. 2 und 4 BGbR, zur Dispositionsmaxime Art. 76 ff. BGbR.
[190] Art. 79 BGbR.
[191] Vgl. Art. 97 BGbR.
[192] Art. 197 f. BGbR.

§ 3 Organisation der Bundesrechtspflege 35

den Parteien lediglich das Rechtsmittel der Revision zur Verfügung.[193] Die Appellation gegen Beweisbeschlüsse des Instruktionsrichters war nicht möglich, jedoch konnte jede Partei einmal vor dem Ende des Hauptverfahrens die Reform erklären und damit das Verfahren bis zu einem von ihr gewählten Zeitpunkt zurück aufheben.[194] Mit Ausnahme der Reform,[195] lehnte sich das Verfahren eng an den gemeinen deutschen Zivilprozess an.[196]

III. Arbeitslast des Bundesgerichts

1. Sitzungen und Fallzahlen

In den knapp 25 Jahren seiner Tätigkeit, wurden über 1100 Streitfälle am Bundesgericht anhängig gemacht.[197] Die Anzahl der betroffenen Personen war jedoch um einiges höher, da das Bundesgericht Art. 6 des BGbR, wonach für eine Streitgenossenschaft ein gemeinschaftliches Recht erforderlich war, in Expropriationssachen nicht «strikt» angewendet hatte.[198] So nahm das Bundesgericht bereits eine Streitgenossenschaft an, wenn die Fälle *gleichartig* waren. Sofern die betroffenen Grundstücke sich in derselben Gemeinde befanden oder sogar dann, wenn sie an der gleichen Bahnlinie lagen, erleichterte man so den Betroffenen die Prozessführung, ein gemeinschaftliches Recht wurde nicht verlangt.[199] Aus diesem Grund sind die Fallzahlen mit einer gewissen Unsicherheit behaftet, welche nur durch ein Studium aller Dossiers hätte beseitigt werden können. Nur etwa 500 Streitfälle wurden durch Urteil des Bundesgerichts erledigt, alle anderen wurden ent-

---

[193] Art. 192–197 BGbR
[194] Vgl. zur Reform unten § 4.V.2.a.
[195] Vgl. HILLEBRAND II, S. 51.
[196] Vgl. HILLEBRAND II, S. 48, er bezeichnete es als «gedrängte Fassung» bekannter Grundregeln des gemeinen deutschen Zivilprozesses.
[197] Vgl. Anhang § 1.
[198] Vgl. ausführlich zu den Rekursen gegen Entscheide der Schätzungskommissionen unten § 7.
[199] Vgl. Geschäftsbericht BGer 1856, BBl 1857 I 614.

weder durch Vergleich oder – in Beschwerden gegen Entscheidungen der eidgenössischen Schätzungskommissionen die Regel – durch Annahme des gutachtlichen Entscheides des Instruktionsrichters erledigt. Überhaupt lag die Hauptlast der juristischen Arbeit beim jeweiligen Instruktionsrichter.[200] Dieser hatte das Verfahren soweit vorzubereiten, dass das Plenum in einer durchgehenden Sitzung zu einem Urteil gelangen konnte.[201] Doch auch das Gesamtgericht versammelte sich bis zu sechs Mal pro Jahr und man fragt sich, wie die vielfältig engagierten Bundesrichter dies bewältigen konnten. Die meisten von ihnen waren gleichzeitig Parlamentarier und meist auch in ihren Heimatkantonen politisch, juristisch oder in der Wirtschaft beschäftigt. Gleichzeitig führten sie selbständig die ganze Korrespondenz mit den Parteien, wovon die Schreiben der Bundesgerichtspräsidenten und der Instruktionsrichter in den Akten zeugen.

2. Verteilung der Fälle nach Rechtsgebieten[202]

Die Beschwerden gegen Entscheide der Schätzungskommissionen beschäftigten das Bundesgericht bei weitem am meisten, sie machten gut 70 Prozent der Fälle aus. 102 Entscheide betrafen Ehescheidungen und in 47 Fällen waren Heimatlose einzubürgern. Neben einer einzigen Verfassungsbeschwerde, hatte das Bundesgericht 65 zivilrechtliche Streitigkeiten im weiteren Sinne zu beurteilen. Diese setzten sich sowohl aus Streitigkeiten zwischen Kantonen oder zwischen Kantonen und dem Bund zusammen, als auch aus Streitigkeiten, in denen das Bundesgericht als Schiedsgericht ange-

---

[200] Vgl Geschäftsbericht BGer 1863, BBl 1864 I 221.
[201] Vgl. Art. 97 BGbR. Dass sich die Sitzungen über Tage hinzogen, wie HAEFLIGER berichtet, stimmt zwar, doch wurden in solchen Sitzungen mehrere Fälle verhandelt. Nur die wenigsten, äusserst komplexen Fälle – wie der Zürcher Kaufhausprozess – benötigten zwei Verhandlungstage. Im Gegenteil kam es vor, dass das Bundesgericht sogar fünf Scheidungen an einem Tag entschied (Vgl. ABGer Doss. 820–825, Tabelle im Anhang). Das Verfahren war trotz Unmittelbarkeit und Mündlichkeit nicht derart schwerfällig, wie HAEFLIGER behauptet, vgl. HAEFLIGER, S. 1.
[202] Vgl. auch die Tabelle im Anhang

§ 3 Organisation der Bundesrechtspflege

rufen worden war. In Strafsachen hatte der Assisenhof elf Fälle zu beurteilen, das Kassationsgericht in 22 Fällen über eine Kassation zu befinden.

IV. Weitere Aufgaben des Bundesgerichts

1. Stellungnahme zum Prozessgesetz

Als das BGbR verabschiedet worden war, einigten sich die Räte darauf, eine artikelweise Beratung zu vermeiden und dafür nach einer Frist von zwei Jahren, die Praxistauglichkeit des Gesetzes zu überprüfen. Dieses ungewöhnliche Vorgehen entsprach laut Johann Jakob Blumer «der Eigenthümlichkeit der Frage, um die es sich handelte».[203] Da das Bundesgericht in der kurzen Zeit jedoch noch kaum Erfahrungen mit dem Prozessgesetz gemacht hatte, beschlossen die Räte am 24./26. Juli 1852 das provisorische Prozessgesetz einstweilen um weitere drei Jahre zu verlängern.[204] Erst dann sollte eine einlässliche Beratung in den Räten stattfinden und das revidierte Gesetz definitiv angenommen werden. Doch auch nach weiteren drei Jahren hatte das Bundesgericht erst 13 Fälle nach dem BGbR behandelt, weshalb das Gericht sich wohl zu einer politischen Argumentation für die definitive Annahme des BGbR hinreissen liess: «Diesem unseren Antrage liegt nicht die Ueberzeugung zu Grunde, dass das Project nicht noch in manchen Theilen der Verbesserung fähig wäre; wir bezweifeln jedoch, dass die einlässliche Erörterung desselben in beiden Räthen, […], ein Werk zu Tage zu fördern vermöchte, welches den Anforderungen der Consequenz entsprechen würde.»[205]

---

[203] Vgl. Bericht der ständeräthlichen Kommission über die definitive Annahme des bisher provisorisch in Kraft bestandenen Bundesgesezes über das Verfahren beim Bundesgerichte in bürgerlichen Rechtsstreitigkeiten, BBl 1855 II 381 ff. (382).
[204] Beschluß, betreffend das Fortbestehen des Gesezentwurfs über das Verfahren bei dem Bundesgerichte in bürgerlichen Rechtsstreitigkeiten, AS III 181 f.
[205] Geschäftsbericht BGer 1854, BBl 1855 II 4 ff.

Das Gesetz wurde schliesslich am 13. September 1855 definitiv angenommen[206] und blieb über hundert Jahre mit wenigen Änderungen in Kraft.[207] Als das Prozessgesetz deflinitiv angenommen worden war, stellte sich das Bundesgericht die Frage, ob es sich nun ein Geschäftsreglement geben sollte, um den Ablauf seiner Tätigkeiten genauer zu regeln. Das Gericht verzichtete jedoch darauf, unter anderem mit der Begründung: «Oft sind auch die Reglemente mehr geeignet, Complicationen zu veranlassen, anstatt dieselben zu heben.»[208]

2. Aufsicht über die Schätzungskommissionen

Gemäss Art. 28 des Enteignungsgesetzes von 1850, kam dem Bundesgericht die Aufsicht über die Schätzungskommissionen zu. Eine solche Schätzungskommission bestand aus drei Mitgliedern, wobei je ein Mitglied vom Bundesrat, vom Bundesgericht[209] und von der Kantonsregierung des betroffenen Gebietes ernannt wurde.[210] Dieser Aufsichtspflicht kam das Bundesgericht unter anderem nach, indem es ein Reglement für die Schätzungskommissionen aufstellte.[211]

---

[206] Bundesbeschluss über die definitive Annahme des Gesezes über das Verfahren bei dem Bundesgerichte in bürgerlichen Rechtsstreitigkeiten, AS V 124 f.

[207] Die Änderungen waren lediglich: Die Umwandlung der Währungsangaben in Franken neuen Wertes (AS III 183 Art. 2 Ziff. 10), einige Änderungen im Zusammenhang mit der Revision des OG von 1911 (AS 28 129 Art. 227 Abs. 1 Ziff. 5) und eine Änderung im Novenrecht (BS 3 531 Art. 165). Das Gesetz wurde ersetzt durch das BG über den Bundeszivilprozess, vom 4. Dezember 1947 (SR 273), vgl. BRAND, S. 77 f. m.w.H.

[208] Geschäftsbericht des Bundesgerichts 1856, BBl 1857 I 615.

[209] Falls sich das Bundesgericht einzig zur Ernennung eines Mitglieds einer Schätzungskommission hätte versammeln müssen, so ernannte der Bundesgerichtspräsident das Mitglied allein, vgl. Art. 27 EntG 1850.

[210] Art. 27 EntG 1850; vgl zu den Schätzungskommissionen auch unten § 7.II.1.a.

[211] Reglement für die durch das Bundesgesez vom 1. Mai 1850, betreffend die Verbindlichkeit zur Abtretung von Privatrechten aufgestellten eidgenössischen Schäzungskommissionen, vom 22. April 1854, AS IV 214 ff.

3. Rechenschaftsberichte an die Bundesversammlung

Das Bundesgericht stand – wie auch der Bundesrat – unter Oberaufsicht der Bundesversammlung.[212] Daraus ergab sich die Pflicht, der Bundesversammlung jedes Jahr einen einlässlichen Bericht über die verschiedenen Zweige der Bundesrechtspflege zu erstatten.[213] Im ersten gedruckten Bericht interpretierte das Bundesgericht diese Pflicht zur Berichterstattung dahingehend, der Bundesversammlung weder den näheren Inhalt der Prozesse zu erläutern, noch seine materiellen Entscheidungen zu rechtfertigen. Da ausserdem die Kompetenzen des Bundesgerichts derart eng umrissen seien, falle der Bericht notwendigerweise kurz aus.[214]

Anfangs der 1850er Jahre nahmen die Ratskommissionen ihre Oberaufsicht noch wahr und äusserten sich mehr oder weniger ausführlich zur Tätigkeit des Bundesgerichts,[215] verständlicherweise besonders dort, wo es sich um Gutachten und Bemerkungen zu Bundesgesetzen handelte.[216] Dies änderte sich jedoch im Laufe der 1860er Jahre. In den Kommissionsberichten, die sich mit den Geschäftsberichten des Bundesgerichts ab 1862 beschäftigten,

---

[212] Vgl. Art. 74 Ziff. 14 BV 1848 und Art. 73 OG 1849. Unrichtig daher HIS, S. 316, wonach erst die BV von 1874 dieses Aufsichtsrecht vorsah.

[213] Trotzdem deckten die ersten Berichte eine grössere Zeitspanne ab. Der erste (ungedruckte) Geschäftsbericht behandelte die Jahre 1849–1851, der zweite die Jahre 1851–1853 (BBl 1853 III 303–309). Die Umstellung auf eine jährliche Berichterstattung bedurfte eines Bundesbeschlusses, vgl. Bundesbeschluss betreffend die Geschäftsführung des Bundesgerichtes im Jahr 1852, vom 4. Augstmonat 1853, AS III 593 f. (593); sowie Geschäftsbericht BGer 1853, BBl 1854 II 461.

[214] Vgl. Bericht des schweiz. Bundesgerichtes an die hohe Bundesversammlung über seine Geschäftsführung vom Juli 1851 bis zum Juli 1853, vom 20. Juli 1853, BBl 1853 III 304.

[215] Üblich waren jeweils Angaben zu Gesetzesarbeiten oder öfters die Aufforderung, gewisse Prozesse zügig durchzuführen. Besonders ausführlich äusserte sich die Kommission jedoch zum Bericht des Jahres 1859, wo sie materielle Ausführungen über mehrere Seiten machte und Ungenauigkeiten im formellen Geschäftsgang bemängelte. In dieser Hinsicht war dieser Bericht einzigartig, der Berichterstatter war Johann Jakob Blumer, zu dieser Zeit selbst Bundesrichter, vgl. Bericht der Kommission des Ständerathes über die Geschäftsführung des Bundesrathes und des Bundesgerichts während des Jahres 1859, so wie über die eidgenössische Staatsrechnung vom gleichen Jahre, BBl 1860 II 500 ff. (501 ff.).

[216] So die Kommissionsberichte über die Geschäftsführung des Bundesgerichts von 1854, 1855 und 1856, BBl 1855 II 149 ff., BBl 1856 II 92 f., BBl 1857 I 808.

fällt eine bemerkenswerte Gleichgültigkeit der Kommissionen gegenüber der Arbeit des Bundesgerichts auf. Die Berichte der Kommissionen beschränkten sich auf Bemerkungen wie: Das Bundesgericht hat seine Aufgabe «mit gewohntem Eifer und Umsicht erledigt».[217]

Es ist unklar, warum die Bundesversammlung ihr Aufsichtsrecht immer weniger wahrnahm. Personell hat es der Kommission an juristisch versierten Mitgliedern nicht gemangelt, im Gegenteil, gehörte doch ein Grossteil der Bundesrichter gleichzeitig auch dem Parlament an. Womöglich lag es an der Tatsache, dass sich im Laufe der Jahre der Inhalt der Geschäftsberichte wandelte. Im Bericht des Jahres 1859 legte das Bundesgericht beispielsweise seine Rechtsprechung zum Art. 12 des EntG 1850 dar und nahm damit erstmals Stellung zu einer Auslegung eines Bundesgesetzes.[218] Im nächsten Bericht konkretisierte das Bundesgericht sein Aufsichtsrecht über die Schätzungskommissionen nach Art. 28 EntG 1850.[219]

Ohne auf die einzelnen Fälle einzugehen, zeigt sich eine Tendenz des Bundesgerichts, in seinen Geschäftsberichten auch zentrale «Leitentscheide» zu veröffentlichen. Im Bericht des Jahres 1862 rechtfertigte das Bundesgericht seine ausführlicheren Erläuterungen zu gewissen Fällen, mit der Begründung, sie würden auf Grund ihrer rechtlichen Fragen oder ihrer Forderungssummen «bei weiteren Kreisen […] ein grösseres Interesse [bieten]».[220] Auf diese Argumentation nahm auch der Bericht des Jahres 1863 Bezug, wo den ausführlicher erwähnten Prozessen zwar nicht eine solche Wichtigkeit wie den vorjährigen zugebilligt wurde, einige Bemerkungen dagegen doch als angebracht empfunden wurden.[221] Auf den Punkt brachte es erst der Bericht des Jahres 1865: «Unter diesen Prozessen hat keiner eine hohe Wichtigkeit, weder rücksichtlich der Grösse der streitig gewesenen Interessen, noch we-

---

[217] Vgl. Bericht der Kommission des Ständerathes über die Geschäftsführung des Bundesrathes und des Bundesgerichts während des Jahres 1863, so wie über die eidgenössische Staatsrechnung vom gleichen Jahre, BBl 1864 II 81 ff. (130).
[218] Vgl. Geschäftsbericht BGer 1859, BBl 1860 II 403 f.
[219] Vgl. Geschäftsbericht BGer 1860, BBl 1861 I 138.
[220] Vgl. Geschäftsbericht BGer 1862, BBl 1863 I 382.
[221] Vgl. Geschäftsbericht BGer 1863, BBl 1864 I 222.

§ 3 Organisation der Bundesrechtspflege   41

gen der dabei zum Entscheide gelangten Rechtsfragen; doch mögen einige Angaben über die Rechtsanschauungen, welche uns bei mehreren Urtheilen geleitet haben, nicht ausser Platz sein.»[222]
Es scheint, als hätte das Bundesgericht seine Geschäftsberichte dazu genutzt, einige zentrale Entscheidungen einem grösseren Publikum zu eröffnen. Da dem nicht ständigen Bundesgericht während der ganzen Zeit seines Bestehens kein ordentliches Publikationsorgan zur Verfügung stand, war es dem Gericht womöglich ein Anliegen, seine Entscheidungen auf diese Weise – wenn auch nur sehr selektiv – zu publizieren. Die erwähnten Begründungen lassen keinen eindeutigen Schluss zu. Das Bundesgericht rechtfertigte seine Ausführungen auch damit, dass Prozesse grosse Forderungssummen betrafen oder aus der Perspektive anderer Betrachter rechtlich «interessant» waren. Doch gab es auch Berichte wie derjenige von 1865, wo das Bundesgericht seine eigene Dogmatik der Entscheidfindung einer breiteren Öffentlichkeit bekannt machen wollte.[223]

---

[222] Vgl. Bericht des schweizerischen Bundesgerichtes an die hohe Bundesversammlung über seine Geschäftsführung im Jahr 1865, vom 7. Februar 1866, BBl 1866 I 253 ff. (253).
[223] Vgl. oben Anm. 222.

Kapitel 2: Zivilrechtspflege

§ 4. Der Zürcher Kaufhausprozess – Bundesgericht als Schiedsgericht

I. Einleitung

Die erstinstanzliche Zivilgerichtsbarkeit des nicht ständigen Bundesgerichts erstreckte sich auf Streitigkeiten zwischen Kantonen und zwischen Kantonen und dem Bund[224] sowie auf Streitigkeiten zwischen Privaten oder Korporationen als Kläger gegen den Bund als Beklagten.[225] Daneben war das Bundesgericht verpflichtet, Streitigkeiten mit einem Streitwert von Fr. 3000.– zu übernehmen, sofern es von den Parteien angerufen wurde.[226] Auf diese Weise war das Bundesgericht als prorogierter Gerichtsstand oder eben als Schiedsgericht tätig, wobei dieser Begriff in den Beratungen der Tagsatzung zur Verfassung von 1848 absichtlich vermieden worden war.[227]

Heute bezeichnet der Begriff des Schiedsgerichtes ein Gericht aus Privatpersonen, welches im Gegensatz zur staatlichen Gerichtsbarkeit steht, welchem jedoch die Entscheidungsgewalt vom Staat verliehen worden ist.[228] In der alten Eidgenossenschaft und bis zur Gründung des Bundesstaates hatten Schiedsgerichte jedoch eine staatstragende Funktion, indem sich aus den Bundesbriefen ein institutionalisiertes Rechtsverfahren entwickelte, das *Eidgenössische Recht*.[229] Nach 1874 beschränkte sich die Schiedsgerichtsbarkeit

---

[224] Vgl. Art. 101 Ziff. 1 lit. a und b BV 1848.
[225] Vgl. Art. 101 Ziff. 2 BV 1848.
[226] Vgl. Art. 102 BV 1848 i.V.m. Art. 47 Abs. 1 Ziff. 4 OG 1849.
[227] Vgl. oben Anm. 100.
[228] Vgl. BERGER BERNHARD/KELLERHALS FRANZ, Internationale und interne Schiedsgerichtsbarkeit in der Schweiz, Bern 2006, S. 1 f.
[229] Vgl. zum Eidgenössischen Recht: oben Anm. 22.

dann vor allem darauf, internationale und private Streitigkeiten zu schlichten. In der internationalen Schiedsgerichtsbarkeit wurden die Streitigkeiten weiterhin – wie innerstaatlich vor 1848 – nicht danach unterschieden, ob es sich um öffentlich-rechtliche oder privatrechtliche Materien handelte.[230]
In diesem Sinne ist die Schiedsgerichtsbarkeit des Bundesgerichts von 1848 wohl als Übergangserscheinung zu beurteilen. Im Bestreben, sich nicht in die kantonale Gerichtsorganisation einzumischen, wurde das Bundesgericht nur zuständig, sofern sich die Parteien darauf einigen konnten, die Streitigkeit vor Bundesgericht auszutragen. Diese föderalistische Zurückhaltung war durchaus berechtigt, wie sich im folgenden Fall zeigen wird. Als Schiedsgericht konnte das Bundesgericht am ehesten eine neutrale, weil von der Streitsache weiter entferntere Institution darstellen. Eine solche war im Zürcher Kaufhausprozess um so nötiger, als sich mit der Stadt Zürich eine wirtschaftlich mächtige Gemeinde gegen den Kanton Zürich wehrte und sich weigerte, sich unter die Gerichtsbarkeit des Kantons zu stellen, weil sie fürchtete, durch die Mehrheit von Zürcher Kantonsbürgern im Bezirks- und Obergericht kein faires Verfahren erwarten zu können und es die ländliche Mehrheit im Zürcher Kantonsrat in der Hand hatte, die Zürcher Gesetze so abzuändern, dass die Ansprüche der Stadt Zürich in der kantonalen Gerichtsbarkeit nicht durchgesetzt werden konnten.

II. Vorgeschichte

Seit Jahrhunderten bezog die souveräne Stadt Zürich von Waren, welche in die Stadt gebracht wurden oder die Stadt verliessen, sogenannte Kaufhausgebühren.[231] Das Kaufhaus[232] gehörte den Kaufleuten der Stadt Zürich und

---

[230] Vgl. SENN MARCEL, Schiedsgericht, Kap. 4, in: Historisches Lexikon der Schweiz (HLS), Version vom 25. September 2006, URL: http://www.hls-dhs-dss.ch/textes/d/D9602-1-4.php.
[231] Zu Herkunft und Bestand dieses Rechts: DERNBURG I, S. 5 ff.
[232] Das Kaufhausgebäude befand sich seit 1839 im ehemaligen Kornhaus gegenüber dem Fraumünster, an der Stelle des heutigen Waldmann-Denkmals. Das Gebäude wurde 1897

war eine Anstalt, die nicht in erster Linie dem Warenhandel diente, sondern eine Zollstätte war. Waren, die in die Stadt kamen, die Stadt verliessen oder deren Transit durch die Stadt führte, mussten im Kaufhaus verzollt werden.[233]

Die Bundesverfassung von 1848 gab dem Bund nun das Recht, alle Zölle, und insbesondere auch Kaufhausgebühren, im Gebiete der Eidgenossenschaft aufzuheben.[234] Gestützt auf diese Bestimmung erliess der Bund am 1. September 1849 das BG über das Zollwesen. In Art. 56 erklärte das Gesetz unter anderem die Kaufhausgebühren für aufgehoben und beauftragte den Bundesrat, sich mit den Kantonen über eine Entschädigung für die Enteignung bestehender Rechte zu einigen. Die Kantone ihrerseits, hatten sich daraufhin mit den Gemeinden und Korporationen zu einigen.[235]

Die Stadt Zürich lag mit dem Kanton Zürich bereits seit Mitte der dreissiger Jahre des 19. Jahrhunderts im Streit über die Kaufhausgebühren.[236] Der Kanton stellte sich auf den Standpunkt, der Stadt stünde seit längerem gar kein obligatorisches Recht mehr zu, und damit schulde er der Stadt auch keine Entschädigung im Rahmen der eidgenössischen Zollgesetzgebung. Der Kanton Zürich begründete seinen Standpunkt hauptsächlich mit folgenden zwei Argumenten.

1. Vertrag vom 22. April 1834

Im Zuge der fortschrittlichen Zollgesetzgebung des Kantons Zürich in den dreissiger Jahren des 19. Jahrhunderts, ging die Regierung des Kantons Zü-

---

abgerissen. Bilder des ehemaligen Gebäudes finden sich (neben weiteren Informationen) bei: ZURLINDEN SAMUEL, Hundert Jahre Bilder aus der Geschichte der Stadt Zürich in der Zeit von 1814–1914, Bd. II, S. 119, 365 f.

[233] Vgl. allgemein zum Kaufhaus: Deutsches Wörterbuch von Jacob Grimm und Wilhelm Grimm, Leipzig 1854–1960, Bd. 11, Spalte 333–336.
[234] Art. 24 BV 1848.
[235] Art. 56 Abs. 4 ZG 1849.
[236] Vgl. dazu die NZZ vom 8. Oktober 1851, Nr. 281, wo Rüttimann darlegt, dass Kanton und Stadt bereits seit 1834 unterschiedliche Ansichten über den Zwangscharakter der Kaufhausgebühren hatten.

rich 1834 daran, die Kaufhausgebühren zu senken. Dies geschah folgendermassen: In der Stadt Zürich existierte ein sogenannter Direktorialfonds, welcher vom kaufmännischen Direktorium[237] verwaltet wurde. Der Fonds wurde unter anderem aus den Einkünften des Post- und Botenwesens, sowie aus den Kaufhausgebühren gespiesen. Der Kanton und die Kaufmänner gerieten Anfangs der dreissiger Jahre in Streit über das Eigentum an diesem Fonds. Der Streit wurde beigelegt, indem der Kanton der Kaufmannschaft einen Teil des Fonds, im Wert von Fr. 700 000.– übergab. Gleichzeitig wurde dem kaufmännischen Direktorium die Pflicht auferlegte, sich mit der Stadt über die Festsetzung der Kaufhausgebühren zu einigen; wobei der Kanton an einer Ermässigung der Gebühren interessiert war.[238]
Ergebnis dieser Einigung war ein Vertrag zwischen der Stadt und den Kaufmännern von 1834,[239] in welchem die Gebühr für alle Benützer des Kaufhauses auf das Niveau der Stadtbürger gesenkt wurde.[240] Die Stadt erhielt dafür eine Entschädigung von Fr. 170 000.– ausbezahlt. Der Vertrag wurde in der Folge durch den Grossen Rat des Kantons Zürich ratifiziert.[241] Von einer *Aufhebung* der Kaufhausgebühr war im Vertrag jedoch nirgends die Rede.

2. Kantonale Gesetzgebung der dreissiger Jahre

In den dreissiger Jahren des 19. Jahrhunderts erliess der Grosse Rat des Kantons Zürich mehrere Gesetze, welche den Handel im Kanton erleichtern sollten. Mit dem Beitritt Zürichs zum Konkordat betreffend die Regulierung der Weg- und Brückengelder, verpflichtete sich der Staat unter anderem dazu,

---

[237] Vgl. zu den Kaufmannsgesellschaften: DUBLER ANNEMARIE, Kaufmannsgesellschaften, in: Historisches Lexikon der Schweiz (HLS), Bd. 7, Basel 2008, S. 142 f.
[238] Vgl. dazu ZSR VII (1858), S. 4.
[239] Vertrag zwischen dem Stadtrat und der Kaufmannschaft der Stadt Zürich vom 22. April 1834, StAZ R 77.5.5.
[240] Die Höhe der Gebühren bestimmte sich früher danach, ob ein Kaufmann Stadtbürger war oder nicht. Nun wurden die Gebühren für alle auf das Niveau der Stadtbürger gesenkt. Sie betrugen maximal Fr. 1.50 pro 100 Pfund, vgl. ZZR V (1858), S. 388.
[241] Beschluss des Regierungsrats des Kantons Zürich über die Ratifikation des Vertrages zwischen dem Stadtrathe und der Kaufmannschaft von Zürich, StAZ R 77.4.1.

§ 4 Der Zürcher Kaufhausprozess – Bundesgericht als Schiedsgericht   47

sämtliche Tarife von Waaghaus-, Sust- und Hallgebühren so zu regulieren, dass sie in Zukunft nur noch erhoben werden durften, wenn den Gebühren eine Leistung der betreffenden Anstalt gegenüberstand.[242] Dieses Konkordat setzte der Kanton mit dem Gesetz betreffend die Zölle, Weg- und Brückengelder vom 17. Dezember 1835 um, welches den Verkehr innerhalb des Kantons Zürich mit wenigen Ausnahmen für frei erklärte, jedoch die Kaufhausgebühren ausdrücklich davon ausnahm.[243] Für die Kaufhausgebühren bestimmte das Gesetz in § 3, dass diese «[…] dem Interesse des allgemeinen Verkehrs angemessen reguliert werden.» Eine solche Regulierung hatte im Anschluss jedoch nie stattgefunden.

III. Eine zürcherische Streitigkeit

1. Die Stadt sorgt vor – Bluntschlis Rechtsgutachten vom 26. April 1846

Die Stadt Zürich hatte bereits 1835 einen Prozess vor dem Bezirksgericht Zürich gegen den Kanton gewonnen, bei dem dieser der Stadt den «Zoll vom Honig» streitig machen wollte.[244] Aufgrund dieser Erfahrung, war der Stadt wohl bewusst, dass sie sich für einen allfälligen Prozess um die Kaufhausgebühren gut vorbereiten musste. Sie gab deshalb bereits vor Erlass der Bundesverfassung ein Rechtsgutachten bei JOHANN CASPAR BLUNTSCHLI[245] in

---

[242] Vgl. ZZR V (1858), S. 390 f.
[243] OS Bd. IV, S. 165 ff.
[244] Vgl. Unterlagen zum Prozess vor Bezirksgericht über die «kleinen Zölle», StAZ R 77.3.2. Der Kanton hob durch Gesetz vom 16. September 1833 die Portenzölle in der Stadt Zürich auf und entschädigte die Stadt dafür. Er stellte sich im Prozess auf den Standpunkt, dass damit auch der Zoll vom Honig aufgehoben sei. Das Bezirksgericht sah jedoch im Zoll vom Honig ein Gefälle, welches nicht mit einem Transit verbunden war und betrachtete diesen Zoll nicht als aufgehoben.
[245] BLUNTSCHLI, JOHANN CASPAR (1808–1881). Bluntschli besuchte die Schulen und das politische Institut in Zürich und studierte in Berlin und Bonn (Dr. iur utr.). In Zürich war er tätig als kantonaler Regierungssekretär, Bezirksgerichtsschreiber und Stadtnotar. 1833 wurde Bluntschli zum Extraordinarius der Universität Zürich berufen, 1836 zum Ordinarius. Bluntschli war als Rechtskonsulent der Stadt Zürich tätig und sass für die Liberal-

Auftrag. Als Rechtskonsulent der Stadt Zürich[246] war Bluntschli bereits beim Prozess um den «Zoll vom Honig» für die Stadt als Parteienvertreter tätig gewesen.[247] 1846, als er das Rechtsgutachten zum Kaufhaus verfasste, bekleidete Bluntschli ausserdem noch sein Ordinariat an der Universität Zürich. 1848 verliess er Zürich, um fortan in München zu dozieren.[248] Bluntschli nahm in seinem Gutachten eine Auslegung des fraglichen Vertrages von 1834 vor. Den primären Zweck des Vertrages sah er darin, dass Stadtbürger und Stadtfremde in Bezug auf die Kaufhausgebühren gleichgestellt werden sollten. Dass es nicht Zweck des Vertrages gewesen sein konnte, die Kaufhausgebühren vollständig abzuschaffen, zeigte laut Bluntschli die Höhe der Entschädigung für die Stadt (Fr. 170 000.–). Diese sei im Verhältnis zu ihren gesamten Einnahmen aus dem Kaufhaus, zu gering gewesen. Beide Seiten seien davon ausgegangen, dass die Stadt weiterhin Einnahmen aus diesen Gebühren erhalten werde. Die Parteien waren sogar der Überzeugung, dass sich der Umsatz im Kaufhaus nach der Senkung der Gebühren erhöhen werde. Es sei demnach eben keine *Abschaffung* der Kaufhausgebühren gewesen, sondern geradezu eine *Erweiterung*.[249]
Diese Ansicht untermauerte Bluntschli mit der *Anarchie*, die ausbrechen würde, könnte jeder seine Waren abladen, wo, wann und wie er das wollte. Demnach hätte es nicht Zweck des Vertrages sein können, den Warenumschlag gänzlich zu liberalisieren.[250] Obwohl diese Kaufhausgebühren als *obligatorische Gebühren* ausgestaltet waren, meinte Bluntschli, dass nur ein

---

Konservativen im Grossen Rat. Erfolgreich wirkte er als Rechtshistoriker und Gesetzesredaktor des Privatrechtlichen Gesetzbuches des Kantons Zürich. Vgl. zu BLUNTSCHLI neben vielen FRITZSCHE HANS, Johann Caspar Bluntschli 1808–1881, in: Schweizer Juristen der letzten hundert Jahre, S. 135–167.

[246] ELSENER, S. 383.
[247] Vgl. dazu auch seine Bezeichnung als *Rechtskonsulent* der Stadt im Rubrum des Urteils von 1835, StAZ R 77.3.2.
[248] ELSENER, S. 389.
[249] BLUNTSCHLI, Gutachten, S. 14 ff.
[250] BLUNTSCHLI, Gutachten, S. 19.

§ 4 Der Zürcher Kaufhausprozess – Bundesgericht als Schiedsgericht   49

Unkundiger sie als *Zölle* bezeichnen könne.[251] Es handle sich vielmehr um obligatorische, mit einer Anstalt verbundene *Gebühren*.[252]

2. Die Stadt fragt Friedrich Ludwig Keller um Rat

Offenbar gestaltete sich der Kontakt zu Bluntschli schwieriger, nachdem dieser dem Ruf nach München gefolgt war. Jedenfalls fragte die Stadt in der Folge nicht ihn, sondern keinen geringeren als FRIEDRICH LUDWIG KELLER[253] um Rat. Sie unterbreitete ihm einen ausführlichen Fragekatalog zum weiteren Vorgehen in der Kaufhaus-Angelegenheit, welchen Keller in der Folge beantwortete. Neben verschiedenen Hinweisen zur Rechtslage und wie die Stadt praktisch vorgehen solle, riet er der Stadt, ein weiteres Rechtsgutachten in Auftrag zu geben, und zwar bei einer «ganz angesehenen Juristenfakultät». Selbstredend bot er sich an, seine Fakultät in Berlin anzufragen, ob sie bereit dazu wäre, ein solches zu verfassen.[254]

3. Vertreter der Parteien

a. Eduard Meyer – Vertreter der Stadt

Die Stadt Zürich trat in dieser Streigkeit als Klägerin vor Gericht, da sie vom Kanton Zürich eine Entschädigung für den Entzug der Kaufhausgebühren forderte. Der Vertreter der Stadt war Fürsprecher EDUARD MEYER.[255] Meyer

---

[251] Diese Frage war wichtig, weil das Gesetz von 1835 die Zölle im Kanton Zürich für abgeschafft erklärt hatte.
[252] BLUNTSCHLI, Gutachten, S. 33.
[253] Vgl. zur Kurzbiographie Friedrich Ludwig Kellers oben Anm. 31.
[254] Brief Friedrich Ludwig Kellers vom 18. Oktober 1849 an den Stadtrat Zürich, StdA V.c.b.342:1, Fasz. 1.
[255] MEYER, EDUARD (1814–1882). Besuchte die Schulen in Zürich, studierte in Zürich, Berlin, Göttingen und Bonn. Meyer bekleidete – im Gegensatz zu den meisten seiner Zeitgenossen – nie ein politisches Amt. Er widmete sich vollständig seinem Beruf als Advokat und war ausserdem während längerer Zeit der Rechtskonsulent der Stadt Zürich. Vgl. Nachruf Meyer (StdA), S. 6 f.

war während längerer Zeit Rechtskonsulent der Stadt Zürich und einer der führenden Fürsprecher im Kanton Zürich.[256]
Im Hintergrund war aber auch Keller an der Prozessvorbereitung beteiligt. Er handelte als juristischer Berater der Stadt und unterhielt mit Meyer einen Briefwechsel, welcher im Stadtarchiv Zürich dokumentiert ist.[257] Neben «aphoristischen Bemerkungen» zum Fall, welche er als Hilfeleistung an den Vertreter der Stadt verstanden wissen wollte, führte Keller mit Meyer einen kollegialen Austausch.

b. Friedrich Gustav Ehrhardt – Vertreter des Kantons

Der Kanton – als Beklagter – war vertreten durch Dr. FRIEDRICH GUSTAV EHRHARDT.[258] Ehrhardt hatte nach der Wahl JONAS FURRERS[259] in den Bundesrat dessen Kanzlei in Winterthur übernommen und konnte gleichzeitig auch Furrers Stellung als Rechtskonsulent des Kantons Zürich übernehmen.[260] Er stammte ursprünglich aus Preussen und war seit 1838 in Schwamendingen ansässig. In Halle studierte er zunächst Theologie, bis er dort in einem Duell seinen Gegner tödlich verwundete. Womöglich auf Grund der Unvereinbarkeit dieses Handelns mit seinem Studienfach, wechselte er nach Leipzig und begann dort ein Rechtsstudium, welches er in Greifswald fortführte. Nach seiner Flucht vor der Demagogenverfolgung 1833 führte ihn

---

[256] Vgl. Nachruf Meyer (StdA), S. 7.
[257] StdA V.c.b. 342:6
[258] EHRHARDT, FRIEDRICH GUSTAV (1812–1896).
[259] FURRER, JONAS (1805–1861). Furrer besuchte die Schulen in Winterthur, studierte in Zürich, Heidelberg und Göttingen. Ab 1828 war er Anwalt in Winterthur und Zürcher Kantonsprokurator. Im Grossen Rat führte er die liberale Opposition gegen Bluntschlis konservative Regierung. Ab 1845 war Furrer erster Amtsbürgermeister und Regierungsratspräsident. Ab 1847 engagierte sich Furrer immer mehr auf eidgenössischer Ebene und wurde 1848 zum ersten Bundespräsidenten der Schweiz gewählt. Vgl. FEUSI WIDMER ROSWITHA, Furrer, Jonas, in: Historisches Lexikon der Schweiz (HLS), Bd. 5, Basel 2006, S. 30 f.
[260] Noch im Prozess um den «Zoll vom Honig» war Furrer der Vertreter des Kantons, vgl. Anm. 244.

sein Weg nach Zürich, wo er sein Jurastudium ab dem Wintersemester 1834 fortsetzte und wohl auch promovierte.[261]
Übrigens duellierte sich Ehrhardt in Zürich erneut, diesmal mit dem preussischen Spitzel Ludwig Lessing, wobei Ehrhardt schwer verletzt wurde. Lessing wurde später ermordet. Ehrhardt war in den Mord verwickelt.[262]

4. Bezirksgericht Zürich - Zuständigkeiten

Mit Bluntschlis Gutachten und Kellers Anleitung in der Tasche, scheute der Stadtrat den juristischen Konflikt mit dem Kanton nicht mehr. Was ihm jedoch Sorgen bereitete, war eine mögliche Parteilichkeit der Zürcher Gerichte. Die Stadt versuchte deshalb, den Streit ans Bundesgericht zu bringen, dies konnte aber nur im gegenseitigen Einverständnis geschehen.[263] Deshalb schlug die Stadt Zürich bereits am 11. Oktober 1850 dem Regierungsrat vor, in gegenseitigem Einverständnis das Bundesgericht anzurufen.[264] Der Regierungsrat beschloss jedoch am 2. November 1850, dass sich der Fiskus nur vor den Gerichten des Kantons Zürich verantworten werde.[265] So blieb der Stadt nichts anderes, als der Gang vors Bezirksgericht Zürich.

Die erste Verhandlung vor dem zürcherischen Bezirksgericht fand am 1. März 1851 statt. Der Kanton stellte umgehend das Begehren, es hätten alle Richter mit Bürgerrecht der Stadt Zürich in den Ausstand zu treten. Die

---

[261] Vgl. PORTMANN-TINGUELY ALBERT, Ehrhardt, Friedrich Gustav, in: Historisches Lexikon der Schweiz (HLS), Bd. 4, Basel 2005, S. 104 f. Vgl. zur Promotion ZSR VII (1858), S. 3 Anm. 1, sowie mehrere Akten aus den Bänden des Stadtarchivs, wo Ehrhardt als Dr. geführt wird.

[262] Zu seiner Verwicklung in den Mord: Nr. 286, Ehrhardt, Friedrich Gustav, in: Elektronische Matrikeledition der Universität Zürich, URL: http://www.matrikel.unizh.ch/pages/533.htm#285, besucht am 4. Oktober 2007.

[263] Vgl. Art. 102 BV 1848

[264] Vgl. für den Ablauf der Zuständigkeiten u.a. Gesuch Stadtrat an Grossen Rat vom 18. Juni 1853, StdA V.c.b.342:1, Fasz. 62.

[265] Der Beschluss ist erwähnt in einem Brief Fürsprecher Meyers an die Justizkommission des Kantons Zürich vom 15. April 1851. Der Grosse Rat des Kantons Zürich bestätigte diesen Beschluss am 7. Oktober 1851, mit einer Mehrheit von «einigen Stimmen», vgl. Gesuch Stadtrat an Grossen Rat vom 18. Juni 1853, StdA V.c.b.342:1, Fasz. 62.

Stadt liess das nicht auf sich sitzen und stellte im Wesentlichen folgende Anträge: 1. Es habe sich das Bezirksgericht für unzuständig zu erklären, und den Parteien die Weisung zu erteilen, den Fall vor das Bundesgericht zu bringen. 2. Es haben alle Richter mit Bürgerrecht im Kanton Zürich in den Ausstand zu treten, da sie alle durch eine allfällige Erhöhung der Staatssteuer betroffen wären.[266]

Das Bezirksgericht Zürich fällte am 8. März 1851 ein Teilurteil über seine Zuständigkeit. Es sah sich für zuständig an, solange sich die Parteien nicht durch Vereinbarung dieser Zuständigkeit entzögen. Die Ausstandsbegehren lehnte das Gericht mit der Begründung ab, dass seine Grundsätze einen Ausstand von Amtes wegen vorsähen, sofern ein Richter Bürger einer betroffenen Gemeinde sei. In casu handle es sich aber um Angelegenheiten der Gemeinde als «juristischer Person», wo das Interesse der Bürger nur *mittelbar* sei, weshalb das Gericht keinen Ausstandsgrund erblicken könne.[267]

5. Rekurs ans Obergericht des Kantons Zürich

Gegen den Teilentscheid des Bezirksgerichtes legten beide Parteien Rekurs ein.[268] In einem Brief an die Justizkommission des Obergerichtes,[269] kündigte Fürsprecher Meyer am 15. April 1851 an, dass er vor dem Obergericht folgenden Antrag stellen werde: Es haben alle Richter, mit Bürgerrecht im Kanton Zürich in den Ausstand zu treten, da sie alle von einer möglichen Erhöhung der Staatssteuer betroffen wären, würde die Klage der Stadt gutgeheissen.[270]

---

[266] Urteil des Bezirksgerichts Zürich vom 8. März 1851, StdA V.c.b.342:1, Fasz. 1.
[267] Urteil des Bezirksgerichts Zürich vom 8. März 1851, StdA V.c.b.342:1, Fasz. 1.
[268] Die Stadt erachtete die Begründung des Entscheides als ungenügend, vgl. Gesuch Stadtrat an Grossen Rat vom 18. Juni 1853, StdA V.c.b.342:1, Fasz. 62.
[269] Diese hatte die u.a. die Aufgabe, Rekurse gegen Entscheide der Bezirksgerichte zu untersuchen und vorzuberaten. Vgl. zu dieser «Justiz-Kommission»: WEIBEL THOMAS, Friedrich Ludwig Keller und das Obergericht des Kantons Zürich, Zürich 2006, S. 62.
[270] Er stütze dieses Ansinnen auf Art. 24 BV 1848 und Art. 56 ZG 1849, vgl. Brief Eduard Meyers an die Justizkommission des Kantons Zürich vom 15. April 1851, StAZ R 77.5.1.

Die Justizkommission forderte darauf Fürsprecher Ehrhardt auf, sich innert acht Tagen zu diesem Begehren auszusprechen, andernfalls auf Basis der Rekursschrift entschieden werde. Ehrhardt stellte daraufhin zwei Mal ein Begehren um Fristerstreckung. Die Justizkommission gewährte ihm am 24. April eine Verlängerung um acht Tage[271] und am 3. Mai eine weitere Verlängerung um 14 Tage.[272]

Am 1. Juli 1851 lehnte das Obergericht den Rekurs ab, jedoch mit einer anderen Begründung, als dies das Bezirksgericht getan hatte. Es begründete die Ablehnung damit, dass, wenn die Stadtbürger als Richter abgelehnt würden, das selbe auch für die Bürger anderer Gemeinden des Kantons Zürich gelten müsste, da alle von einer möglichen Erhöhung der Staatssteuer betroffen wären. Das Gericht erachtete demnach die Voraussetzungen für beide Ausstandsbegehren für erfüllt. Als Folge der Gutheissung beider Anträge wäre das Gericht jedoch unbesetzt, es könnte seiner Pflicht zur Entscheidung nicht nachkommen. Damit blieb dem Obergericht nur der Ausweg, keines der Ausstandsbegehren gutzuheissen. Im Urteil wies das Obergericht die Parteien jedoch darauf hin, es bleibe ihm keine andere Möglichkeit, als beide Begehren abzuweisen, «sofern sich die Parteien nicht darauf einigen könnten, das Bundesgericht anzurufen». Die Gerichtsgebühr von Fr. 14.60 hatten sich die Parteien hälftig zu teilen.[273]

6. Debatte im Grossen Rat

Nachdem das Obergericht den Rekurs abgelehnt hatte, brachte der Regierungsrat die Frage, ob der Streit vors Bundesgericht zu weisen sei, vor den Grossen Rat. In der Eröffnungsrede der Sitzung vom 8. Oktober 1851 sprach sich der Präsident des Grossen Rates, Kantonsprokurator Sulzberger, für eine

---

[271] Entscheid der Justizkommission vom 24. April 1851 (unter Ausstand von Oberrichter Keller), StAZ R 77.5.1.
[272] Entscheid der Justizkommission vom 3. Mai 1851, StAZ R 77.5.1.
[273] Urteil des Obergerichts des Kantons Zürich vom 1. Juli 1851, StdA V.c.b.342:1, Fasz. 25.

Weisung ans Bundesgericht aus. Regierungsrat Rüttimann legte als Referent die Geschichte der Streitigkeit dar. Er betonte, dass der Regierungsrat weiterhin keinen Grund sehe, den Streit ans Bundesgericht zu weisen, er wolle jedoch den Grossen Rat zu dieser Frage vernehmen.[274]
Grossrat Benjamin Brändli[275] hielt das Obergericht zwar nicht für befangen und hätte den Fall gerne als einen «Prüfstein» für die Zürcher Justiz gesehen, sprach sich aber trotzdem für eine Weisung ans Bundesgericht aus, da sich das Obergericht selbst für eine solche ausgesprochen hatte. Prokurator Spyri schloss sich den Ausführungen Brändlis an, sprach sich jedoch dafür aus, gütliche Verhandlungen mit der Stadt anzustreben. Es handle sich seiner Meinung nach «weniger um einen scharfen juristischen Entscheid, als mehr um billiges Ermessen». Er wies ausserdem darauf hin, dass bereits zwei Gutachten gegen den Standpunkt des Kantons vorlägen. Rüttimann entgegnete darauf, dass er zwar nur eines dieser Gutachten kenne, nämlich jenes von Bluntschli, dass er aber trotzdem einen Prozess anstreben würde, da der Staat nicht in der Lage sei, etwas zu verschenken.[276]
In der Abstimmung sprach sich der Grosse Rat mit 86:83 Stimmen dafür aus, sich nur vor den Zürcher Gerichten zu verantworten. Für gütliche Verhandlungen kam kein Mehr zustande.

7. Vor dem Bezirksgericht Zürich – Hauptfrage

Nachdem das Obergericht den Rekurs abgelehnt hatte, ging der Prozess am Bezirksgericht weiter. Nach dem Klagevortrag der Stadt, liess es Ehrhardt wieder gemächlich angehen. Er unterliess es, sich auf den Vortrag der Klägerin einzulassen, da er sich dazu nicht imstande sah.[277] Das Gericht forderte

---

[274] Vgl. zur Debatte im Grossen Rat: NZZ vom 8. Oktober 1851, Nr. 281.
[275] Vgl. zu Brändli: SCHERZ SILVIA, Brändli, Benjamin, in: Historisches Lexikon der Schweiz (HLS), Bd. 2, Basel 2003, S. 652.
[276] Es lag zu dieser Zeit tatsächlich erst ein Gutachten vor, das zweite wurde erst 1854 veröffentlicht, vgl. unten § 4.V.1.
[277] Bei der Lektüre des Protokolls entsteht der Eindruck, Ehrhardt sei ungenügend vorbereitet gewesen.

§ 4 Der Zürcher Kaufhausprozess – Bundesgericht als Schiedsgericht   55

ihn in einem Beschluss vom 8. November 1851 auf, sich in der nächsten Verhandlung auf den Vortrag der Klägerin einzulassen, andernfalls die Behauptungen als nicht bestritten aufgefasst würden. Ausserdem wurde das Verfahren an einen Referenten gewiesen, welcher die Kompetenz besass, peremptorische Fristen anzusetzen.[278]

In der Verhandlung vom 25. Februar kam Ehrhardt der Klageantwort nach. Die Sitzung endete in der Folge mit dem Beschluss, es sei eine Frist zu Replik und Duplik anzusetzen.[279] Am 6. April 1852 präsentierte Meyer seine Replik und forderte darin unter anderem die Edition von Urkunden aus dem Staatsarchiv und die Einvernahme von Zeugen. Ehrhardt bat jedoch erneut um Fristansetzung für seine Duplik.

Darauf erwiderte Meyer: «Der ganze Process schreitet so langsam vorwärts, dass ich sofortige Einlassung des Gegners verlangen muss. Was die Auszüge aus dem Staatsarchiv betrifft, so gehört dasselbe nicht nur der Regierung allein und wir haben ein Recht, Edition von Urkunden zu verlangen, welche auf die hier streitigen Verhältnisse Bezug haben.» Darauf Ehrhardt: «Da ich mich jedenfalls auf einzelne Punkte nicht sogleich einlassen könnte, so wird es wohl zweckmässiger sein die ganze Duplic zu verschieben.»[280] Nach einer weiteren Verhandlung am 30. April 1852, beschloss das Bezirksgericht erst in der Verhandlung vom 22. Juni 1853,[281] wem welcher Beweis oblag.[282] Bereits am 18. Juni 1853 hatte der Stadtrat Zürichs erneut ein Gesuch an den Grossen Rat des Kantons Zürich gestellt, es sei der Regierungsrat zu ermächtigen, das Bundesgericht in der Streitsache anzurufen. Hauptargument

---

[278] Civil-Protokoll des Bezirksgerichts Zürich vom 8. November 1851, StAZ R 77.5.1.
[279] Protokoll der Verhandlung vor dem Bezirksgericht Zürich vom 25. Februar (ohne Jahreszahl) [vermutlich 1852], StAZ R 77.5.1.
[280] Vgl. Protokoll der Verhandlung vor dem Bezirksgericht Zürich vom 6. April 1852, StAZ R 77.5.1.
[281] Es finden sich in den Akten keine Hinweise auf zwischenzeitliche Verhandlungen vor dem Bezirksgericht.
[282] Die obligatorische Natur der Kaufhausgebühren obliege der Klägerin, der direkte oder indirekte Gegenbeweis müsste darlegen, dass die Klägerin für dieses Recht vollständig entschädigt worden ist. Vgl. Beschluss des Bezirksgerichts Zürich vom 22. Juni 1853, StAZ R 77.5.1.

des Stadtrates in seinem Gesuch an den Grossen Rat war die Tatsache, dass das Bezirksgericht in Anbetracht der vielfältigen Ausstände der Richter, «ganz aussergewöhnlich» zusammengesetzt war.[283] Inzwischen war nämlich ein neues Gesetz über die Organisation der Rechtspflege in Kraft getreten.[284] §8 lit. b. des Gesetzes bestimmte, dass ein Richter abgelehnt werden konnte, in Sachen einer juristischen Person, deren Mitglied er ist. Die Bestimmung nahm jedoch den Staat als juristische Person ausdrücklich aus. Von dieser Befugnis hatte der Regierungsrat Gebrauch gemacht, mit dem Ergebnis, dass er sämtliche Stadtbürger in beiden Instanzen abgelehnt hatte. Dabei war der Kaufhausprozess mit seiner Forderungssumme wohl der wichtigste Prozess, welcher von Zürcher Gerichten je behandelt worden war.
Als Folge dieser Petition sistierte das Bezirksgericht am 6. Juli 1853 den Prozess bis der Grosse Rat über die Petition des Stadtrates entschieden hatte.[285] Nachdem der Kanton es vorher noch abgelehnt hatte, entschied der Grosse Rat am 4. Oktober 1853 nun ganz knapp, das Bundesgericht anzurufen, worauf Meyer die Klage am Bezirksgericht zurückzog. Dieses schrieb den Prozess schliesslich am 4. Februar 1854 als erledigt ab.[286]

IV. Bundesgericht soll's richten

1. Zuständigkeit des Bundesgerichts

Die Zuständigkeiten des Bundesgerichts ergaben sich einerseits direkt aus der BV, andererseits enthielt die BV die Möglichkeit, dem Bundesgericht weitere Kompetenzen durch die Bundesgesetzgebung zu übertragen.[287] Die

---

[283] Laut Gesuch des Stadtrates, setzte sich das Bezirksgericht, statt aus sieben Richtern, lediglich aus zwei Richtern und einem Ersatzmann zusammen. Vor Obergericht urteilten drei Richter der Zivilabteilung, zwei der Kriminalabteilung und zwei Ersatzmänner, vgl. Gesuch Stadtrat an Grossen Rat vom 18. Juni 1853, StdA.
[284] Gesetz betreffend die Organisation der Rechtspflege, OS Bd. IX, S. 33 ff.
[285] Beschluss des Bezirksgerichts Zürich vom 6. Juli 1853, StAZ R 77.5.1.
[286] Beschluss des Bezirksgerichts Zürich vom 4. Februar 1854, StAZ R 77.5.1.
[287] Vgl. zum Ganzen auch oben § 2.II.

§ 4 Der Zürcher Kaufhausprozess – Bundesgericht als Schiedsgericht   57

Rechtsprechung über alle staatsrechtlichen Streitigkeiten blieb jedoch dem Bundesrat oder, auf Beschwerde hin, der Bundesversammlung vorbehalten.[288] Nach Art. 47 Ziff. 1 BV 1848 beurteilte das Bundesgericht nur zivilrechtliche Streitigkeiten zwischen Kantonen. Da die Klägerin in dieser Streitigkeit jedoch die Stadt Zürich war, war das Bundesgericht nicht direkt zuständig. Nach Art. 102 BV 1848 übernahm das Bundesgericht aber bürgerliche Rechtsstreitigkeiten, wenn die Streitigkeit durch Übereinkunft beider Parteien dem Bundesgericht unterworfen worden war und der Streitwert Fr. 3000.– betrug.[289] Da beide Parteien sich dem Bundesgericht unterworfen hatten, und der Streitwert das Minimum bei weitem übertraf, war die Zuständigkeit des Bundesgerichts gegeben.

2. Anwendbares Verfahren

Das Verfahren vor Bundesgericht richtete sich nach dem BG über die Organisation der Bundesrechtspflege[290] und dem BG über das Verfahren bei Bundesgerichte in bürgerlichen Rechtsstreitigkeiten (BGbR).[291] Gemäss Art. 97 BGbR hatte der Instruktionsrichter im Vorverfahren den Sachverhalt festzustellen und die Beweise abzunehmen. Er sollte das Verfahren soweit vorbereiten, dass es in einer «ununterbrochenen Verhandlung» abgeschlossen werden konnte.

Im Zürcher Kaufhausprozess war der Luzerner Kasimir Pfyffer zum Instruktionsrichter berufen, nachdem Johann Konrad Kern abgelehnt hatte.[292] Neben der Tätigkeit als Richter des Obergerichtes in Luzern, war er bereits seit Gründung des Bundesgerichts Bundesrichter und in der Folge mehrere Male

---

[288] Vgl. oben Anm. 92.
[289] Art. 47 Ziff. 4 OG 1849.
[290] AS I 65 ff.
[291] Dieses Gesetz wurde 1850 befristet für zwei Jahre erlassen, 1852 für weitere drei Jahre und schliesslich 1855 durch Bundesbeschluss für definitiv erklärt (AS II 77, AS III 181, AS V 124), vgl. dazu HIS, S. 465, Anm. 348 m.w.H.
[292] Vgl. Schreiben des Schweizerischen Bundesgerichts an die Direktion der Finanzen vom 27. April 1854, StAZ R 77.4.2. Kern trat 1854 auch nicht mehr zur Wiederwahl an.

dessen Präsident.[293] Er war der Verfasser mehrerer kantonaler Gesetze und Redaktor des Luzernischen Bürgerlichen Gesetzbuches.[294]

V. Instruktionsverfahren unter Kasimir Pfyffer

Während der Stadtrat erwartete, dass das Bundesgericht das Verfahren des Bezirksgerichts weiterführen würde,[295] verfügte Pfyffer am 8. Mai 1854, dass die Akten des Bezirksgerichtes als Beweismittel einzureichen seien.[296] Ausserdem forderte er von den Kaufhäusern Winterthurs und Zürichs Gutachten an, die über die Einnahmen der Einrichtungen in den fraglichen Jahren Auskunft geben sollten.[297]

Am 2. Februar 1855 fand in Zürich eine erste Verhandlung statt, an deren Ende eine Verfügung Pfyffers erging, wonach der Zeugenbeweis der Klägerin zugelassen und eine Untersuchung durch Sachverständige angeordnet wurde.[298] Tags darauf, am 3. Februar 1855, vernahm Pfyffer in Zürich 17 Zeugen.[299] Dieses speditive Vorgehen Pfyffers brachte den Kanton in Bedrängnis, hatte er zu dieser Zeit doch noch nicht einmal *ein* Gutachten in Auftrag gegeben. Im Gegensatz dazu, war die Fakultät der Universität Berlins – ganz im Sinne Kellers[300] – bereits daran, für die Stadt Zürich ein weiteres Gutachten auszuarbeiten.

---

[293] Eine anschauliche – wenngleich sehr subjektive – Einsicht in seine Person gewährt seine Autobiographie, Erinnerungen aus meinem Leben, PFYFFER, S. 179 ff.
[294] Dazu ELSENER, S. 306 ff.
[295] Gesuch Stadtrat an Grossen Rat vom 18. Juni 1853, StdA.
[296] Prozessleitendes Dekret Kasimir Pfyffers vom 8. Mai 1854, StAZ R 77.4.2.
[297] Gutachten von J.C. Escher-Bodmer (Zürich, 12. September 1855), sowie C. Reinhart-Hess (Winterthur, Dezember 1854), adressiert an Kasimir Pfyffer, StAZ R 77.4.2.
[298] Beschluss Kasimir Pfyffers vom 2. Februar 1855, StAZ R 77.5.9. Ausserdem beschloss Pfyffer, die Gutachten Heidelbergs und Tübingens, zu einem ähnlich gelagerten Fall der Stadt Bern, nur als Rechtserörterungen zuzulassen und nicht zu den Akten zu legen. Diese Gutachten wurden von der Stadt Zürich beigebracht, vgl. StdA V.c.b.342:2, Beilagen 20,21.
[299] Einvernahme-Protocoll Kasimir Pfyffers vom 3. Februar 1855, StAZ R 77.5.9.
[300] Vgl. den Rat Kellers, oben § 4.III.2.

1. Erstes Gutachten der Fakultät Berlin – März 1854

Als der Prozess vor Bundesgericht absehbar wurde, folgte die Stadt dem Rat Kellers und gab ein Rechtsgutachten bei der Juristenfakultät in Berlin in Auftrag, dieses erhielt sie im März 1854.[301] Das Gutachten Berlins ging auf die Behauptungen der Gegenpartei ein und untersuchte, ob das Recht der Stadt durch Vertrag oder Gesetz tatsächlich aufgehoben worden war. Die Bezugnahme auf das Gesetz erachtete Berlin als «gänzlich verfehlt», da die Kaufhausgebühren im Gesetz ausdrücklich ausgenommen worden waren.[302] Im Gegensatz zu Bluntschli, versah die Berliner Fakultät ihre Argumente mit Referenzen auf Ulpian, deutsche Literatur und die Rheinschifffahrtskonvention. Sie griff sogar auf eine Entscheidung des Oberappellationsgerichtes in Lübeck zurück.[303]

2. Erstes Gutachten Dernburgs – 1856

a. Ehrhardt muss Zeit schinden

Die Stadt Zürich gab ihr erstes Gutachten bei Bluntschli in Auftrag, lange bevor sie den Streit vor die Gerichte brachte, ja sogar noch bevor die Bundesverfassung und das eidgenössische Zollgesetz in Kraft getreten waren. Der Kanton liess sich mit seinen Bemühungen länger Zeit, er gab sein erstes Gutachten erst nach Beginn des Instruktionsverfahrens in Auftrag.[304] Als Verfasser wählte der Kanton Heinrich Dernburg,[305] welcher das Gutachten

---

[301] Keller stimmte noch 1850 Meyer zu, dass sich die, «wenn auch nicht sehr bedeutenden Kosten» momentan nicht lohnen würden, Brief Friedrich Ludwig Kellers an Herrn Kantonsfürsprech Eduard Meyer vom 21 März 1850, StdA V.c.b.342:6 Fasz. 7.
[302] BERLIN I, S. 28 ff.
[303] BERLIN I, S. 34 ff.
[304] Das Gutachten enthält keine nähere Datierung. Äusserungen Ehrhardts lassen vermuten, dass das Gutachten wohl nach dem 11. Juli 1856 verfasst worden ist, vgl. dazu den Brief Ehrhardts an Rüttimann vom 11. Juli 1856, StAZ R 77.4.2.
[305] Dernburg war von 1854 bis 1862 Professor an der Universität Zürich. Er verfasste nicht zum letzten Mal ein Gutachten für einen Prozess vor Bundesgericht, beauftragte ihn doch Basel-Land beim Basler Schanzenstreit, ein Gutachten zu verfassen, vgl. FÖGEN, Pandektistik, S. 7; KUNDERT, S. 175 f.

im Hinblick auf den Prozess vor dem Bundesgericht verfasste. Die Verspätung des Kantons zwang Ehrhardt jedoch zu verzögernden Massnahmen. Im Juni 1856 erklärte er – wohl in Erwartung Dernburgs Gutachten – die Reform.[306]

Das BGbR gestattete es jeder Partei, einmal vor Abschluss des Hauptverfahrens die Reform zu erklären.[307] Die Partei konnte dabei den Zeitpunkt bestimmen, bis zu welchem zurück das Verfahren als gegenstandslos erklärt werden sollte.[308] Ausgenommen von der Reform waren jedoch abgeschlossene Vergleiche, eidliche Erklärungen, Zeugenaussagen sowie Aussagen und Gutachten von Sachverständigen.[309]

Nachdem Pfyffer Ehrhardt am 11. Juni 1856 auffordern musste, den Zeitpunkt zu nennen, ab welchen die Reformation gelten solle,[310] verfügte Pfyffer am 15. Juni, dass das Verfahren bis auf die Klage der Stadt Zürich zurück vernichtet sei.[311]

Die Stadt war von dieser Reformerklärung alles andere als begeistert, bedeutete sie doch, dass das Verfahren erneut verzögert wurde. Glaubt man der NZZ, so machte die Stadt Zürich in Teilen der Presse Stimmung für ihren Standpunkt. Die NZZ selbst verteidigte das Vorgehen des Kantons: Auch wenn das Institut der Reform im zürcherischen Zivilprozess nicht bekannt sei, so sei es ein Mittel des Bundeszivilprozesses, das dem fehlenden Instanzenzug vor Bundesgericht die nötigen Garantien beiordne.[312]

---

[306] Vgl. die Rechnung für die Reformationserklärung von Fr. 101.96 in der entsprechenden Verfügung Kasimir Pfyffers vom 30. Juni 1856, StAZ R 77.4.2.
[307] Art. 47 BGbR.
[308] Art. 48 Abs. 1 BGbR.
[309] Vgl. Art. 48 Abs. 2 lit. a.–d. BGbR.
[310] Aufforderung Kasimir Pfyffers an Ehrhardt vom 11. Juni 1856, StAZ R 77.5.10, Fasz. 1.
[311] Mit Ausnahme der Aussagen der Zeugen und Sachverständigen, vgl. Verfügung Kasimir Pfyffers vom 15. Juni 1856, StAZ R 77.5.10, Fasz. 2.
[312] NZZ vom 20. Juni 1856, Nr. 172. Dass die NZZ in der Streitigkeit nicht eine parteiische Berichterstattung pflegte, zeigte eine spitze Bemerkung in einer kurzen Notiz zur Reformerklärung in der Ausgabe vom 18. Juni 1856. Darin charakterisierte sie die Erklärung der Reform, ohne dass neue Beweise aufgetaucht seien, «[…]als Bekenntnis von begangenen Fehlern oder Nachlässigkeiten […]», NZZ vom 18. Juni 1856, Nr. 170, S. 731.

Dernburg befasste sich laut der Einleitung zu seinem ersten Gutachten auf Veranlassung der Direktion der Finanzen des Kantons Zürich mit der Kaufhaussache. Aus der Korrespondenz Ehrhardts geht hervor, dass Rüttimann als Justizdirektor daran beteiligt gewesen war. Ehrhardt schreibt am 11. Juli 1856 seinem «lieben Freund» Rüttimann, dass er sich gerade mit Dernburg getroffen habe. Dieser wünsche neben den Gutachten auch die älteren Kaufhausordnungen. Da sich diese jedoch bei den Prozessakten befänden, bleibe nichts anderes übrig, als Pfyffer zu ersuchen, sie an die Kanzlei des Bezirksgerichts oder des Obergerichts zu senden. Dieses Gesuch könne entweder vom Finanzdirektor oder auch von Rüttimann, als Justizdirektor, gestellt werden. Damit ist ersichtlich, dass Dernburgs Arbeiten am Gutachten im Juli 1856 noch nicht weit fortgeschritten waren. Für ein frühes Stadium in den Arbeiten spricht auch das Ersuchen Ehrhardts an Dernburg, welches er im Brief an Rüttimann äusserte: «Ersuche übrigens Herrn Prof. Dernburg das Gutachten unbeschadet seiner wissenschaftlichen Haltung so populär als möglich halten zu wollen. Herr D. sagte mir übrigens, dass er vollkommen schon jetzt vom Rechte des Fiscus überzeugt sei.»[313]

Ehrhardt verzögerte auch nach der Reform weiter das Verfahren. Er beantragte bereits am 2. Juli 1856 eine Verschiebung der Frist zur reformierten Einlassung auf Ende August. Dieses Ersuchen begründet er damit, dass zwei Mitglieder der kantonalen Kommission «anderweitig beschäftigt» seien und ein weiteres Mitglied an den Sitzungen des Nationalrates teilnehme. Pfyffer stellte daraufhin unmissverständlich fest, dass «Erfindungen» einer Partei nicht zur Erstreckung von Fristen führen könne.[314]

b. Inhalt

Dernburg erwähnt in der Einleitung, dass er von der Finanzdirektion des Kantons beauftragt worden sei, und dass er sich Mühe gab, so unparteiisch

---

[313] Vgl. den Brief Ehrhardts an seinen «lieben Freund» Rüttimann, Brief Friedrich Gustav Ehrhardts an Johann Jakob Rüttimann vom 11. Juli 1856, StAZ R 77.4.2.
[314] Vgl. Verfügung Kasimir Pfyffers vom 2. Juli 1856, StAZ R 77.5.10, Fasz. 4.

als möglich zu Werke zu gehen.[315] Er sah den Bestand der Kaufhausgebühren bis in die 1830er Jahre als erwiesen an. Dann prüfte er, ob die Kaufhausgebühren durch die Gesetzgebung oder den Vertrag von 1834 aufgehoben worden waren. Was die Gesetzgebung betraf, so unterschied Dernburg die Kaufhausgebühren von den Tor- und Portenzöllen, welche im Gesetz von 1835 ausdrücklich abgeschafft worden waren. Die Kaufhausgebühren sah er dadurch zwar nicht als *abgeschafft*, aber doch ihrer *zwangsweisen Natur* entledigt, indem sie fortan nur noch insoweit erhoben werden durften, als dafür auch eine Gegenleistung erbracht wurde.[316]
Den Vertrag legte Dernburg im Bestreben des Kantons aus, den ganzen wirtschaftlichen Verkehr *im Sinne der Freiheit* zu regulieren und somit alle Zölle abzuschaffen. An die Verhandlungen der Kaufmannschaft sei der Kanton zwar nicht gebunden, indem der Kanton bei der Ratifizierung des Vertrages jedoch von Gebühren spricht und nicht mehr von Zöllen, könne daraus geschlossen werden, dass der Kanton auch hier betonen wollte, dass die Kaufhausgebühren ihren zwingenden Charakter verloren hätten.[317] Dies obwohl in den Verhandlungen – wie er selber einräumte – nie von einer Abschaffung der Kaufhausgebühren die Rede gewesen war. Dernburg ging sogar so weit, dass er der Stadt den «natürlichen Satz des römischen Rechts»[318] entgegenhielt, sie habe sich eine Unklarheit des Vertrages selbst zuzurechnen, da sie den Vertrag – gemeinsam mit der Kaufmannschaft – redigiert habe. Dernburg schützte also den Kanton, indem er die Kaufmannschaft vor ihn hinstellte, ihn dann aber nicht an deren Äusserungen binden wollte. Dass die Stadt bei einer solchen Auslegung des Vertrages mit einer zu niedrigen Summe entschädigt worden war, hatte sie sich nach Dernburg auch gefallen zu lassen, da ihr Anspruch auf Entschädigung verjährt sei.[319]

---

[315] Vgl. DERNBURG I, S. 1 ff.
[316] Vgl. DERNBURG I, S. 25 ff.
[317] Vgl. DERNBURG I, S. 30 ff.
[318] Vgl. Anm. 324.
[319] Vgl. DERNBURG I, S. 52 ff.

3. Pfyffer reagiert auf die Gutachten

Als Ehrhardt dann doch noch die reformierte Klageantwort eingereicht hatte, bot sich Pfyffer die Gelegenheit festzustellen, wie mit Gutachten in den Prozessakten umgegangen werden sollte. Die Antwort des Kantons nahm nämlich explizit Bezug auf das Gutachten Dernburgs. Pfyffer hielt dazu fest, dass Rechtsgutachten gemäss eidgenössischem Zivilverfahren keinen Bestandteil der schriftlichen Prozessakten bilden können. Sie könnten *höchstens* bei den mündlichen Rechtserörterungen benutzt werden. Für die Bezugnahme auf das Gutachten in der Rechtsschrift ordnete Pfyffer an, sie sei zu «eliminieren». Anführungen, die aus dem Gutachten stammten, sollten als Behauptungen der Beklagten aufgefasst werden.[320]

4. Gutachten der Fakultät München – 28. Januar 1857

Nachdem bereits die gedruckte Relation Pfyffers erschienen war,[321] sah die Stadt es wohl als notwendig an, eine weitere Juristenfakultät um ein Gutachten anzufragen. Sie verpflichtete die juristische Fakultät der Maximilians-Universität in München, für sie ein Gutachten zu verfassen.[322] Eine Verbindung zu Bluntschlis Lehrtätigkeit an dieser Universität, ist zu vermuten.[323] Das Gutachten wurde am 22. November 1856 von Meyer in Auftrag gegeben, also nach der Reformationserklärung Ehrhardts, aber noch vor dem Beweisantritt.

Dieses Gutachten stellte sich entschieden der Auffassung Dernburgs entgegen, wonach sich der Kanton die Vertragsbedingungen, welche die Kaufmannschaft bestätigt hatte, nicht entgegenhalten lassen müsse. Für die Fakul-

---

[320] Vgl. Beschluss Kasimir Pfyffers vom 31. August 1856, StAZ R 77.5.10, Fasz. 5.
[321] Der faktische Teil erschien am 1. Juni 1856, dieser blieb von der nachfolgenden Reform verschont.
[322] Das Gutachten findet sich auch im Stadtarchiv Zürich, StdA V.c.b. 324:4.
[323] Bluntschli war von 1848 bis 1861 Professor der Rechte in München, vgl. ARQUINT J.P., Johann Caspar Bluntschli, in STOLLEIS, S. 89 f.

tät München waren die Äusserungen der Kaufmannschaft gleichzusetzen mit den Äusserungen des Kantons. Des Weiteren widerlegte das Gutachten die Auffassung Dernburgs, wonach sich die Stadt die Auslegung eines unklaren Wortlautes im Vertrag mit der Kaufmannschaft entgegenhalten lassen müsse, da sie den Vertrag redigiert hatte. Die entsprechende Stelle Papinians über die Verträge mache eine andere Aussage, als Dernburg verstanden habe.[324] Ginge man nun tatsächlich von solch unterschiedlichen Auffassungen der Parteien aus, so hatten sie sich in einem wesentlichen Irrtum befunden,[325] der Vertrag sei somit nicht gültig gewesen.[326] Die Regel der Auslegung einer unklaren Bestimmung finde hier keine Anwendung.

Die Gesetzgebung erachtete die Fakultät Münchens ebenfalls als nicht genügend, als dass sie die Zwangsabgabe aufgehoben hätte. Dies einerseits, weil die Kaufhausgebühr ausdrücklich ausgenommen war, andererseits, weil die Entschädigung von Fr. 170 000.– die Stadt nur für den Verlust der Transitzölle entschädigt haben konnte. Eine Entschädigung für die ganzen Kaufhausgebühren wäre um ein Vielfaches höher ausgefallen.[327]

5. Zweites Gutachten aus Berlin – Februar 1857

Als der Bericht des Instruktionsrichters Kasimir Pfyffer vorlag, forderte der Stadtrat die Fakultät Berlin durch Fürsprecher Meyer auf, ein weiteres Gutachten zu verfassen. Dessen Grundlagen waren die gedruckte Berichterstattung Pfyffers, das Gutachten Dernburgs sowie das erste Gutachten Berlins.[328]

---

[324] MÜNCHEN, S. 27. Vgl. auch DERNBURG I, S. 49 ff., «l.39.D. de pactis 2, 14: Veteribus placuit pactionem ambiguam vel obscuram venditori et ei qui locavit nocere quia potuit apertius loqui».

[325] Dernburg behauptete, der Kanton habe den Vertrag abgeschlossen, um die Kaufhausgebühren abzuschaffen, während die Stadt davon ausgegangen sei, diese Gebühren würden nur gesenkt.

[326] MÜNCHEN, S. 25 ff.

[327] MÜNCHEN, S. 36 ff.

[328] Die Fakultät lobte Dernburg dafür, dass er zur Lösung beigetragen habe, indem er Einwendungen der Beklagten für unbegründet erklärt habe, vgl. DERNBURG I, S. 3.

§ 4 Der Zürcher Kaufhausprozess – Bundesgericht als Schiedsgericht   65

Berlin machte erneut geltend, dass es sich – in Verweis auf Bluntschli – bei den Kaufhausgebühren nicht um Zölle handelte, sie aber dennoch obligatorisch waren.[329] Dass die Gebühr obligatorisch war, bezeugten 17 Männer hohen Alters.[330] Dernburg habe selbst den Art. 1 des Vertrages von 1834 erwähnt, wo es heisst: «Statt der bisherigen Zölle […] in Zukunft Ausgangsgebühren gezahlt werden.»[331] Trotzdem sah Dernburg in der Aufhebung einer Vielzahl von Gebühren im Kanton Zürich ein Präjudiz, wonach auch die Kaufhausgebühren aufgehoben werden sollten. Dem widersprach das Gutachten aus Berlin mit dem Argument, dass für die Aufhebung dieser Gebühren immer eine Entschädigung entrichtet worden war. Dies sei aber in casu nicht der Fall gewesen.[332] Im Gegensatz zu Bluntschlis Gutachten und in Anlehnung an Dernburg, argumentierte Berlin auch römisch rechtlich und führte sowohl allgemeine Rechtsgrundsätze, als auch eine Digestenstelle zur actio empti an.[333]

6. Zweites Gutachten Dernburgs – 23. November 1857

Im Laufe der vielfältigen Gutachtertätigkeiten ging es längst nicht mehr nur um den Prozess vor Bundesgericht. Das zweite Gutachten Dernburgs erschien am 23. November 1857, also gut eine Woche vor dem Urteil des Bundesgerichtes. Sowohl das Vorverfahren, als auch das Beweisverfahren waren seit längerem geschlossen.[334] Dass Dernburg auch andere Zwecke

---

[329] Dafür wird auf ein Urbar aus dem 17. Jhd. verwiesen, vgl. BERLIN II, S. 4 ff.
[330] Vgl. dazu auch das Einvernahme-Protocoll des Instruktionsverfahrens durch Kasimir Pfyffer vom 3. Februar 1855, StAZ R 77.5.9.
[331] BERLIN II, S. 9 ff.
[332] BERLIN II, S. 18 ff. (Es werden darin diverse Gesetze, Entscheide zu Gebühren und Zöllen und ihre Aufhebung besprochen).
[333] BERLIN II, S. 24 ff., «Quod quis ex culpa sua damnum sentit, damnum sentire non videtur, l.11 §12 D. de actio empti».
[334] Das Vorverfahren wurde am 22. Dezember 1856 geschlossen, vgl. Verfügung Kasimir Pfyffers vom 22. Dezember 1856, StAZ R 77.4.2.; das Beweisverfahren am 25. Mai 1857, vgl. Verfügung Kasimir Pfyffers vom 25. Mai 1857, StAZ R 77.5.10, Fasz. 20.

verfolgte, ergibt sich auch aus den Äusserungen Ehrhardts an den Regierungsrat, wonach Dernburg für das zweite Gutachten keine Entschädigung wollte. Ein Grund dafür war, dass er für das erste Gutachten «sehr generoes» entschädigt worden war. Doch ein weiterer, wohl wichtigerer Grund, war folgender: «Auch liege ihm [Dernburg] persönlich viel an einer öffentlichen Widerlegung der in den gegnerischen Gutachten enthaltenen Angriffe. Nach alledem erscheint somit eine weitere Honorierung weder notwendig, noch von Herrn Dernburg erwartet».[335]

Inhaltlich zeigte sich Dernburg nun auch zu Polemik fähig und nahm vor allem auf die Gutachten Berlins und Münchens Bezug.[336]

7. Stimmung in der Zürcher Presse

Mehrere Zeitungen machten Stimmung für den Standpunkt der Stadt Zürich. Die NZZ teilte jedoch den Rechtsstandpunkt Dernburgs, dessen Gutachten sie im Wesentlichen wiedergab.[337] Sie stellte den Streit ausserdem in den grösseren Zusammenhang und sah ihn als den letzten Akt der Emanzipation der Landschaft von der Stadt an.[338]

---

[335] Schreiben Friedrich Gustav Ehrhardts an den Regierungsrat vom 20. Januar 1858, StAZ R 77.4.2.
[336] Dernburg II, S. 3, «[...] schien es nöthig, den juristischen Thatbestand in seiner Reinheit wiederherzustellen [...]».
[337] Vgl. dazu die NZZ vom 22. November 1857, Nr. 326, S. 2273. So würden die Eidgenössische Zeitung und die Freitagszeitung die Sache so darstellen, als könne «[...] kein rechtsverständiger Mensch die Sache anders sehen.»
[338] Die NZZ legte den Prozess in einer fünfteiligen Serie dar, vgl. NZZ vom 22. bis 26. November 1857, Nr. 326–330.

VI. Urteil des Bundesgerichts

1. Richterbank

Im Kaufhausprozess war das Bundesgericht mit folgenden Richtern besetzt:[339] Präsident JAKOB DUBS,[340] Vizepräsident Dr. JOHANN JAKOB BLUMER,[341] Bundesrichter Dr. KASMIR PFYFFER,[342] NICOLAS GLASSON,[343] NI-

---

[339] ABGer Prot. Bd. III, S. 66 f.
[340] DUBS, JAKOB (1822–1879). Der Sohn eines Metzgers, Wirts und Posthalters studierte Rechtswissenschaften in Bern, Heidelberg und Zürich und schloss diese 1843 mit dem Dr. iur. ab. Dubs nahm als Radikaler am zweiten Freischarenzug und am Sonderbundskrieg teil. 1847 wurde er in den Grossen Rat von Zürich gewählt, 1849 wurde er Staatsanwalt. Mit Unterstützung Alfred Eschers wurde Dubs in den Zürcher Regierungsrat gewählt und schuf als Erziehungsdirektor das Zürcher Schulgesetz von 1859. Auf Bundesebene war Dubs Nationalrat (1849–54) und Ständerat (1854–61). 1861 wurde er als Nachfolger Jonas Furrers in den Bundesrat gewählt, wo er bis zu Emil Weltis Wahl der starke Mann war. Im Neuenburger- und Savoyerhandel bekämpfte Dubs mit den Liberalen um Alfred Escher die Radikalen um Bundesrat Jakob Stämpfli. Dubs regte 1865 eine föderalistische Verfassungsrevision an und trat 1871 zurück, als sich die Zentralisten in Bundesrat und Parlament durchsetzten. Unter seiner Führung setzte sich eine Allianz aus Altliberalen, Föderalisten und Katholisch-Konservativen 1872 durch und verhinderte die Totalrevision der BV. Dubs war von 1854 bis 1861 und erneut von 1875 bis 1879 Bundesrichter Vgl. JORIO MARCO, Dubs, Jakob, in: Historisches Lexikon der Schweiz (HLS), Bd. 3, Basel 2004, S. 218; BuriLex, Jakob Dubs.
[341] BLUMER, JOHANN JAKOB (1819–1875). Blumer studierte Rechtswissenschaft in Lausanne und Zürich (u.a. bei Bluntschli, F.L. Keller und H. Escher) sowie in Bonn und Berlin (u.a. bei Savigny und Ranke). Verhaftet in der Tradition des Kavalierstudiums schloss Blumer das Studium ohne Examen und Doktorat ab. 1854 erhielt er den Dr. h.c. der Universität Zürich. Blumer war von 1840 bis 1865 Landesarchivar in Glarus, Mitglied des Glarner Zivilgerichts (1841–48) und Präsident des Appellationsgerichts (1848–74). Kantonalpolitisch war Blumer Landrat (1842), Gemeinderat in Glarus (1860–74) und Glarner Ratsherr (1864–70). Blumer war 1847 Tagsatzungsgesandter, Ständerat (1848–74), wurde 1855 nicht zum Bundesrat gewählt und war 1865 Präsident der Kommission zur Revision der BV sowie Mitglied der Revisionskommission 1871–74. Blumer war Bundesrichter von 1848 bis zu seinem Tod 1875, wobei er der erste Präsident des ständigen Bundesgerichts 1875 war. Blumer war Redaktor der Glarner Zeitung, Korrespondent der NZZ, Mitglied der Gründungskommission der Eisenbahn Rapperswil-Glarus und Mitglied des erweiterten Komitees des SOB. Blumer sass als Verwaltungsrat in der Bank in Glarus und der Rentenanstalt. 1867 war er Präsident des Schweizerischen Juristenvereins. Ausserdem war Blumer der Redaktor zahlreicher glarnerischer Gesetze, so des Glarnerischen Zivilgesetzbuches, des Strafgesetzbuches sowie der Strafprozessordnung. Vgl. HEER JOACHIM, Dr. Johann Jakob Blumer (1819–1875): sein Leben und Wirken, dargestellt nach seinen eigenen Aufzeichnungen, Glarus 1877; LAUPPER HANS,

COLAUS HERMANN,[344] FRANZ KASPAR ZEN-RUFFINEN,[345] JOHANN RUDOLF BROSI,[346] JEAN-JACQUES CASTOLDI, GOTTLIEB JÄGER[347] und Suppleant GUSTAV ADOLF KEISER.[348]

---

[342] Blumer, Johann Jakob, in: Historisches Lexikon der Schweiz (HLS), Bd. 2, Basel 2003, S. 507; BuriLex, Johann Jakob Blumer.

[343] Vgl. zur Kurzbiographie Pfyffers Anm. 29.

GLASSON, NICOLAS (1817–1864). Glasson – Sohn eines Landwirts – studierte Recht in Fribourg und schloss dort 1848 mit dem licence en droit ab. 1852 erwarb er das Anwaltspatent. Glasson diente sich vom Bezirksanwalt im Distrikt Bulle (1838) zum Generalanwalt hoch (1852). Er war ausserdem von 1847 bis 1848 Präsident des Tribunal de la Gruyère. 1853 wurde er ins BGer gewählt, wo er bis zu seinem Tod 1864 verblieb. Politisch war Glasson als Grossrat in Fribourg (1847–56), als Nationalrat (1848–54) und als Ständerat (1854–57) aktiv. Er galt als eine der Hauptfiguren der Radikalen von 1848, ausserdem war er Redaktor der radikalen Zeitung «Le Confédéré» und Mitarbeiter der Zeitschrift «L'Emulation». Vgl. BuriLex, Nicolas Glasson.

[344] HERMANN, NICOLAUS (1818–1888). Der Sohn eines wohlhabenden Käsehändlers studierte – nach dem Besuch der Klosterschule in Engelberg – von 1837 bis 1840 in München Jurisprudenz. Hermann war 1849–53 bereits Suppleant am BGer, bevor er 1852 ins BGer gewählt wurde und von 1853 bis 1874 Bundesrichter war. Hermann war u.a. Regierungsrat (1841–50, 1878–88) und Tagsatzungsgesandter Obwaldens (1843, 1846–47). Auf Bundesebene war er Ständerat (1849–72) und Nationalrat (1878–88). Er war Mitbegründer der Obwaldner Ersparniskasse, Redaktor der Kantonsverfassung (1850), Gründer und Redaktor der liberalen «Obwaldner Wochenzeitung», 1871 Präsident des Geschworenengerichts für den «Tonhalle-Krawall» und von 1872 bis 1888 Verwaltungsrat der Rentenanstalt. Vgl. SIGRIST ROLAND, Hermann, Nicolaus, in: Historisches Lexikon der Schweiz (HLS), Bd. 6, Basel 2007, S. 304 f.; BuriLex, Nicolaus Hermann.

[345] ZEN-RUFFINEN, FRANZ KASPAR (1803–1861). Der in Leuk (VS) geborene Zen-Ruffinen stammte aus einer alten Leuker Familie. Er war Advokat und Notar sowie Berichtsteller am Verwaltungsgericht. Zen-Ruffinen war Walliser Staatsrat von 1840–1843. Nach dem Sonderbundskrieg war er Mitglied der provisorischen Regierung von 1847 und von 1848 bis 1856 erneut Staatsrat. 1838 und 1848 war er Tagsatzungsgesandter sowie 1848 Mitglied der eidgenössischen Kommission für die Bundesrevision. Von 1848 bis 1861 war Zen-Ruffinen Mitglied des Bundesgerichts. Vgl. HBLS 5, S. 644; ULRICH JOSEPH BALTHASAR, Der Bürgerkrieg in der Schweiz in seiner Veranlassung, Wirklichkeit und seinen Folgen, umfassend den Zeitraum von 1830 bis zur Einführung der neuen Bundesverfassung 1848, Einsiedeln 1850, S. 718.

[346] BROSI, JOHANN RUDOLF (1801–1877). Der Sohn eines Landwirts und Fähnrichs studierte Rechtswissenschaft in Berlin (u.a. bei Savigny). Er war als Advokat tätig und Mitglied des Kantonsgerichts Graubünden. Auf kantonalpolitischer Ebene war Brosi Gemeindepräsident von Schiers, Mitglied des Kleine Rats und mehrmaliger Tagsatzungsgesandter. Auf Bundesebene war Brosi Nationalrat (1849–51), Ständerat (1848–49, 1856–57) und Bundesrichter von 1848 bis 1859. Vgl. SIMONETT JÜRG, Brosi, Johann Rudolf, in: Historisches Lexikon der Schweiz (HLS), Bd. 2, Basel 2003, S. 722; BuriLex, Johann Rudolf Brosi; Homepage des BGer, http://www.bger.ch/judge-federal?objectId=8678, besucht am 27. November 2007.

2. Urteil vom 2. Dezember 1857

Gestützt auf den faktischen Teil des Rechtsstreits, der von Pfyffer als Handschrift[349] verfasst worden war und für die Mitglieder des Bundesgerichts gedruckt wurde, führte das Bundesgericht am 2. und 3. Dezember 1857 die mündliche Hauptverhandlung durch.[350]

---

[347] JÄGER, GOTTLIEB (1805–1891). Der Sohn eines Aargauer Bezirksgerichtsschreibers und Grossrats studierte von 1825 bis 1828 Recht in Basel, Jena und Heidelberg. Jäger erwarb sowohl das Notariatspatent als auch das Fürsprecherpatent. Er war Aargauer Regierungssekretär und Fürsprecher in Brugg. 1849–56 war er Supplant am BGer, von 1856 bis 1874 Bundesrichter und von 1875 bis 1880 erneut Supplant. Jäger war Aargauer Grossrat (1832–33, 1837–62) und Nationalrat (1848–51, 1854–66). Er leitete die Verhandlungen über den Loskauf der Freischärler in Luzern 1845 und war 1848 Mitglied der Kommission zur Revision des Bundesvertrages von 1815. Jäger war 1846 Mitglied der Redaktionskommission des Aargauer Bürgerlichen Gesetzbuches und Redaktor weiterer kantonaler Gesetze. Vgl. HOLENSTEIN STEFAN, Jäger, Gottlieb, in: Historisches Lexikon der Schweiz (HLS), Bd. 6, Basel 2007, S. 740; GEISSMANN HANSPETER, Das Allgemeine Bürgerliche Gesetzbuch für den Kanton Aargau (1847–1855): Zur Entstehungsgeschichte des modernen bürgerlichen Rechts im 19. Jahrhundert, Diss. (Bern), Bern 1990, S. 135, Anm. 1; BuriLex, Gottlieb Jäger.

[348] KEISER, GUSTAV ADOLF (1816–1880). Der Sohn eines Zuger Fürsprechers und eidgenössischen Kanzlisten studierte Rechtswissenschaft in Bern, Jena, Heidelberg und Dijon. Er war daraufhin als Fürsprecher in Zug tätig, bis er sich mehrheitlich in Handelsgeschäften und der Politik betätigte. Der rhetorisch begabte Keiser war in der Folge Kantonsrichter (1843–47), Stadtrat von Zug (1846–47) und Kantonsrat und wurde der Führer der radikal-liberalen Opposition im Kanton Zug. So war er massgeblich am liberalen Umsturz von 1847 beteiligt, war Präsident der provisorischen Regierung und gestaltete die Verfassung von 1848. Er wurde Grossrat, Regierungsrat, Landammann und Ständerat, doch nach dem konservativen Umschwung 1850 verlor er alle diese Ämter wieder, woraufhin er sich auf seine wirtschaftliche Tätigkeit konzentrierte. 1860 kehrte er im Zuge der politischen Entspannung wieder in einige Ämter zurück, verlor diese im Kulturkampf jedoch wieder. Vgl. MOROSOLI RENATO, Keiser, Gustav Adolf, in: Historisches Lexikon der Schweiz (HLS), Bd. 7, Basel 2008, S. 151.

[349] Sie findet sich u.a. im ABGer Doss. 227.

[350] Das Urteil findet sich abgedruckt in der ZZR V (1858), S. 385 ff. und in der ZSR VII (1858), S. 3 ff.; ein Original findet sich im Staatsarchiv Zürich: Urteil des Schweizerischen Bundesgerichts zu Gunsten der Stadt Zürich als Klägerin, vom 2. und 3. Dezember 1857, StAZ R 77.5.1. Vgl. auch Intelligenzblatt für die Stadt Bern vom 6. Dezember 1857, S. 5.

a. Vorfrage

Im Sinne einer Vorfrage hatten die Bundesrichter zuerst über eine Beschwerde Ehrhardts gegen die Zeugeneinvernahme von 3. Februar 1855 sowie gegen die Verfügungen des Instruktionsrichters Kasimir Pfyffer zu entscheiden.[351] So habe Pfyffer darauf verzichtet, gewisse streitige Punkte mittels einer Expertise abzuklären und habe sich ausserdem geweigert, eine Oberexpertise in Auftrag zu geben,[352] um über gewisse strittige Punkte in den beiden Expertengutachten Klarheit zu erlangen.[353] Pfyffer hatte versucht, die beiden Experten zu einem Treffen zu bringen, wo sie sich über die Differenzen hätten verständigen sollen. Die beiden lehnten dies aber ab und beharrten auf ihrer Meinung. Da Pfyffer der Meinung war, das Gericht könne die buchhalterischen Differenzen erkennen und würdigen, ohne eine weitere Expertise, lehnte er das Gesuch Ehrhardts ab.[354]

In der Hauptverhandlung bezeichnete Pfyffer diese Vorfragen als «neues Labyrinth, um nie aus dem Prozesse zu kommen, wodurch der Staat allerdings seinen Zweck erreicht hätte.»[355] Ehrhardt war der Ansicht, dass sein verspätetes Begehren gemäss Prozessordnung noch zuzulassen gewesen wäre und die Verspätung lediglich zu einer Busse hätte führen sollen. Pfyffer wies diese Ansicht zurück, da auf diese Weise die Hauptverhandlung regelmässig durch verspätet eingereichte Gesuche hätte verunmöglicht werden können. Ausserdem beantragte er dem Bundesgericht, einen anderen Instruktionsrichter zu ernennen, falls die Beschwerde gutgeheissen würde. Es scheint also tatsächlich so zu sein, als hätte Ehrhardt durch seine zahlreichen Verschiebungsgesuche, durch die Reformation und die Rechtsgutachten den Referenten Pfyffer so weit gebracht, dass er sich von seinem Amt hätte entbinden lassen.

---

[351] Vgl. Beschwerde Ehrhardts (undatiert), StAZ R 77.5.10, Fasz. 21; vgl. auch Urteil des BGer vom 2. Dezember 1857, abgedruckt in ZZR V (1858), S. 385 ff. (400).
[352] Vgl. Schreiben Ehrhardts an Pfyffer vom 16. Mai 1857, StAZ R 77.5.10, Fasz. 18.
[353] Vgl. Urteil des BGer vom 2. Dezember 1857, lit. AA., abgedruckt in ZZR V (1858), S. 385 ff. (400).
[354] Vgl. ZSR VII (1858), S. 43 f.; sowie NZZ vom 6. Dezember 1857, Nr. 340, S. 2330.
[355] NZZ vom 6. Dezember 1857, Nr. 340, S. 2330.

§ 4 Der Zürcher Kaufhausprozess – Bundesgericht als Schiedsgericht   71

So weit kam es glücklicherweise nicht, die Bundesrichter lehnten die Beschwerde Ehrhardts als unbegründet ab.[356]

b. Hauptfrage

Präsident Blumer liess für die Hauptfrage zwei Umfragen unter den Bundesrichtern durchführen. Als erstes mussten sich die Richter darüber verständigen, ob es sich bei den Kaufhausgebühren um ein Obligatorium handelte und ob die Stadt Zürich in diesem Zusammenhang überhaupt eine Entschädigung fordern konnte. Die Bundesrichter stimmten – wenn auch mit unterschiedlichen Begründungen – alle mit dem Referenten darin überein, dass die Stadt die Kaufhausgebühren bis zur Abschaffung der Zölle durch die BV 1848 in obligatorischer Weise erheben durfte.[357] Das Recht zur Erhebung von Kaufhausgebühren war also weder durch den Vertrag von 1834, noch durch die Gesetzgebung im Kanton Zürich untergegangen. Die Stadt habe immer wieder klar gemacht, dass sie auf ihrem Recht bestehe und eine Aufhebung der finanziell derart bedeutenden Kaufhausgefälle konnte nicht implizit erfolgt sein.[358] Selbst wenn die Gebühren durch Gesetz aufgehoben worden wären, so wäre ein Recht der Klägerin auf Schadenersatz nicht untergegangen, da sie die Gebühren auch nach dem Erlass des Gesetzes von 1835 weiterhin in gutem Glauben als obligatorisch betrachtet hatte. Eine Verjährung war somit nicht eingetreten.[359]

Für eine zweite Abstimmung hatten die Richter darüber zu beraten, wie hoch die Entschädigung für die Stadt Zürich anzusetzen war. In dieser Frage waren sich die Bundesrichter weit weniger einig. Bereits die Ansichten der Parteien gingen dabei weit auseinander. Während die Stadt Fr. 638 963.30

---

[356] Vgl. Urteil des BGer vom 2. Dezember 1857, Erkenntnis 1, abgedruckt in ZZR V (1858), S. 385 ff. (410).
[357] Vgl. NZZ vom 6. Dezember 1857, Nr. 340, S. 2330.
[358] Urteil des BGer vom 2. Dezember 1857, Erwägungen 3 und 6, abgedruckt in ZZR V (1858), S. 385 ff. (405, 406).
[359] Urteil des BGer vom 2. Dezember 1857, Erwägung 8, abgedruckt in ZZR V (1858), S. 385 ff. (407)

forderte,[360] ging der Kanton Zürich – wenn überhaupt – von Fr. 200 000.– aus, die er aber noch um die Entschädigung für die Transitgebühren von Fr. 170 000.– herabgesetzt sehen wollte, die die Stadt auf Grund des Vertrages von 1834 erhalten hatte.[361]

Umstritten war unter den Bundesrichtern einerseits die Höhe der Entschädigung, andererseits die Frage, ob eine Kapitalleistung oder eine jährliche Zinssumme geschuldet sei. Weiter wollten sich die Bundesrichter aber auch darüber verständigen, ob die Entschädigung der Stadt Zürich von der Zollentschädigung des Kantons Zürich durch den Bund abhängig gemacht werden sollte.[362]

Nun äusserten die Richter reihum alle möglichen Varianten. Hermann votierte für die Summe von Fr. 125 000.–, also jährlich Fr. 5000.–, die er jedoch von der Entschädigung durch den Bund abhängig machen wollte. Brosi sah Fr. 100 000.– gerechtfertigt, Jäger eine jährliche Entschädigung von Fr. 6400.–, merkte aber an, dass er sich auch der Meinung Hermanns anschliessen könnte. Castoldi wollte sich gar Brosi *oder* Pfyffer anschliessen. Die jährliche Entschädigung wurde schliesslich mit der Mehrheit von sieben Stimmen auf Fr. 5833.– festgesetzt, wobei die jährliche Kapitalisierung lediglich mit Stichentscheid des Präsidenten eine Mehrheit fand. Für die Frage, ob die Entschädigung der Stadt von der Entschädigung des Kantons durch den Bund abhängig gemacht werden sollte, konnte keine Mehrheit gefunden werden. Während sich Hermann und Glasson eher in diese Richtung aussprachen, war Pfyffer der Ansicht, dass der Staat auch nach einem allfälligen Ende der Zollentschädigung durch den Bund die Stadt Zürich weiter entschädigen müsste.[363] Die Gerichtskosten von Fr. 500.– wurden den

---

[360] ZSR VII (1858), S. 24 lit. B.
[361] ZSR VII (1858), S. 27, Ziff. 5.
[362] Vgl. zu diesem Zusammenhang oben § 4.I.
[363] Vgl. zu den einzelnen Voten der Richter die NZZ vom 6. Dezember 1857, Nr. 340, S. 2330.

Parteien je zur Hälfte auferlegt, die Parteikosten wurden als gegenseitig kompensiert betrachtet.[364]

VII. Reaktionen, Ausblick

1. Reaktionen

Am 28. Januar 1858 sandte das Bundesgericht die Akten an die Kanzlei des Bezirksgerichts Zürich zurück.[365] Ehrhardt quittierte am 22. Februar 1858 den Eingang seines Honorars von Fr. 3000.– und bedankte sich bei dieser Gelegenheit für die «liberale Weise», mit welcher er honoriert worden war.[366] Dass die Stimmung im Regierungsrat, angesichts der Niederlage, nicht ganz so ungetrübt war, zeigt die Mitteilung des Urteils durch die Direktion der Finanzen an den Regierungsrat. Darin wird Ehrhardt angewiesen, mit «gefälliger Beförderung» ein Gutachten zu verfassen, welches sich über mögliche Schritte der Justizkommission aussprechen solle. Insbesondere stellte sich für die Finanzdirektion die Frage, ob eine Möglichkeit bestehe, die eidgenössische Zollentschädigung anzupassen.[367]

Ehrhardt reichte das Gutachten – so gar nicht seiner zögerlichen Prozessführung entsprechend – bereits am 5. März ein. Eine Neuverhandlung der Zollentschädigung erachtete Ehrhardt als unmöglich, da die Materie so gründlich wie keine andere durchberaten worden sei. Dass in der eidgenössischen Zollentschädigung für den Kanton Zürich die Kaufhausgebühren der Stadt Zürich bereits umfasst gewesen waren, konnte Ehrhardt nicht mit Sicherheit

---

[364] Urteil des BGer vom 2. Dezember 1857, Erkenntnis 2 und 3, abgedruckt in ZZR V (1858), S. 385 ff. (410).
[365] Begleitbrief des Schweizerischen Bundesgerichts bei Rücksendung der Prozessakten an das Bezirksgericht vom 28. Januar 1858, StAZ R 77.4.2.
[366] Schreiben Friedrich Gustav Ehrhardts an den Regierungsrat vom 22. Februar 1858, StAZ R 77.4.2.
[367] Mitteilung des Urteils durch die Direktion der Finanzen an den Regierungsrat vom 6. Hornung 1858, StAZ R 77.4.2.

sagen. Es sei jedoch seiner Meinung nach davon auszugehen, dass sich die Stadt ja schon damals *uneinsichtig* gezeigt habe.

Einen Strohhalm erblickte die Regierung vor allem in Punkt 14 der Erwägungen des Bundesgerichts.[368] Darin liess es das Gericht offen, ob sich an der Entschädigungspflicht des Kantons etwas ändern würde, wenn sich an den bundesstaatlichen Verhältnissen etwas ändern würde. Ehrhardt nahm zur Frage Stellung, ob das Bundesgericht damit andeuten wollte, dass es sich dabei womöglich um eine Resolutivbedingung handle. Er liess sich aber nicht zu einer Prognose hinreissen und zeigte lediglich auf, was die Konsequenzen für beide Ansichten waren.[369]

2. Ausblick

Als im Jahre 1874 die revidierte Bundesverfassung in Kraft trat, sah der Kanton Zürich seine Stunde gekommen. Die neue BV schaffte die Zollentschädigungen ab, womit der Kanton die durch Ehrhardt erwähnte Resolutivbedingung als eingetreten erachtete und eine weitere Entschädigung der Stadt ablehnte. Der Stadtrat von Zürich teilte diese Ansicht jedoch nicht.[370] Verhandlungen in dieser Sache verliefen fruchtlos, und die Streitparteien suchten erneut einen Entscheid des Bundesgerichts.[371] Das Bundesgericht entschied den Streit am 12. September 1879 einstimmig zu Gunsten der Stadt Zürich und sprach ihr das Recht zu, weiterhin die gleiche jährliche Entschädigung zu fordern.[372] Das Gericht erwähnte jedoch in einem obiter

---

[368] Vgl. Urteil des BGer vom 2. Dezember 1857, Erwägung 14, abgedruckt in ZZR V (1858), S. 385 ff. (409 f.).

[369] Gutachten Friedrich Gustav Ehrhardts samt einem Begleitschreiben der Direktion der Justiz, vom 5. März 1858, StAZ R 77.4.2.

[370] Schreiben des Stadtrats Zürich an den hohen Regierungsrat des Kantons Zürich vom 26. April 1876, StAZ R 77.5.12.

[371] Die NZZ sah es als besser an, einen Prozess vor Bundesgericht zu vermeiden, da dieses bereits mehrfach in dieser Materie entschieden habe, vgl. NZZ vom 20. September 1878, Nr. 442, 2. Blatt.

[372] Vgl. NZZ vom 15. September 1879, Nr. 431, 1. Blatt (Kurzmeldung), 2. Blatt (ausführlichere Meldung).

§ 4 Der Zürcher Kaufhausprozess – Bundesgericht als Schiedsgericht   75

dictum die Möglichkeit, das Recht durch eine einmalige, kapitalisierte Zahlung von Fr. 116 666.80 abzulösen.[373]

Im Anschluss an dieses Urteil besann sich der Kanton darauf, dass die Kapitalleistung aus dem Staatsgut, bei einer angenommenen Verzinsung von 4.5%, doch immerhin eine Einsparung von jährlich Fr. 583.34 bedeuten würde, im Vergleich zur jährlichen Zahlung. Er entschädigte die Stadt, auf Weisung des Regierungsrates, in der Höhe, welche das Bundesgericht vorgezeichnet hatte.[374]

VIII. Fazit

So wie sich die Streitigkeit um die Kaufhausgebühren darstellt, ist schwer nachzuvollziehen, warum sich der Kanton Zürich überhaupt geweigert hatte, einen Anspruch der Stadt anzuerkennen. Die besagte Gesetzgebung zur Liberalisierung des wirtschaftlichen Verkehrs im Kanton Zürich nahm die Kaufhausgebühren ausdrücklich aus, und durch den Vertrag zwischen den Kaufleuten und der Stadt sollten lediglich die Transitgebühren aufgehoben werden. In jedem Fall war die Stadt Zürich für die vermeintliche Abschaffung der Kaufhausgebühren nicht gebührend entschädigt worden. Sie hatte sich immer ausdrücklich dafür ausgesprochen, die Kaufhausgebühren beizubehalten.

Doch neben diesen rechtlichen Gesichtspunkten machte der Kanton Zürich auch sonst eher eine schlechte Figur. Die Stadt konnte bis zur Entscheidung des Bundesgerichts mit Rechtsgutachten von drei verschiedenen Autoren oder Institutionen aufwarten. Die geballte wissenschaftliche Argumentation von Bluntschli, der juristischen Fakultät von Berlin und derjenigen von München stellte sich der Ansicht des Kantons entgegen. Wenn auch die Gutachten nicht formell in die Erwägungen des Bundesgerichts einbezogen wurden, so ist doch anzunehmen, dass sie von den Bundesrichtern nicht un-

---

[373] Urteil des BGer vom 12. September 1879, Erkenntnis 1, StAZ R 77.5.12.
[374] Weisung des Regierungsrates, StAZ R 77.5.12.

beachtet blieben.[375] Mit Fürsprecher Erhardt hat der Kanton wohl ebenfalls keine ideale Wahl getroffen. Ehrhardt versuchte durch seine zahlreichen Begehren um Fristerstreckung und der Weigerung, sich auf die mündlichen Verhandlungen einzulassen, das Verfahren zu verzögern. Mit diesem Verhalten brachte er den Referenten Kasimir Pfyffer fast dazu, sich von seinem Amt als Instruktionsrichter entbinden zu lassen.

Die Erwägungen der Bundesrichter im mündlichen Verfahren, die leider nur aus der Tagespresse rekonstruiert werden können, lassen vermuten, dass es nicht in erster Linie die wissenschaftlichen Argumente der Gutachter waren, die die Bundesrichter überzeugt haben. In Auslegung des Vertrages von 1834 und der fraglichen Gesetzgebung des Kantons Zürich kamen sie – zwar mit unterschiedlichen Begründungen, aber einstimmig – zum Schluss, dass die Kaufhausgebühren nicht aufgehoben worden waren.

Betrachtet man diesen Entscheid in seinen staatspolitischen Dimensionen, so handelte es sich bei dieser Auseinandersetzung um – wie es die NZZ treffend formulierte – einen Akt der Emanzipation der Landschaft von der Stadt Zürich. Da diese Emanzipation nun aber innerhalb der Schranken der Bundesgesetzgebung abzulaufen hatte, machte das Bundesgericht auch klar, dass sich die Kantone ihrer Verpflichtungen gegenüber den untergeordneten Gemeinwesen nicht einfach entziehen konnten, indem sie sie entschädigungslos enteigneten. Dass sich das Bundesgericht überhaupt mit dem Fall beschäftigen konnte, verdankte es aber nicht direkt der Bundesgesetzgebung, sondern der Einigung der Parteien. Wäre dem Kanton Zürich nicht eine wirtschaftlich mächtige und politisch einflussreiche Gemeinde wie die Stadt Zürich gegenüber gestanden, so hätte er sich wahrscheinlich nur vor Zürcher Gerichten verantworten müssen und sich einer Entschädigung womöglich entziehen können. In diesem Sinne bot das Bundesgericht die Rolle eines neutralen Forums, deren Mitglieder durch ihre Entfernung von der Streitsache für eine akzeptable und neutrale Entscheidung der Streitigkeit sorgen konnten.

---

[375] Vgl. dazu unten Kap. 6.I.

Kapitel 3: Verwaltungsrechtspflege

§ 5. Verwaltungsgerichtsbarkeit unter der BV von 1848

I. Staatsrecht, Verwaltungsrecht, Zivilrecht

Die Verwaltungsgerichtsbarkeit ist nach heutigem Verständnis das Verfahren, in dem ein Gericht verwaltungsrechtliche Streitigkeiten entscheidet.[376] Damit wird im Wesentlichen vorausgesetzt, dass es sich um eine Streitigkeit handelt, die im Bereich des Verwaltungsrechts anzusiedeln ist und dass es sich bei der entscheidenden Behörde um ein Gericht handelt, also um eine sachlich, organisatorisch und personell unabhängige Behörde.[377]

Der BV von 1848 war der Begriff des öffentlichen Rechts oder genauer des Verwaltungsrechts jedoch noch fremd. Die Rechtsprechungskompetenzen der obersten Bundesorgane wurden grundsätzlich danach geschieden, ob es sich bei dem Gegenstand um eine *staatsrechtliche* oder eine *zivilrechtliche* Streitigkeit handelte. Für staatsrechtliche Streitigkeiten zwischen Kantonen war die Bundesversammlung zuständig,[378] für Verfassungsbeschwerden von Bürgern der Bundesrat[379] sowie auf Beschwerde hin ebenfalls die Bundesversammlung.[380]

Die in der Verfassung von 1848 ausdrücklich erwähnten Kompetenzen des Bundesgerichts beschränkten sich auf das Zivil- und das Strafrecht. Daraus darf nun aber nicht der Umkehrschluss gezogen werden, dass alle Zustän-

---

[376] Vgl. HÄFELIN/MÜLLER/UHLMANN, S. 397, Rz. 1849.
[377] Vgl. HÄFELIN/MÜLLER/UHLMANN, S. 398, Rz. 1857; vgl. zur Unabhängigkeit des Bundesgerichts oben § 2.I.3.
[378] Vgl. Art. 74 Ziff. 16 BV 1848.
[379] Vgl. Art. 90 Abs. 1 Ziff. 2 BV 1848.
[380] Vgl. Art. 74 Ziff. 15 BV 1848.

digkeiten des Bundesgerichts, die sich nicht auf das Staatsrecht oder das Strafrecht bezogen, Zivilrecht im heutigen Sinne waren.[381] Zwar urteilte das Bundesgericht auch in Verwaltungssachen formal als Zivilgericht, funktional handelte es sich aber um Beschwerden gegen Verfügungen von Verwaltungsorganen.[382] Auch wenn noch keineswegs die Rede von einer Verwaltungsgerichtsbarkeit war,[383] so scheint zumindest die Unterscheidung zwischen Zivilrecht und Verwaltungsrecht in der zweiten Hälfte des 19. Jahrhunderts auch unter schweizerischen Rechtswissenschaftlern bekannt gewesen zu sein.[384] Für die Verwaltungsrechtsprechung sollten sich jedoch laut Bluntschli nur diejenigen öffentlichen Rechte und Pflichten eignen, die «relativ selbständige Gestalt in Bezug auf einzelne Beteiligte erlangt [en]», die mit anderen Worten eine «ähnliche Consistenz wie Privatrechte» besassen. In den anderen Fällen, wie militärischen Verfügungen, war man laut Bluntschli nicht bereit, dem überwiegenden öffentlichen Interesse ein selbständiges Recht des Einzelnen entgegenzustellen.[385]

Soweit die Bundesversammlung fortan öffentliches Recht des Bundes erliess, so übertrug sie dem Bundesgericht auch die entsprechende Gerichtsbarkeit. Eine Vorgehensweise, die sich in den zahlreichen Spezialverwaltungsgerichten in der Gestalt von Rekurskommissionen seit 1929 bis zur Gründung des Bundesverwaltungsgerichts im Jahre 2007 fortsetzte, wobei diese Rekurskommissionen im Grenzbereich zwischen verwaltungsinterner

---

[381] So wohl HAEFLIGER, S. 1.
[382] So bezeichnet KIRCHHOFER die Kompetenzen des ständigen Bundesgerichts im Expropriationsrecht als «materielles Verwaltungsrecht». Dies wird umso offensichtlicher, als er auch die Schätzungskommissionen als Verwaltungsgerichte bezeichnet, vgl. KIRCHHOF EMIL, Die Verwaltungsrechtspflege beim Bundesgericht, in: ZSR N.F. 49 (1930), S. 1 ff. (insb. S. 8, 10).
[383] Für einen kurzen Abriss der Entstehung der Verwaltungsgerichtsbarkeit für Deutschland RAAB GÜNTER, Rechtsschutz gegenüber der Verwaltung, Rom 1978, S. 5 ff.; sowie für Österreich WINKLER GÜNTHER, Der gerichtliche Rechtsschutz des Einzelnen gegenüber der vollziehenden Gewalt in Österreich, in: Orientierungen im öffentlichen Recht: Ausgewählte Abhandlungen, Wien/New York 1979, S. 138 ff.
[384] Vgl. VOGT, S. 401 f.; BLUNTSCHLI, Verwaltungsrecht, S. 278 ff.; LITERARISCHES VERLAGSBUREAU, S. 38.
[385] BLUNTSCHLI, Verwaltungsrecht, S. 283.

Rechtspflege und echten, unabhängigen Gerichtsinstanzen standen.[386] Dies lässt den Schluss zu, dass die beschränkten Kompetenzen des Bundes unter anderem dafür verantwortlich gewesen waren, dass die Verwaltungsstreitigkeiten dem Bundesgericht als Zivilgericht übertragen worden waren und kein spezielles Verwaltungsgerichtsverfahren eingerichtet worden war.[387]

II. Justizstaat oder Selbstverwaltung

Womöglich wurde dieser Weg aber auch bewusst gewählt, um zu verschleiern, dass man sich auf dem Weg zu einer gerichtlichen Überprüfungsbefugnis des Verwaltungshandelns befand.[388] Auf jeden Fall entsprach diese Vorgehensweise derjenigen der Kantone, die in der Regenerationszeit ab 1830, basierend auf der Fiskustheorie[389] und den wohlerworbenen Rechten,[390] eine Kontrolle der Verwaltung durch Zivilgerichte aufbauten, nachdem die Experimente der Kantone mit dem französischen Modell der Administrativgerichtshöfe in der Mediationszeit gescheitert waren.[391] Dass formell Zivilgerichte das Verwaltungshandeln überprüfen sollten, führte dazu, dass ihre Zuständigkeit nur begründet sein konnte, wenn Privatrechte des Bürgers verletzt worden waren.[392] Die Schweiz folgte damit dem liberalen deutschen

---

[386] Vgl. EICHENBERGER, S. 964, 966 f.; HÄFELIN/MÜLLER/UHLMANN, S. 398, Rz. 1859 und S. 402, Rz. 1874 ff..
[387] Vgl. FLEINER/GIACOMETTI, S. 905 f.
[388] Vgl. FLEINER/GIACOMETTI, S. 904 f.
[389] Die Fiskustheorie geht davon aus, dass der Staat in zwei Rechtspersönlichkeiten geteilt wird, wobei neben der hoheitlichen Rechtspersönlichkeit, eine vermögensrechtliche Persönlichkeit des Privatrechts besteht. Gegenüber der letzteren bestand ein Rechtsschutz durch die odentlichen Gerichte. Vgl. MAYER OTTO, Deutsches Verwaltungsrecht, 3. Aufl., München 1924, Bd. I, S. 49 ff.; BOEHMER GUSTAV, Grundlagen der bürgerlichen Rechtsordnung, Buch 1, Tübingen 1950, S. 181 ff.
[390] Vgl. zu Herkunft und Funktion der wohlerworbenen Rechte als Abwehrrechte POSCHER RALF, Grundrechte als Abwehrrechte, Tübingen 2003, S. 21 f. m.w.H.
[391] Vgl. HÄFELIN/MÜLLER/UHLMANN, S. 399, Rz. 1863; EICHENBERGER, S. 945 m.w.H.; JENNY, S. 10 ff.
[392] Vgl. KLEY ANDREAS, Der richterliche Rechtsschutz gegen die öffentliche Verwaltung, Zürich 1995, S. 251 ff.

Justizstaatsmodell, wonach die politischen Freiheiten massgeblich vom Schutze wirtschaftlicher Freiheiten, insbesondere des Eigentums, abhängig waren.[393]
In der Folge führte diese Konstruktion jedoch dazu, dass ein immer grösser werdender Bereich des staatlichen Handelns, welcher keine Privatrechte tangierte, der Gerichtsbarkeit entzogen blieb und der verwaltungsinternen Kontrolle überlassen wurde. Erst als die Belastung namentlich für die obersten Verwaltungsinstanzen – in den Kantonen der Regierungsrat, im Bund der Bundesrat – zu gross wurde, konnte sich eine generelle Verwaltungsgerichtsbarkeit durch spezialisierte Verwaltungsgerichte durchsetzen. So wurde im Bund erst 1928 eine ausgedehnte Verwaltungsgerichtsbarkeit eingeführt, wobei gerade dort weniger das Bedürfnis nach einem durchgehenden Rechtsschutz für den Einzelnen im Vordergrund stand, sondern hauptsächlich – im Sinne einer teilweisen Reorganisation der Bundesverwaltung – die Entlastung des Bundesrates von den zahlreichen Rechtsprechungsaufgaben in Verwaltungssachen.[394] Die Schweiz war damit in enormem zeitlichem Rückstand zum benachbarten Ausland, als sie die Verwaltungsgerichtsbarkeit einführte, was wohl auch mit dem Vorrang des demokratischen Prinzips gegenüber dem Rechtsstaatsprinzip zusammenhing.[395]
Ein solches «Nützlichkeitsdenken», das Kägi als die grösste Gefahr für die Schweiz bezeichnete,[396] kann diese Entwicklung jedoch nicht vollständig erklären. Bereits 1838 forderte nämlich der deutsche Jurist C.J.A Mittermaier, in Abkehr vom Justizstaatsmodell und enttäuscht in den Erwartungen an eine liberal-bürgerliche Rechtsauffassung der Richter, dass die Volksvertretung und Regierungsbehörden Verwaltungsstreitigkeiten entscheiden sollten. Dies ausdrücklich darum, weil sie durch ihre demokratische Legitimation

---

[393] Vgl. OGOREK, Verwaltungsgerichtsbarkeit, S. 386 ff.
[394] Vgl. FLEINER/GIACOMETTI, S. 594 f.; EICHENBERGER, S. 946 f. sowie auf S. 951 ff. mit grundsätzlichen Überlegungen, warum es die Verwaltungsgerichtsbarkeit in der Schweiz schwer hatte.
[395] Vgl. HÄFELIN/MÜLLER/UHLMANN, S. 399, Rz. 1864; EICHENBERGER, S. 952 f.
[396] KÄGI, S. 223.

eine grössere Verantwortung zu übernehmen hätten als völlig unabhängige Gerichte.[397]

Diese Ansicht teilten die Schöpfer der Bundesverfassung von 1848. Der Gedanke eines durchgehenden Rechtsschutzes der Bürger war ihnen fremd, und die Rechtsprechung war in bedeutendem Masse den politischen Behörden überlassen.[398] In gewisser Weise entsprach dieses Verständnis frappant den Selbstverwaltungskonzepten liberaler deutscher Staatsrechtler, wie sie in den 1860er und 1870er Jahren unter anderem von Robert von Mohl[399] und Rudolf von Gneist[400] vertreten wurden.[401] Eine aktive Bürgergesellschaft sollte direkt an der staatlichen Verwaltung teilhaben und so für die Rechtsstaatlichkeit der Verwaltung sorgen. Nicht das Gesetz oder Zivilgerichte hatten für die Kontrolle der Verwaltung zu garantieren, sondern die Bürgergesellschaft.[402] Für die Schweiz war dies in letzter Instanz die demokratisch gewählte Exekutive. Daneben sollten aber auch das Aufsichtsrecht des Parlaments über die Verwaltung und die Behörden, in denen Laien an der Entscheidfindung beteiligt waren, die Rechtsstaatlichkeit der Verwaltung garantieren.[403]

III. Bürger und Beamte

Das Verhältnis zwischen Verwaltung und Bürger war weniger gegensätzlich als in den modernen Monarchien des 19. Jahrhunderts, die Verwaltung in der

---

[397] Vgl. OGOREK, Verwaltungsgerichtsbarkeit, S. 398 ff. m.w.H.
[398] Vgl. KÄGI, S. 182.
[399] Vgl. HEYEN, S. 165 ff.; STOLLEIS MICHAEL, Rechtsstaat, in: Handwörterbuch zur deutschen Rechtsgeschichte (HRG) IV, S. 367 ff., insb. 372.
[400] Zu Gneists Anleihen aus dem englischen und französischen Verwaltungsrecht, besonders des «selfgovernment»: HEYEN, S. 175 ff.
[401] Vgl. STOLLEIS MICHAEL, Geschichte des öffentlichen Rechts in Deutschland, Bd. 2, München 1992, S. 385 ff.
[402] Vgl. JELLINGHAUS LORENZ, Zwischen Daseinsvorsorge und Infrastruktur: Zum Funktionswandel von Verwaltungswissenschaften und Verwaltungsrecht in der zweiten Hälfte des 19. Jahrhunderts, Frankfurt am Main 2006, S. 254 f.
[403] Vgl. EICHENBERGER, S. 952; BÄUMLIN, S. 75.

Schweiz grundsätzlich «volkstümlicher».[404] Nach Jakob Dubs sollten die Behörden lediglich dazu da sein, um die Form eines Entscheides zu wahren, alles andere sollte das Volk selber entscheiden.[405] In diesem System der weitgehenden Selbstverwaltung erscheint die richterliche Kontrolle der Verwaltung als eine Bevormundung. Sowohl die Kontrolle der Verwaltung durch die Gerichte als auch eine Normierung des Verwaltungsrechts erscheinen als unnötig.[406] Bereits Tocqueville sah in dieser demokratischen Kontrolle den Grund für das weite Ermessen, das den Verwaltungsbehörden in den USA zugestanden wurde.[407]

Mit dem Ausbau der Bundesverwaltung, besonders seit 1874, kam diese Selbstverwaltung jedoch unter Druck. Die «Bürger-Beamten» wurden in Adaption der deutschen Lehre vom besonderen Gewaltverhältnis zu Funktionären in der stetig wachsenden Bundesverwaltung. Damit stiegen die Chancen für eine Verwaltungsgerichtsbarkeit auf Bundesebene,[408] da sich das Postulat Dubs nicht realisieren liess, «die Zahl der Bundesbeamten soviel als möglich zu reduzieren».[409] Die Entwicklung des Bundesstaates verlief in die entgegengesetzte Richtung, ohne dass sich diese Entwicklung in der Verfassung niedergeschlagen hätte.[410]

---

[404] JENNY, S. 49 f.
[405] Vgl. DUBS II, S. 100 ff., insb. 104.
[406] Die wissenschaftliche Bearbeitung des Verwaltungsrechts setzt noch später ein. So sah Ernst Blumenstein diese erst mit den «Institutionen» Fleiners begründet, vgl. BLUMENSTEIN ERNST, Fritz Fleiner und der schweizerische Rechtsstaatsgedanken, in: Monatsschrift für bernisches Verwaltungsrecht und Notariatswesen (Bern) 1937, S. 369 ff. (370 f.); vgl. zu Fleiners Rolle in der Emanzipation des Verwaltungsrechts: MÜLLER ROGER, Verwaltungsrecht als Wissenschaft, Diss. (Zürich), Frankfurt am Main 2006, S. 29 ff.
[407] Vgl. TOCQUEVILLE II, Kap. 1; BÄUMLIN, S. 75 f. m.w.H.
[408] Vgl. BÄUMLIN, S. 75 ff.
[409] DUBS II, S. 259; Dubs zog die Möglichkeit der Kontrolle der Bundesverwaltung durch Gerichte gar nicht in Erwägung, vgl. dazu BÄUMLIN, S. 75 f.
[410] Der Platz der Verwaltung in der Bundesverfassung entspricht auch noch im 20. Jahrhundert nicht ihrer zentralen Bedeutung im Bundesstaat, vgl. EICHENBERGER KURT, Hochleistungsverwaltung des entfalteten Sozialstaates, in: Walter Haller/Alfred Kölz/Georg Müller/Daniel Thürer (Hrsg.), Festschrift für Ulrich Häfelin zum 65. Geburtstag, Zürich 1989, S. 443–457 (454 f.).

§ 6. Heimatlose vor dem Bundesgericht

Das Bundesgericht behandelte in der Zeit seines Bestehens bis 1874 47 Streitigkeiten in Bezug auf Heimatlosigkeit. Sie machten knapp fünf Prozent aller Streitigkeiten aus.[411] Unter heutigen Gesichtspunkten würde die Einbürgerung von Heimatlosen wohl zweifellos eine Angelegenheit des öffentlichen Rechts darstellen. Nach gängiger Dogmatik mangelte es den Streitigkeiten an einer Privatrechtsverletzung, welche zu einem vermögensrechtlichen Anspruch geführt hätte.[412] Auf den ersten Blick lässt die Systematik des Art. 101 der BV 1848 zwar vermuten, dass die Streitigkeiten in Bezug auf Heimatlosigkeit womöglich dem Zivilrecht zugerechnet wurden, da das Bundesgericht «als Civilgericht» darüber zu urteilen hatte.[413] Im folgenden Fall, der Einbürgerung Christoph Hartmanns, wird sich aber zeigen, dass diese Heimatlosenstreitigkeiten gerade nicht als zivilrechtliche Streitigkeiten aufgefasst werden konnten. Gustav Vogt nannte die Rechtsprechung des Bundesgerichts in Heimatlosensachen deshalb bereits 1856 «kontentiöse Administrativjustiz» und verneinte deren zivilrechtlichen Charakter.[414]

Zwar ging es bei diesen Prozessen auch um die Frage, welcher Kanton die Kosten für die Einbürgerung und die Armenunterstützung der – oft mittellosen – Menschen aufzubringen hatte, doch zeigten sich in den Streitigkeiten vor allem – mitunter harte – Auseinandersetzungen zwischen den Kantonen, die Klage des Bundesrates war dabei lediglich der Auslöser. Der Bund selbst hatte keine vermögensrechtlichen Ansprüche geltend zu machen, da die Einbürgerungslasten nur durch die Kantone zu tragen waren. Der Bund als Kläger, konnte zu einer Zivilklage gar nicht legitimiert sein, weil gemäss Art. 43

---

[411] Vgl. Tabelle im Anhang § 2.
[412] Vgl. VOGT, S. 401 ff.; allgemein zum vermögensrechtlichen Anspruch als Voraussetzung HÄFELIN/MÜLLER/UHLMANN, S. 399, Rz. 1863; auf Deutschland bezogen: OGOREK, Verwaltungsgerichtsbarkeit, S. 385 ff.; vgl. auch oben Anm. 389.
[413] Vgl. die Systematik von Art. 101 Abs. 1 Ziff. 3 BV 1848.
[414] Vgl. VOGT, S. 401 f.; so auch LITERARISCHES VERLAGSBUREAU, S. 38.

BV 1848 niemand Schweizerbürger sein konnte, ohne ein Kantonsbürgerrecht zu besitzen.[415]

Was das Verfahren vor Gericht betraf, so stellte das Bundesgericht bereits 1854 fest, dass das Verfahren des provisorischen Bundesgesetzes über das Verfahren in bürgerlichen Rechtsstreitigkeiten für Heimatlosenangelegenheiten nicht oder nur analog angewendet werden konnte.[416] Auch die Kommission des Ständerates, die diesen Geschäftsbericht zu prüfen hatte, äusserte Verständnis für das Vorgehen des Bundesgerichts und stellte die Heimatlosenstreitigkeiten in den Gegensatz zu den «reinen Civilfällen».[417] Das Verfahren in Heimatlosenstreitigkeiten war somit lediglich ein «ganz eingenthümlicher Modus [...], um zu möglichst billiger Vertheilung einer von der gesammten Eidgenossenschaft übernommenen öffentlichen Last unter die einzelnen Kantone zu gelangen [...]».[418]

Die Heimatlosenstreitigkeiten wurden dem Bundesgericht übertragen, um den Entscheiden eine neutrale, juristische Legitimation zu verleihen, politische Erwägungen sollten verhindert werden, auch wenn die Fälle gar nicht strengrechtlich entschieden werden konnten.[419] Wie im folgenden Fall dargelegt wird, hatte das Bundesgericht die zwingende Aufgabe, mindestens einen der beklagten Kantone zur Einbürgerung zu verurteilen, weder eine Rückweisung noch eine Abweisung der Klage war möglich. So wurde im besprochenen Fall der Kanton Schaffhausen zur Einbürgerung verurteilt, obwohl Beweise dafür vorlagen, dass eigentlich der Kanton Thurgau zur Einbürgerung hätte verpflichtet werden müssen.

---

[415] Vgl. Art. 43 BV 1848, sowie VOGT, S. 402 f.
[416] Vgl. Geschäftsbericht BGer 1854, BBl 1855 II 4 f.
[417] Vgl. Bericht der ständerätlichen Kommission, abgedruckt bei VOGT, S. 401, Anm. 1 (im BBl nicht auffindbar).
[418] VOGT, S. 403; vgl. auch LITERARISCHES VERLAGSBUREAU, S. 38.
[419] Vgl. VOGT, S. 405 f.

I. Bedeutung der Heimatlosenfrage

1. Ausdifferenzierung der Bürgerrechte seit der Reformation

Noch bevor Heimatrechte in Ausweispapieren verkörpert wurden und Menschen damit in solche mit und solche ohne geschieden wurden, waren Heimatrechte ein politisches und rechtliches Thema. Nicht Papiere machten die Differenz aus, sondern eine Heimat zu haben oder eben ein Heimatloser zu sein. Das Gemeindebürgerrecht entstand in der Zeit der Reformation,[420] wobei sich je nach Kanton zuerst das Kantonsbürgerrecht – das sogenannte *Landrecht* – ausbildete und erst anschliessend ein Gemeindebürgerrecht. In der Folge begann sich das Gemeindebürgerrecht in den meisten Kantonen mit dem Landrecht zu verschränken, in dem Sinne, dass das Gemeindebürgerrecht Voraussetzung für das Landrecht wurde. Da für die beiden Bürgerrechte jedoch unterschiedliche Verlustgründe bestehen konnten, besassen die Bürger nicht notwendigerweise beide Rechte.[421]

Im 17. Jahrhundert begannen die Gemeinden sich immer rigoroser gegen die Aufnahme Fremder ins Bürgerrecht abzuschotten, da sich einerseits ein eigentumsähnlicher Begriff der Bürgergemeinde entwickelt hatte und sich andererseits das Heimatprinzip in der Armenfürsorge etabliert hatte.[422] Damit wurden die Gemeinden verpflichtet, für mittellose Bürger aufzukommen. Diese Tatsache motivierte sie dazu, sich vor armen Menschen zu schützen oder sich deren zu entledigen. Die Gemeinden versuchten ausserdem mit Eheverboten die Vermehrung ihrer Bürger zu kontrollieren und machten eine Vermählung von der finanziellen Situation der Brautleute abhängig.[423] So

---

[420] Vgl. RIESER WALTHER, Das Schweizerbürgerrecht: Eine staatsrechtliche Studie (Separatdruck aus der «Zeitschrift für schweizerische Statistik»), Bern 1892, S. 19 f.
[421] Vgl. insb. für den Kanton Zürich STAHEL ARNOLD, Gemeindebürgerrecht und Landrecht im Kanton Zürich, Diss. (Zürich), Zürich 1941, S. 139 f.
[422] Für einen kurzen Abriss WOLFENSBERGER ROLF, Heimatlose, in: Historisches Lexikon der Schweiz (HLS), Bd. 6, Basel 2007, S. 228 f.
[423] Vgl. zur Entstehung und Ausformung dieser Kontrollmechanismen insb. im Kanton Bern MEIER/WOLFENSBERGER, S. 39 ff.

entwickelte sich in dieser Zeit und bis ins 19. Jahrhundert hinein die Pflicht zur Verkündung der Ehe, verbunden mit einem Einspruchsrecht oder einer generellen Bewilligungspflicht durch die Heimatgemeinde.[424] Die Gemeinden spalteten sich in *Gerechtigkeitsgenossenschaften*, welche die politischen Rechte ausübten und *Hintersassen* oder *Landsassen*, welche zwar am Gemeindegut nutzungsberechtigt waren, aber keine politischen Rechte besassen.[425] Die Hintersassen waren Personen, die in einer Gemeinde seit langem ansässig waren, aber kein Gemeindebürgerrecht besassen. Landsassen besassen zwar ein Landrecht (Kantonsbürgerrecht), aber kein Gemeindebürgerrecht.[426] In den Städten bildeten sich Differenzen zwischen dem *grossen Bürgerrecht* und dem *kleinen Bürgerrecht*, wobei letzteres nur eingeschränkte Rechte beinhaltete.[427] Diese *kleinen Burger* wurden teilweise auch als *Ewige Einwohner* bezeichnet.[428]

Eine weitere Funktion kam dem Gemeindebürgerrecht im Staatsgefüge zu. Es diente als «pièce de resistance» gegen Machtansprüche der Kantone oder des Bundes.[429] So garantierte die Bundesverfassung von 1848 den in einer Gemeinde niedergelassenen Schweizern noch keine politischen Rechte auf Gemeindeebene.[430] Erst mit der Bundesverfassung von 1874 gelang es, den niedergelassenen Schweizern auch die politischen Rechte in der Gemeinde zu verschaffen.[431] Mit diesem Eingriff in die Gemeindeautonomie wurde die Einwohnergemeinde zur politischen Gemeinde, und die Korporation der Gemeindebürger konnte nur noch in ihren eigenen Angelegenheiten Beschlüsse fassen, wie über die Bewirtschaftung des Bürgervermögens oder die Einbürgerung in den Bürgerverband.[432]

---

[424] Vgl. MEIER/WOLFENSBERGER, S. 41 ff.
[425] Vgl. ARGAST, S. 63.
[426] Vgl. ARGAST, S. 63 Anm. 13 m.w.H.
[427] Vgl. MEIER/WOLFENSBERGER, S. 33 ff. und S. 99.
[428] Vgl. HOLENSTEIN ANDRÉ, Ewige Einwohner, in Historisches Lexikon der Schweiz (HLS), Bd. 4, Basel 2005, S. 353.
[429] Der Ausdruck stammt von ARGAST, S. 62.
[430] Vgl. Art. 41 Ziff. 4 BV 1848.
[431] Vgl. Art. 43 Abs. 4 BV 1874.
[432] Vgl. ARGAST, S. 65 f.

2. Zusammenhang zwischen mangelhaften Bürgerrechten und Nicht-Sesshaftigkeit

Es existierte eine Vielzahl von Möglichkeiten, um das angestammte Heimatrecht zu verlieren. Religionswechsel, konfessionelle Mischehen, Straffälligkeit, die Umgehung von Heiratsverboten oder die unterlassene Erneuerung durch Bürger, welche nicht in ihrer Heimatgemeinde wohnten oder in fremden Kriegsdiensten waren, konnten zum Verlust des Heimatrechts führen.[433] War das Heimatrecht erst einmal verloren, so konnte darauf die – mindestens vorübergehende – Nicht-Sesshaftigkeit folgen, da den Heimatlosen meist nach kurzer Zeit befohlen wurde wegzuziehen.[434] Die Heimatlosen waren damit gezwungen von Ort zu Ort zu reisen, je nach wirtschaftlicher und politischer Lage konnten sie darauf hoffen, an gewissen Orten und zu gewissen Zeiten geduldet zu werden. Wurden sie jedoch zur wirtschaftlichen Konkurrenz, so wurden sie weggewiesen.[435] Zwar machten die dauerhaft Fahrenden nur einen Bruchteil der Heimatlosen aus, diese «Vaganten» erregten die Öffentlichkeit aber weit mehr, als die rechtlich Heimatlosen, wie der Grosse Gaunerprozess anschaulich zeigte.[436]

3. Der grosse Gaunerprozess als Wendepunkt (1824–1826)

Im 19. Jahrhundert änderte sich die Lage für die Heimatlosen. Lebten sie vorher mehr oder weniger unbeachtet am Rand der Gesellschaft, wurden sie nun immer stärker wahrgenommen. Einerseits fühlte sich die sesshafte Be-

---

[433] BAUR/BOESCH/VOGEL, S. 115.
[434] Der Begriff Heimatlosigkeit bezeichnet den Rechtszustand fehlender oder mangelhafter Gemeindebürgerrechte. Nicht-Sesshaftigkeit hingegen bezeichnet eine Lebens- oder Wirtschaftsweise, bei welcher Betroffene zumindest zeitweise umherziehen. Vgl. zu den Begriffen MEIER/WOLFENSBERGER, S. 9 ff.
[435] Vgl. MEIER/WOLFENSBERGER, S. 163 ff.
[436] Der Bundesrat ging in seinem Bericht zum Heimatlosengesetz von 1850 von 11600 rechtlich Heimatlosen im Gegensatz zu geschätzten 300 «Vaganten» aus, vgl. Bericht des Bundesrates über das HG, BBl 1850 III 126 f.

völkerung durch die Vaganten bedroht, andererseits wollte man deren traurige Lebensumstände verbessern. Wenn man auch befürchtete, dass man den Erwachsenen ihre angestammte Lebensweise nicht einfach abgewöhnen konnte, so wollte man doch die nächste Generation – die Kinder – vor dem Schicksal ihrer Eltern bewahren.[437] Am Anfang der Ereignisse stand jedoch zuerst einmal die Furcht vor dem Unbekannten. Mit dem «grossen Gaunerprozess» trat diese unbekannte Welt plötzlich ins Rampenlicht der öffentlichen Wahrnehmung.[438]

Der Prozess nahm seinen Anfang, als die heimatlose Clara Wendel in Luzern anlässlich eines kleinen Diebstahls verhört wurde. Unter dem Druck des Verhörs gab sie ein grosses Beziehungsnetz von Fahrenden preis und beschuldigte Bekannte und Verwandte einer grossen Zahl kleiner Diebstähle. Diese Anschuldigungen führten zur ersten interkantonalen Kriminaluntersuchung in der Geschichte der Eidgenossenschaft. Die Untersuchung erstreckte sich über die Kantone Schwyz, Zug, Glarus, Luzern, St. Gallen und Aargau, was den Aufenthaltsgebieten der Beschuldigten entsprach. Clara Wendel wurde in der Presse zur Anführerin einer weit verzweigten kriminellen Bande stilisiert.[439]

In Presse und Politik war fortan von *der Heimatlosenfrage* die Rede, wobei allein in Luzern 22 Frauen und 17 Männer mit ihren 30 Kindern verhört und inhaftiert wurden. Der Prozess, der sich um die Aussagen von Clara Wendel entspann, nahm in der Folge immer groteskere Ausmasse an und gipfelte in der fiktiven Geschichte, wonach der Luzerner Schultheiss Franz Xaver Keller, welcher 1816 unter mysteriösen Umständen ertrunken war, von zwei konservativen Regierungsmitgliedern ermordet worden war.[440]

---

[437] So wollte auch der Bundesrat «die Heimathlosen oder wenigstens ihre Kinder der Zivilisation allmälig wieder [zuführen]», vgl. Bericht des Bundesrates über das HG, BBl 1850 III 125.
[438] Vgl. BAUR/BOESCH/VOGEL, S. 111 ff.
[439] Vgl. ihr karikiertes Portrait in BAUR/BOESCH/VOGEL, S. 110.
[440] Clara Wendel erfand diese Geschichte unter dem massiven Druck des Verhörs, vgl. LISCHER MARKUS, Keller, Franz Xaver, in: Historisches Lexikon der Schweiz (HLS), Bd. 7, Basel 2008, S. 160.

Auch wenn der Prozess sich schliesslich in wilde und erfundene Geschichten verstieg, wurden die mutmasslichen Gauner schwer bestraft, und es begann eine regelrechte Hetzjagd gegen Fahrende. In den Köpfen der Verhörrichter hatte sich das Bild festgesetzt, die Fahrenden seien eine kriminelle, vernetzte Organisation, von welcher die vermeintliche Gaunerbande um Clara Wendel lediglich die Spitze des Eisberges bilde.[441]

4. Heimatlosenfrage als Katalysator

Bereits 1808 hatte der Landammann der Schweiz «mit aller Wärme eines lebhaften Menschlichkeitsgefühls die Aufmerksamkeit sämtlicher Gesandtschaften auf das bedauernswerte Schicksal derjenigen Familien hingelenkt, die wegen Übergang der Eltern oder Großeltern zum katholischen Glaubensbekenntniß das Bürgerrecht der evangelischen Kantone verloren haben [...]»[442] Der eindringliche Aufruf des Landammanns vermochte die Stände jedoch nicht zu einer Lösung der Heimatlosenfrage zu motivieren. Ein Jahr später «musste die Tagsatzung lediglich darauf bedacht nehmen, dass das Interesse an dieser wichtigen Angelegenheit wenigsten lebendig erhalten [blieb]» und man sich damit begnügte, erneut an die Menschenliebe der Kantone zu appellieren.[443] Für die Eidgenossenschaft war die Heimatlosenfrage ein Hindernis, welches auf dem Weg in die Moderne zu überwinden war, wollte der Staat seinen Machtanspruch durchsetzen.[444] Noch in der ersten Hälfte des 19. Jahrhunderts kursierten Ideen, um das Problem durch Entfernung der Heimatlosen zu erledigen. So wurde erwogen, sie zwangsweise nach Südamerika zu verschiffen oder sie an einem Ort in der Schweiz zu

---

[441] Der spätere Bundesrichter Kasimir Pfyffer veröffentlichte einige – nach seinem eigenen Bekunden – Aufsehen erregende Artikel zum Gaunerprozess, vgl. PFYFFER, Erinnerungen, S. 226 ff.

[442] Tagsatzungsabschied des Jahres 1808, Amtliche Sammlung der neueren Eidgenössischen Abschiede 1803–1813, S. 223.

[443] Tagsatzungsabschied des Jahres 1809, Amtliche Sammlung der neueren Eidgenössischen Abschiede 1803–1813, S. 223.

[444] Vgl. MEIER/WOLFENSBERGER, S. 441 f.

konzentrieren und mehr oder weniger sich selbst zu überlassen.[445] Offenkundig stand die Gesellschaft am Übergang von einem korporatistischen, auf Mitgliedschaft gründenden Staatsverbandes, zu einem Nationalstaat, welcher nicht mehr unterschiedliche Bürgerrechtsverhältnisse, geschweige denn Rechtlose dulden konnte. Auch die Heimatlosen mussten demnach integriert werden und kommunikativ erreichbar gemacht werden, sofern man sie nicht aus dem Staatsgebiet wegweisen konnte.

Die vermeintliche Bedrohung durch Heimatlose führte zu einem forcierten Aufbau von kantonalen Polizeikorps.[446] Die Kantone erkannten, dass es für sie wichtig war, ihre Grenzen kontrollieren zu können, um Heimatlose zurückschaffen zu können. Dies war eine direkte Folge des Heimatlosenkonkordats vom 3. August 1819, wonach der längste Aufenthalt eines Heimatlosen seit 1803 für das Bürgerrecht massgeblich war, sofern keine anderen Rechte vorlagen.[447] Die Kantone «wetteiferten» daraufhin, welcher von ihnen die Heimatlosen schneller von seinem Hoheitsgebiet vertreiben konnte. Das Konkordat von 1819 sah vor, Streitigkeiten über Heimatlose dem *eidgenössischen Recht* zuzuweisen,[448] und ein weiteres Konkordat vom 17. Juli 1828[449] ermöglichte es den Heimatlosen sogar, selbständig den eidgenössischen Vorort[450] anzurufen und an ein Schiedsgericht zu gelangen.[451] Trotz-

---

[445] Vgl. Bericht des Bundesrates über das HG, BBl 1850 III 124 f.

[446] Vgl zum Umgang der Zürcher Landjäger mit den Heimatlosen: SUTER MEINRAD, Kantonspolizei Zürich 1804–2004, Zürich 2004, S. 59 ff.

[447] Art. 4 des Konkordats vom 3. August 1819, betreffend die «Ertheilung von Heimathrechten an die Heimathlosen», OFFIZIELLE SAMMLUNG, Bd. II, S. 30 ff.

[448] Art. 2 des Konkordats vom 3. August 1819, betreffend die «Ertheilung von Heimathrechten an die Heimathlosen», OFFIZIELLE SAMMLUNG, Bd. II, S. 30 ff.

[449] Nachträgliches Konkordat vom 17. Juli 1828, betreffend «Vollziehung des Konkordats vom 3. August 1819, wegen Ertheilung von Heimathrechten an Heimathlose, OFFIZIELLE SAMMLUNG, Bd. II, S. 147 f.

[450] Die eidgenössischen Vororte waren in der Zeit des Bundesvertrages Luzern, Bern und Zürich. Diese übernahmen jeweils für zwei Jahre die Geschäftsführung der Eidgenossenschaft für Geschäfte, die ihnen von der Tagsatzung zugewiesen wurden, vgl. neben vielen WÜRGLER ANDREAS, Tagsatzung, Kap. 6, in: Historisches Lexikon der Schweiz (HLS), Version vom 6. November 2006, URL: http://www.hls-dhs-dss.ch/textes/d/D10076-1-6.php.

[451] Vgl. zum Verfahren nach eidgenössischem Recht insbesondere in Heimatrechtsstreitigkeiten Heiz, S. 295 ff., vgl. auch oben § 1.II.

§ 6 Heimatlose vor dem Bundesgericht

dem wurden bis zum Ende des Bundesvertrages lediglich 15 Heimatrechtsstreitigkeiten vor eidgenössischen Schiedsgerichten verhandelt.[452] Es scheint, als hätten die Heimatlosen keinen Fürsprecher gehabt, welcher sie in diesem langwierigen Verfahren unterstützt hätte. Wie konnten sie auch, sorgten die Kantone doch dafür, dass die Heimatlosen weiterhin von jeder staatlichen Kommunikation ausgeschlossen blieben. Sie vermieden es sogar die Heimatlosen zu befragen, da sie verhindern wollten, einen Anknüpfungspunkt für ein Bürgerrecht zu setzen.[453]

Trotzdem brachten es die Stände noch vor 1848 fertig, auf dem Konkordatsweg sämtliche legalen Gründe für den Verlust des Heimatrechtes abzuschaffen. Auf diese Weise konnte zumindest verhindert werden, dass weitere Personen ihre Bürgerrechte verloren. Was auf diesem Wege jedoch nicht gelang, war die Wiedereinbürgerung der Heimatlosen. Zwar gelang es der Tagsatzung im letzten Jahr ihres Bestehens noch, ein Nachtragskonkordat zu verabschieden, das es ermöglichen sollte, Heimatlose in grösserer Zahl den Kantonen zur Einbürgerung zuzuweisen.[454] Dieses Konkordat kam jedoch erst nach der Bundesstaatsgründung 1848 mit entsprechenden Anpassungen zur Anwendung und war damit zukunftsweisend für das Verfahren unter der neuen BV von 1848 und der nachfolgenden Bundesgesetzgebung.[455]

---

[452] Ihr Anteil an der Gesamtzahl der Schiedssprüche war aber hoch, es waren 15 von insgesamt 24 Fällen, vgl. NÄGELI, S. 31 f.

[453] So beklagte sich noch 1853 der Bundesanwalt darüber, dass die Kantone, wohl verhaftet in alten Denkmustern, die Heimatlosen nicht ausführlich genug befragen und ausserdem die Berichte in ihrem Sinne ausfertigten würden, vgl. Bericht des schweizerischen Bundesrathes an die hohe Bundesversammlung über seine Geschäftsführung im Jahr 1852, BBl 1853 II 665 ff. (689 ff.)

[454] Konkordat zu Ergänzung derjenigen vom 3. August 1819 und vom 17. Heumonat 1828, über Ertheilung von Heimathrechten an Heimathlose, in Kraft erwachsen den 30. Heumonat 1847, OFFIZIELLE SAMMLUNG, Bd. III, S. 322 ff.

[455] Vgl. zur Bedeutung des Konkordats für den Übergang zur Bundesgesetzgebung: BLUMER II, S. 224 ff.

II. Verfahren in Heimatlosen-Angelegenheiten

1. Vom Konkordat zum Heimatlosengesetz

Das Konkordat von 1847 sah eine Kommission von drei Mitgliedern vor, welche durch den Vorort zu ernennen war. Diese Kommission hätte die Heimatlosenangelegenheiten untersuchen und die Personen, den von ihr ermittelten Verhältnissen entsprechend, den Kantonen zuteilen sollen. Hätte sich ein Kanton dieser Zuteilung widersetzt, so hätte die Kommission Klage vor einem eidgenössischen Schiedsgericht geführt.

Unter dem Regime der Bundesverfassung wurde die Ausmittlung von Bürgerrechten für Heimatlose zum Gegenstand der Bundesgesetzgebung erklärt.[456] Der betreffende Artikel 56 der BV 1848 wurde in «beschleunigtem Tempo» durchberaten und praktisch einstimmig angenommen.[457] Gestützt auf diese Verfassungsgrundlage wurde der Bundesrat bereits am 21. Dezember 1849 durch Beschluss der Bundesversammlung beauftragt, «beförderlichst» einen Gesetzesentwurf für ein BG über die Heimatlosigkeit auszuarbeiten. Gleichzeitig wurden die Art. 8 und 9 des Konkordates vom 30. Juli 1847 auf die ganze Schweiz ausgedehnt, wobei der Bundesrat die Aufgaben der erwähnten Kommission übernehmen sollte und das Schiedsgericht durch das Bundesgericht ersetzt wurde.[458]

Der Bundesrat ging in einem darauf ausgegebenen Kreisschreiben noch weiter und ersuchte die Grenzkantone um verstärkte Wachsamkeit, auf dass nicht neue Heimatlose über die Grenzen kommen sollten. An alle Kantone richtete er zudem die Aufforderung, ihm mitzuteilen, wie viele Heimatlose sich auf ihrem Kantonsgebiet befänden und wie deren rechtlicher Status sei

---

[456] Art. 56 BV 1848.
[457] RAPPARD, S. 292 ff.
[458] Beschluss der Schweizerischen Bundesversammlung vom 21. Dezember 1849 bezüglich der Angelegenheit der Heimathlosen, AS I 285.

sowie allfällige Informationen über frühere Aufenthalte in anderen Kantonen oder im Ausland.[459]

2. Bundesgesetz die Heimatlosigkeit betreffend

Im Bericht zum Heimatlosengesetz erteilte der Bundesrat den Projekten zur Ausschaffung der Heimatlosen in ferne Kolonien eine definitive Absage.[460] Neben «inneren Gründen» machte er vor allem geltend, eine solche Lösung widerspreche dem Auftrag der Bundesverfassung, die verlangte, dass die Heimatlosen eingebürgert werde sollen. Das Gesetz verfolgte zwei Hauptziele: Einerseits sollten den Heimatlosen Bürgerrechte verschafft werden, andererseits wurde ein Kontrollsystem aufgebaut, welches die weitere Betätigung als ambulante Händler an eine Bewilligung knüpfte. Den fahrenden Händlern und Handwerkern wurde jedoch untersagt, Kinder mitzunehmen. Die Untersuchung in Heimatlosen-Angelegenheiten wurde dem zu wählenden Generalanwalt übertragen, welcher auch im Namen des Bundesrates den Prozess vor dem Bundesgericht führen sollte, sofern die Kantone den Entscheid über die Zuteilung eines Heimatlosen ablehnten.

3. Generalanwalt

Als Generalanwalt[461] trat der Solothurner Advokat JAKOB AMIET[462] im Mai 1852 die Nachfolge von PAUL MIGY[463] an, der sein Amt bereits nach einem

---

[459] Kreisschreiben an sämtliche h. eidgenössische Stände, vom 16. Januar 1850, BBl 1850 I 45 ff.
[460] Vgl. Bericht des Bundesrates über das HG, BBl 1850 III 123 ff.
[461] Vgl. allgemein zum General- und Bundesanwalt: STEFFEN GERBER THERESE/KELLER MARTIN, Bundesanwaltschaft, in: Historisches Lexikon der Schweiz (HLS), Bd. 3, Basel 2004, S. 2.
[462] JAKOB AMIET (1817–1883). Generalanwalt von 1852 bis 1856. Amiet studierte Recht in Genf, Jena, Berlin und Heidelberg. Ab 1841 war er als Advokat tätig, bekleidete mehrere Stellen in kantonalen Gerichten und war Kantonsrat. Vgl. GUTZWILLER HELLMUT, Amiet, Jakob, in: Historisches Lexikon der Schweiz (HLS), Bd. 1, Basel 2002, S. 297.
[463] Vgl. zur Kurzbiographie Paul Migys Anm. 711.

Jahr niedergelegt hatte.[464] Der Generalanwalt hatte in allen «streitigen Fällen von Heimathlosigkeit» die Voruntersuchungen zu führen und die entsprechenden Anträge an das Justiz- und Polizeidepartement zuhanden des Bundesrates zu stellen.[465]

Amiet nahm unverzüglich seine Ermittlungen auf, «concentrierte» einen Grossteil der nicht-sesshaften Heimatlosen in Bern und baute dort ein Spitzel- und Informantensystem auf. Er verteilte Essen und Kleider an die Heimatlosen, andere belegte er mit «scharfem Arrest» oder platzierte sie eine Weile in Dunkelarrest, um ihre wahre Herkunft herauszufinden.[466]

Als brandneues *Fahndungs- und Schreckmittel* setzte er – als polizeiliche Pioniertechnik – die Photographie ein.[467] Damit sollten die inhaftierten Heimatlosen einerseits eingeschüchtert werden, andererseits wurden die Fotografien mittels Lithographie vervielfältigt und als Bögen zu sechs Bildern an die kantonalen Polizeidirektionen verschickt. Auf diese Weise sollte ermöglicht werden, die Heimatlosen in ihre Heimatgemeinden zurückzuschicken, sollten sie erneut eine fahrende Lebensweise aufnehmen. Der Bundesrat lobte Amiet für seine Arbeit und bewilligte ohne Bedenken die nötigen Mittel.[468]

---

[464] Amiet bemerkte zu Migys Arbeit, dass dieser sich vor allem darauf konzentriert habe provisorische Duldungsscheine i.S.v. Art. 8 HG 1850 für die Heimatlosen auszustellen. Diese seien jedoch meist gestützt auf falsche Angaben ausgestellt worden und damit durch Amiet gesamthaft zu überprüfen, vgl. BBl 1853 II 699 f. und 689 f.

[465] Art. 1 Ziff. 1 des BG über den Geschäftskreis und die Besoldung des Generalanwaltes, BBl 1850 III 879 f.

[466] Vgl. zu den Untersuchungen des Generalanwalts: MEIER/WOLFENSBERGER, S. 475 ff.

[467] Ein Teil der Aufnahmen und Näheres zum Photographen und der angewendeten Technik findet sich bei GASSER MARTIN/MEIER THOMAS DOMINIK, Wider das Leugnen und Verstellen, Winterthur 1998.

[468] Bericht des schweizerischen Bundesrates über seine Geschäftsführung im Jahr 1853, BBl 1854 II 84.

III. Heimatrecht des Christoph Hartmann

1. Zur Auswahl von Hartmann

Im Gegensatz zur Presse der damaligen Zeit soll das Augenmerk in dieser Fallstudie auf die grosse Menge an Heimatlosen gelenkt werden, welche zwar sesshaft gewesen waren, aber keine Bürgerrechte besassen. Sie waren weder Korbflechter noch Kesselflicker, geschweige denn Gauner. Sie waren Hintersassen oder Ewige Einwohner, Geduldete oder Tolerierte,[469] auf jeden Fall waren sie in ihren Rechten beschränkt und lebten in Unsicherheit, jederzeit weggewiesen zu werden, wie eben Christoph Hartmann.

Christoph Hartmann entging der Gefangenschaft und Untersuchung durch den Generalanwalt, da er einerseits sesshaft war und andererseits eine Ausweisschrift besass. In seinem Falle erhielt der Generalanwalt die Akten im August 1853 direkt vom Bundesrat, mit dem Auftrag, Klage gegen die Kantone Schaffhausen und Zürich vor dem Bundesgericht einzuleiten, eigene Untersuchungen führte er keine.[470] Der Bundesrat wiederum hatte die Akten von der Direktion der Polizei des Kantons Zürich erhalten, welche auch die Einvernahme Hartmanns durchgeführt hatte.[471]

2. Christoph Hartmann

Es ist nicht viel, was die Urkunden über Christoph Hartmann verraten. Am 8. September 1791 war er in der protestantischen Pfarrkirche zum Heiligen Geist in Augsburg getauft worden. Auch seine Eltern waren dort eingetra-

---

[469] Diese besassen keine Heimat- oder Bürgerrechte, ihr Aufenthalt wurde jedoch in gewissen Gemeinden unter Umständen geduldet, vgl. BLUMER II, S. 221.
[470] Vgl. dazu die Aussagen des Generalanwalts im Urteil des BGer vom 21. Dezember 1853, ABGer Prot. Bd. I, S. 217 f., transkribiert im Anhang § 4 (Da sich ergeben, lit. B).
[471] Vgl. das umfassende «Actenverzeichniß in Sachen des Joh. Christoph Hartmann», dessen Erhalt der Generalanwalt in einem Schreiben bestätigte, vgl. Schreiben Amiets an die Zürcher Polizeidirektion, StAZ N 34a.1.

gen: Friedrich August Hartmann, Cattundrucker[472] und Regina, geborene Aernin.[473] Christophs Vater verstarb am 13. April 1805 in Augsburg, wobei weder aus dem Sterbematrikel, noch aus dem Taufeintrag des Sohnes hervorging, woher der Vater stammte. Über die Mutter – welche am 25. April 1809 verstarb – wurde vermutet, dass sie aus dem Kanton Thurgau stammte, doch konnte dies in den Ermittlungen nicht mit Sicherheit festgestellt werden.[474] Hartmann ging nach eigenen Angaben davon aus, dass sein Vater aus Chemnitz in Sachsen stammte. Von dort forderte er bereits 1816 vergeblich Ausweisschriften an.

1805 kam Christoph Hartmann als Schreinerlehrling nach Emmishofen im Kanton Thurgau. Im März 1816 erhielt er dann, nach 27 Wochen Arbeit in Schaffhausen, ein Wanderbuch, ausgestellt von der Polizeikommission in Schaffhausen.[475] Dieses Wanderbuch ermöglichte es ihm, sich als Schreiner auf Wanderschaft in der Schweiz zu bewegen. Von dieser Möglichkeit machte er an mehreren Orten in der Schweiz Gebrauch, bis ihm schliesslich am 3. Januar 1818 in der Stadt Zürich der Aufenthalt genehmigt worden war. Dort blieb Hartmann bis zum 3. Juli 1833, worauf er den Kanton Zürich für einige Monate verliess. Im April 1834 wurde Hartmann schliesslich der Aufenthalt in Wollishofen bei Zürich genehmigt, wo er fortan wohnte und arbeitete. 1849 jedoch befahl ihm das Statthalteramt Zürich den Wegzug.[476]

---

[472] Cattun bezeichnete ein sehr festes Gewebe aus Baumwolle, im Cattundruck wurden Muster auf dieses Gewebe aufgedruckt, vgl. «Kattun» und «Kattundruck», in: Duden – Deutsches Universalwörterbuch, 5. Aufl., Mannheim 2003.

[473] In Schweizer Akten wird Christoph Hartmanns Mutter durchgehend als Regula *Erni* bezeichnet.

[474] Dies, obwohl bereits die Zürcher Behörden mit dem Pfarramt von Bürglen TG und mit dem Thurgauer Polizeidepartement im Briefwechsel standen, vgl. Schreiben Amiets an die Zürcher Polizeidirektion, StAZ N 34a.1.

[475] Die Voraussetzungen für die Erteilung eines Wanderbuches ergaben sich aus dem Art. 5 des Konkordats vom 22. Juni und 2. Juli 1813, bestätigt den 9. Juli 1818, «betreffend die Ertheilung und die Formulare der Reise-Pässe», OFFIZIELLE SAMMLUNG, Bd. I, S. 310 ff. (314).

[476] Klage des schweizerischen Bundesrates gegen die Regierungen der Kantone Schaffhausen und Zürich betr. Einbürgerung des Christoph Hartmann, ABGer Doss. 27, Fasz. Nr. 3.

3. Die Zeiten haben sich geändert

An diesem Punkt wäre nun Christoph Hartmann nichts Anderes übrig geblieben, als den Kanton Zürich zu verlassen und zu hoffen, dass er an einem anderen Ort Arbeit gefunden hätte und er von den dortigen Behörden mindestens vorübergehend geduldet worden wäre.[477]

Aufgrund der neuen Rechtslage in Heimatlosenangelegenheiten gelangte Hartmann nun aber an den Zürcher Regierungsrat. Dieser forderte die Zürcher Polizeidirektion zu umfangreichen Ermittlungen auf,[478] die gesammelten Akten übersandte der Kanton Zürich in der Folge dem Bundesrat.[479] Dieser versuchte eine Anerkennung Hartmanns in Sachsen zu erreichen und trat zu diesem Zweck in diplomatische Korrespondenz mit dem sächsischen Ministerium. Dieses lehnte jedoch eine Anerkennung Hartmanns als Bürger ab.[480]

Bezüglich des Aufenthaltes der Familie in Augsburg erachtete der Bundesrat die Aktenlage als zu dürftig, um ein Heimatrecht zu begründen.[481] Er weigerte sich daher mit der bayrischen Regierung eine «ähnliche Korrespondenz eintreten zu lassen.», wie er es im Falle von Sachsen getan hatte. Somit wa-

---

[477] Das Schicksal Christoph Hartmanns zeigt in diesem Sinne den engen Zusammenhang zwischen fehlenden Bürgerrechten und der Nicht-Sesshaftigkeit auf. Die Heimatlosen waren gezwungen – mindestens zeitweise – eine fahrende Lebensweise zu verfolgen.

[478] Dazu das umfassende «Actenverzeichniß in Sachen des Joh. Christoph Hartmann», dessen Erhalt der Generalanwalt in einem Schreiben bestätigte, vgl. Schreiben Amiets an die Zürcher Polizeidirektion, StAZ N 34a.1.

[479] Vgl. Schreiben des Generalanwalts Amiet an die Polizeidirektion des Kantons Zürich vom 29. August 1853, StAZ 34a.1. Darin bittet Amiet um Zusendung aller Akten, welche Zürich seinerzeit dem Bundesrat zugesandt hatte, da ihm lediglich das Wanderbuch vorliege.

[480] Das Königlich Sächsische Ministerium stellte sich auf den Standpunkt, es gebe weder Angaben über ein Bürgerrecht, noch über eine seinerzeitige Niederlassung. Falls Hartmann je Bürger Sachsens gewesen sei, so habe er das Bürgerrecht bereits vor der Heirat mit Regula Erni und der Geburt Christophs verloren, da Chemnitz hätte benachrichtigt werden müssen, falls ein Bürger im Ausland heiratete, vgl. Brief des schweizerischen Bundesrates an Präsident und Regierung des Kantons Zürich vom 6. April 1853, StAZ N 34a.1.

[481] Vgl. Brief des schweizerischen Bundesrates an Präsident und Regierung des Kantons Zürich vom 12. November 1852 (signiert Dr. Furrer), StAZ N 34a.1.

ren die Voraussetzungen von Art. 1 des Heimatlosengesetzes erfüllt, wonach Personen heimatlos waren, welche sich in der Schweiz befanden und weder ein Kantonsbürgerrecht besassen, «noch einem auswärtigen Staat als heimathberechtigt angehören».[482]

Die umfassenden Abklärungen Zürichs und die beigelegten Akten scheinen den Bundesrat überzeugt zu haben, konnte doch der Zürcher Regierungsrat am 4. August 1853 seiner Polizeidirektion mitteilen, der Bundesrat habe Schaffhausen am 13. April 1853, gestützt auf Art. 9 des Heimatlosengesetzes, «eingeladen», Hartmann einzubürgern.[483] Schaffhausen weigerte sich, dieser *Einladung* Folge zu leisten und verlangte eine Entscheidung des Bundesgerichts, worauf der Bundesrat die Generalanwaltschaft anwies, in erster Linie gegen den Kanton Schaffhausen und in zweiter Linie gegen den Kanton Zürich zu klagen. Daraufhin beschloss der Regierungsrat, die Polizeidirektion zu ermächtigen, einen Anwalt für den bevorstehenden Prozess zu bestellen und diesem die nötigen Instruktionen zu erteilen.[484]

IV. Verfahren vor Bundesgericht

1. Klage des Bundes

Der Generalanwalt klagte am 13. September 1853 vor Bundesgericht als Vertreter des Bundesrates im Namen der Eidgenossenschaft. Seine Klage richtete sich in erster Linie gegen den Kanton Schaffhausen, in zweiter Linie gegen den Kanton Schaffhausen und den Kanton Zürich gemeinsam und in dritter Linie gegen den Kanton Zürich.[485]

---

[482] Art. 1 HG 1850.
[483] Anzeige des Regierungsrates des Kantons Zürich an die Polizeidirektion vom 4. August 1853, StAZ N 34a.1
[484] Vgl. Beschluss des Regierungsrates des Kantons Zürich vom 10. September 1853, StAZ N 34a.1
[485] Klage des schweizerischen Bundesrates gegen die Regierungen der Kantone Schaffhausen und Zürich betr. Einbürgerung des Christoph Hartmann, ABGer Doss. 27, Fasz. Nr. 3.

§ 6 Heimatlose vor dem Bundesgericht

Hartmann galt als *heimatlos* im Sinne von Art. 1 des Heimatlosengesetzes, da er weder ein schweizerisches noch ein ausländisches Bürgerrecht besass.[486] Anknüpfungspunkt für die Klage gegen den Kanton Schaffhausen war die Tatsache, dass die Polizeidirektion Schaffhausen Hartmann ein Wanderbuch ausgestellt hatte. Schaffhausen hatte dieses Wanderbuch ausgestellt, obwohl Hartmanns Heimatverhältnisse zweifelhaft gewesen waren. Damit verletzte der Kanton in den Augen des Generalanwaltes Konkordatsbestimmungen.[487] Das Heimatlosengesetz erfasste dieses Vorgehen der Schaffhauser Behörden einerseits als *mangelhafte Handhabung der Fremdenpolizei*[488] und andererseits als *Erteilung von Ausweisschriften an Fremde*.[489]

Dass sich die Klage in zweiter und dritter Linie auch gegen den Stand Zürich richtete, stützte sich auf Art. 11 Ziff. 3 des Heimatlosengesetzes, wonach der längste Aufenthalt seit 1803 massgeblich war.[490] Der Generalanwalt führte dieses Argument aber nur eventualiter auf, da Zürich Hartmann den Aufenthalt nur aufgrund des konkordatswidrig ausgestellten Wanderbuchs bewilligt hatte. Dass in zweiter Linie Schaffhausen und Zürich gemeinschaftlich eingeklagt wurden, lag an Art. 13 des Heimatlosengesetzes, welcher dem Gericht in Bezug auf das Gewicht und die Würdigung der einzelnen Anknüpfungspunkte ein freies Ermessen einräumte, den einen oder anderen oder beide Kantone gemeinschaftlich zu verurteilen.

---

[486] Sowohl Chemnitz in Sachsen, als auch Augsburg lehnten es ab, Christoph Hartmann als Bürger aufzunehmen. Die dahin gerichteten Bemühungen der Polizeidirektion Zürich wie auch des Bundesrates waren erfolglos.
[487] Art. 5 des Konkordats vom 22. Juni und 2. Juli 1813, OFFIZIELLE SAMMLUNG, Bd. I, S. 310 ff. (314); diese Bestimmung verbot den Kantonen, Wanderbücher an Ausländer zu erteilen, ohne dass deren ausländisches Bürgerrecht festgestellt wurde.
[488] Art. 11 Ziff. 4 HG 1850.
[489] Art. 11 Ziff. 7 HG 1850.
[490] Auch dies eine Übereinstimmung mit dem Heimatlosenkonkordat, das ebenfalls den längsten Aufenthalt seit 1803 als massgeblich erklärte, vgl. Art. 4 des Konkordats vom 3. August 1819, OFFIZIELLE SAMMLUNG, Bd. II, S. 31.

2. Klageantwort des Kantons Schaffhausen

Die Klageantwort erging am 7. Oktober 1853 im Namen des Regierungsrates,[491] Vertreter war der Staatsanwalt Schaffhausens, JOHANN HEINRICH AMMANN.[492]

Schaffhausen versuchte in seiner Klageantwort in erster Linie das erteilte Wanderbuch in seinem Gehalt zu entkräften. So sei darin der ausländische Geburtsort Hartmanns aufgeführt und keine Erklärung einer Kantonsangehörigkeit enthalten. Der Kanton Schaffhausen stellte sich ausserdem auf den Standpunkt, sich in einer Protokollerklärung vorbehalten zu haben, Wanderbücher auch an Ausländer auszustellen. Des Weiteren beanspruchte Schaffhausen die «jedem Akt einer Behörde zur Seite stehende Vermuthung, dass derselbe innerhalb der Schranken der ihr zugewiesenen Competenz geschehen sei [...]». Soweit sich das Klagebegehren auf das Heimatlosengesetz stützte, sah es Schaffhausen als «fundamentlos» an. Zürich könne ausserdem nicht behaupten, es habe den Aufenthalt Hartmanns erst aufgrund des Verschuldens Schaffhausens genehmigt, da eine solche Pflicht durch das Wanderbuch nicht entstanden sei. Es wäre Zürich frei gestanden, Hartmann den Aufenthalt nicht zu genehmigen, ein Rechtsanspruch habe nicht bestanden.

3. Klageantwort des Kantons Zürich

Ursprünglich hatte der Kanton Zürich darauf verzichtet, sich zur Klage des Bundes schriftlich zu äussern und sich lediglich das Recht vorbehalten, «bei der mündlichen Hauptverhandlung den Rechtspunkt erörtern zu lassen.»[493]

---

[491] Klageantwort der Regierung des Kantons Schaffhausen, ABGer Doss. 27, Fasz. Nr. 5.
[492] AMMANN, JOHANN HEINRICH (1820–1867). Studium der Rechte in Basel, Berlin und Heidelberg. Von 1850–54 war Ammann Redaktor der radikal-liberalen Schaffhauser Nachrichten, 1847–55 Staatsanwalt, 1863–66 Oberrichter. Er war von 1857–59 Ständerat und von 1860–63 Nationalrat, daneben war er Supplant des Schweizerischen Bundesgerichts. Vgl. JOOS EDUARD, Ammann, Johann Heinrich, in: Historisches Lexikon der Schweiz (HLS), Bd. 1, Basel 2002, S. 301.
[493] Unadressierte Anzeige des Regierungsrates des Kantons Zürich vom 29. September 1853, StAZ N 34a.1.

§ 6 Heimatlose vor dem Bundesgericht   101

Dies, obwohl der Bundesrat der Regierung des Kantons Zürich bereits mit Schreiben vom 25. September 1853 mitgeteilt hatte, dass er in zweiter Linie auch gegen den Kanton Zürich geklagt habe.[494] Mit Schreiben vom 15. Oktober machte Instruktionsrichter Kasimir Pfyffer Zürich jedoch darauf aufmerksam, dass Schaffhausen Zürich in seiner Klageantwort den Beweis auferlegen lassen wolle, dass Hartmann bis *jetzt* als Schreinergeselle im Kanton Zürich gearbeitet hatte.[495]

Dies veranlasste den Kanton Zürich am 28. Oktober 1853 doch noch eine schriftliche Klageantwort einzureichen.[496] Der Vertreter der Regierung des Kantons Zürich war erneut FRIEDRICH GUSTAV EHRHARDT.[497] Er wies jede Verantwortung Zürichs ab, da das Wanderbuch ohne Beschränkung und nicht aufgrund eines ausländischen Passes oder Heimatscheins ausgestellt worden war. Laut Artikel 5 des Konkordats vom 9. Juli 1818, durften die Kantone Wanderbücher an Ausländer grundsätzlich nur dann ausstellen, wenn diese Personen eine Bewilligung zur Auswanderung ihrer jeweiligen Landesobrigkeit vorweisen konnten.[498] Schaffhausen hatte sich jedoch in einer Protokollerklärung vorbehalten, Wanderbücher auch auf Grund von ausländischen Pässen oder Heimatscheinen auszustellen.[499] Zürich war zwar nicht verpflichtet Hartmann aufgrund des Wanderbuches den Aufenthalt zu genehmigen, nach eidgenössischem Staatsrecht dazu aber berechtigt. Die Klage sei, soweit sie Zürich betreffe, abzuweisen.

Dass sich Ehrhardt gründlich in den Prozessstoff eingearbeitet hatte, belegt ein kurzes Schreiben, vermutlich als Begleitung zur Klageantwort. Zur Beweisauflage Schaffhausens erklärte er, dass er «anfänglich im Zweifel» ge-

---

[494] Brief des schweizerischen Bundesrates an Präsident und Regierung des Kantons Zürich vom 25. September 1853, StAZ N 34a.1.
[495] Schreiben des Instruktionsrichters Kasimir Pfyffer an den Regierungsrat Zürich vom 15. Oktober 1853, StAZ N 34a.1.
[496] Klageantwort der Regierung des Kantons Schaffhausen, ABGer Doss. 27, Fasz. Nr. 6.
[497] Vgl. zu Ehrhart oben § 4.III.3.b.
[498] Art. 5 lit. c des Konkordats vom 9. Juli 1818, OFFIZIELLE SAMMLUNG, Bd. I, S. 310 ff. (314).
[499] Die Protokollerklärung findet sich bei: SNELL LUDWIG, Handbuch des Schweizerischen Staatsrechts, Bd. 1, Zürich 1837, S. 262.

wesen sei, ob er diese Bescheinigung auch von der Direktion des Innern bestätigen hätte lassen sollen, «allein es erscheint dieses als durchaus überflüssig, da schon aus den Acten, nehmlich aus den Eintragungen im Wanderbuche unzweideutig hervorgeht, dass Hartmann nur als Geselle gearbeitet habe.» Am Ende des Schreibens merkt Ehrhardt an: «P.S. Im schlimmsten Falle würde der Kanton Zürich den H. jedenfalls nicht mehr einzubürgern, sondern nur zu dulden haben, da er, wenn ich mich nicht irre, nun ca 60 Jahre alt sein wird.»[500]

4. Replik des Generalanwalts

Der Generalanwalt entkräftete in seiner Replik vom 29. Oktober 1853 die Argumente Schaffhausens. Er präzisierte, dass die Ausführungen Schaffhausens nicht stichhaltig seien, besonders weil Schaffhausens Protokollerklärung (die es mit Basel zusammen angebracht hatte) nicht eingehalten worden sei. Schaffhausen hatte sich in der Erklärung vorbehalten, Wanderbücher auch auszustellen, wenn der Betreffende lediglich einen Heimatschein hatte und wollte in diesem Fall darauf verzichten, eine Ausreisegenehmigung der ausländischen Obrigkeit zu verlangen.[501] Schaffhausen hatte Hartmann aber ein Wanderbuch ausgestellt, obwohl dieser weder einen Pass oder Heimatschein, geschweige denn eine Ausreisegenehmigung seiner Landesobrigkeit besessen hatte.

V. Urteil des Bundesgerichts vom 21. Dezember 1853

Eine Transkription des Urteils findet sich im Anhang § 4.

---

[500] Unadressiertes Schreiben Friedrich Gustav Ehrhardts vom 29. Oktober 1853, StAZ N 34a.1.
[501] Vgl. Anm. 499.

1. Richterbank

Im Fall Hartmann war das Bundesgericht mit folgenden Richtern besetzt:[502] KASIMIR PFYFFER,[503] JOHANN JAKOB RÜTTIMANN,[504] JAKOB STÄMPFLI,[505] JOHANN KONRAD KERN,[506] JOHANN JAKOB BLUMER,[507] JOHANN JAKOB TROG,[508] JOHANN RUDOLF BROSI,[509] NICOLAUS HERMANN,[510] NICOLAS GLASSON[511] sowie mit den Suppleanten GOTTLIEB JÄGER[512] und JOHANN HEINRICH AMMANN.[513]

Die Richter Rüttimann und Kern traten in den gesetzlichen Ausstand, da ihre Heimatkantone in die Streitigkeit involviert waren.[514] Auch der Ersatzrichter Ammann musste in den Ausstand treten, da sein Heimatkanton Schaffhausen Beklagter war. Ammann vereinte jedoch gleich mehrere Ausstandsgründe

---

[502] Urteil des BGer vom 21. Dezember 1853, ABGer Prot. Bd. I, S. 215.
[503] Vgl. zur Kurzbiographie Kasimir Pfyffers Anm. 29.
[504] Vgl. zur Kurzbiographie Johann Jakob Rüttimanns Anm. 157.
[505] STÄMPFLI, JAKOB (1820–1879). Der Berner Jakob Stämpfli studierte – im Gegensatz zu seinem Vater Hans, welcher Landwirt war, Rechtswissenschaft an der Universität Bern (1840–44) und erwarb 1844 das Berner Anwaltspatent. Neben seiner Tätigkeit als Fürsprecher war Stämpfli 1846–50 Regierungsrat, 1847 Tagsatzungsgesandter und 1848 Mitglied in der Verfassungskommission. 1848–1854 war er Nationalrat und 1851–1854 Bundesrichter. Von 1854 bis 1863 sass Stämpfli im Bundesrat, anschliessend von 1863 bis 1879 erneut im Nationalrat. Er war Gründer und Redaktor der radikalen «Berner Zeitung» und Verwaltungsrat sowohl der eidgenössischen Bank in Bern, als auch der Jura-Bern-Bahn. Vgl. BuriLex, Jakob Stämpfli.
[506] Vgl. zur Kurzbiographie Johann Konrad Kerns Anm. 30.
[507] Vgl. zur Kurzbiographie Johann Jakob Blumers Anm. 341.
[508] TROG, JOHANN JAKOB (1807–1867). Der Sohn eines Weinhändlers und Amtsschreibers in Olten besuchte die Klosterschule in Einsiedeln von 1817 bis 1822. Danach bildete sich Trog als Autodidakt weiter und erwarb 1827 das Solothurner Fürsprecher- und Notariatspatent. Trog amtete als Gerichts- und Amtsschreiber und Fürsprecher in Olten, war Auditor und Amtsgerichtspräsident von Olten. Trog war Solothurner Grossrat und Tagsatzungsgesandter, er nahm am 1. Freischarenzug teil. Von 1848 bis 1857 war er Nationalrat und verzichtete 1855 auf eine Bundesratskandidatur. Bundesrichter war er von 1851 bis 1856. Er war Verwaltungsrat der Centralbahn in Basel. Vgl. BuriLex, Johann Jakob Trog.
[509] Vgl. zur Kurzbiographie Johann Rudolf Brosis Anm. 346.
[510] Vgl. zur Kurzbiographie Nicolaus Hermanns Anm. 344.
[511] Vgl. zur Kurzbiographie Nicolas Glassons Anm. 343.
[512] Vgl. zur Kurzbiographie Gottlieb Jägers Anm. 347.
[513] Vgl. zur Kurzbiographie Johann Heinrich Ammanns Anm. 492.
[514] Vgl. Art. 56 Ziff. 4 OG 1849.

auf sich, da er ausserdem als Staatsanwalt Schaffhausens auch der Rechtsvertreter Schaffhausens vor dem Bundesgericht war.[515]

2. Vorfrage

Schaffhausen beschwerte sich zu Beginn des Prozesses darüber, dass der Bund schon seit 1850 untersucht hatte, wo Hartmann heimatberechtigt sei, dem Kanton Schaffhausen jedoch erst am 13. April dieses Jahres (1853) davon Mitteilung machte, verbunden mit der Aufforderung, Hartmann einzubürgern. Der Generalanwalt habe sich damit begnügt, in seiner Klageschrift mitzuteilen: «Ein thurgauisches Heimathrecht der Mutter konnte nicht ermittelt werden». Die Akten seien weder dem Beklagten noch dessen Vertreter «zu Gesicht gekommen».[516] Erst gestern habe der Vertreter Schaffhausens «durch Einsicht in dieselben [die Akten] die Gewissheit erhalten, dass Hartmann der Sohn einer Angehörigen des Kantons Thurgau sei.»[517] Schaffhausen stellte sich daher auf den Standpunkt, dass Hartmann im Kanton Thurgau eingebürgert werden müsse, da die Abstammung in erster Linie massgeblich sei.[518] Es handle sich um eine *erhebliche* Ergänzung der Akten, welche nach Prozessgesetz zulässig sei.[519] Amiet sah zwar das Recht auf Vervollständigung der Akten als verwirkt an, wollte sich aber «unter obwaltenden Umständen nicht so strenge an die Formen binden». Amiet unterstützte das Gesuch Schaffhausens, während Ehrhardt keine neuen Beweis-

---

[515] Er erfüllte somit die Ausstandsgründe von Art. 56 Ziff. 4 und 5 OG 1849.
[516] Urteil des BGer vom 21. Dezember 1853, ABGer Prot. Bd. I, S. 216 f.
[517] Die Nachforschungen der Zürcher Behörden in Bürglen TG zeigten wie oben erwähnt keinen Erfolg. Die Angaben Schaffhausens entstammten aber aus einem Bericht des Pfarramts Kirchberg, wo eine *Regula Erni* 1765 getauft worden war. Aufgrund weiterer Angaben, wonach Regula Erni einen August Hartmann geheiratet und anschliessend nach Konstanz gezogen war, schien es als erwiesen, dass es sich um die Mutter Hartmanns handelte, welche aber Regina Erni hiess, vgl. Urteil des BGer vom 21. Dezember 1853, ABGer Prot. Bd. I, S. 216.
[518] Art. 11 Ziff. 1 HG 1850.
[519] Ammann führte Art. 173 Ziff. 1 und Art. 174 des Prozessgesetzes auf, gemeint war damit das provisorische BGbR.

§ 6 Heimatlose vor dem Bundesgericht 105

mittel zulassen wollte, «jedenfalls verwahre sich der Stand Zürich gegen alle aus der Rückweisung derselben [der Klage] neu entspringenden Kosten.» Das Bundesgericht lehnte den Antrag Schaffhausens mit der Begründung ab, dass offensichtlich keine neuen Beweismittel im Sinne des Prozessgesetzes produziert würden[520] und eine Veränderung der Klage nur über das Mittel der Reform möglich sei.[521]

Das Bundesgericht wies das Begehren des Kantons Schaffhausen betreffend der Vorfrage ab. Eine Abweisung oder einstweilige Rückweisung der Klage, widerspreche dem Heimatlosengesetz, welches «auf dem Willen beruht, es seien [...] sämtliche Heimathlosen der Eidgenossenschaft in einem der Kantone einzubürgern [...]».[522] Das führte laut einem Geschäftsbericht des Bundesgerichts dazu, dass es «oft auf schwache Argumente hin Heimathlose zuzutheilen genöthigt ist [...]».[523]

3. Hauptfrage

Materiell prüfte das Bundesgericht in erster Linie die Frage, ob Schaffhausen eine Konkordatsbestimmung verletzt hatte, indem es Hartmann ein Wanderbuch ausgestellt hatte. Das Konkordat vom 22. Juni und 2. Juli 1813 sah vor, ein Wanderbuch an Ausländer lediglich dann zu erteilen, wenn ein Auswanderungsschein der jeweiligen Landesobrigkeit vorlag.[524] Schaffhausen sprach sich demgegenüber in der Vollziehungsverordnung vom 14. Juli 1828 dahingehend aus, dass die Behörden des Kantons Wanderbücher auch aufgrund

---

[520] Art. 173 des provisorischen BGbR.
[521] Art. 46 und 47 des provisorischen BGbR.
[522] Urteil des BGer vom 21. Dezember 1853, ABGer Prot. Bd. I, S. 218, Vorfrage, Erwägung 1.
[523] Deshalb und da der Bund «mitintressiert» sei, rechtfertige es sich nicht, die Kantone mit zusätzlichen Kosten zu belasten, vgl. Geschäftsbericht des Bundesgerichtes 1854, BBl 1855 II 6.
[524] Art. 5 lit. c des Konkordats vom 22. Juni und 2. Juli 1813, bestätigt den 9. Juli 1818, «betreffend die Ertheilung und die Formulare der Reise-Pässe», OFFIZIELLE SAMMLUNG, Bd. I, S. 310 ff. (314).

von gültigen Reisepässen oder Heimatscheinen auszustellen gedenken.[525] Da Schaffhausen im Wanderbuch «keinerlei Restriktionen» erwähnt hatte, veranlasste es Zürich, Hartmann den Aufenthalt zu genehmigen. Schaffhausen hatte sich daher eine mangelhafte Handhabung von fremdenpolizeilichen Vorschriften vorzuwerfen, weshalb Hartmann dem Kanton Schaffhausen «heimathlich zugetheilt» wurde.[526] Diese Formulierung wählte das Gericht, weil es nicht unterlassen hatte, Schaffhausen auf Artikel 3 Ziff. 1 des Heimatlosengesetzes hinzuweisen, wonach Männern, die das 60. Altersjahr überschritten haben, vom Bund lediglich ein Kantonsbürgerrecht vermittelt wurde.[527] Der Kanton Schaffhausen musste damit Hartmann lediglich dulden und ihm im Bedarfsfalle Armenunterstützung gewähren, ein Gemeindebürgerrecht musste ihm nicht verliehen werden.[528]

VI. Ausblick

Ehrhardt rapportierte bereits am 23. Dezember 1853 an den Zürcher Regierungsrat. Sein Schreiben befasste sich vor allem mit der Entschädigung von Fr. 50.–, die das Bundesgericht dem Kanton Zürich zugesprochen hatte,[529] obwohl Ehrhardt Fr. 110.– gefordert hatte. Die geforderte Entschädigung «wurde zwar von sämtlichen Mitgliedern des Bundesgerichtes sehr billig empfunden, allein deshalb reduzirt, weil man finden wollte, es seien auch die Behörden unseres Standes durch die mehr als dreissigjährige Duldung des Hartmann, nicht von aller Schuld frei und es dürfe deshalb, wie sich ein Mitglied des hohen Gerichts sogar ausdrückte, der Stand Zürich ‚Gott danken',

---

[525] Urteil des BGer vom 21. Dezember 1853, ABGer Prot. Bd. I, S. 222 f., Erwägung 3.
[526] Urteil des BGer vom 21. Dezember 1853, ABGer Prot. Bd. I, S. 223, Erkenntnis 1; vgl. auch ULLMER I, S. 443.
[527] Vgl. Art. 3 HG 1850.
[528] Des Weiteren wurde Schaffhausen ausdrücklich die «Regress-Klage» gegen den Kanton Thurgau offengelassen, um ihn zur Übernahme der Verbindlichkeit zu zwingen, vgl. Urteil des BGer vom 21. Dezember 1853, ABGer Prot. Bd. I, S. 223, Erkenntnis 2.
[529] Urteil des BGer vom 21. Dezember 1853, ABGer Prot. Bd. I, S. 223, Erkenntnis 3.

§ 6 Heimatlose vor dem Bundesgericht 107

dass er durch das grössere Verschulden von Schaffhausen von allen unangenehmen Folgen befreit worden sei.»[530]

Zwischen Schaffhausen und Zürich war die Sache Hartmann damit aber noch nicht ganz beendet. Die Schaffhauser Polizeidirektion fragte bei der Polizeidirektion Zürich an, ob es nicht möglich wäre – unter Verweis auf ein Vermittlungsangebot Zürichs vom 28. Juni 1854 – Hartmann durch Bezahlung einer «fixen Summe, im dortigen Kantons-Spithal als Hauskind lebenslänglich zu versorgen.»[531]

Eine Antwort erhielt Schaffhausen bezeichnenderweise von der Zürcher Finanzdirektion. Diese teilte Schaffhausen mit, dass eine Entscheidung in dieser Anfrage nicht ihr zukomme, sondern der «Hauskommission», welche für die Aufnahme und Entlassung von Kostgängern und Hauskindern zuständig sei. Diese Kommission bedauere, dass sie nicht in der Lage sei, Kantonsfremde aufzunehmen, da die Einrichtungen derart ausgelastet seien. Des Weiteren besitze Hartmann ein Vermögen von nur Fr. 250.–, etwa gleichaltrige Kantonsbürger würden jedoch «2000 Fr. und mehr» bezahlen, um als Hauskinder aufgenommen zu werden.

Die Streitigkeiten in Heimatlosenangelegenheiten verglich die Berner Zeitung mit dem Gemälde, welches im Ratssaal Luzerns aufgehängt war, wo die Verhandlung stattfand: Der weise Spruch Salomons. Wo vor 1830 noch die gnädigen Herren der Stadt und Republik Luzern sassen, urteilten nun elf «Salomone» über die Kantone als «streitende Mütter» und die Heimatlosen als die Kinder. Ein salomonischer Spruch sei jedoch nicht möglich, es fehle «das Herz der rechten Mutter.»[532]

---

[530] Brief Friedrich Gustav Ehrhardts an den Regierungsrat vom 23. Dezember 1853. «Außerdem war in einem gleichen Falle Tags vorher hinsichtlich der Kostvertheilung die gleiche Praxis beobachtet worden.», StAZ N 34a.1.
[531] Brief der Direktion der Polizei des Kantons Schaffhausen an die Direktion der Polizei des Kantons Zürich vom 27. Oktober 1854, StAZ N 34a.1.
[532] Vgl. Berner Zeitung vom 25. Dezember 1853, Nr. 356, S. 1.

VII. Fazit

Das Problem der heimatlosen Schweizer war ein Überbleibsel aus vergangenen Tagen, welches der Bundesstaat auf dem Weg in die Moderne zu lösen hatte. Noch zur Gründungszeit des modernen Bundesstaates 1848 lebte eine grössere Gruppe von Menschen – die an sich Schweizer waren – ohne Bürgerrechte und ohne geschützte Existenz, jederzeit bedroht durch Wegweisung und Verlust der kargen Erwerbsmöglichkeiten. Den Schöpfern dieses Bundesstaates war bewusst, dass diese Gruppe der Heimatlosen in den neuen Staat integriert werden musste und es nicht mehr möglich war, sich dieser Menschen zu entledigen oder sie zu ignorieren. Die Praxis der Kantone, sich diese Personen gegenseitig zuzuschieben, konnte im Bundesstaat nicht mehr toleriert werden. Die Verhältnisse in der Schweiz begannen sich zu verdichten, Polizeikorps wurden aufgebaut und die Verwaltungen zentralisiert.

In diesem Zusammenhang übernahm das Bundesgericht die Aufgabe, für die wenigen umstrittenen Fälle von Einbürgerungen eine gerichtliche Rekursinstanz für die Kantone zu sein. Die Kantone konnten die betreffenden Verfügungen des Bundesrates beim Bundesgericht anfechten, welches über die Verteilung der Bürgerrechte und Kosten abschliessend zu entscheiden hatte. Das Verfahren wurde somit durch eine Verfügung des Bundesrates ausgelöst, wobei die Eidgenossenschaft selber weder Klägerin noch Beklagte sein konnte. Parteien waren die betroffenen Kantone, die dann ähnlich eines Zivilprozesses darum kämpften, dem Gegner die Einbürgerung der heimatlosen Person zu übertragen. Die Kantone waren ihrerseits unter grossem Druck der Gemeinden, die die finanziellen Lasten der Einbürgerungen zu tragen hatten, da das Gemeindebürgerrecht die Grundlage der Staatsbürgerschaft bildete und noch heute bildet.

Dem Bundesgericht kam damit erneut die Rolle eines neutralen Dritten zu, der die Verteilung der Einbürgerungen unter den Kantonen grundsätzlich nach juristischen Gesichtspunkten vornahm. Das Bundesgericht selbst hielt aber fest, dass es die Zuteilungen oft auf Grund von schwachen juristischen Grundlagen vornehmen musste.[533] Die Bundesversammlung übertrug dem Bundesgericht den letztinstanzlichen Entscheid in der politisch heftig umstrittenen Einbürgerungsfrage, den das Gericht gestützt auf dürftige rechtliche Grundlagen zu fällen hatte. In diesem Sinne ist Gustav Vogt zuzustimmen, der die Heimatlosenstreitigkeiten vor dem Bundesgericht lediglich als einen «Modus» bezeichnete, um die Lasten der Einbürgerungen möglichst gerecht unter die einzelnen Kantone zu verteilen.[534] Damit zeigt sich, dass die Bundesgerichtsbarkeit gar keine so grosse Rücksicht gegenüber der Souveränität der Kantone nahm,[535] wenn es sie dazu zwang, unliebsame Heimatlose einzubürgern.

§ 7. Bundesgericht als Schätzungsbehörde

I. Einleitung

Weitaus am häufigsten hatte sich das Bundesgericht mit Rekursen gegen Entscheide der eidgenössischen Schätzungskommissionen[536] zu beschäftigen. Im Enteignungswesen trat die Unterscheidung zwischen dem Bundesgericht als Zivilgericht und dem Bundesrat als oberste Verwaltungsbehörde zu Tage. Der Entscheid, *ob* enteignet wurde, stand gemäss Art. 25 EntG 1851 dem Bundesrat zu, während die Höhe der Entschädigung von einer Schätzungskommission bestimmt wurde.[537] Diese Unterscheidung zwischen politischem und verwaltungsrechtlichem Entscheid über die Höhe der Entschä-

---

[533] Vgl. Anm. 523.
[534] Vgl. Anm. 393.
[535] Kägi bezeichnete diese Rücksicht als einen Aspekt der Verfassung von 1848, vgl. KÄGI, S. 186.
[536] Die Bundesbehörden bezeichneten die Kommissionen sowohl als *Schatzungskommission*, als auch als *Schätzungskommission*. Hier soll einheitlich der Begriff *Schätzungskommission* verwendet werden.
[537] Vgl. Art. 26 EntG 1851.

digung wurde bereits in Grossbritannien praktiziert,[538] von wo die Institution der Schätzungskommission anfangs des 19. Jahrhunderts zuerst in Frankreich rezipiert worden war.[539] Lediglich gegen den Entscheid der Schätzungskommission stand dem Exproprianten der Rekurs ans Bundesgericht zu. Bei den Rekursen gegen Entscheide der eidgenössischen Schätzungskommissionen handelte es sich um das eigentliche «Massengeschäft» des Bundesgerichtes, wobei es sich meistens nicht um eigentliche Rechtsfragen handelte, sondern um «Ausmittlung» der Entschädigungssummen, gestützt auf Expertengutachten.[540] In mehr als zwei Dritteln aller Fälle hatte sich das Bundesgericht mit solchen Rekursen zu beschäftigen. Die Bundesrichter hatten in knapp 25 Jahren etwa 670 Entscheide über Expropriationen zu fällen, wobei die Zahl der eigentlich Betroffenen bei über 850 zu veranschlagen ist,[541] da die Beschwerdeführer durch das Bundesgericht oft als Streitgenossen zusammengefasst wurden. Es nahm nämlich bereits eine Streitgenossenschaft an, wenn es sich um *gleichartige Fälle* handelte, obwohl Art. 6 des BGbR eigentlich ein *gemeinschaftliches Recht* gefordert hätte. Das Bundesgericht brachte diese Bestimmung jedoch «nicht in strikte Anwendung». Dies führte dazu, dass Betroffene innerhalb einer politischen Gemeinde als Streitgenossen aufgefasst wurden oder sogar alle Eigentümer von Grundstücken entlang einer Bahnlinie, obwohl die so vereinigten Streitgenossen nicht in gemeinsamen Rechten betroffen waren.[542] Dieses Vorgehen war durch Art. 38 des EntG 1850 vorgegeben, wonach gleichartige Streitfälle «so viel als immer möglich in einem Verfahren stattfinden». Das Zivilprozessverfahren wurde durch das Bundesgericht also im Rahmen des Enteignungsgesetzes modifiziert, wodurch mehrere Verfahren möglichst gemeinsam verhandelt werden sollten.

---

[538] Vgl. LACHEÉ, S. 144 ff.
[539] Vgl. LACHEÉ, S. 147 ff.; vgl. zur Ausgestaltung der jury d'expropriation in Frankreich: RASTER, S. 67 Anm. 179.
[540] Vgl. LITERARISCHES VERLAGSBUREAU, S. 38.
[541] So auch die Zahl in der graphischen Darstellung im Anhang § 2.
[542] Vgl. Geschäftsbericht BGer 1856, BBl 1857 I 614.

Wie anschliessend dargelegt werden soll, endeten die meisten dieser Entscheide nicht mit einer kontradiktorischen Verhandlung vor dem Plenum, sondern wurden durch die Entscheidung einer dreiköpfigen Instruktionskommission abgeschlossen. Die Kommission bestand aus einem oder mehreren Bundesrichtern und Experten, welche die Schätzung teilweise auch mit erneutem Augenschein überprüften. Das Bundesgericht nahm für sich in Anspruch, das Ermessen der Schätzungskommission überprüfen zu dürfen, was die Instruktionskommission in diesen Rekursen gegen Schätzungsentscheide funktionell als übergeordnete Verwaltungsbehörde erscheinen lässt. Gestützt auf Akten und eigene Erhebungen entschied diese Instruktionskommission über den Rekurs, worauf die Parteien diesen Entscheid akzeptieren konnten – was sie meist taten – oder eine mit höheren Kosten verbundene Entscheidung des Gesamtgerichts suchen konnten.

Heute gelten die Schätzungskommissionen als Spezialverwaltungsgerichte,[543] die Beschwerde gegen einen solchen Entscheid wäre demnach ebenfalls der Verwaltungsgerichtsbarkeit zuzuordnen. Da bei Enteignungen jedoch um vermögensrechtliche Ansprüche gestritten wurde, konnten diese Streitigkeiten problemlos vor einem Zivilgericht verhandelt werden.

II. Gesetzliche Grundlagen

Art. 21 der BV 1848 gab dem Bund das Recht, für öffentliche Werke im Interesse der Eidgenossenschaft das Recht der Enteignung geltend zu machen. Gestützt auf diese Verfassungsgrundlage erliess die Bundesversammlung am 1. Mai 1850 das Bundesgesetz betreffend die Verbindlichkeit zur Abtretung von Privatrechten (EntG 1850).[544] Dieses Gesetz war nicht auf

---

[543] Vgl. HÄFELIN/MÜLLER/UHLMANN, S. 402, Rz. 1876.
[544] AS I 319 ff.; vgl. detailliert zur Entstehung dieses Gesetzes: RASTER, S. 136 ff., insb. S. 143 ff.

Enteignungen im Zusammenhang mit dem Eisenbahnbau beschränkt, trotzdem waren sich die Räte bewusst, dass dies sein Hauptzweck war.[545]

1. Ursprünglicher Verfahrensablauf[546]

a. Weg zur Schätzungskommission

Der Bauunternehmer hatte den Gemeinderat einer betroffenen Gemeinde mittels eines Plans darüber zu informieren, welche Grundstücke innerhalb der Gemeinde betroffen waren.[547] Dieser Plan wurde durch die Gemeinde öffentlich bekannt gemacht und betroffene Grundeigentümer wurden aufgefordert, innerhalb von 30 Tagen eine schriftliche Eingabe bei dem Gemeinderat[548] zu Handen des Bundesrates einzureichen, sofern sie die Abtretungspflicht grundsätzlich bestritten.[549] Alle anderen hatten ihre Forderungen beim Gemeinderat einzureichen.[550] Über diese Entschädigungsforderungen hatte eine Schätzungskommission zu befinden, die sich aus drei Mitgliedern zusammensetzte. Eines der Mitglieder wurde vom Bundesgericht oder dem Bundesgerichtspräsidenten gewählt, ein zweites vom Bundesrat und das dritte Mitglied von der Regierung desjenigen Kantons, in dem sich die betroffenen Grundstücke befanden.[551] Der Bundesrat legte jeweils die Dauer und das Gebiet fest, für welches eine Schätzungskommission zuständig war.[552] So waren die Zuständigkeiten der Schätzungskommissionen auch sehr unterschiedlich. Die Zuständigkeit konnte sich beispielsweise auf einen

---

[545] Vgl. Kommissionalbericht zu dem Entwurf eines Expropriationsgesetzes, wie derselbe aus den Berathungen der vom Nationalrath ernannten Kommission hervorgegangen ist, BBl 1850 I 175.
[546] Das gesamte Verfahren beschreibt ausführlich: RASTER, S. 222 ff.
[547] Vgl. Art. 10 EntG 1850
[548] Vgl. Art. 11 EntG 1850
[549] Vgl. Art. 12 Ziff. 1 EntG 1850.
[550] Art. 12 Ziff. 2 EntG 1850.
[551] Art. 27 EntG 1850. Vom Präsidenten wurde das Mitglied nur gewählt, wenn sonst eine ausserordentliche Versammlung des Bundesgerichts notwendig gewesen wäre.
[552] Vgl. Art. 27 Abs. 2 EntG 1850.

§ 7 Bundesgericht als Schätzungsbehörde   113

oder mehrere ganze Kantone erstrecken,[553] die Schätzungskommission konnte aber auch nur für ein einzelnes Bauprojekt zuständig sein[554] oder aber für eine ganze Bahnunternehmung.[555]

b. Beschwerde ans Bundesgericht

Die betroffenen Grundeigentümer hatten die Möglichkeit einen solchen Entscheid der Schätzungskommission innerhalb von 30 Tagen beim Bundesgericht durch Beschwerde anzufechten.[556] Das Bundesgericht urteilte nach Art. 37 des EntG 1850 auf Grundlage des Befundes der Schätzungskommission, konnte jedoch auch eine neue Untersuchung anordnen. Art. 40 des EntG 1850 bestimmte, dass für das Verfahren in Expropriationsstreitigkeiten das allgemeine Recht galt, sofern das Enteignungsgesetz keine besonderen Bestimmungen aufstellte. Somit hätte das Bundesgericht sein Verfahren nach dem OG 1849 und dem BG über das Verfahren in bürgerlichen Rechtsstreitigkeiten durchführen müssen. Schon bei der Behandlung der ersten Enteignungsfälle stellte das Bundesgericht aber fest, dass sich das Verfahren in bürgerlichen Rechtsstreitigkeiten nicht für das Enteignungsverfahren eignete.

2. Mangelhafte Bundesgesetzgebung?

In den Augen des Bundesgerichts entsprach die provisorische Bundesgesetzgebung in diesem Bereich nicht den Interessen der Beteiligten.[557] Wohl nicht den Interessen der Streitparteien, aber auch nicht den Interessen der Bundesrichter. Sie beschäftigten sich lieber mit *echten Rechtsfällen*, als mit dem

---

[553] Vgl. z.B. ABGer Doss. 145 (Schätzungskommission für den Kanton Aargau), sowie Doss. 147 (Schätzungskommission für Aargau und Baselland), im Anhang §1. II.
[554] Vgl. z.B. ABGer Doss. 148 (Schätzungskommission Linie Rorschach-Aargau), sowie Doss. 356 (Schätzungskommission Linie Sargans-Rorschach), im Anhang §1. II.
[555] Vgl. z.B. ABGer Doss. 374 a und b (Schätzungskommission für die Nordostbahn), im Anhang §1. II.
[556] Art. 35 EntG 1850.
[557] ABGer Prot.bd. I, § 244; BBl 1854 II 462; BRAND, S. 97.

Massengeschäft der Rekurse gegen Entscheidungen der Schätzungskommissionen, wie folgende Passage nahelegt:

«Die Sphäre unserer Thätigkeit beschränkt sich wesentlich auf die Ausübung des Richteramtes, und auch hier wird uns selten das Vergnügen zu Theil, mit der Beurtheilung streitiger Rechtsfragen uns befassen zu können. Expropriationsanstände und Heimatlosenstreitigkeiten bilden das stets wiederkehrende Objekt unserer Entscheidungen, und sie würden im Berichtsjahre das ausschliessliche gewesen sein, wären wir nicht in zwei Forderungsstreitigkeiten als prorogierter Gerichtsstand angerufen worden.»[558]

Doch neben den Vorlieben der Bundesrichter für streitige Rechtsfragen sorgte vor allem die drastisch steigende Zahl der Rekurse für Handlungsbedarf.[559] Noch musste jeder Fall kontradiktorisch im Plenum verhandelt werden, was ein grosser Aufwand für das Bundesgericht darstellte, der nach Ansicht der Richter unnötig war. Der forcierte Eisenbahnbau in der Schweiz liess einen weiteren Anstieg der Beschwerden gegen Entscheide der Schätzungskommissionen erwarten. In Anbetracht der geltenden prozessualen Vorschriften drohte dem Bundesgericht damit eine massive Überlastung.[560] Unter diesem Anpassungsdruck wandte sich das Bundesgericht in seinem Geschäftsbericht von 1853 an den Gesetzgeber und forderte, es sei ein Prozessgesetz für das Beschwerdeverfahren in Enteignungssachen zu erlassen.[561]

a. Politik verweigert sich

Der Bundesrat ernannte als Reaktion auf den Bericht des Bundesgerichts eine Expertenkommission unter dem Vorsitz des Vorstehers des eidgenössischen Justizdepartementes, welche diese Angelegenheit beriet. Sie kam zum

---

[558] Vgl. das Vorwort aus dem Bericht des schweiz. Bundesgerichts an die h. Bundesversammlung über seine Geschäftsführung im Jahr 1857, BBl 1858 II 597 ff. (597).
[559] Vgl. dazu auch RASTER, S. 153 ff.
[560] Die Anzahl der Streitigkeiten nahm massiv zu: 1854: 30, 1855: 18, 1856: 79, 1857: 47, 1858: 288, 1859: 131, 1860: 178, die Zahlen stammen aus den Geschäftsberichten des Bundesgerichts (ab 1855 wurde jedoch nur noch ein Bruchteil der Fälle kontradiktorisch verhandelt).
[561] Geschäftsbericht BGer 1853, BBl 1854 II 462.

Schluss, dass von einer Änderung des BG über die Abtretung von Privatrechten zu diesem Zeitpunkt abgesehen werden sollte.[562] Als Gründe wurden angeführt, dass die Anwendung des Gesetzes erst gerade begonnen hatte und eine Revision für die bereits im Gang befindlichen Prozesse eine «missliche» Situation schaffen würde.[563] Die Kommission schlug dem Bundesgericht daher folgendes Vorgehen vor:

1. Der Erlass einer Instruktion an sämtliche Schätzungskommissionen, um Ordnung und Einheitlichkeit im Schätzungsverfahren zu erzielen.
2. Ein Regulativ zu erlassen, um die Mängel im Prozessverfahren zu beheben.

b. Bundesgericht hilft sich selbst

Das Bundesgericht erliess daraufhin ein Reglement, welches den Geschäftsgang der Schätzungskommissionen ausführlicher regelte.[564] Dies lag durchaus in der Kompetenz des Bundesgerichts, teilte doch Art. 28 des EntG 1850 dem Bundesgericht die Aufsicht über die Schätzungskommissionen zu.

Die Bundesrichter wagten es jedoch nicht, das Prozessverfahren selbst zu regulieren, da sie dies ihrer Meinung nach nicht hätten tun können, «ohne in's Gebiet der Gesetzgebung hinüberzugreifen».[565]

Den Entscheid über die Abschätzung (des Wertes des enteigneten Rechts) erachtete das Bundesgericht als zu wichtig, als dass es diesen einem einzelnen Instruktionsrichter überlassen wollte. Die einzige Vereinfachung, die dem Bundesgericht innerhalb dieser Schranken möglich schien, war es, die Parteien dazu zu bringen, im Anschluss an die Würdigung durch die Instruktionskommission auf eine kontradiktorische Verhandlung zu verzichten. Der Entscheid des Instruktionsrichters, unter Beizug von Experten, wurde auf

---

[562] Das war eigentlich nicht die Forderung des Bundesgerichts, es forderte vielmehr ein selbständiges Prozessgesetz für den Enteignungsprozess, vgl. Anm. 561.
[563] Vgl. Geschäftsbericht BGer 1854, BBl 1855 II 3.
[564] Reglement vom 22. April 1854, AS IV 214 ff.
[565] Geschäftsbericht BGer 1854, BBl 1855 II 3.

diese Weise zum bundesgerichtlichen Urteil. Dadurch sah das Bundesgericht die Rechte der Parteien gewahrt.[566] Trotz dieses «Einwirkens» auf die Parteien war das Bundesgericht auch weiterhin mit zahlreichen Beschwerden gegen Entscheide der Schätzungskommissionen befasst. Vergleicht man jedoch die gefällten Urteile mit den anhängig gemachten Fällen, muss man das Vorgehen des Bundesgerichts als sehr wirksam bezeichnen. Geradezu prophylaktisch schlüsselte das Bundesgericht in den Geschäftsberichten jeweils auf, in wie vielen der Urteile in Enteignungssachen der Entscheid der Instruktionskommission bestätigt worden war. Die Instruktionsrichter amteten durchaus gewissenhaft; es ist aber nicht zu verkennen, dass es das Bundesgericht möglichst vermeiden wollte, Urteile in kontradiktorischen Verhandlungen fällen zu müssen. Die Leistung der Instruktionsrichter in Beschwerden gegen die Entscheide der Schätzungskommissionen bestand gerade darin, die Parteien zu einer *Verständigung* zu bringen.[567]

Das Bundesgericht geriet durch die schiere Flut von Rekursen gegen die Entscheide der Schätzungskommissionen unter Druck. Um zu verhindern, dass die Menge an Rekursen das Bundesgericht überforderte, musste es den Zugang von Beschwerden kanalisieren und filtern. Das Bundesgericht wollte jedoch nicht den Weg gehen, dem Instruktionsrichter die alleinige Entscheidungsbefugnis zu übertragen. Dieser verfasste zwar ein Gutachten, welches in den meisten Fällen auch zu einem entsprechenden Urteil geführt hätte, wirkte damit aber auf die Parteien ein, sich vergleichsweise zu arrangieren. Auf diese Weise sorgte das Bundesgericht dafür, dass es nur diejenigen Fälle durchprozessieren musste, in denen die Parteien das äusserst grosse Risiko aufnahmen, nach einem kostspieligen Verfahren das Gutachten der Instruktionskommission erneut in der Form eines Urteils des Gesamtgerichts in der Hand zu halten.[568]

---

[566] Geschäftsbericht BGer 1854, BBl 1855 II 4.
[567] BRAND, S. 103 (insb. Anm. 1) attestierte den Bundesrichtern eine hohe Sorgfalt in diesen Entscheiden.
[568] Oder besser mündlich verkündet zu erhalten, da dies zur Rechtskraft bereits ausreichte, vgl. Art. 186 BGbR.

c. Reaktion der Kommission des Ständerates

Nachdem das Bundesgericht das Verfahren in Beschwerden gegen Enteignungsentscheide angepasst hatte, schien sich die Zahl der Beschwerden gegen Entscheide der Schätzungskommissionen zu stabilisieren. Im Geschäftsbericht von 1854 legte das Bundesgericht der Bundesversammlung sein Vorgehen dar.[569] Die Kommission des Nationalrates, die den Bericht beriet, kam zum Schluss, dass sie den «praktischen» Weg, den das Bundesgericht eingeschlagen hatte, nur «billigen kann».[570] Die Kommission wiederholte ihre bekannten Argumente – die Anwendung des Gesetzes habe gerade erst begonnen, viele Prozesse seien bereits anhängig – und machte damit deutlich, dass sie die Frage einer Revision des Enteignungsgesetzes eher unter dem politischen Aspekt bewertete.

d. Revision des Enteignungsgesetzes

Nachdem Kommission und Parlament den Weg des Bundesgerichts gutgeheissen hatten, beauftragte die Bundesversammlung am 24./25. Juli 1856 dann trotzdem den Bundesrat, eine Revision der Bestimmungen des EntG 1850 zu prüfen, welche sich auf die Rekurse gegen Entscheidungen der Schätzungskommissionen bezogen.[571] Der Bundesrat legte in dieser Botschaft den Ablauf des Verfahrens vor dem Bundesgericht dar und prüfte verschiedene Möglichkeiten, um das Verfahren zu vereinfachen und abzukürzen. Neben der Möglichkeit, die kantonalen Gerichte für zuständig zu erklären, äusserte er sich auch zur Schaffung einer zweiten Instanz von Schätzungskommissionen. Letztlich verwarf der Bundesrat diese Optionen aber und kam zum Schluss, dass Art. 37 des EntG 1850 abgeändert werden

---

[569] Geschäftsbericht BGer 1854, BBl 1855 II 3 f.
[570] Bericht der Kommission des Nationalrathes über die Geschäftsführung des Bundesrathes und des Bundesgerichtes während des Jahres 1854, so wie über die Staatsrechnung von demselben Jahre, vom 29. Mai 1855, BBl 1855 II 95 ff. (149 f.).
[571] Botschaft des Bundesrates an die gesetzgebenden Räthe der Eidgenossenschaft, betreffend Abänderung des Expropriationsgesetzes, vom 8. Dezember 1856, BBl 1857 I 149 ff.

sollte.⁵⁷² Nach Eingang einer Beschwerde bezeichnete der Präsident fortan einen Instruktionsrichter oder eine Kommission von zwei oder drei Richtern, welche den Prozess leiteten. Eine solche zwei- oder dreiköpfige Instruktionskommission wurde bei wichtigen bzw. schwierigen Fällen oder auf Begehren einer Partei bestellt. Der Bundesrat bemerkte in seiner Botschaft, dass der Ablauf des Verfahrens – sofern die Parteien den Antrag der Kommission annahmen – sich letztlich gleich gestaltete, wie wenn eine Zivilkammer des Bundesgerichts geurteilt hätte.⁵⁷³

3. Zwischenfazit

Die Masse an Beschwerden in Expropriationssachen erzeugten auf das Bundesgericht einen grossen Anpassungsdruck. Diese grosse Zahl von Verfahren konnte durch das Gericht in seiner nicht ständigen Organisation unmöglich durchprozessiert werden. Die Möglichkeit, den Entscheid dem Referenten zu überlassen, stand im Raum, wurde durch das Bundesgericht jedoch abgelehnt, da dies der Ansicht des Kollegiums nach ein zu wichtiger Entscheid gewesen war, als dass er einem einzelnen Richter überlassen werden sollte.⁵⁷⁴

Schliesslich wurde eine Mischung aus beidem eingeführt. Zwar verfasste der Instruktionsrichter oder die Instruktionskommission einen Entscheid, den die Parteien akzeptieren konnten oder auch nicht. Taten sie es nicht, hatten sie

---

572 Kantonale Gerichte erachtete der Bundesrat als nicht besser qualifiziert als das Bundesgericht. Eine zweite Instanz in den Schätzungskommissionen sei zwar womöglich besser mit der Materie vertraut, jedoch juristisch zu wenig versiert. Das Hauptargument war jedoch ein verfassungsrechtliches: In zivilrechtlichen Streitigkeiten sah die BV 1848 eine Kompetenz des Bundesgericht vor und damit keine Möglichkeit, diese einer anderen Behörde zu übertragen. Auch die Möglichkeit, die Zuständigkeit einer Kammer des Bundesgerichts zu übertragen, sah der Bundesrat damit verschlossen.

573 Präsident des Bundesrates zu dieser Zeit – und damit an der Ausarbeitung der Botschaft wohl zumindest beteiligt – war Jakob Stämpfli, der selbst von 1851–1854 dem Bundesgericht angehört hatte. Die Bundesversammlung nahm den Artikel 37 in dieser Form an, vgl. Bundesgesez betreffend Abänderung des Art. 37 des Bundesgesezes über die Verbindlichkeit zur Abtretung von Privatrechten, vom 18. Heumonat 1857, AS V 568 f.

574 Vgl. Geschäftsbericht BGer 1854, BBl 1855 II 3 f.

gleichwohl den Anspruch auf eine kontradiktorische Verhandlung vor dem Plenum. Daneben wurde aber auf die Parteien eingewirkt, auf eine kontradiktorische Verhandlung zu verzichten, indem die Praxis des Gerichts darin bestand, die Entscheide der Instruktionskommissionen grundsätzlich zu bestätigen. Trotzdem beschlich das Bundesgericht wohl ein schlechtes Gewissen, als es in seinem Bericht anfügte, die Einwirkung auf die Parteien geschehe «ohne inzwischen dem Willen und den Rechten der Parteien Zwang anzutun».[575] Offenbar lag das Gegenteil – der Zwang – in der Luft.

III. Caspar Honegger gegen die Eisenbahn Wald-Rüti

1. Angefochtener Entscheid

Der Seidenfabrikant Caspar Honegger[576] war Eigentümer eines grösseren Grundstücks, des «Sandbühls», in der Nähe des Bahnhofs Rüti. Bereits mit dem Bau der Glatttallinie von Rapperswil nach Wallisellen 1856 wurde Honeggers Grundstück belastet. In den 1870er Jahren ging nun die Eisenbahngesellschaft Wald-Rüti daran, eine weitere Bahnlinie zu erstellen, welche erneut Honeggers Grundstück durchfahren sollte.

Für diese Enteignung sprach die eidgenössische Schätzungskommission Caspar Honegger am 5. März 1874 eine Entschädigung zu. So erhielt er für seine 12840 Quadratfuss abgetretenes Land 18 Rappen pro Quadratfuss Rebland und 10 Rappen pro Quadratfuss Wiesland sowie 45 Franken für drei Bäume. Ausserdem erhielt Honegger Fr. 2000.– zugesprochen für den Min-

---

[575] Geschäftsbericht BGer 1854, BBl 1855 II 4.
[576] HONEGGER, CASPAR (1804–1883). Volksschule in Rüti, Autodidakt und Aufseher in der väterlichen Spinnerei in Rüti. Er entwickelte den «Honegger-Webstuhl» und gründete die Maschinenfabrik Rüti und weitere Fabriken in der Schweiz und Bayern, worauf er als «Spinnerkönig» galt. Er war Gemeindepräsident von Rüti (1828–34) und liberaler Zürcher Grossrat (1838–39). Honegger gründete die erste Fabrikkrankenkasse der Schweiz und weitere Wohlfahrtseinrichtungen. Vgl. ILLI MATTHIAS, Honegger, Caspar, in: Historisches Lexikon der Schweiz (HLS), Bd. 6, Basel 2007, S. 461.

derwert des Hauses und anderer «Inconvenienzen». All diese Entschädigungen wurden unter Auflagen beschlossen, die die Eisenbahngesellschaft u.a. verpflichteten, eine Einfahrt, einen Fussweg sowie eine Eingrenzung zu erstellen.[577]

Mit diesen Entschädigungen war Honegger nicht einverstanden. Sein Vertreter, Fürsprecher FRIEDRICH MEILI,[578] verlangte mit einer Eingabe beim Bundesgericht vom 10. Mai 1874, der Entscheid der Schätzungskommission sei abzuändern. Konkret forderte er Fr. 1.30 pro Quadratfuss Rebland und einen Franken pro Quadratfuss Wiesland sowie Fr. 6000.– für den Minderwert des Hauses. Weiter verlangte Honegger eine Treppe oder einen Steg über die Bahnlinie, ein Wegrecht, einen Weg, einen Brunnen für das Vieh oder eine Entschädigung von weiteren 3000 Franken und eine fest fundamentierte Mauer neben seinem Haus.[579]

---

[577] Gutachtlicher Entscheid, ABGer Doss. 941, S 1.

[578] MEILI, FRIEDRICH (1848–1914). Der Sohn eines Gerichtsschreibers und Advokaten war mit Maria Bertha Morel verheiratet, einer Tochter des Bundesrichters Josef Karl Pankraz Morel. Meili studierte Rechtswissenschaft in Zürich, Leipzig, Berlin und Jena und wurde dort 1870 zum Dr. iur. ernannt, für seine Dissertation über das Telegraphenrecht. 1871 legte er am Zürcher Obergericht sein Staatsexamen ab und eröffnete 1872 ein Anwaltsbüro in Zürich. 1880 wurde er zum PD für internationales Privatecht, modernes Verkehrsrecht und vergleichende Rechtswissenschaft an der Universität Zürich. 1885 Extraordinarius und 1895 – gegen Widerstand des Regierungsrates – zum Ordinarius, nun zusätzlich auch für schweizerisches und Zürcher Privatrecht. Meili war Mitglied der Expertenkommissionen für die Redaktion des ZGB und Revision des OR und Mitarbeiter verschiedener jur. Zeitschriften. Er war Präsident des Zürcher Kassationsgerichts (1905–12) und mehrfach Delegierter des Bundesrates an der Haager Staatenkonferenz für internationales Privatrecht. Meili galt als Pionier im modernen Verkehrs- und Industrierecht. Dank seinen Fremdsprachenkenntnissen verfasste er viele Publikationen und Gutachten zu aussereuropäischen Rechtsfällen. Es sei noch erwähnt, dass Meili Emilie Kempin-Spyri in seiner Kanzlei als Substitutin engagierte, sich als Dekan der staatswissenschaftlichen Fakultät jedoch gegen ihr Habilitationsgesuch stellte. Vgl. RUNGE MARIANNE, Friedrich Meili (1848–1914): Lebensbild eines vielseitigen Zürcher Juristen, Diss. (Zürich), Zürich 1978; SCHMID BRUNO, Meili, Friedrich, in: Historisches Lexikon der Schweiz (HLS), Version vom 18. Oktober 2007, URL: http://www.hls-dhs-dss.ch/d/D15771.php.

[579] Gutachtlicher Entscheid, ABGer Doss. 941, S. 1 f.

§ 7 Bundesgericht als Schätzungsbehörde   121

Die Eisenbahngesellschaft war vertreten durch Fürsprecher RUDOLF
SPOENDLIN.[580] Dieser verlangte, dass die Forderungen abgewiesen werden
sollten und der Entscheid der Schätzungskommission bestätigt werden sollte.
Das Angebot eines Fusswegrechtes über die Bahnlinie lehnte die beklagte
Partei ab.

2. Instruktionskommission

Wie der revidierte Artikel 37 des Enteignungsgesetzes vorsah, ernannte
Bundesgerichtspräsident Blumer eine Instruktionskommission. Neben Blumer selbst bestand die Kommission weiter aus dem Aktuar, Fürsprecher Dr.
BAUMANN[581] und den beiden Experten Oberst FENNER[582] und Oberrichter
HÄBERLIN.[583]

---

[580] SPOENDLIN, RUDOLPH (1845–1920). Der Sohn eines Kantonsfürsprechers schloss sein juristisches Studium in Zürich 1867 mit der Verleihung des Dr. iur. für seine Dissertation im Verlagsrecht ab. Durch die Heirat mit Anna Susanna Escher (vom Glas) wurde er zum Spinnereibesitzer in Niederuster und wechselte ins Unternehmertum. Vgl. SIEGRIST HANNES, Advokat, Bürger und Staat, Bd. I, Frankfurt am Main 1996, S. 345 f.; Bereits sein Vater Johann Heinrich Spoendlin war ein Kenner der Materie, veröffentlichte dieser doch 1843 eine Abhandlung über das Zürcher Enteignungsrecht und kritisierte darin das Enteignungsverfahren im Kanton Zürich anhand seiner Erfahrungen aus der Praxis.

[581] Vermutlich BAUMANN, ALBERT (1843–1909). Studium der Rechte in Zürich und Heidelberg, Dr. iur., Verwaltungsrat in mehreren Eisenbahngesellschaften. Vgl. Nr. 2888, in: Elektronische Matrikeledition der Universität Zürich, URL: http://www.matrikel.uzh.ch/pages/485.htm#2887, besucht am 11. Februar 2008.

[582] FENNER, HEINRICH (1814–1891). Fenner setzte sich beim Züriputsch 1839 als Kavallerieleutnant für die Regierung ein und musste daraufhin vorübergehend das Land verlassen. Fenner war Oberstleutnant im Generalstab und Waffenchef der kantonalen Kavallerie (1857–67). Von 1857 bis 1867 und von 1868 bis 1873 war er liberaler Regierungsrat im Kanton Zürich, Stadtrat in Winterthur (1878–80) und Mitbegründer sowie Verwaltungsrat der Hypothekarbank Winterthur. Seine Wahl zum Experten mag mit der Tätigkeit als Forstamtmann und Güterinspektor im Stadtrat zusammenhängen. Vgl. BÜRGI MARKUS, Fenner, Heinrich, in: Historisches Lexikon der Schweiz (HLS), Bd. 4, Basel 2005, S. 472.

[583] HÄBERLIN, JOHANN JAKOB (1817–1887). Häberlin stammte nicht aus der Linie des Bundesrichters und Bundesrates Eduard Häberlin ab. Er war Sohn eines Landwirts und Kantonsrats und genoss keine höhere Schulbildung. Trotzdem wurde er zum gefragten Notar sowie Steuerkommissär. Er stieg vom Bezirksrichter in Weinfelden zum Oberrichter auf. Politisch war Häberlin Thurgauer Kantonsrat, Verfassungsrat (1849), Mitglied der Verfassungskommission und linker Nationalrat (1869–72), wobei er zurücktrat, weil ihm die

Die Kommission begab sich zu einem Augenschein nach Dürnten im Zürcher Oberland und hörte sich dort auch die mündlichen Stellungnahmen der Parteien an. Auf dieser Grundlage und basierend auf den mündlich abgegebenen Gutachten der Experten erliess der Instruktionsrichter Blumer in Übereinstimmung mit den Experten einen gutachtlichen Entscheid.

3. Entscheid des Instruktionsrichters

So erschien Blumer das betroffene Grundstück zwar «als ein landwirtschaftliches Gut, in angenehmer Lage, jedoch ohne irgend welche künstliche Anlagen oder außergewöhnliche Pflanzungen». Die Reben seien «gut gepflegt, im besten Stadium der Ertragsfähigkeit, auf sehr geeignetem Untergrund». Als scheinbar mit der Winzerkunst vertraut, holte Blumer aber zu einer Absage an den Weinbau im Zürcher Oberland aus,[584] als er feststellte, dass die Reben «überhaupt örtlich nicht sehr günstig gelegen» seien und ihre Ertragsfähigkeit in Quantität und Qualität «offenbar niedriger stehend als Reben am Zürichsee» seien.[585]

Der vom Rekurrenten geforderte Landpreis erachtete der Instruktionsrichter «als weit übersetzt», eine massvolle Erhöhung sah er aber trotzdem als gerechtfertigt an, in Anbetracht der Erhebungen der Experten und unter Berücksichtigung der zwangsweisen Abtretung.[586] Die weiteren Nachteile für Haus und Grundstück veranschlagte die Kommission entsprechend «bundesgerichtliche[r] Praxis in runder Summe» auf Fr. 2500.–. Neben weiteren Sicherungsmassnahmen, wie einer Einfriedung, verwarf der Instruktionsrich-

---

Tätigkeit nicht entsprach. Häberlin war ausserdem von 1866 bis 1886 Mitglied der Thurkorrektionskommission. Vgl. SALATHÉ ANDRÉ, Häberlin, Johann Jakob, in: Historisches Lexikon der Schweiz (HLS), Bd. 6, Basel 2007, S. 9.

[584] Dass selbst im Zürcher Oberland Wein angebaut wurde, war zu dieser Zeit nicht ungewöhnlich. Im dritten Viertel des 19. Jahrhunderts war der Weinbau im Kanton Zürich weit verbreitet, der Kanton Zürich war der zweitgrösste Weinbaukanton der Schweiz, gleich hinter dem Kanton Waadt, vgl. FRITZSCHE BRUNO [et al.], Geschichte des Kantons Zürich, Bd. 3, 2. Aufl., Zürich 1997, S. 211.

[585] Vgl. Gutachtlicher Entscheid, ABGer Doss. 941, S. 4.

[586] Vgl. Gutachtlicher Entscheid, ABGer Doss. 941, S. 4 f.

ter das Begehren auf ein Wegrecht auf der Strasse, welche das Grundstück erschloss, da dies eine öffentliche Strasse war.

Somit lautete der Entscheid auf eine Entschädigung von 14 Rp. per Quadratfuss Wiesland und 20 Rp. pro Quadratfuss Rebland, 45 Franken für drei Bäume und Fr. 2500.– infolge «Zerstükelung und Verunstaltung des Gutes» sowie anderer «Inkonvenienzen». Des Weiteren hatte die Bahngesellschaft eine Einfahrt, einen Fussweg, eine Stützmauer und eine Einfriedung zu erstellen. Die Instruktionskosten von Fr. 293.– hatten sich die Parteien zu teilen.[587]

4. Reaktion der Parteien

Nach diesem Entscheid hatten die Parteien innerhalb von zehn Tagen dem Instruktionsrichter anzuzeigen, ob sie den Entscheid akzeptierten oder eine Verhandlung vor dem Plenum des Bundesgerichts verlangten. In einem Schreiben vom 19. August 1874 erklärte sich Meili namens seines Mandanten einverstanden mit dem Entscheid des Instruktionsrichters, jedoch nur unter der Bedingung, dass die Eisenbahngesellschaft Wald-Rüti den Entscheid ebenfalls akzeptiere. Andernfalls rekurriere er gegen Teile des Entscheides.[588]

Diese Bedingung trat ein, Spoendlin erklärte am 20. August 1874 ebenfalls die Zustimmung zum Entscheid Blumers, womit dieser in Rechtskraft erwachsen konnte.[589]

---

[587] Vgl. Gutachtlicher Entscheid, ABGer Doss. 941, S. 6 ff.
[588] Vgl. Schreiben Meilis an den Instruktionsrichter Blumer vom 19.8.1874, ABGer Doss. 941, Fasz. 4.
[589] Vgl. Schreiben Spoendlins an den Instruktionsrichter Blumer vom 20.8.1874, ABGer Doss. 941, Fasz. 5.

IV. Fazit

Was den Einzelfall betrifft, so seigt sich, wie um die Entschädigungen für Enteignungen verhandelt, ja geradezu gefeilscht wurde. Dafür war eine Instruktionskommission mit Experten in Bau- und Landwirtschaft sicher besser geeignet, als das Plenum von Bundesrichtern. Der sanfte Druck auf die Parteien, sich in einem Vergleich zu einigen, entspricht auch eher der hohen Bedeutung des Privateigentums für die Betroffenen und für die Privatrechtsordnung als Ganzes, als wenn das Bundesgericht aus der Ferne einen abstrakten Entscheid auf Basis der Akten gefasst hätte. Doch genau dies hätte das Expropriationsgesetz eigentlich als Regelfall vorgesehen.[590] Das Bundesgericht stellte jedoch schon bald fest, dass sich diese Vorschrift, ebenso wie die Vorschriften des Gesetzes über das Verfahren in bürgerlichen Rechtstreitigkeiten, nicht eignen, um die Flut von Rekursen gegen Entscheidungen der Schätzungskommissionen zu bearbeiten. In Abstimmung mit Bundesrat und Bundesversammlung änderte das Bundesgericht das Verfahren in diesen Fällen ab und schuf die Instruktionskommission. Ihre Aufgabe war es, mittels Experten und eines oder mehrerer Bundesrichter, einen für beide Parteien akzeptabeln «gutachtlichen Entscheid» auszuarbeiten.

Dieser Vorgang macht deutlich, dass die Bundesgerichtsbarkeit nicht etwas war, was 1848 in einem Guss geschaffen wurde und unverändert bis 1874 Bestand gehabt hätte. Es kam zwischen Bundesgericht, Bundesrat und Bundesversammlung zu kleineren und grösseren Abstimmungen und Änderungen, die – was das Bundesgericht betraf – auch von den Erfahrungen mit den konkreten Rechtsfällen ausgingen. Die Instruktionskommission für Rekurse gegen Entscheide der Schätzungskommissionen ist dafür ein eindrückliches Beispiel. Weder Bundesverfassung noch Enteignungsgesetz sahen diese Kommission vor, sie ging vom Bundesgericht selbst aus. Ein solcher Vorgang wäre kaum denkbar gewesen, hätte es sich bei den Bundesrichtern

---

[590] Vgl. Art. 37 EntG 1850.

nicht um eigentliche Honoratioren gehandelt.[591] Die Bundesrichter und Ersatzrichter waren oft Mitglieder der Bundesversammlung, unter ihnen waren nicht wenige ehemalige Tagsatzungsgesandte oder kantonale Regierungsräte, es handelte sich somit um die eigentliche Elite des damaligen Bundesstaates. Nur diese Tatsache lässt die Freiheit erklären, mit der das Bundesgericht die anstehenden Probleme im Rekursverfahren mittels Reglement selber regelte.

§ 8. Der fehlbare Konsul – Staats- und Beamtenhaftung

Das BG über die Verantwortlichkeit der eidgenössischen Beamten sah vor, dass unter gewissen Umständen gegen eidgenössische Beamte eine zivile Verantwortlichkeitsklage[592] vor Bundesgericht geführt werden konnte. Ähnlich wie in Rekursen gegen Entscheide der Schätzungskommissionen handelte es sich bei der Beamten- oder Staatshaftung um vermögensrechtliche Ansprüche, welche durch das Bundesgericht als Zivilgericht behandelt werden konnten. Es lag im Ermessen des Bundesrates oder der Bundesversammlung, ob sie eine solche Zivilklage gegen den fehlbaren, von ihr gewählten Beamten zulassen wollte. Entschied sich die politische Behörde dagegen, so hatte der Bund für den Schaden einzustehen.[593]

---

[591] Vgl. auch unten Kap. 6.I.
[592] So ausdrücklich Art. 7 VG 1850.
[593] Vgl. Art. 33 und 43 VG 1850.

I. Vorgeschichte

1. Die Geschwister Schneider und ihr Wechsel

Im Jahre 1851 wanderten die Geschwister Barbara, Elisabeth und Anna Schneider zusammen mit ihrem Schwager Andreas Wyss nach Nordamerika aus und liessen sich in Sandusky-City im Bundesstaat Ohio nieder.[594] Gegenüber ihrer Heimatgemeinde Thunstetten hatten die Schwestern eine Forderung in der Höhe von etwa Fr. 2200.– a.W. Der Gemeinderat verpflichtete sich in einem besonderen privatrechtlichen Akt,[595] dieses Geld dem Andreas Wyss nach Amerika zu senden, sobald dieser eine Bescheinigung vorweisen konnte, wonach die vier in den USA ansässig geworden waren und für ihr Auskommen gesorgt war.[596] Im September 1852 reichte Wyss diese Bescheinigung beim Gemeinderat von Thunstetten ein und ersuchte diesen, ihm die Summe mittels eines Wechsels auf ein New Yorker Haus zukommen zu lassen.[597] Diesen Wechsel wollte der Gemeinderat durch eingeschriebenen Brief auf dem Postweg in die USA senden, die Post weigerte sich jedoch einen solchen Brief mit Wertangabe zu spedieren.[598]

Der Gemeinderat stellte daraufhin beim Regierungsrat des Kantons Bern das Gesuch, er solle den Brief samt Wechsel auf dem amtlichen Wege an seinen Bestimmungsort gelangen lassen.[599] Der Regierungsrat übernahm das Gesuch und den Wechsel und übermittelte ihn am 28. Januar 1853 dem Bundesrat.[600] Diesem stellte der Regierungsrat das Gesuch, den Brief mit Wechsel über den Schweizer Konsul in *New York* an die Adresse von Wyss gelan-

---

[594] Vgl. Klageschrift Thunstetten, S. 2 f., ABGer Doss. 425.
[595] Vgl. Urteil des BGer vom 8. Januar 1862, S. 1, lit. A., ABGer Doss. 425;
[596] Vgl. Klageschrift Thunstetten, S. 3, ABGer Doss. 425.
[597] Vgl. Klageschrift Thunstetten, S. 4, ABGer Doss. 425.
[598] Vgl. Klageschrift Thunstetten, S. 5, ABGer Doss. 425.
[599] Vgl. Klageschrift Thunstetten, S. 6 f., ABGer Doss. 425; Urteil des BGer vom 8. Januar 1862, S. 2, ABGer Doss. 425.
[600] Vgl. Klageschrift Thunstetten, S. 7 f., ABGer Doss. 425; Urteil des BGer vom 8. Januar 1862, S. 2, ABGer Doss. 425.

§ 8 Der fehlbare Konsul – Staats- und Beamtenhaftung   127

gen zu lassen.[601] Der Bundesrat übernahm den Auftrag, versandte den Brief aber nicht an den Konsul in New York, sondern an den Konsul Niklaus Basler in *Louisville*, da Sandusky-City – Bundesstaat Ohio – in den VI. Konsularbezirk gehörte, für welchen Basler zuständig war.[602]
Am 13. Juni 1853 reichte Andreas Wyss eine Beschwerde bei Konsul Ludwig Philipp de Luze in New York ein, da er den Wechsel trotz mehrmaliger Reklamationen noch immer nicht erhalten hatte.[603] De Luze leitete die Beschwerde an den Bundesrat weiter, welcher – nach Rücksprache mit dem Regierungsrat von Bern und auf Verlangen der Gemeinde Thunstetten – in der Sache eine Untersuchung einleitete und den inzwischen neu auf den Posten in Louisville berufenen Konsul Zulauf mit Nachforschungen beauftragte.[604] Am 17. Oktober 1853 berichtete dieser dem Bundesrat, dass ihm der frühere Konsul Basler gesagt habe, er hätte den Wechsel nicht übergeben können, da er Andreas Wyss nicht habe ausfindig machen können. Zulauf beurteilte diese Angabe als unglaubwürdig, da er Wyss sofort hatte ausfindig machen können, als er ihn um eine Vollmacht für die Untersuchung bat. Er fügte ausserdem an, dass er Basler zwar gerichtlich belangen könne, dass er die Aussichten auf Schadenersatz aber schlecht beurteile, da sich Basler in einer misslichen finanziellen Lage befinde.[605]
Der Bundesrat wandte sich darauf an den Regierungsrat von Bern, um allfällige Schadenersatzansprüche von vornherein abzuwehren und begründete dies folgendermassen: «So sehr wir nun diesen Vorfall bedauern, so ist doch, wie sie leicht einsehen, von uns nicht zu verlangen, dass wir für unsere Consuln und deren Geschäftsführung, zumal in solcher Entfernung, unmöglich

---

[601] Vgl. Klageschrift Thunstetten, S. 8 f., ABGer Doss. 425; Urteil des BGer vom 8. Januar 1862, S. 2 f., ABGer Doss. 425.
[602] Vgl. Geschäftsbericht BGer 1862, BBl 1863 I 383; ausserdem ULLMER II, S. 275.
[603] Vgl. Klageschrift Thunstetten, S. 10, ABGer Doss. 425; Urteil des BGer vom 8. Januar 1862, S. 3, ABGer Doss. 425.
[604] Vgl. Klageschrift Thunstetten, S. 11 f., ABGer Doss. 425.
[605] Vgl. Klageschrift Thunstetten, S. 13, ABGer Doss. 425.

einstehen können».[606] Der Bundesrat gab aber zu, dass er Basler entlassen hatte, jedoch nicht wegen Untreue, sondern wegen «Nachlässigkeit in der Ausführung ertheilter Aufträge».[607] Der Bundesrat vertrat in seinem Schreiben die Meinung, man solle mittels einer Kriminalklage gegen Basler vorgehen, dies sei jedoch nur möglich, falls ein Kostenvorschuss geleistet würde, da sich der Konsul Zulauf sonst nicht engagieren könne.

Der Regierungsrat schob den schwarzen Peter weiter an die Gemeinde Thunstetten, nicht ohne ihr zu versichern, sie «nach Kräften unterstüzen» zu wollen, sofern sie gegen den Bundesrat vor Bundesgericht oder vor der Bundesversammlung Beschwerde führen wolle.[608] Nach Meinung des Regierungsrates konnte es keinen Zweifel darüber geben, dass die Eidgenossenschaft für die Handlungen ihrer Konsule «gegenüber den Cantonen» einstehen müsse.[609] Die Gemeinde teilte die Auffassungen des Regierungsrates weitgehend, war jedoch der Ansicht, dass ihr gegenüber zuerst einmal der Regierungsrat hafte. Der Bundesrat wiederum hafte dem Berner Regierungsrat als «Committent», da der Konsul im Auftrag des Bundesrates gehandelt hatte.[610]

Nun behauptete Basler, dass er den Wechsel von Andreas Wyss indossiert erhalten habe. Tatsächlich fand sich auf dem Wechsel ein solches Indossament zu Gunsten Baslers mit der Unterschrift Wyss'. Diese Behauptung freute sowohl den Bundesrat als auch den Regierungsrat, da sie nun davon ausgehen konnten, dass der Wechsel bestimmungsgemäss bei Wyss angekommen und anschliessend von diesem an Basler gelangt sei. Somit sollten auch keine Ansprüche mehr bestehen.[611]

---

[606] Vgl. Brief des Bundesrathes an den Regierungsrath des Kantons Bern vom 11. November 1853, Abschrift in der Klageschrift Thunstetten, S. 13 f., Ziff. 24, ABGer Doss. 425.
[607] Vgl. Brief des Bundesrathes an den Regierungsrath des Kantons Bern vom 11. November 1853, Abschrift in der Klageschrift Thunstetten, S. 14, ABGer Doss. 425.
[608] Vgl. Klageschrift Thunstetten, S. 15, ABGer Doss. 425.
[609] Vgl. Klageschrift Thunstetten, S. 15 f., ABGer Doss. 425.
[610] Vgl. Klageschrift Thunstetten, S. 17 f., ABGer Doss. 425.
[611] Vgl. Klageschrift Thunstetten, S. 18 ff., ABGer Doss. 425.

2. Wyss gegen den Einwohnergemeinderat Thunstetten

Doch Wyss war von seinem Anspruch überzeugt und reichte im August 1855 vor dem Amtsgericht Aarwangen Klage gegen den Gemeinderat von Thunstetten ein.[612] Der Gemeinderat verkündete seinerseits sowohl dem Berner Regierungsrat als auch dem Bundesrat den Streit. Während der Regierungsrat gar nicht erst antwortete, stellte sich der Bundesrat auf den Standpunkt, er nehme am Streit nicht teil, da er weder mit den Geschwistern Schneider, noch mit der Gemeinde Thunstetten je Kontakt gehabt habe, sondern einzig mit dem Regierungsrat von Bern verhandelt habe.[613] Der Gemeinderat verteidigte sich nun auch mit der Behauptung, der Wechsel sei bei Wyss angekommen und von ihm an Basler indossiert worden. Wyss hingegen bestritt, den Wechsel je erhalten zu haben und erhob die Beweiseinrede, die Unterschrift sei nicht die seinige.[614] Eine Handschriftenanalyse durch Experten ergab, dass die Unterschrift gefälscht worden war und Wyss erhielt Recht, da die Gemeinde ihrer Rechtspflicht nicht nachgekommen war. Nachdem auch der Appellations- und Kassationshof das Urteil bestätigt hatte, erhielt Wyss von der Gemeinde Thunstetten Fr. 1935.36 samt Zinsen und eine Prozessentschädigung von Fr. 420.–.[615]

3. Einwohnergemeinderat Thunstetten gegen den Regierungsrat

Da der Gemeinde Thunstetten zudem eigene Kosten in der Höhe von über 700 Franken entstanden waren, trat sie im August 1859 vor dem Amtsgericht Bern gegen den Regierungsrat an und verkündete zusätzlich dem Bundesrat

---

[612] Vgl. Klageschrift Thunstetten, S. 21, ABGer Doss. 425; Urteil des BGer vom 8. Januar 1862, S. 3, ABGer Doss. 425.
[613] Vgl. Klageschrift Thunstetten, S. 22 f., ABGer Doss. 425.
[614] Vgl. Klageschrift Thunstetten, S. 23 f., ABGer Doss. 425.
[615] Vgl. Klageschrift Thunstetten, S. 25, Ziff. 41, ABGer Doss. 425; Urteil des BGer vom 8. Januar 1862, S. 4, ABGer Doss. 425.

den Streit. Nachdem auch die Regierung von Bern dem Bundesrat den Streit verkündet hatte, beschloss dieser durch «Andiehandgabe von Verteidigungsmitteln» am Streit teilzunehmen. Der Bundesrat liess sich durch seinen bevollmächtigten Anwalt CHRISTOPH ALBERT KURZ[616] vertreten. Dieser machte geltend, der Bund hafte nicht für seine Konsuln, und ausserdem sei die Klage nach Art. 10 und 11 des Verantwortlichkeitsgesetzes (VG 1850)[617] verjährt.[618] Die Gemeinde wurde mit ihrer Klage in beiden Instanzen abgewiesen, hauptsächlich weil der Regierungsrat – im Urteil der Gerichte – den amtlichen Weg eingehalten hatte, indem er an den Bundesrat gelangt war und ihm damit nichts vorzuwerfen war.[619]

II. Kompetenz des Bundesgerichts?

1. Bundesrat vor dem Friedensrichter

Datiert mit 4. Dezember 1860 erhielt der Schweizerische Bundesrat eine Vorladung vom Friedensrichter der oberen Stadtgemeinde Bern, veranlasst durch die Klage des Gemeinderates von Thunstetten. Laut dieser Vorladung hatte sich der Bundesrat am folgenden Freitag, 7. Dezember, 8 Uhr morgens im Zimmer 101 an der Neuengasse einzufinden, um den «Aussöhnungsversuch ergehen zu lassen».[620] Der Aussöhnungsversuch war erfolglos, berief

---

[616] KURZ, ALBERT (1806–1864). Kurz begann 1823 ein Rechtsstudium an der Berner Akademie und erwarb 1832 das Berner Fürsprecherpatent. Der gemässigt-konservative Kurz war Oberrichter (1838–1846) und sass von 1842 bis 1864 im Grossen Rat. Er war beteiligt an der Fusion von 1854, in der eine Regierung aus Konservativen und Radikalen gebildet wurde. Auf eidgenössischer Ebene war Kurz Ständerat (1851–1854) und Nationalrat (1854–1864). Er war ein fleissiger Publizist und war 1858 Redaktor der ZSR. Vgl. ZÜRCHER CHRISTOPH, Kurz, Christoph Albert, in: Historisches Lexikon der Schweiz (HLS), Bd. 7, Basel 2008, S. 519.
[617] Bundesgesez über die Verantwortlichkeit der eidgenössischen Behörden und Beamten, vom 9. Dezember 1850, AS II 149 ff.
[618] Vgl. Klageschrift Thunstetten, S. 25 f., ABGer Doss. 425.
[619] Vgl. Klageschrift Thunstetten, S. 30, ABGer Doss. 425.
[620] Vgl. Vorladung des Bundesrathes vor das Friedensrichteramt Bern, vom 4. Dezember 1860, ABGer Doss. 425, Fasz. 8; vgl. auch Bericht Bundesrat vom 14. Dezember 1860, BBl 1861 I 114.

sich der Bundesrat doch darauf, dass die kantonalen Gerichte in dieser Sache nicht kompetent seien. Gemäss Art. 1 Ziff. 2 des Bundesgesetzes betreffend den Gerichtsstand für Zivilklagen (BGGest)[621] bestand der Bundesrat ausserdem auf einer Kompetenz des Bundesgerichts.[622]

Diese Bestimmung erforderte jedoch, dass der Streitgegenstand einen *Werth* von mindestens Fr. 3000.– hatte. Gleichzeitig verwies die Bestimmung des BGGest auf Art. 47 OG 1849, doch hatten die beiden Bestimmungen nicht exakt den gleichen grammatikalischen Wortlaut: Das OG 1849 setzte für eine Kompetenz des Bundesgerichts bei Klagen des Bundes oder gegen den Bund voraus, dass der Streitgegenstand einen *Hauptwerth* von Fr. 3000.– hatte. Diesen Unterschied griff Johann Bützberger – als Anwalt Thunstettens – auf und brachte die Sache vor die Bundesversammlung.

Hätte die Klage nämlich lediglich auf den Wert des unterschlagenen Wechsels gelautet, so wäre der erforderliche Wert von Fr. 3000.– nicht erreicht worden. Das Bundesgericht wäre somit nicht zuständig gewesen. Zählte man auch die Kosten des vorangegangenen Prozesses dazu, so wäre der Streitwert für eine Zuständigkeit des Bundesgerichts erreicht worden. Der Bundesrat setzte scheinbar alles daran, sich nur vor dem Bundesgericht verantworten zu müssen. Er musste wohl damit rechnen, dass er vor Berner Gerichten einen schwereren Stand haben würde.

2. Bundesrat vor der Bundesversammlung

Der Anwalt der Gemeinde Thunstetten war JOHANN BÜTZBERGER.[623] Dieser stellte ein Gesuch an die Bundesversammlung, es sei festzustellen, dass das

---

[621] Bundesgesez betreffend den Gerichtsstand für Zivilklagen, welche von dem Bunde oder gegen denselben angehoben werden, vom 22. November 1850, AS II 73.

[622] Vgl. Zeugnis des Friedensrichters, vom 7. Dezember 1860, ABGer Doss. 425, unnummeriert.

[623] BÜTZBERGER, JOHANN (1820–1886). Nach autodidaktischen Studien war Bützberger Schreiber auf der Obergerichtskanzlei in Bern und studierte gleichzeitig an der Universität Bern Recht. Er schloss das Fürsprecherexamen ab und arbeitete ab 1844 als selbständiger Anwalt in Langenthal. Er war Berner Grossrat (1846–66) und Nationalrat (1849–86). Seit dem gemeinsamen Studium verband ihn eine Freundschaft mit dem späteren

Bundesgericht in diesem Falle nicht kompetent sei, da der *Hauptwert* der Klage nicht Fr. 3000.– betrage. Damit stellten sich der Bundesversammlung zwei Fragen. Einerseits war unklar, wie mit dem unterschiedlichen Wortlaut von BGGest und OG 1849 umgegangen werden sollte und andererseits, wie der Wert des Streitgegenstands berechnet werden musste.

Der Bundesrat glaubte, dass der Gesetzgeber «ganz das Gleiche sagen wollte» und dass andernfalls «nach den bekannten Interpretationsregeln» das spätere Gesetz derogierend wirke, somit also nach dem BGGest verfahren werden müsste, welches von «Werth» sprach.[624] Bützberger hingegen stützte sich auf Art. 47 Ziff. 2 OG 1849. Der eigentliche Konflikt bestand aber darüber, wie der Wert des Streitgegenstandes berechnet werden sollte. Bützberger reichte die Klage geschickterweise so ein, dass er nur den Wert des Wechsels von etwa 2000 Franken als Hauptforderung erhob und die Kosten der beiden früheren Prozesse vor den kantonalen Gerichten als Nebenforderungen (Pertinenzien) bezeichnete. Auf diese Weise konnte er sich auf Art. 94 des BGbR berufen, wonach «Zinsen und Prozesskosten» bei der Berechnung des Werts des Streitgegenstandes nicht berücksichtigt wurden.

Der Bundesrat vertrat nun «ganz entschieden» die Ansicht, dass mit *Prozesskosten* nur die Kosten des Prozesses, der gerade eingeleitet wurde, verstanden werden konnten. Kosten von vorgehenden Prozessen hingegen müssten zum Streitwert hinzugerechnet werden, besonders da der Bund in diesen vorangehenden Prozessen nur Litisdenunziant gewesen war.[625]

Die Vereinigte Bundesversammlung stützte sich in ihrem Entscheid schliesslich auf Art. 1 und 6 des BGGest und erklärte das Bundesgericht trotz des

---

Bundesrichter Jakob Stämpfli. Bützberger war ein Anhänger der «jungen Rechtsschule» Wilhelm Snells und eine Führungsfigur im Berner und schweizerischen Radikalismus. Er setzte sich politisch für die Rechtsvereinheitlichung in der Schweiz und die sozial Schwächeren ein, ausserdem war er Verwaltungsrat mehrerer Schweizer Bahnen. Vgl. STETTLER PETER, Bützberger, Johann, in Historisches Lexikon der Schweiz (HLS), Bd. 3, Basel 2004, S. 155.

[624] Vgl. Bericht des Bundesrates vom 14. Dezember 1860, BBl 1861 I 114 f.
[625] Vgl. Bericht des Bundesrates vom 14. Dezember 1860, BBl 1861 I 115 f.

Votums von Nationalrat Bützberger mit sehr klarer Mehrheit[626] für kompetent.[627]

III. Verfahren vor dem Bundesgericht

1. Klage der Einwohnergemeinde Thunstetten

In ihrer Klage vom 6. Juli 1861 machte die Gemeinde Thunstetten den Bundesrat für ihren Schaden verantwortlich, da dieser den Auftrag vom Regierungsrat des Kantons Bern angenommen hatte, den Wechsel über den Konsul von New York an Andreas Wyss gelangen zu lassen. Entgegen diesem Auftrag, sandte der Bundesrat den Wechsel aber an Konsul Basler in Louisville, welcher schliesslich den Wechsel mit einer falschen Unterschrift versah und den Wechselbetrag unterschlug. Hätte aber der Bundesrat auftragsgemäss den Wechsel an den Konsul in New York gesendet, so wäre der Schaden nicht entstanden. Der Bund müsse für die Schädigungen seiner Konsuln haften.[628]

2. Klageantwort des Bundesrates

Ganz anders sahen dies natürlich der Bundesrat und sein Anwalt Christoph Albert Kurz. In seiner Verteidigungsschrift vom 20. September 1861 erhob er in erster Linie zwei Einreden und forderte in zweiter Linie Abweisung der Klage.
Seine Schrift begann Kurz mit einer Stellungnahme zur Klageschrift. An gewissen Stellen widersprach er, andere liess er gelten und wieder andere Punkte wollte er näher erläutern. So legte Kurz stringent dar, dass erst der

---

[626] «une majorité très-considérable», vgl. Journal de Genève vom 27. Dezember 1860, Nr. 360, S. 1.
[627] Beschluss der Bundesversammlung, betreffend die Kompetenz in der Regreßklage der Gemeinde Thunstetten, vom 22. Dezember 1860, BBl 1861 I 117.
[628] Vgl. Klageschrift Thunstetten, S. 31 f., ABGer Doss. 425; Urteil des BGer vom 8. Januar 1862, S. 5 lit. a, sowie S. 8 Ziff. 2, ABGer Doss. 425.

Regierungsrat von Bern vom Konsul in New York sprach. Dies konnte seines Erachtens «nur an der mangelnden Kenntnis der Geographie Nordamerikas liegen oder an der fehlenden Kenntnis der Organisation der Konsulate.» Sandusky-City – der Wohnort Andreas Wyss' – lag im Bundesstaat Ohio, welcher schon immer dem VI. Konsularbezirk zugeteilt war.[629] Der Bundesrat habe die Versendung des Wechsels als «Gefälligkeit» übernommen und tue dies seit diesem Vorfall auch nicht mehr, «da er [der Bundesrat] erfahren mußte, daß man ihn deßhalb mit Verantworthlichkeit behelligen will.»[630] Ausserdem bestritt der Bundesrat nach wie vor, dass die Unterschrift Wyss' gefälscht war[631] und dass Basler das Geld überhaupt unterschlagen habe.[632] Der Bundesrat hatte ja schon früher behauptet, er habe Basler nicht wegen Untreue entlassen, sondern «wegen seiner Nachlässigkeit in der Ausführung ertheilter Aufträge».[633]

Der Bundesrat erblickte in der Klage der Gemeinde Thunstetten eine «doppelte Natur», denn Thunstetten forderte Schadenersatz aus zwei verschiedenen Handlungen. So sollte der Bundesrat selber haftbar gemacht werden für eine rechtswidrige Handlung in seiner Amtsführung, indem er den Wechsel nach Louisville gesendet hatte, anstatt nach New York. In zweiter Linie hafte der Bund für den Schaden, den sein Beamter – Konsul Basler – durch Fälschung und Unterschlagung verursacht hatte.[634]

Was die Haftung für das vermeintlich rechtswidrige Verhalten des Bundesrates betraf, so habe eine solche Klage an die Bundesversammlung zu ergehen, nur sie könne eine gerichtliche Verfolgung des Bundesrates durch das Bundesgericht beschliessen.[635] Die Zivilklage musste von der Bundesversamm-

---

[629] Vgl. Klageantwort Bundesrat, S. 3 f., ABGer Doss. 425; Urteil des BGer vom 8. Januar 1862, S. 6 f., lit. a, ABGer Doss. 425.
[630] Vgl. Klageantwort Bundesrat, S. 4 f., ABGer Doss. 425.
[631] Vgl. Klageantwort Bundesrat, S. 6, ABGer Doss. 425.
[632] Vgl. Klageantwort Bundesrat, S. 9, ABGer Doss. 425.
[633] Vgl. Klageschrift Thunstetten, S. 14, ABGer Doss. 425.
[634] Vgl. Klageantwort Bundesrat, S. 10 f., ABGer Doss. 425; vgl. zum doppelten Klagefundament auch Urteil des BGer vom 8. Januar 1862, S. 8, Ziff. 1, ABGer Doss. 425.
[635] Vgl. Klageantwort Bundesrat, S. 14, ABGer Doss. 425, mit dem Hinweis auf Art. 33 f. VG 1850.

§ 8 Der fehlbare Konsul – Staats- und Beamtenhaftung 135

lung an das Bundesgericht gewiesen werden.[636] Falls ausserdem angenommen würde «was jedoch bestritten wird», dass der Bundesrat für Schädigungen durch die Konsuln verantwortlich sei, so hafte er nur subsidiär gemäss Art. 3 VG 1850. Die Klägerin habe aber Konsul Basler weder auf dem Zivil- noch auf dem Kriminalweg belangt, was der Bundesrat als Voraussetzung der subsidiären Haftung des Bundes betrachtete.[637]
Was die Handlungen Baslers betraf, so verjährte eine Zivilklage von Privaten oder Korporationen gegen eidgenössische Beamte innert einem Jahr nach Kenntnis des Schadens, sofern nicht Klage beim Bundesrat oder der Bundesversammlung eingereicht wurde oder drei Monate, nachdem eine dieser beiden Behörden die Zustimmung zur Klage erteilt oder verweigert hatte.[638] Da der Gemeinderat gar nie eine solche Klage anhängig gemacht hatte und spätestens mit dem Urteil des Appellations- und Kassationsgerichts des Kantons Bern vom 23. Mai 1856 vom Schaden erfahren hatte, sei die Klage in den Augen des Bundesrates somit verjährt.[639]
Materiell behauptete der Bundesrat, dass das Verantwortlichkeitsgesetz die Haftung der Beamten in Art. 2 lediglich auf wenige Mitglieder der richterlichen und vollziehenden Behörden des Bundes beschränke. Haften würde ausserdem nur der Bund und nicht der Bundesrat und auch dies nur subsidiär.
Als Beleg führte der Bundesrat einen Entscheid der Bundesversammlung an, worin dieselbe entschieden hatte, dass der Bund nicht für Handlungen und Schädigungen seiner Konsuln hafte.[640] Beim vorgelegten Fall handelte es sich um eine weitere Unterschlagung durch einen schweizerischen Konsul. Diesmal unterschlug der Konsul Brenner in Marseille Geld aus der Armen-

---

[636] So müsse sich auch Konsul Basler nicht rechtfertigen, bevor nicht eine Klage beim Bundesrat angebracht wurde, vgl. Klageantwort Bundesrat, S. 14 f., ABGer Doss. 425.
[637] Vgl. Klageantwort Bundesrat, S. 15 f., ABGer Doss. 425.
[638] Vgl. Art. 11 VG 1850.
[639] Vgl. Klageantwort Bundesrat, S. 12, ABGer Doss. 425.
[640] Bundesbeschluss, betreffend die Petition des Herrn Louis Gros, Namens der Familie Claivaz, in Algier, vom 30. Heumonat 1859, AS VI 309 ff.; vgl. auch Intelligenzblatt der Stadt Bern vom 9. August 1859, Nr. 219, S. 2.

kasse des schweizerischen Konsulates in Marseille und ebenfalls einen privaten Betrag von 700 Franken, den ein Schweizer an einen Bekannten in Algier schicken wollte.[641] Die Schweizerische Post beschied diesem Schweizer, er müsse den Betrag über den Konsul von Marseille senden, da er nicht direkt durch die Post zugestellt werden konnte.

In diesem Fall stellte sich die Frage, ob es überhaupt zur amtlichen Verrichtung eines Konsuls gehört, solche Geldsummen anzunehmen und weiterzuleiten.[642] Dass mit dieser Entscheidung eine Haftpflicht der Konsuln grundsätzlich abgelehnt worden wäre, war daher eine Erfindung von Fürsprecher Kurz. Die Argumentation erscheint zusätzlich schwach, da sich die Haftung gemäss Art. 2 VG 1850 ausdrücklich neben den erwähnten Magistraten auch auf «die übrigen Beamten» erstreckte.[643]

Thunstetten verlangte in seinem Gesuch an den Regierungsrat von Bern lediglich, dass sein Wechsel auf amtlichem Wege versandt werden sollte. Erst der Regierungsrat sprach vom Konsul von New York, was ein offenkundiges Versehen war.[644] So offenkundig, dass Bundespräsident Naef den Fehler bereits auf dem Schreiben des Regierungsrates korrigiert hatte.[645] Der Bundesrat widerlegte sogar die Behauptung, dass die Versendung an Basler conditio sine qua non für den Schaden gewesen sei, indem er darlegte, dass dem Konsul von New York nichts anderes übrig geblieben wäre, als den Brief an den zuständigen Konsul Basler in Louisville weiterzuleiten, um den amtlichen Weg einzuhalten.[646]

---

[641] Vgl. Geschäftsbericht BGer 1859, BBl 1860 II 124. Der Bundesrat scheint Mühe gehabt zu haben, kompetente Konsuln zu finden. Das hing wohl auch damit zusammen, dass sich die Einnahmen der Konsuln hauptsächlich aus Sporteln zusammensetzten (Gebühren, welche den Beamten überlassen wurden und einen Teil ihres Lohnes ausmachten). Vgl. dazu auch den Bericht des schweiz. Bundesrates an die h. Bundesversammlung über seine Geschäftsführung im Jahr 1857 (Fortsezung), BBl 1858 I 315 ff. (352 ff.) und den Bericht des schweiz. Bundesrates an die h. Bundesversammlung über seine Geschäftsführung im Jahr 1856 (Fortsezung), BBl 1857 I 533 ff. (568).
[642] Vgl. zu diesem Fall ULLMER I, S. 594 ff.
[643] Art. 2 VG 1850 (2. Satzteil).
[644] Vgl. Klageantwort Bundesrat, S. 19, ABGer Doss. 425.
[645] Vgl. Klageantwort Bundesrat, S. 20 f., ABGer Doss. 425.
[646] Vgl. Klageantwort Bundesrat, S. 21, ABGer Doss. 425.

Nach Replik und Duplik der Parteien, erklärte der Instruktionsrichter Gottlieb Jäger das Vorverfahren am 10. November 1861 für geschlossen.[647]

IV. Urteil des Bundesgerichts vom 8. Januar 1862

1. Richterbank und Ausstand

Zu Beginn der Verhandlung stellte Bundesrichter Eduard Blösch die Frage, ob er als damaliger Präsident des Berner Regierungsrates in den Ausstand treten müsse. Das Plenum beriet die Angelegenheit und lehnte einen Ausstand Blöschs einstimmig ab. Das Bundesgericht war in dieser Verhandlung mit folgenden Richtern besetzt:[648] Bundesgerichtspräsident ARNOLD OTTO AEPLI,[649] Dr. EDUARD BLÖSCH,[650] Dr. KASIMIR PFYFFER,[651] Dr. JOHANN

---

[647] Protokoll zur Prozessinstruktion, August–November 1861, S. 2, ABGer Doss. 425, Fasz. 1.
[648] Vgl. ABGer Prot. Bd. IV, S. 120.
[649] AEPLI, ARNOLD OTTO (1816–1897). Nach dem Gymnasium in St. Gallen und der Akademie in Lausanne studierte Aepli Rechtswissenschaft in Heidelberg, Berlin und Zürich. Auf kantonaler Ebene war Aepli St. Galler Grossrat (1847–1883) und Regierungsrat (1851–1873) sowie Kantonsgerichtspräsident (1873–1883). Als Verfassungsrat von 1859 bis 1860 und als Präsident des Verfassungsrats 1861 war Aepli massgeblich an der Kantonsverfassung von 1861 beteiligt, welche als «Friedensverfassung» den Kampf zwischen liberalen und konservativen Kräften im Kanton milderte. Von 1849 bis 1872 war Aepli Ständerat und darauf Nationalrat (1872–1883), sowie von 1857 bis 1866 Bundesrichter. Aepli amtete als eidgenössischer Kommissär und Schweizer Gesandter in Wien (1883–1893). Er war in der Evang.-ref. Landeskirche engagiert und war Verwaltungsrat der Vereinigten Schweizerbahnen (1857–1882). Vgl. MAYER MARCEL, Aepli, Arnold Otto, in: Historisches Lexikon der Schweiz (HLS), Bd. 1, Basel 2002, S. 110; BuriLex, Arnold Otto Aepli.
[650] BLÖSCH, EDUARD EUGEN (1807–1866). Der aus Biel stammende Blösch studierte Jura in Bern und Heidelberg und wurde 1830 zum Dr. iur. ernannt. 1832 erhielt er das Berner Notar- und Fürsprecherpatent, worauf er anfangs in der Kanzlei seines Schwiegervaters Johann Ludwig Schnell und anschliessend als selbständiger Fürsprecher arbeitete. 1843 lehnte er eine Professur an der Universität Bern ab. Blösch war Mitarbeiter des «Volksfreunds» und der «Berner Volkszeitung». Er war Mitglied des Berner Grossen Rates (1838–1844, 1846–1862, 1864–1866), 1841 war Blösch Tagsatzungsgesandter und ab 1850 Führer der reformiert-konservativen Partei. 1850 bis 1856 amtete Blösch als Regierungsrat, er war Ständerat (1850–1851), Nationalrat (1851–1866) und Oberauditor der Armee (1847–1866), von 1854–1866 war Eduard Blösch Bundesrichter. Vgl. STETTLER

JAKOB BLUMER,[652] GOTTLIEB JÄGER,[653] NICOLAUS HERMANN,[654] NICOLAS GLASSON[655] sowie mit den Suppleanten JOHANNES ROTH,[656] EDUARD HÄBERLIN,[657] JOHANN BARTHOLOME CAFLISCH[658] und HANS VON ZIEGLER.[659]

PETER, Blösch, Eduard, in: Historisches Lexikon der Schweiz (HLS), Bd. 2, Basel 2003, S. 500; BuriLex, Eduard Eugen Blösch.
[651] Vgl. zur Kurzbiographie Kasimir Pfyffers Anm. 29.
[652] Vgl. zur Kurzbiographie Johann Jakob Blumers Anm. 341.
[653] Vgl. zur Kurzbiographie Gottlieb Jägers Anm. 347.
[654] Vgl. zur Kurzbiographie Nicolaus Hermanns Anm. 344
[655] Vgl. zur Kurzbiographie Nicolas Glassons Anm. 343.
[656] ROTH, JOHANNES (1812–1879). Roth stammte aus Teufen AR und besuchte u.a. das Collegium humanitatis in Zürich. Anschliessend studierte der reiche Privatmann Rechtswissenschaft in Berlin (1832–1834). Er war Landrat (1837) und Landeshauptmann (1844). Wegen seiner Freundschaft zu Johann Caspar Bluntschli, wurde er der Parteinahme für die Jesuiten verdächtigt und 1845 entlassen, 1848 jedoch wieder zum Landesseckelmeister gewählt. Von 1860 bis 1870 war er Landammann. Auf eidgenössischer Ebene war Roth Ständerat (1849–1858, 1868–1870) und Nationalrat (1859–1866). Von 1849 bis 1874 war er Suppleant am nicht ständigen Bundesgericht. Er war Mitglied der Revisionkommission für die Kantonsverfassung (1858–1861) und machte sich als Redaktor zahlreicher Gesetze für den Kanton AR verdient, wofür er den Dr. h.c. der juristischen Fakultät der Universität Zürich erhielt. Vgl. HBLS 5, S. 716; GRUNER, S. 519 f. Entgegen den Angaben bei Gruner, konnte das Todesjahr 1879 im HBLS bestätigt werden, dementsprechend war Roth auch Suppleant am BGer bis 1874. Vgl. auch ABGer Prot. Bd. I, S. 1ff.; BBl 1874 I 190.
[657] HÄBERLIN, EDUARD (1820–1884). Als Sohn eines Advokaten geboren, studierte Häberlin in Zürich und Heidelberg Rechtswissenschaft (1840–1843) und erwarb anschliessend das Thurgauer Anwaltspatent, was ihm ermöglichte, ab 1843 als Anwalt in Bissegg und Weinfelden zu praktizieren. Häberlin bekleidete diverse kantonale Stellen, so war er Thurgauer Staatsanwalt (1852–1869), Mitglied des Obergerichts, Friedensrichter in Weinfelden und Bezirksgerichtsschreiber in Arbon. Von 1849 bis 1872 war er Thurgauer Kantonsrat, was es ihm ermöglichte, auch in der Bundespolitik Fuss zu fassen. Häberlin war Nationalrat (1851–1857), Ständerat (1851 und 1857–1869) und Bundesrichter (1862–1872). Sein zentrales Tätigkeitsgebiet war der Eisenbahnbau, wo er Verwaltungsrat der Nordostbahn (1853–1858) und anschliessend Vertreter des Kantons Thurgau in der Direktion derselben Bahn war. Seine starke Stellung im Kanton Thurgau, welche als «System H.» bezeichnet wurde, brachte ihn in scharfen Gegensatz zu seinen demokratischen Gegenern. Ein Führer der Opposition war der Bundesgerichtsschreiber Philipp Gottlieb Labhardt, welcher nach der Wahl Häberlins ins Bundesgericht sein Amt als Bundesgerichtsschreiber aufgab. Nach einer Verfassungsrevision 1868–1869 im Kanton Thurgau, welche direkt auf die Machtstellung Häberlins abzielte, konnte Häberlin seine Stellung nicht mehr halten und war ab 1877 bis zu seinem Tode 1884 wieder als Anwalt in Weinfelden tätig. Vgl. ROTHENBÜHLER VERENA, Häberlin, Eduard, in: Historisches Lexikon der Schweiz (HLS), Bd. 6, Basel 2007, S. 7 f.; BuriLex, Eduard Häberlin
[658] CAFLISCH, JOHANN BARTHOLOME (1817–1899). Der aus Trin in GR stammende Caflisch studierte Rechtswissenschaft in Tübingen, München und Pavia, jedoch ohne Abschluss,

2. Sachverhalt

Das Bundesgericht brachte zuallererst etwas Ordnung in die Rechtsbegehren der Parteien. Für das Gericht stütze sich die Klagebegründung auf zwei Grundlagen. Einerseits fordere die Gemeinde Schadenersatz vom Bundesrat, weil dieser willkürlich vom eigentlichen Auftrag – den Wechsel dem Konsul in New York zu senden – abgewichen war.[660] Andererseits sollte der Bund für seinen Beamten haften. Diese Haftung richte sich nach Art. 110 BV 1848 und Art. 3 Abs. 3 des VG 1850.

Die Auffassung der Gemeinde fasste das Gericht folgendermassen zusammen: Der Gemeinde sei es nicht zuzumuten, gegen Basler selber vorzugehen, da dieser notorisch zahlungsunfähig und sein Aufenthalt unbekannt sei. Dass ein Konsul ein eidgenössischer Beamter sei und Basler die Veruntreuung in Ausübung eines amtlichen Auftrages begangen habe, könne nicht bezweifelt werden.[661]

---

worauf er – zurück in Graubünden – selbständiger Anwalt in Chur war. Caflisch sass mehrmals im Grossen Rat und machte sich für die wirtschaftliche und politische Erneuerung Graubündens stark. Als führendes Mitglied des Reformvereins stand er hinter der kantonalen Verfassungsrevision von 1854. Auf eidgenössischer Ebene war Caflisch 1847 stellvertretender Tagsatzungsgesandter, Ständerat (1853–1856, 1859–1860 und 1868–1869) und Nationalrat (1860–1863, 1869–1872). In den Räten trat er besonders für eine Vereinheitlichung des Schweizer Rechts ein und befürwortete daher auch die Verfassungsrevisionen von 1872 und 1874. Er war seit 1864 Supplant am Bundesgericht. Vgl. SIMONETT JÜRG, Caflisch, Johann Bartholome, in: Historisches Lexikon der Schweiz (HLS), Bd. 3, Basel 2004, S. 166; BBl 1863 III 1000.

[659] ZIEGLER(-MEZGER), HANS VON (1810–1865). Ziegler absolvierte ein Rechtsstudium in Lausanne und war daraufhin als Advokat tätig. Seine Karriere begann er als Schreiber der Stadtkanzlei Schaffhausens, er war Staatsanwalt (1838–1846), Obergerichtsschreiber (1836–1850), Oberrichter (1854–1865) sowie Verhörrichter (1847–1852). Politisch war Ziegler Mitglied im Grossen und Kleinen Stadtrat, Stadtratspräsident (1851–1865) und sass im Grossen Rat sowie anschliessend im neuen Kantonsrat (1844–1865). Auf eidgenössischer Ebene war der reformiert-konservative Ziegler von 1859 bis 1865 Ständerat sowie 1860 bis 1865 Ersatzrichter am Bundesgericht, bis er 1865 demissionierte und kurz darauf verstarb. Ziegler war ausserdem Präsident der Generalversammlung der Rheinfallbahn und Mitglied des kaufmännischen Direktoriums. Vgl. GRUNER, S. 505 f.

[660] Vgl. Urteil des BGer vom 8. Januar 1862, S. 5, ABGer Doss. 425; ULLMER II, S. 275, Ziff. 1.

[661] Vgl. Urteil des BGer vom 8. Januar 1862, S. 5 f., ABGer Doss. 425.

Den Standpunkt des Bundesrates fasste das Bundesgericht ebenfalls zusammen. Was den Bundesrat selber betreffe, so habe er den Brief auf amtlichem Wege übermittelt und zwar an den zuständigen Konsul in Louisville. Der Auftrag, diesen nach New York zu senden, beruhe auf einem offensichtlichen Missverständnis. Die Schriftexpertise über Wyss' vermeintliche Unterschrift sei für diesen Prozess nicht massgebend und eine Klage gegen Basler sei durchaus möglich gewesen. Für Konsuln hafte der Bund gar nicht aus dem Verantwortlichkeitsgesetz und schon gar nicht für eine Handlung aus Gefälligkeit, die nicht in ihren Geschäftskreis falle. Würde der Bund trotzdem haftbar, so wäre die Klage in «doppelter Richtung» verjährt.[662]

3. Erwägungen und Urteil

Auch für das Bundesgericht gründete die Klage auf zwei «Klagefundamenten».[663] Die Klage gegen den Bundesrat wegen willkürlicher Handlung erachtete das Gericht als «nicht rechtsbegründet».[664] Die Bundesrichter begründeten dies mit der Tatsache, dass Thunstetten den Brief gar nicht nach New York gesandt haben wollte, der Regierungsrat des Kantons Bern im Irrtum darüber war, zu welchem Konsularbezirk Sandusky-City gehörte und weil dem Begehren Thunstettens nach Übermittlung des Briefes *auf amtlichem Wege* «vollkommen entsprochen» worden war.[665]

Was die Handlungen Baslers betrafen, so stellte sich dem Gericht die Frage, ob der Bund dafür einzustehen habe, falls Basler die Unterschrift Wyss' gefälscht hatte und der Gemeinde dadurch ein Schaden entstanden war. Das Bundesgericht liess es offen, ob Basler den Wechsel tatsächlich gefälscht hatte und ob seine notorische Zahlungsunfähigkeit ein Vorgehen gegen ihn

---

[662] Vgl. Urteil des BGer vom 8. Januar 1862, S. 6 f., ABGer Doss. 425.
[663] Vgl. Urteil des BGer vom 8. Januar 1862, S. 8, Erwägung 1, ABGer Doss. 425; vgl. auch ZVR N.F. II (1863), S. 108 ff. (112).
[664] Vgl. Urteil des BGer vom 8. Januar 1862, S. 8, Erwägung 2, ABGer Doss. 425.
[665] Vgl. Urteil des BGer vom 8. Januar 1862, S. 8 ff., Erwägung 3, ABGer Doss. 425; ULLMER II, S. 275 f., Ziff. 2 und 3; vgl. auch ZVR N.F. II (1863), S. 108 ff. (112 f.).

§ 8 Der fehlbare Konsul – Staats- und Beamtenhaftung

erübrigt hatte. Das Gericht beantwortete auch nicht die strittige Frage, ob das Geschäft zum amtlichen Geschäftskreis des Konsuls gehörte.

All dies vorausgesetzt, folge nämlich die Frage, ob der Bund für den Schaden von Privaten aufkommen müsse, der durch strafbare Handlungen seiner Beamten im Rahmen ihrer amtlichen Tätigkeit zugefügt wurde.[666] Laut Bundesgericht hafteten die eidgenössischen Beamten für verursachte Schäden zwar persönlich, dass subsidiär aber der Staat haftete, könne aus keinem allgemeinen Rechtsgrundsatz abgeleitet werden. Da eine bestimmte Vorschrift in der Bundesgesetzgebung fehle, sei der Bund für den Schaden nicht haftbar.[667]

Ganz so einfach machte es sich das Gericht dann aber trotzdem nicht und prüfte die gesetzliche Grundlage – das Verantwortlichkeitsgesetz von 1850 – etwas genauer. In historischer Auslegung stellten die Bundesrichter fest, dass es dem «entschiedenen Willen» des Gesetzgebers entspreche, eine allgemeine Haftbarkeit des Bundes für den Schaden, den seine Beamten verursachten, nicht zu begründen. Als Begründung zog das Gericht die kantonalen Verantwortlichkeitsnormen heran, welche bei den Beratungen des Bundesgesetzes in der Bundesversammlung diskutiert worden waren. Schon damals hatte eine Minderheit der Kantone eine allgemeine Haftbarkeit des Staates vorgesehen, was darauf schliessen lasse, dass die Bundesversammlung ein solches Haftungssystem ausdrücklich im Gesetz festgeschrieben hätte, wenn sie ein solches hätte einrichten wollen. In den Augen des Gerichts handelte es sich also um ein qualifiziertes Schweigen des Gesetzgebers. Art. 3 VG 1850, wonach der Bund für ein zahlungsunfähiges Mitglied einer Behörde einzuspringen hatte, bestätige ausserdem – «exceptio firmat regulam» – dass die Bundesversammlung eine allgemeine Haftung des Bundes für seine Beamten nicht aufstellen wollte.[668]

---

[666] Vgl. Urteil des BGer vom 8. Januar 1862, S. 10 f., Erwägung 4 und 5, ABGer Doss. 425; ULLMER II, S. 276 f., Ziff. 4 und 5; vgl. auch ZVR N.F. II (1863), S. 108 ff. (113 f.).
[667] Vgl. Urteil des BGer vom 8. Januar 1862, S. 11, Erwägung 6, ABGer Doss. 425.
[668] ULLMER II, S. 277 f., Ziff. 6 und 7, vgl. auch ZSR XII (1864), S. 54 ff. (55 f.) ; sowie ZVR N.F. II (1863), S. 108 ff. (114 f.).

Eine weitere *Ausnahme*, die diese Regel bestätigte, erblickte das Bundesgericht in Art. 33 VG 1850. Diese Bestimmung sah vor, dass die Bundesversammlung über Verantwortlichkeitsklagen gegen von ihr gewählte Beamte entscheiden musste. Nur wenn die Bundesversammlung eine solche Klage nicht zuliess, so hatte der Bund dafür einzustehen.[669] Die Voraussetzungen der Form und die Verjährung liess das Gericht ungeprüft, da die Klage als rechtlich unbegründet beurteilt wurde.[670]

Somit wurde die Rechtsfrage durch das Bundesgericht «einmüthig verneinend beantwortet» und der Gemeinderat mit seiner Forderung abgewiesen. Der Gemeinde wurde das eher hoch angesetzte Gerichtsgeld von 150 Franken aufgebürdet, ausserdem wurde sie verpflichtet, dem Bundesrat eine Prozessentschädigung von 150 Franken zu entrichten. Auch dies eher ungewöhnlich, wurden die Parteikosten doch meist als gegenseitig kompensiert betrachtet.[671]

4. Ausblick

Nachdem die Gemeinde Thunstetten auf dem Rechtsweg keinen Erfolg gehabt hatte, versuchte sie es auf dem politischen Weg und stellte bei der Bundesversammlung ein Gesuch um Übernahme ihrer Kosten durch den Bund. Der Ständerat lehnte das Gesuch in erster Lesung ab, der Nationalrat – mit einer starken Berner Fraktion – entschied sich dafür, der Gemeinde Fr. 1000.– zu vergüten.[672] Der Ständerat schloss sich in der Folge dem Entscheid des Nationalrats an.[673]

---

[669] Vgl. Urteil des BGer vom 8. Januar 1862, S. 8, Erwägung 2, ABGer Doss. 425.
[670] Vgl. Urteil des BGer vom 8. Januar 1862, S. 11 f., Erwägung 7, ABGer Doss. 425; vgl. auch ZVR N.F. II (1863), S. 108 ff. (115).
[671] Vgl. Anm. 364, 587, 833, 1021, anders bei Anm. 529, 741.
[672] Vgl. Journal de Genève vom 18. Juli 1862, Nr. 170, S. 1.
[673] Vgl. Journal de Genève vom 22. Juli 1862, Nr. 173, S. 1.

V. Fazit

Für die Gemeinde Thunstetten war der Sachverhalt unvorteilhaft, da der Konsul, der den Wechsel unterschlagen hatte in den USA wohnhaft war und ausserdem zahlungsunfähig war. So offenbarte der Fall die – aus heutiger Sicht – anachronistische Regelung des öffentlichen Haftungsrechts: Eidgenössische Beamte hafteten ausschliesslich persönlich für den Schaden, den sie Privaten in Verrichtung ihrer amtlichen Tätigkeit verursacht hatten. Dieses System der Haftung von Bundesbeamten lässt sich nur im Kontext des damaligen Begriffs des Beamten verstehen. Im Sinne eines «Bürger-Beamten» blieb der Beamte immer auch Bürger und war daher für seine amtlichen Verrichtungen auch persönlich verantwortlich.[674] Ein solcher Beamter hatte die Weisungen seines Vorgesetzten auf ihre Rechtmässigkeit zu prüfen und konnte sich nicht auf seine Subordination berufen.[675]

Der Bund blieb diesem Grundsatz bis 1958 treu. In diesem Jahr wurde das neue Verantwortlichkeitsgesetz erlassen, welches nun eine ausschliessliche, kausale Staatshaftung etablierte, mit Regressmöglichkeit des Staates gegen den fehlbaren Beamten.[676] Im Zuge des massiven Ausbaus der Bundesverwaltung war eine solche Regelung eine Notwendigkeit, um die Rechtsstellung der Bürger gegenüber der Verwaltung zu sichern.[677] Der Grund liegt in der fundamental unterschiedlichen Stellung, die die Beamten im Bund, im Gegensatz zu den Beamten einer Gemeinde, einnahmen. Während in der Gemeinde die Selbstverwaltung oft noch der Realität entsprach, war das Konzept der Selbstverwaltung in allen anderen Gemeinwesen schon immer eher eine Fiktion.[678] Besonders im Bund zeigte sich bald, dass die Verwal-

---

[674] Vgl. oben § 5.III.
[675] Vgl. BÄUMLIN, S. 74 f.
[676] Art. 3 Abs. 1 und Art. 8 des Verantwortlichkeitsgesetzes vom 14. März 1958 (SR 170.32).
[677] Vgl. HÄFELIN ULRICH, Die Fortbildung des schweizerischen Bundesstaatsrechts von 1954–1971, in: Jahrbuch des öffentlichen Rechts der Gegenwart N.F., Bd. 22 (1973), S. 1 ff. und 34 f.
[678] Vgl. BÄUMLIN, S. 73 ff.; vgl. auch oben § 5.II.

tung in Wirklichkeit straff organisiert war und der Beamte seinem Vorgesetzten in einer Art untergeben war, wie es selbst in Monarchien nicht der Fall gewesen war.[679] In einer solchen Verwaltung lief der Rechtsuchende Gefahr, dass sich der fehlbare Beamte nie persönlich zu verantworten hatte, weil er sich auf eine Weisung seines Vorgesetzten berufen konnte.

Die Regelung von 1850 muss jedoch auch im Zusammenhang mit der Abgrenzung von öffentlichem Recht und Privatrecht zu dieser Zeit begriffen werden.[680] Das rechtswidrige Handeln des Beamten führte zu einem zivilrechtlichen Anspruch aus Delikt, für den die zivilen Gerichte Rechtsschutz boten. Eine Haftbarkeit des Staates für seine Beamten konnte sich erst mit der Figur der subjektiven öffentlichen Rechte entwickeln, welche wiederum nur insoweit bestanden, als dass sie positivrechtlich begründet waren.[681] Die Rechtsprechung des Bundesgerichtes lag exakt auf dieser theoretischen Linie.[682]

§ 9. Entschädigung der Kantone für den Entzug des Postmonopols

I. Vorgeschichte

1. Zeit vor dem Bundesstaat

Das Postwesen in der Schweiz wurde im Zuge der Helvetik zu einem Staatsregal des helvetischen Zentralstaates erhoben. Dieses konnte in den politi-

---

[679] Vgl. DUBS I, S. 126. Entsprechend setzte sich für den grössten Teil der Personen im öffentlichen Dienst die Bezeichnung des «Arbeitnehmers» durch, vgl. BÄUMLIN, S. 77.
[680] Vgl. dazu oben § 5.I.
[681] Vgl. zu dieser Entwicklung im deutschen Recht: GRZESZICK BERND, Rechte und Ansprüche, Eine Rekonstruktion des Staatshaftungsrechts aus den subjektiven öffentlichen Rechten, Tübingen 2002, S. 530 ff.
[682] Vgl. zu diesem Konzept, dass das Schweigen des geschriebenen Rechts als negative Norm deutet: IMBODEN MAX, Das Gesetz als Garantie rechtsstaatlicher Verwaltung, 2. Aufl., Basler Studien zur Rechtswissenschaft Heft 38, Basel und Stuttgart 1962, S. 26 f.

§ 9 Entschädigung der Kantone für den Entzug des Postmonopols   145

schen Wirren der Zeit zwar nicht vollständig durchgesetzt werden, bildete aber in seinen Grundlagen die Basis für das spätere Postmonopol unter der Bundesverfassung 1848.[683] Noch in der alten Eidgenossenschaft war die Postverwaltung entweder ein Regal der Staaten, oder sie war gewissen Familien oder Ständen vorbehalten. Unter der Mediationsakte löste die Tagsatzung 1803 die helvetische Postverwaltung auf, und erklärte die Postverwaltung zum Eigentum und Regal der Kantone.[684] Ein solches kantonales Regal blieb die Postverwaltung auch unter dem Bundesvertrag von 1815, wobei die Rechtszersplitterung zwischen den Kantonen zu grossen Behinderungen und überteuerten Posttaxen führte. Bereits der Beschluss der Tagsatzung von 1803 stellte gewisse Grundsätze über das schweizerische Postwesen auf, und die Kantone versuchten auch weiterhin gewisse Vereinheitlichungen und gegenseitige Erleichterungen des interkantonalen Verkehrs mittels Konkordaten zu erreichen,[685] konnten die grundsätzlichen Missstände damit aber nicht aufheben.[686] So kam es, dass ein Brief vom Wallis nach St. Gallen höher frankiert werden musste, als ein Brief aus Bordeaux oder Korfu.[687] Das Volk litt unter diesen überhöhten Taxen, und unter den Kantonen kam es zu Reibereien zwischen den verschiedenen Postverwaltungen. So wurde «auf keinem Gebiete das Bedürfniss der Centralisation so lebhaft empfunden wie auf diesem.»[688]

Die Postverträge, die mit dem nahen Ausland abgeschlossen werden mussten, führten den Kantonen vor Augen, wie schwach ihre Verhandlungsposition war, wenn beispielsweise Österreich mit der Schweiz die gegenseitigen

---

[683] Vgl. GRIEDER, S. 159 f.
[684] Beschluss der Tagsatzung vom 2. August 1803, in: Repertorium der Abschiede der eidgenössischen Tagsatzungen vom Jahr 1803 bis Ende des Jahrs 1813, Bern 1842, S. 387 f.; vgl. auch GRIEDER, S. 164 ff.; BURCKHARDT, S. 321.
[685] Vgl. dazu BLUMER I, S. 348 f.
[686] Vgl. BURCKHARDT, S. 321 f.
[687] So äusserte sich der St. Galler Landammann in den Beratungen der Tagsatzung zur Bundesrevision vom 21. Juni 1848, vgl. RAPPARD, S. 286.
[688] BLUMER I, S. 348.

Brieftaxen aushandeln wollte.[689] Bereits der Bundesentwurf der Revisionskommission von 1832 sah daher vor, das Postwesen zu zentralisieren und die Kantone für den Entzug ihres Regals zu entschädigen. Die Entschädigung sollte drei Viertel des Reinertrages der Postverwaltungen betragen.[690] Die Frage der Entschädigung war es denn auch, die im Zentrum der Beratungen der Tagsatzung zur Revision der Bundesverfassung von 1848 stand. Tagsatzungsgesandter Frey-Herosee aus dem Kanton Aargau bezeichnete die Einnahmen aus dem Postregal als eine «lukrative und dabei doch niemandem zur Last fallende Erwerbsquelle» seines Kantons.[691] Dass die Erwerbsquelle niemandem zur Last fiel, war jedoch ein Trugschluss, behinderten die unterschiedlichen kantonalen Postverwaltungen sich doch gegenseitig und sorgten durch willkürliche Taxen und Gebühren für massive Behinderungen im wirtschaftlichen Verkehr. Die Kantone nahmen vor der Bundesstaatsgründung auf diese Weise etwa eine Million Franken pro Jahr ein, die Posttaxen waren damit in erster Linie Finanzzölle der Kantone.[692]

2. Regelung unter der Bundesverfassung von 1848

Schliesslich fand sich in der Tagsatzung eine Mehrheit für die Zentralisation der Postverwaltung. Der heikle Punkt der Entschädigung der Kantone wurde in Art. 33 Abs. 3 lit. a der BV 1848 geregelt, wonach die Kantone die volle Entschädigung erhalten sollten, und zwar für den Reinertrag ihrer Postverwaltung. Festgesetzt wurde dieser Reinertrag als Durchschnitt der Jahre 1844, 1845 und 1846. Gestützt auf diese Verfassungsbestimmung arbeitete der Bundesrat eine Skala aus, nach welcher die Kantone fortan jährlich entschädigt werden sollten.

---

[689] Wie dieses Abkommen ausgehandelt wurde beschreibt Caspar Jenny als Mitglied der Revisionskommission von 1848, abgedruckt bei RAPPARD, S. 283 f.
[690] Vgl. Art. 26 lit. d Ziff. 1 des Entwurfs von 1832, abgedruckt bei RAPPARD, S. 281.
[691] Frey-Herosee in den Beratungen der Tagsatzung, abgedruckt bei RAPPARD, S. 284.
[692] Vgl. MÜGGE THEODOR, Die Schweiz und ihre Zustände. Reiseerinnerungen, 2. Bd., Hannover 1847, S. 64 f.

§ 9 Entschädigung der Kantone für den Entzug des Postmonopols   147

Der Bundesrat betrachtete diese Skala weder als ein Gesetz noch als einen Vertrag, weshalb er es nicht für nötig erachtete, die Skala der Bundesversammlung vorzulegen.[693] Es scheint, als wäre der Bundesrat hier der Auffassung gewesen, dass er die Skala mittels einer Vollziehungsverordnung erlassen konnte. Verordnungen des Bundesrates spielten in der Zeit bis 1874 eine geringe Rolle, der Bundesrat hatte Züge einer «Parlamentsausschuss-Regierung».[694] Die Räte teilten die Auffassung des Bundesrates nicht und beauftragten ihn am 21. Dezember 1850, ihnen die Skala zur Genehmigung vorzulegen.[695] Der Bundesrat kam dieser Aufforderung nach, bekräftigte aber in seiner Botschaft zur Postentschädigung, dass es sich bei dieser Skala lediglich um «die Vollziehung gesetzlicher Bestimmungen» handle. Ausserdem könne die Bundesversammlung die Entschädigungen nicht abschliessend festlegen, da eine Beschwerde über die «richtige Anwendung der Verfassung» ans Bundesgericht möglich sei.[696]
Es stellt sich die Frage, wie der Bundesrat zu dieser Auffassung kam, da das Bundesgericht grundsätzlich nicht befugt war, die Anwendung der Verfassung zu überprüfen. Mit dem Hinweis auf die Verfassung, machte der Bundesrat wohl klar, dass es sich bei der Festsetzung der Postentschädigung seines Erachtens um eine zivilrechtliche Streitigkeit zwischen einem Kanton und dem Bund gemäss Art. 101 Ziff. 1 lit. b. BV 1848 handelte.[697] Die Kommission des Ständerates lag mit der Ansicht des Bundesrates in dieser Frage auf einer Linie. Sie hielt in ihren Schlussanträgen fest, dass die Kantone sowohl untereinander, als auch im Verhältnis zum Bund ans Bundesge-

---

[693] Die ursprüngliche Skala findet sich weder in der AS noch im BBl.
[694] Trotzdem kam dem Bundesrat gerade in der ersten Legislatur ein Übergewicht zu, da seine Mitglieder die ersten «organischen» Gesetze meist selbst ausarbeiteten, vgl. KÖLZ II, S. 487.
[695] Beschluß der schweizerischen Bundesversammlung die Staatsrechnung vom [sic] 1849 betreffend, vom 21. Dezember 1850, BBl 1851 I 119 ff. (121).
[696] Vgl. Botschaft des Bundesrates betr. Postregal, BBl 1852 I 235 f.
[697] Dies lag am Begriff des Zivilrechts im Verständnis der damaligen Zeit, wo die Postentschädigung als zivilrechtliche Streitigkeit aufgefasst wurde, da es sich um einen vermögenswerten Anspruch handelte, vgl. zum Begriff und der Praxis des Bundesgerichts: BURCKHARDT, S. 770 ff; vgl. auch oben § 5.I.

richt gelangen können, um die Festsetzung der Postentschädigung überprüfen zu lassen. Um den Kantonen einen solchen Rechtsstreit nicht allzu attraktiv erscheinen zu lassen, hielt die Kommission aber auch gleich fest, dass der Bundesrat in einem solchen Prozess auf seine Ansätze zurückkommen könne, die klagenden Kantone also auch mit einer Herabsetzung ihrer Entschädigungen zu rechnen hätten.[698]

Schliesslich verabschiedete die Bundesversammlung am 24. Juli 1852 den «Bundesbeschluss betreffend die Vertheilung des Reinertrags des Postregals an die Kantone».[699] Die Möglichkeit für die Kantone beim Bundesgericht zu klagen, wurde in Art. 2 ausdrücklich anerkannt und in Art. 6 mit einer Verwirkungsfrist von einem Jahr versehen. Das führte in der Praxis dazu, dass die Kantone direkt ans Bundesgericht gelangen konnten und nicht eine Überweisung durch Bundesrat oder Bundesversammlung i.S.v. Art. 101 BV 1848 erfolgen musste. Art. 7 beauftragte den Bundesrat nun ausdrücklich, diesen Bundesbeschluss zu vollziehen. Es scheint, als hätte die Bundesversammlung vermeiden wollen, dass der Bundesrat eine selbständige Verordnung direkt gestützt auf seine verfassungsmässige Vollzugskompetenz erlassen hätte. Die Skala wurde vom Bundesrat am 1. Oktober 1852 erlassen und folgte in der AS im Anschluss an den Bundesbeschluss.[700]

II. Postentschädigung des Kantons Neuenburg

1. Vorgeschichte

Einer der Kantone, der mit der ihm zugestandenen Entschädigung für den Entzug des Postmonopols nicht einverstanden war, war der Kanton Neuen-

---

[698] Die Kommission stellte ausserdem den Antrag, dass in Zusammenhang mit den Kantonen, die ihre Postregale verpachtet hatten, auch die Pächterkantone im Rahmen eines Prozesses erneut beurteilt werden konnten. Dies wurde bei den Prozessen um die Postentschädigung der beiden Basel aktuell.
[699] AS III 237 ff.
[700] AS III 241 f.

§ 9 Entschädigung der Kantone für den Entzug des Postmonopols 149

burg.⁷⁰¹ Für Neuenburg stellte es ein Problem dar, dass bei der Berechnung des Reinertrages die Jahre 1844, 1845 und 1846 massgeblich waren. Der Kanton Neuenburg hatte den Postdienst erst 1841 von LOUIS JEANRENAUD⁷⁰² übernommen, der ihn bis dahin als Generalposthalter geführt hatte. Zusammen mit dem Postdienst übernahm der Kanton Neuenburg von Jeanrenaud auch alle Pferde und Postwagen. Für den Kaufpreis wurde eine Vereinbarung erzielt, wonach dieser in vier Raten abgezahlt werden sollte.⁷⁰³ Nun kam es, dass die letzte dieser Raten, in der Höhe von Fr. 5329.09 ins Jahr 1844 fiel und damit den Reinertrag des betreffenden Jahres schmälerte, was zu einer verminderten Entschädigung Neuenburgs durch den Bund führte.

2. Meinungen der Bundesorgane

Der Bundesrat äusserte sich in seiner Botschaft zur Verteilung des Reinertrages des Postregals nicht zu dieser letzten Rate, die der Kanton Neuenburg im Jahre 1844 zu bezahlen hatte. Aus der Skala ist jedoch ersichtlich, dass der Bundesrat sie nicht berücksichtigt hatte, so veranschlagte er die jährliche Entschädigung für Neuenburg auf Fr. 70 092.33.⁷⁰⁴
Ganz anderer Meinung war die vorberatende Kommission des Ständerates.⁷⁰⁵ Sie erläuterte den Sachverhalt, der zu dieser Minderung des Reinertrages

---

⁷⁰¹ Neben Neuenburg (Anhang § 1.II, Doss. 41) reichten die Kantone Uri (Anhang § 1.II, Doss. 434 ff.), Basel-Land (Anhang § 1.II, Doss. 239) und Basel-Stadt (Anhang § 1.II, Doss. 402) eine Klage beim Bundesgericht ein.
⁷⁰² Vermutlich JEANRENAUD [-BESSON], CHARLES LOUIS (1798–1868). Nach einer Lehre war Jeanrenaud im Spitzenwarenhandel tätig. Er war Gemeindepräsident von Môtiers und Gerichtsbeisitzer des Val-de-Travers. Von 1833 bis 1848 war er Mitglied des Corps legislatif, Tagsatzungsgesandter (1848), Neuenburger Grossrat (1848–1858), Staatsrat (1848–1859, Departement des Innern) und Ständerat (1848–1854). Vgl. JEANNIN-JAQUET ISABELLE, Jeanrenaud [-Besson], Charles Louis, in: Historisches Lexikon der Schweiz (HLS), übersetzt aus dem Französischen, Bd. 6, Basel 2007, S. 769.
⁷⁰³ Der Kaufvertrag findet sich in den Akten des Bundesgerichts: ABGer Doss. 41, Fasz. 10.
⁷⁰⁴ Botschaft des Bundesrates betr. Postregal, BBl 1852 I 239.
⁷⁰⁵ Mitglieder waren unter anderen die Bundesrichter Johann Jakob Blumer und Nicolaus Hermann, welche diesen Fall dann auch als Bundesrichter zu entscheiden hatten, vgl. Bericht Postentschädigung, Komm. StR, Teil III, BBl 1852 I 346.

führte und wollte dieselbe – im Gegensatz zum Bundesrat – berücksichtigt sehen. Sie begründete ihre Ansicht mit den Grundsätzen, die bei anderen Kantonen angewandt worden seien und der Tatsache, dass Neuenburg in den fraglichen Jahren auch sonst viel für Unterhalt von Material ausgegeben hatte.[706] Was die Grundsätze betraf, so untersuchte die Kommission lediglich, ob sich in den Rechnungen der massgeblichen Jahre etwas «fremdartiges» befand oder etwas ausgelassen worden war, was hätte berücksichtigt werden müssen.[707] So wurde die Entschädigung für Neuenburg auf Fr. 72 314.– erhöht.[708]

Die Bundesversammlung folgte dieser Argumentation nicht. Der Bundesbeschluss vom 24. Juli 1852 setzte die Entschädigung Neuenburgs wieder auf das vom Bundesrat vorgesehene Niveau von Fr. 70 092.49, wobei dem Bundesrat der Vollzug des Beschlusses ausdrücklich übertragen wurde.[709] Die daraufhin erlassene Skala unterscheidet sich in vielen Entschädigungen leicht von der ursprünglichen Skala aus der Botschaft des Bundesrates, die Entschädigung von Neuenburg wurde jedoch unverändert übernommen.[710] So blieb Neuenburg nichts anderes übrig, als der Gang vor das Bundesgericht, der den Kantonen in Art. 2 des Bundesbeschlusses ausdrücklich offen gelassen wurde.

III. Verfahren vor dem Bundesgericht

1. Klage Neuenburgs

Die Klage des Kantons Neuenburg vom 27. September 1853 verfasste der ehemalige Generalanwalt und Bundesrichter PAUL MIGY, zu dieser Zeit

---

[706] Bericht Postentschädigung, Komm. StR, Teil II, BBl 1852 I 324.
[707] Vgl. Bericht Postentschädigung, Komm. StR, Teil I, BBl 1852 I 290.
[708] Bericht Postentschädigung, Komm. StR, Teil III, BBl 1852 I 347.
[709] Die Differenz im Rappenbetrag im Vergleich zur Botschaft des Bundesrates scheint ein Druckfehler zu sein. Die zeitlich spätere Klage Neuenburgs (Anm. 714) spricht unverändert von 33 Rappen.
[710] AS III 241 f.

Fürsprecher in Courtelary.⁷¹¹ Er bezeichnete die Entschädigung von lediglich Fr. 70 092.33 für den Kanton Neuenburg als «une lésion grâve de ses droits et de ses intérêts.»⁷¹² Nach der Feststellung, es sei «entièrement inutile d'entrer dans le détail des négociations, qui ont été liées entre le canton de Neuchâtel et le conseil fédéral», legte Migy die Tatsachen und Dokumente dar, um den Reinertrag der betreffenden Jahre zu belegen.⁷¹³ Aufgrund dieser Aufstellung kam er zum Schluss, dass die Entschädigung für den Kanton Neuenburg Fr. 74 676.33 betragen müsste.⁷¹⁴

Als Hauptgrund nannte Migy die besagte letzte Rate für die Ausrüstung, welche Neuenburg von Jeanrenaud übernommen hatte. Diese habe den Reinertrag des Jahres 1844 vermindert, obwohl sie nur «une opération financière» gewesen sei.⁷¹⁵ Die Summe sei «complétement indépendante» von den generellen Kosten gewesen.⁷¹⁶ Deshalb forderte der Kanton Neuenburg vom Bund eine Erhöhung seiner jährlichen Entschädigung für die Abtretung des Postregals um Fr. 4584.–.

2. Klageantwort des Bundesrates

Die Klageantwort des Bundesrates vom 28. November 1853 wurde von Generalanwalt JAKOB AMIET⁷¹⁷ – dem Nachfolger Migys – verfasst. Amiet gab in seiner Klageschrift den Standpunkt der Klägerin getreu wieder und er-

---

[711] MIGY, PAUL (1814–1879). Migy studierte Rechte in Bern und Wien und erwarb 1839 das Fürsprecherpatent, worauf er als Fürsprecher in Courtelary tätig war. Im Kanton Bern war Migy Oberrichter (1846–1850 und 1875–1879), Grossrat (1845–1846) und Regierungsrat (1854–1870). Auf eidgenössischer Ebene war er von 1851 bis 1852 Generalanwalt der Eidgenossenschaft, als Vorgänger von Jakob Amiet sowie Ständerat (1848–1851) und Nationalrat (1854–1878). Von 1848 bis 1852 war Migy ausserdem Bundesrichter. Vgl. STETTLER PETER, Migy, Paul, in: Historisches Lexikon der Schweiz (HLS), Version vom 30. November 2007, URL: http://www.hls-dhs-dss.ch/textes/d/D4610.php; BuriLex, Paul Migy.
[712] Demande Neuchâtel, S. 2, ABGer Doss. 41.
[713] Vgl. Demande Neuchâtel, S. 3, ABGer Doss. 41.
[714] Vgl. Demande Neuchâtel, S. 4, ABGer Doss. 41.
[715] Vgl. Demande Neuchâtel, S. 8, ABGer Doss. 41.
[716] Vgl. Demande Neuchâtel, S. 6 f., ABGer Doss. 41.
[717] Vgl. zur Kurzbiographie Amiets Anm. 462.

wähnte ausserdem, dass die Ständeratskommission den Standpunkt der Klägerin für begründet erachtet hatte.[718] Amiet machte nun aber im Wesentlichen geltend, dass trotz Aufteilung des Kaufpreises keine andere Rechnung belastet werden sollte als die Postrechnung und dass die erworbenen Gerätschaften nur dem Zwecke der Post dienten. Diesen Standpunkt habe auch der Bundesrat eingenommen.[719] Im Vergleich zu anderen Kantonen seien die Ausgaben Neuenburgs für Reparaturen und Unterhalt der Gerätschaften in den fraglichen Jahren nicht besonders hoch gewesen, was Amiet mit mehreren Vergleichen zu anderen Kantonen darzulegen versuchte.[720] Amiet schien zu beabsichtigen, dem Kanton Neuenburg zu unterstellen, dass er dank den Ausgaben für die Gerätschaften Jeanrenauds weniger Geld für Reparaturen und Unterhalt ausgeben musste oder dass der Kanton sogar bewusst weniger einkalkuliert hatte, um die Entschädigung des Bundes zu seinen Gunsten zu erhöhen.

3. Replik und Duplik

Neuenburg machte in seiner Replik im Wesentlichen geltend, dass der Ausgabenposten der vierten Rate für Jeanrenaud absolut nichts zu tun habe mit den generellen Verwaltungskosten der fraglichen Jahre. Ausserdem hätte die Tresorerie die Summe auch auf ein anderes Konto verbuchen können, als auf dasjenige der Postverwaltung.[721] Neuenburg stellte sich also auf den Standpunkt, dass es sich bei den Ausgaben für die Rückübernahme des Postmonopols von Jeanrenaud und seiner Gerätschaften um allgemeine Staatsausgaben gehandelt hatte und nicht um Ausgaben, die notwendigerweise mit der Postverwaltung zusammenhingen.

---

[718] Vgl. Réponse conseil fédérale, S. 3 f., ABGer Doss. 41.
[719] Vgl. Réponse conseil fédérale, S. 4, ABGer Doss. 41.
[720] Vgl. Réponse conseil fédérale, S. 5 f., ABGer Doss. 41.
[721] Vgl. Réplique pour le gouvernement de Neuchâtel contre la confederation Suisse, vom 4. Juni 1854, ABGer Doss. 41, Fasz. 16, S. 1 f.

Auch die Duplik des Bundesrates beschäftigte sich hauptsächlich mit der Frage, welche Ausgaben im fraglichen Betrag enthalten waren und auf welchem Konto diese abgebucht wurden.[722]

Der Instruktionsrichter Jean-Jacques Castoldi erklärte das Vorverfahren am 22. Juni 1854 für geschlossen.[723] Dagegen beschwerte sich Generalanwalt Amiet mit einem Brief an Bundesgerichtspräsident Rüttimann[724] und einer beiliegenden Beschwerdeschrift,[725] da gewisse Beweismittel, die er eingereicht hatte, nicht auf der Liste der zugelassenen Beweismittel auftauchten. Weder aus dem folgenden Urteil, noch aus den weiteren Akten geht hervor, wie das Bundesgericht mit dieser Beschwerde umgegangen war.

IV. Urteil des Bundesgerichts vom 28. Juni 1854

1. Richterbank

Das Bundesgericht war in dieser Verhandlung mit folgenden Richtern besetzt:[726] Bundesgerichtspräsident Dr. JOHANN JAKOB RÜTTIMANN,[727] Dr. KASIMIR PFYFFER,[728] JAKOB STÄMPFLI,[729] Dr. JOHANN JAKOB BLUMER,[730] FRANZ KASPAR ZEN-RUFFINEN,[731] JEAN-JACQUES CASTOLDI,[732] JOHANN

---

[722] Vgl. Duplique du conseil fédéral sur la réplique de Neuchâtel, vom 17. Juni 1854, ABGer Doss. 41, Fasz. 17, S. 1 f.
[723] Vgl. Ordonance de cloture de la procedure préparatoire de M. le juge d'Instruction Castoldi, vom 22. Juni 1854, ABGer Doss. 41, Fasz. 22.
[724] Lettre de M. le Procureur Général de la confédération Suisse à M. le Dr. Rüttimann, President du Tribunal federal, vom 23. Juni 1854, ABGer Doss. 41, Fasz. 19.
[725] Ordonance de cloture de la procedure préparatoire de M. le Juge d'Instruction Castoldi, vom 22. Juni 1854, ABGer Doss. 41, Fasz. 22.
[726] ABGer Prot. Bd. I, S. 318.
[727] Vgl. zur Kurzbiographie Johann Jakob Rüttimanns Anm. 157.
[728] Vgl. zur Kurzbiographie Kasimir Pfyffers Anm. 29.
[729] Vgl. zur Kurzbiographie Jakob Stämpflis Anm. 505.
[730] Vgl. zur Kurzbiographie Johann Jakob Blumers Anm. 341.
[731] Vgl. zur Kurzbiographie Franz Kaspar Zen-Ruffinens Anm. 345.
[732] Vgl. zur Kurzbiographie Jean-Jacques Castoldis Anm. 158.

RUDOLF BROSI,[733] NICOLAUS HERMANN[734] sowie mit dem Suppleanten GOTTLIEB JÄGER.[735]

2. Sachverhalt

Das Bundesgericht legte dar, wie im Jahre 1841 der Vertrag zwischen dem Kanton Neuenburg und Ludwig Karl Jeanrenaud geschlossen wurde und der Kaufpreis auf vier Jahresraten verteilt worden war, mit einem Zins von jährlich vier Prozent.[736] Weiter rekapitulierte das Gericht die einschlägigen Bestimmungen des Bundesrechts.[737]

3. Erwägungen und Urteil

Die Richter stützen sich in ihren Erwägungen nur auf Art. 33 Ziff. 4 lit. a der BV 1848 ab.[738] Indem die Verfassung für die Entschädigung der Kantone auf den «reinen Ertrag» in den Jahren 1844–1846 abstellte, sollten – gemäss Bundesgericht – Veränderungen am Betriebskapital nicht berücksichtigt werden. Das Bundesgericht erkannte in der Zahlung an Jeanrenaud, die auf Grund des besagten Vertrages von 1841 erfolgte, eine Ausgabe, welche die «regelmässige Verwaltung des Postregals» nicht berührte.[739] Ausserdem war die Zahlung an Jeanrenaud nach Ansicht des Bundesgerichts nur «zufällig» im fraglichen Jahre 1844 verrechnet worden und führte ausserdem nicht zu einer Verminderung der Ausgaben für Postmaterial in den Jahren 1844 bis 1846.[740]

---

[733] Vgl. zur Kurzbiographie Johann Rudolf Brosis Anm. 346.
[734] Vgl. zur Kurzbiographie Nicolaus Hermanns Anm. 344.
[735] Vgl. zur Kurzbiographie Gottlieb Jägers Anm. 347.
[736] Urteil des BGer vom 28. Juni 1854, ABGer, Prot. Bd. I, S. 319 f.
[737] Urteil des BGer vom 28. Juni 1854, ABGer, Prot. Bd. I, S. 320 f.
[738] Urteil des BGer vom 28. Juni 1854, ABGer, Prot. Bd. I, S. 323 f.
[739] Urteil des BGer vom 28. Juni 1854, ABGer, Prot. Bd. I, S. 324 f.; vgl. auch BRAND, S. 80.
[740] Urteil des BGer vom 28. Juni 1854, ABGer, Prot. Bd. I, S. 324, Erwägung 2.

Die Bundesrichter beschlossen daher «mit Mehrheit», dass die Klage gutgeheissen wurde und Neuenburg bei der eidgenössischen Postverwaltung eine zusätzliche Postentschädigung von jährlich Fr. 4584.– ab dem Jahre 1852 fordern konnte. Der Bund wurde ausserdem zu einem Gerichtsgeld von Fr. 150.– und einer Parteientschädigung von Fr. 200.– verpflichtet.[741]

4. Ausblick

Der Nationalrat hatte als Folge des Urteils das Bundesbudget anzupassen. Er tat dies nicht etwa, indem er allein die Summe der Postentschädigungen erhöhte, sondern indem er sowohl die budgetierten Einnahmen als auch die Ausgaben erhöhte. Die höhere Entschädigung Neuenburgs sollte somit ohne Einfluss auf den Voranschlag bleiben.[742]

V. Fazit

Der Streit um die Postentschädigung Neuenburgs lässt erkennen, wie die höchsten drei Bundesbehörden zu unterschiedlichen Auffassungen über eine Rechtsfrage kamen, ohne dass für den Entscheid eine genügende materielle Rechtsgrundlage vorhanden gewesen wäre. Der Bundesbeschluss enthielt kein materielles Recht, sondern bestimmte lediglich das Verfahren, nach welchem allfällige Streitigkeiten behandelt werden sollten. Der Beschluss stellte die Behörden vor die Schwierigkeit, wie mit umstrittenen Einnahmen oder Ausgaben der Kantone umgegangen werden sollte. Während der Bundesrat und die Bundesversammlung die letzte Rate des Kantons Neuenburg berücksichtigen und dem Kanton dementsprechend weniger Entschädigung entrichten wollten, so sprachen sich die Kommission des Ständerates und abschliessend das Bundesgericht dafür aus, dass diese letzte Rate nur zufällig in das fragliche Berechnungsjahr fiel.

---

[741] Urteil des BGer vom 28. Juni 1854, ABGer, Prot. Bd. I, S. 325.
[742] Vgl. Journal de Genève vom 9. Juli 1854, Nr. 162, S. 1.

Wäre die Stellung des Bundesgerichts tatsächlich eine solch schwache gewesen, wie oft behauptet wurde, so hätte die Bundesversammlung ihm wohl kaum die Zuständigkeit übertragen, über die Entschädigungen der Kantone zu entscheiden. Das lässt sich damit erklären, dass es sich bei diesen Entschädigungen tatsächlich um vermögenswerte Ansprüche und damit im Verständnis der damaligen Zeit um Zivilrecht handelte.[743] Neben diesem dogmatischen Grund scheint es, als hätte sich das Bundesgericht erneut – wie bei den Heimatlosenstreitigkeiten – als «neutrale» Instanz angeboten,[744] um eine föderalistisch heikle Frage zu entscheiden. Bundesrat und Bundesversammlung nahmen die *juristischen* Dienste des Bundesgerichts in Anspruch um die *politisch* umstrittene Entschädigungsfrage zu entscheiden. Nicht umsonst spricht der Bundesbeschluss von der Möglichkeit der «verfassungsmäßigen Rechtsverfolgung vor dem Bundesgerichte»,[745] den Kantonen sollte damit garantiert werden, dass ihre Rechte nicht eingeschränkt werden sollten.

Für eine solche Rolle des Bundesgerichts als «Erfüllungsgehilfe» der Politik spricht auch die Tatsache, dass das Bundesgericht erneut gestützt auf ungenügende rechtliche Grundlagen zu entscheiden hatte. Diese Stellung des Bundesgerichts war nicht zufällig geschaffen worden. Jakob Dubs degradierte die Justiz gar von einer selbständigen Gewalt zu einer blossen «Hülfsinstitution» des Gesetzgebers.[746] In Anbetracht dieser schwierigen Voraussetzungen, ist dem Urteil des Bundesgerichts im Ergebnis sicherlich zuzustimmen. Die Bundesrichter haben sich wohl auf «moderne» Prinzipien[747] wie Rechtsgleichheit und Verhältnismässigkeit abgestützt, ohne dass dies anhand des lediglich kurz begründeten Urteils zweifelsfrei zu eruieren wäre.

---

[743] Vgl. Anm. 697 m.w.H.
[744] Vgl. oben § 6.VII m.w.H.
[745] Bundesbeschluss betreffend die Verteilung des Reinertrages des Postregals an die Kantone, vom 24. Juli 1852, AS III 237 ff. (239).
[746] DUBS, Demokratie, S. 53.
[747] Vgl. zum Begriff des Prinzips in einer Gerichtsentscheidung: DUSS VANESSA, Gericht, Gesetz und Grundsatz: Entstehung und Funktion von Prinzipien des Rechts in der Rechtsprechung des Schweizerischen Bundesgerichts vor und nach der Einführung der zivilrechtlichen Kodifikationen (OR und ZGB), Diss. (Zürich), Zürich 2009, S. 7 ff.

§ 10. Bundesgericht anstelle kantonaler Gerichte – Streit um die Hospeswohnung

Das Organisationsgesetz von 1849[748] ermöglichte den Kantonen, bürgerliche Streitigkeiten mit Zustimmung der Bundesversammlung, unter Umgehung der kantonalen Instanzen, direkt an das Bundesgericht zu weisen. Lediglich der Kanton Schaffhausen hatte bis 1874 von dieser Möglichkeit Gebrauch gemacht. So sah § 61 Abs. 2 der Kantonsverfassung vor, dass Streitigkeiten zwischen Privaten oder Korporationen und dem Fiskus auf Begehren einer Partei vor dem Bundesgericht anhängig gemacht werden konnten.[749] Die erforderliche Zustimmung der Bundesversammlung erfolgte wohl inzident mit der Gewährleistung der Schaffhauser Kantonsverfassung am 19. Juli 1856,[750] ein spezieller Beschluss über den § 61 Abs. 2 KV/SH ist nicht nachgewiesen. Das Bundesgericht erhielt bis 1874 nur einmal die Gelegenheit einen solchen Streitfall zu behandeln. Die Kantone waren zu dieser Zeit noch nicht bereit, in grosser Zahl auf ihre Gerichtsbarkeit zu verzichten. Erst mit der Verwaltungsgerichtsbarkeit des Bundes und der entsprechenden Verfassungsänderung von 1914 machten die Kantone von der Möglichkeit Gebrauch, kantonale verwaltungsrechtliche Streitigkeiten mit Zustimmung der Bundesversammlung in die Kompetenz des Bundesgerichts zu weisen.[751]

---

[748] Art. 47 Ziff. 7 OG 1849.

[749] Der betreffende § 61 Abs. 2 der KV/SH lautete: «Civilstreitigkeiten von Corporationen und Privaten gegenüber dem Fiskus können auf Begehren einer Partei mit gänzlicher Umgehung der kantonalen Gerichtsbehörden dem Entscheide des Bundesgerichts als einziger Instanz unterstellt werden, insofern die betreffenden Fälle hinsichtlich des Hauptwerthes des Streitgegenstandes vor diese Behörde gezogen werden können (Art. 47, Lemma 4 des Bundesgesetzes über Organisation der Bundesrechtspflege)». Quelle: HEIMANN, S. 363 ff.; vgl. auch ZSR XIX (1876), S. 152 ff. (155).

[750] Bundesbeschluss betreffend die Gewährleistung der Staatsverfassung des Kantons Schaffhausen, vom 19. Heumonat 1856, AS IV 353 f.

[751] Vgl. Art. 114bis Abs. 4 BV 1874 und altArt. 190 Abs. 2 BV 1999. Letzterer wurde im Zuge der Justizreform am 31. Dezember 2006 aufgehoben. Vgl. Bundesbeschluss über die Reform der Justiz, vom 8. Oktober 1999, i.V.m. Bundesbeschluss über das vollständige Inkrafttreten der Justizreform vom 12. März 2000, vom 8. März 2005, AS 2006 1059 und Art. 1 lit. a. der Verordnung über die Inkraftsetzung des Bundesgerichtsgesetzes und des Verwaltungsgerichtsgesetzes sowie über die vollständige Inkraftsetzung des

I. Vorgeschichte

Seit 1536 besass die reformierte Geistlichkeit des Kantons Schaffhausen[752] ein Haus, worin sie ihre Synodal- und Konventsversammlungen abhielt und in welchem der *hospes ministerii*[753] eine Wohnung besass, die Hospeswohnung.[754] Das Haus, genannt das «Herrengärtlein», wurde der Geistlichkeit im 17. Jahrhundert zu klein, weswegen der Bürgermeister und der Rath der Stadt Schaffhausen ein anderes Haus – das Haus zum Eckstein – kauften und es gegen das Herrengärtlein der Geistlichkeit tauschten.[755] Anfang des 19. Jahrhunderts wurde das Haus zum Eckstein erweitert, wobei im Erdgeschoss fortan eine Mädchenschule untergebracht wurde und die Geistlichkeit noch den ersten und zweiten Stock des Hauses nutzen konnte. 1837 schlossen die Regierung des Kantons Schaffhausen und die Geistlichkeit einen Vertrag ab, in welchem die Geistlichkeit das Haus zum Eckstein der Regierung abtrat, wobei letztere ein *dominum utile*[756] der Geistlichkeit am Haus zum Eckstein annahm. Als Gegenleistung wurden der Geistlichkeit die ehemalige Abtei

---

Bundesgesetzes über den Sitz des Bundesstrafgerichts und des Bundesverwaltungsgerichts, vom 1. März 2006, AS 2006 1069.

[752] Die reformierte Kirche im Kanton Schaffhausen kannte als Organe die Synode, welche aus Geistlichen und Laien bestanden hatte und ein Recht zur Antragstellung in kirchlichen Angelegenheiten an die Regierung besass und den Konvent, welcher aus allen im Kanton wohnenden Geistlichen bestand und die Traktanden der Synode vorberiet, ohne ein selbständiges Antragsrecht zu besitzen. Die Geistlichkeit hingegen bestand aus allen wählbaren Geistlichen und nahm für sich in Anspruch, eine juristische Person zu sein, obwohl das Kirchenorganisationsgesetz dies nicht vorsah, vgl. Gutachten Bern, S. 26 ff.

[753] Der Hospes war ein Mitglied der Geistlichkeit, welcher unter Anderem die Aufgabe hatte, die Versammlungen zu organisieren und die Teilnehmer zu bewirten, vgl. Gutachten Zürich, S. 2. (So auch die Bedeutung des Wortes «hospes»: «der Gastherr», vgl. Ausführliches lateinisch-deutsches Handwörterbuch, 1. Bd., 8. Aufl., Darmstadt 1995, Spalte 3085 f.).

[754] Das Gutachten der juristischen Fakultät Bern führte diesen Punkt etwas genauer aus, wonach der letzte Abt das (katholische) Kirchenvermögen 1524 der Regierung übertragen hatte. Die Evangelische Kirche war hingegen erst 1529 konstituiert worden, vgl. Gutachten Bern, S. 22 ff.

[755] Die Urkunde spricht anstelle von «tauschen» von «verkaufen», vgl. Gutachten Zürich, S. 2.

[756] Das dominum utile wurde als weitgehendes, aber doch beschränktes dingliches Recht verstanden, vgl. dazu HAGEMANN HANS-RUDOLF, Eigentum, in: Handwörterbuch zur deutschen Rechtsgeschichte (HRG) VI, S. 1274 f.

des Klostergebäudes als Versammlungslokal und das ehemalige Pfarrhaus als Hospeswohnung «in der Art und Weise überlassen, wie dieselbe in früherer Zeit das Haus zum Eckstein besessen.»[757]

Im Jahre 1862 plante der Regierungsrat an der Stelle der Hospeswohnung, dem ehemaligen Pfarrhaus, eine Kaserne zu errichten und fragte die Geistlichkeit daher an, unter welchen Umständen sie bereit wäre, die Hospeswohnung an den Staat abzutreten. Obwohl die Geistlichkeit grundsätzlich bereit war die Wohnung abzutreten, erhielt der damalige Hospes mittels Schreiben des Regierungsrats vom 28./31. Januar 1863 einen Räumungsbefehl auf den 15. Juli 1863. Als dieser gegen die Verfügung einwendete, er nehme eine Kündigung nur durch die Geistlichkeit entgegen, präzisierte der Regierungsrat in einer zweiten Verfügung, dass er «den Collectivbegriff Geistlichkeit, wie derselbe von Letzterer aufgefasst werde nicht anerkennen könne, und daher theilweise aus diesem Grunde dem gegenwärtigen Besitzer die fragliche Wohnung gekündigt habe.»[758]

Gestützt auf einen Antrag der Regierung Schaffhausens fasste am 25. Februar 1863 auch der Grosse Rat den Beschluss, es sei die Hospeswohnung zuhanden des Staates einzuziehen. Der Justizreferent bemerkte dazu, «ein Versammlungslokal möge man der Geistlichkeit anweisen, so gut wie dem Obergericht u.s.w., und wenn die Geistlichen, statt wie andere Menschenkinder im Gasthof, in diesem Saal zusammenspeisen wollen, so könne man ihnen das ebenfalls zugestehen, die Hospeswohnung aber sei zwecklos geworden, da der Hospes keineswegs mehr wie vor Alters die am Mahle versammelten Geistlichen bediene, sondern dieß Amt durch andere besorgen lasse.»[759]

Auf Beschwerde der Geistlichkeit gegen diesen Beschluss, bildete sich eine Kommission des Grossen Rathes, welche sich mit der eingereichten Beschwerde befasste. In ihrem Bericht vom 23. Mai 1864 stellte die Kommis-

---

[757] Vertrag vom 22. März 1837 zwischen der Regierung und der Geistlichkeit, abgedruckt im Gutachten Zürich, S. 3 f.
[758] Vgl. Gutachten Zürich, S. 6.
[759] Gutachten Bern, S. 8.

sion fest, dass die Geistlichkeit kein Privatrechtssubjekt sei und der Vertrag aus dem Jahre 1837 daher nichtig sei. Damit bedeute der Beschluss des Grossen Rates, die Hospeswohnung einzuziehen auch keine Rechtsverletzung.[760]

II. Weg ans Bundesgericht

1. Rechtsgutachten der Staatswissenschaftlichen Fakultät der Universität Zürich

Der Konvent der reformierten Kirche bestellte im April 1866 bei der staatswissenschaftlichen Fakultät der Universität Zürich ein Gutachten zur Hospeswohnung und erwähnte am Anfang des Schreibens, was er damit bezwecken wollte: «durch das wohlerwogene Urtheil eines Dritten gänzlich unbeteiligten in den Stand gesetzt zu werden, eine völlig sichere Stellung zu gewinnen und von dieser aus alsdann mit klarem Bewusstsein diejenigen Schritte thun zu können, welche als recht, nothwendig und zweckmässig erscheinen werden.»[761]

Das Gutachten ist vom Dekan der Fakultät sowie vom Sekretär unterzeichnet; welche Professoren daran mitgearbeitet hatten, lässt sich nicht feststellen.[762] Nachdem die Fakultät festgestellt hatte, dass die Geistlichkeit nach gängiger Auffassung keine Korporation darstellte,[763] ging sie dazu über eine neue Einteilung der juristischen Personen zu entwickeln.[764] In extensiver

---

[760] Vgl. Bericht der zur Prüfung der Ansprüche der Kantons-Geistlichen auf die sogenannte Hospeswohnung bestellten Grossraths-Commission vom 23. Mai 1864, abgedruckt im Gutachten Zürich, S. 39 ff. (Bemerkenswert bereits die Bezeichnung «Kantons-Geistliche», um eine fehlende Rechtspersönlichkeit zu unterstreichen).
[761] Schreiben des Konvents an die staatswissenschaftliche Fakultät der Universität Zürich betr. eines Gutachtens zur Hospeswohnung 1866, StASH S IV 4.
[762] Vgl. allgemein zur Arbeitsweise der Juristenfakultät Zürichs bei ihrer Gutachtertätigkeit: JAEGER CHANTAL, Die Gutachtertätigkeit der Juristenfakultät Zürich, Diss. (Zürich), Zürich 2008, S. 77 ff.
[763] Vgl. Gutachten Zürich, S. 7.
[764] Vgl. Gutachten Zürich, S. 8 ff.

Auslegung ihres Auftrages, arbeitete sie einen Vorschlag für eine neue Dogmatik im Recht der juristischen Personen aus.[765] So sollten neben Personengesamtheiten und Korporationen auch «Anstalten» möglich sein, bei denen die Einrichtungen zur Erfüllung eines bestimmten Zweckes die «körperliche Unterlage» bilde. Eine weitere juristische Person wären sodann «Vermögensinbegriffe mit eigener Persönlichkeit». Diese seien entweder Vermögen, welche für ein noch nicht entstandenes Subjekt bestimmt seien oder solche Vermögen, bei denen die Erträge einer bestimmten Zahl von Personen zukommen sollen, wie beispielsweise Familienfonds.[766]

Da das Privatrechtliche Gesetzbuch für den Kanton Schaffhausen erst 1864 eingeführt worden war, sah es die Zürcher Fakultät als unerlässlich an, einige gemeinrechtliche Erörterungen anzustellen, da die Geistlichkeit – wenn überhaupt – bereits früher gegründet worden war.[767] Das Gutachten diskutierte die Unterscheidung zwischen blossen öffentlich-rechtlichen Verwaltungseinheiten wie Ämtern, Gerichten und der Regierung, welche keine Privatrechtssubjekte waren und den Universitäten, welche nicht nur ein administrativ ausgeschiedenes Gut bildeten, sondern auch ein Privatrechtssubjekt waren.[768] Ob nun ein solch ausgeschiedenes Gut auch ein Privatrechtssubjekt war, ergebe sich «nach der besondern geschichtlichen Entwicklung und positiven Gestaltung jeder einzelnen Art».[769] Durch die Verhandlungen der Regierung mit der Geistlichkeit konnte deren Rechtspersönlichkeit zwar nicht geschaffen werden, sie sei aber Ausdruck einer «im Volk lebende[n] Anschauung».[770] Würde diese Auffassung der vergangenen Jahrhunderte als Missverständnis aufgefasst, so würde «in Verkehrung des Verhältnisses das Leben der Theorie, die Rechtsüberzeugung des Volks der todten Regel untergeordnet.»[771]

---

[765] Vgl. Gutachten Zürich, S. 10 ff.
[766] Vgl. Gutachten Zürich, S. 11.
[767] Vgl. Gutachten Zürich, S. 16.
[768] Vgl. Gutachten Zürich, S. 16 ff.
[769] Gutachten Zürich, S. 18.
[770] Gutachten Zürich, S. 25.
[771] Gutachten Zürich, S. 26.

Was die Enteignung betrifft, so sei es der gesetzgebenden Gewalt grundsätzlich gestattet, neben generell-abstrakten Regeln auch individuelle Ausnahmebestimmungen zu erlassen.[772] Auch könne eine grundsätzliche Entschädigungspflicht des Staates bei Entziehung von Privatrechten durch die Gesetzgebung nicht angenommen werden.[773] Wenn jedoch ein einzelnes Vermögensrecht entzogen werde, so müsse es sich dabei um eine Enteignung im Sinne von § 7 der Schaffhauser Kantonsverfassung handeln. Der Grosse Rat habe durch die entschädigungslose Einziehung der Hospeswohnung § 7 der Schaffhauser Verfassung verletzt.[774]

Die Geistlichkeit stellte das Gutachten KARL GUSTAV KÖNIG[775] zu, den sie als Anwalt gewinnen wollte. Nach Einsicht in das Gutachten meldete er der Regierung am 26. Dezember 1867, dass er den Fall übernehmen werde und wagte auch schon eine Prognose: «Die Einrede des Staates, die Geistlichkeit habe keine Privatrechte erwerben können scheint mir, gegenüber den feststehenden und anerkannten Thatsachen von sehr zweifelhaftem Geschmack zu sein.»[776] Mit König schien die Geistlichkeit eine ideale Wahl getroffen zu haben. Neben der Tatsache, dass König ein Theologiestudium absolviert hatte, hatte er als Ständerat Einblick in den Parlamentsbetrieb. Nicht zu unterschätzen war ausserdem die Freundschaft Königs zum Bundesrichter Johann Jakob Blumer. Dieser hielt sich zwar mit Aussagen zum hängigen Fall

---

[772] Vgl. Gutachen Zürich, S. 31 f.
[773] Vgl. Gutachten Zürich, S. 33 f.
[774] Vgl. Gutachten Zürich, S. 34 ff.
[775] KÖNIG, KARL GUSTAV (1828-1892). Studium der Theologie und dann der Rechtswissenschaft in Bern, München und Heidelberg. 1854 erwarb er das Berner Fürsprecherpatent und war in Bern als selbständiger Anwalt tätig. 1871 wurde er Professor für bernisches Recht und vergleichendes Schweizer Privatrecht an der Universität Bern. König war Verfasser und Kommentator des bernischen Zivilgesetzbuches. Er war Berner Grossrat und Ständerat (1867–68). Vgl. ZÜRCHER CHRISTOPH, König, Karl Gustav, in: Historisches Lexikon der Schweiz (HLS), Bd. 7, Basel 2008, S. 357.
[776] Vgl. Brief Karl Gustav Königs an den Dekan der Geistlichkeit vom 26. Dezember 1867, StASH S IV 17.

zurück, seine politischen Aussagen lassen aber den Schluss zu, dass seine Sympathien nicht auf der Seite der Schaffhauser Regierung waren.[777]

Das Gutachten der Zürcher Juristenfakultät stellte die Geistlichkeit im April 1868 auch dem Grossen Rat von Schaffhausen zu, zusammen mit der Anzeige, dass die Angelegenheit beim Bundesgericht anhängig gemacht worden sei. Dies jedoch nicht ohne dem Grossen Rat zu versichern, dies sei erst «nach langer, reiflicher Erwägung und mit tiefstem Bedauern» geschehen. Die Geistlichkeit habe diesen Weg nicht wegen dem Wert der Liegenschaft oder aus Opposition zu den Staatsorganen eingeschlagen. Aufgrund des «so klare[n]» Rechtsgutachtens und nach «Berathungen mit andern bedeutenden juristischen Autoritäten» sei es die Geistlichkeit nicht nur sich selbst, «sondern auch dem öffentlichen Recht des Kantons Schaffhausen schuldig», diesen Weg einzuschlagen. Die Geistlichkeit erwähnte jedoch erneut ihre Bereitschaft auch jetzt noch – wie bereits zuvor schon – zu Konzessionen bereit zu sein, sofern die Regierung ihren Rechtsstandpunkt akzeptieren würde.[778]

2. Rechtsgutachten der juristischen Fakultät der Universität von Bern

Durch die geballte wissenschaftliche Argumentation der Zürcher Fakultät, liess sich die Schaffhauser Regierung nicht zu Konzessionen bewegen – obwohl die Geistlichkeit für ihr Gutachten 335 Franken aufgewendet hatte.[779] Im Gegenteil, sie schlug mit einem Gutachten der juristischen Fakultät der Universität Bern zurück.[780] König versuchte bereits früh die Ausarbei-

---

[777] Vgl. Brief Johann Jakob Blumers an seinen Freund König vom 18. Dezember 1868, StASH S IV 10.
[778] Vgl. Begleitschreiben des Konvents an den Grossen Rat, StASH S IV 7.
[779] Auflistung der Auslagen zum Prozess um die Hospeswohnung 1862-1868, StASH S IV 18.
[780] König erwähnte in einem Brief an den Dekan vom 8. Januar 1868, dass das Gutachten bei der Berner Juristenfakultät in Auftrag gegeben worden sei, vgl. Brief Karl Gustav Königs an den Dekan der Geistlichkeit vom 8. Januar 1868, StASH S IV 17.

tung dieses Gutachtens zu beeinflussen. Über seine Kontakte zur Berner Fakultät wollte er vor allem erreichen, dass dieses nicht ein «Gefälligkeitsgutachten» werden würde.[781]

Den Anfang machte eine Schelte an Zürich, wonach der Tatbestand nicht vollständig und noch dazu unrichtig wiedergegeben worden sei, dazu mit «manchen Rechtsansichten verwebt».[782] Bern sah in den Geistlichen nichts anderes als Beamte der Landeskirche, welche im Konvent und der Synode eine kirchliche Behörde bildeten. Die neue Einteilung der juristischen Personen durch die Zürcher Fakultät habe keinen hohen wissenschaftlichen Wert, wobei sich Bern einer einlässlichen Kritik enthalte, da es für die vorliegende Frage ohnehin nur zwei Möglichkeiten gebe. Entweder entstehe das Rechtssubjekt durch ein gewidmetes Vermögen oder durch eine selbständige öffentlich-rechtliche Korporation. Da der letzte katholische Abt jedoch das katholische Kirchenvermögen 1524 dem Staate übertragen hatte und die reformierte Kirche erst im Jahre 1529 konstituiert worden war, erhielt sie ihr Vermögen direkt vom Staat. Ausserdem wäre – wenn überhaupt – die *reformierte Kirche* das Rechtssubjekt geworden und nicht die *Geistlichkeit*.[783] Die Geistlichkeit konnte auch als öffentlich-rechtlicher «Verband» keine privatrechtliche Persönlichkeit erlangen, da sie in ihren öffentlichen Funktionen «völlig unselbständig» gewesen sei.[784]

Den Vertrag von 1837 wischte Bern mit der Erklärung beiseite, dass dies keinesfalls ein privatrechtlicher Vertrag sei. Es handle sich um eine Art «Grenzregulirung zwischen Hoheitsrecht des Staates und Kompetenz der Geistlichkeit in Bezug auf das Recht der Verleihung einer Amtswohnung an

---

[781] «[...] indessen habe ich ein Mitglied derselben [der Juristenfakultät Bern] gebeten die Frage genau zu prüfen und dafür zu sorgen, dass kein Gefälligkeitsgutachten ausgestellt wird.» Vgl. Brief Karl Gustav Königs an den Dekan vom 8. Januar 1868, StASH S IV 17.
[782] Vgl. Gutachten Bern, S. 5.
[783] Gutachten Bern, S. 22 ff.
[784] Gutachten Bern, S. 13 f.

ein Mitglied des Ministeriums [...]».⁷⁸⁵ Bern deutete den Vertrag als blosse Dienstanweisung.

III. Verfahren vor Bundesgericht

Im Gegensatz zur Zürcher Regierung im Kaufhausprozess konnte die Schaffhauser Regierung nicht darauf hoffen, sich nur vor Schaffhauser Gerichten rechtfertigen zu müssen. Handelte es sich um eine privatrechtliche Streitigkeit zwischen Privaten oder Korporationen und dem Fiskus, so sah die Schaffhauser Kantonsverfassung – wie bereits eingangs erwähnt – vor, dass eine Partei unter Umgehung der kantonalen Gerichte das Bundesgericht anrufen konnte.⁷⁸⁶

1. Klage der Geistlichkeit Schaffhausens

König liess sich anfänglich Zeit, seine Klage einzureichen, weil er Anzeichen für eine Kompromissbereitschaft der Regierung erblickte und weil er das Berner Gutachten abwarten wollte. Er meldete dem Dekan der Geistlichkeit am 24. August 1868, dass er die Klageschrift fertig gestellt habe, dass er aber noch nicht in den Besitz des Berner Gutachtens gelangt sei.⁷⁸⁷ Als sich diese Hoffnung nicht erfüllte, schien es bereits zu spät zu sein, um die Klage noch rechtzeitig einzureichen, um sicher zu gehen, dass der Fall bis zur Juli-Sitzung des Jahres 1869 verhandlungsreif war. König reichte die Klage schliesslich am 1. Oktober 1868 dem Bundesgerichtspräsidenten Blumer ein. Mit dieser Klage forderte die Geistlichkeit vom Fiskus Schaffhausen volle Entschädigung für die Entziehung der Hospeswohnung. Die Entschädigungshöhe sollte durch einen Sachverständigen festgestellt werden.⁷⁸⁸ Bun-

---

⁷⁸⁵ Gutachten Bern, S. 34 f.
⁷⁸⁶ Vgl. § 61 Abs. 2 KV/SH, Quelle: HEIMANN, S. 363 ff.
⁷⁸⁷ Vgl. Brief Karl Gustav Königs an den Dekan der Geistlichkeit vom 24. August 1868, StASH S IV 17.
⁷⁸⁸ Klageschrift der Geistlichkeit gegen die Regierung vom 1. Oktober 1868, StASH S IV 9.

desgerichtspräsident Blumer stellte das Doppel am 12. Oktober 1868 der Beklagten zu, mit der Aufforderung innert drei Wochen die Kompetenz des Bundesgerichts zu bestreiten oder sich andernfalls zur Klage zu äussern.[789] Während die Geistlichkeit bereits professionell vertreten war, handelte der Regierungsrat Schaffhausens noch für sich selber, was sich in der Folge darin zeigte, dass Regierungsrat MOSER-OTT[790] eine Fristerstreckung verlangte, um sich darüber klar zu werden, ob die Regierung die Kompetenz des Bundesgerichts bestreiten wolle.[791] Blumer teilte ihm am 25. Oktober mit, dass dies leider nicht möglich sei, da es sich um eine gesetzliche Frist handle. Daraufhin erklärte der Regierungsrat, die Kompetenz des Bundesgerichts nicht anzuerkennen, jedoch ohne Begründung.[792] Blumer blieb nichts anderes übrig, als daraufhin die Akten an die Klägerin zurückzusenden, jedoch nicht ohne in einem Nebensatz anzumerken, dass die Bestreitung der Kompetenz «nicht näher motiviert sei».[793] Ob eine Begründung nötig gewesen wäre, darüber schwieg sich das Gesetz aus, Art. 92 des BGbR verlangte lediglich, dass die Zuständigkeit des Bundesgerichts bestritten wurde.

2. Kompetenzfrage vor der Bundesversammlung

Die Regierung hatte also ihr Etappenziel erreicht, die Kompetenz des Bundesgerichts in dieser Sache war einstweilen nicht begründet. Der Geistlich-

---

[789] Vgl. Begleitbrief Johann Jakob Blumers bei Rücksendung der Prozessakten an die Klägerin, StASH S IV 10, Fasz. 25.

[790] MOSER-OTT, JOHANN CHRISTOPH (1819–1911) Nach einer Lehre als Schmied führte Moser-Ott die väterliche Eisenhandlung in Schaffhausen, bis er dort eine Beamtenlaufbahn einschlug. Er war sowohl Schaffhauser Grossstadtrat als auch Kantonsrat. 1867–1872 und 1875–1906 war er Schaffhauser Regierungsrat. Vgl. WIPF MATTHIAS, Moser [Ott], Johann Christoph, in: Historisches Lexikon der Schwciz (HLS), Version vom 22. Oktober 2007, URL: http://www.hls-dhs-dss.ch/textes/d/D6083.php.

[791] Die Frist betrug laut Art. 92 BGbR drei Wochen.

[792] Vgl. Kompetenzeinrede von Präsident und Regierungsrath des Kantons Schaffhausen an Bundesgerichtspräsident Blumer vom 27. Oktober 1868, StASH S IV 10, Fasz. 20.

[793] Vgl. Begleitbrief Johann Jakob Blumers bei Rücksendung der Prozessakten an die Klägerin, StASH S IV 10, Fasz. 25. Die gesetzliche Grundlage für dieses Vorgehen war Art. 93 BGbR.

keit blieb nichts anderes übrig, als gemäss Art. 93 BGbR einen Entscheid der Bundesversammlung zu suchen.[794] Seltsam mag daher der Umstand erscheinen, dass die Regierung Schaffhausens doch noch eine Begründung beim Bundesgericht nachreichte. Sie tat dies aber erst am 21. Dezember 1868, also einen Tag bevor die Bundesversammlung über die Kompetenz entschied.[795] Da im Streit um die Hospeswohnung nun aber gerade die Qualifikation der Geistlichkeit als Korporation von der Regierung bestritten wurde, versuchte letztere, die Bundesversammlung zu überzeugen, die Streitigkeit nicht ans Bundesgericht zu überweisen.[796] Am 14. Dezember 1868 richtete die Regierung Schaffhausens eine Eingabe an die Bundesversammlung, worin sie nicht nur die Korporationsqualität der Geistlichkeit bestritt, sondern die Anerkennung der Geistlichkeit in einen politischen Zusammenhang stellte.[797] Es entstand in der Folge ein Kampf um die Meinungen der Parlamentarier. Johann Jakob Rüttimann – zu dieser Zeit Zürcher Ständerat und Mitglied der Zürcher Juristenfakultät – hatte nämlich am 15. Dezember 1868 die Geistlichkeit aufgefordert, das Zürcher Gutachten unter die Parlamentarier verteilen zu lassen, da die Regierung Schaffhausens ihr Gutachten der Berner Fakultät den Ratsmitgliedern bereits hatte verteilen lassen. Falls zu wenige Exemplare vorrätig seien, so solle es wenigstens unter die Kommissionsmitglieder verteilt werden, forderte Rüttimann.[798] Auf die Eingabe der Regierung des Kantons Schaffhausen bei der Bundesversammlung reagierte die Geistlichkeit am 18. Dezember 1868 mit einer eigenen Eingabe, welche Karl

---

[794] Dass die Bundesversammlung Kompetenzstreitigkeiten entschied, ergab sich auch aus Art. 74 Ziff. 17 BV 1848.

[795] Vgl. Nachträgliche Begründung zur Komepetenzeinrede von Präsident und Regierungsrath des Kantons Schaffhausen an den Bundesgerichtspräsidenten vom 21. Dezember 1868, StASH S IV 10, Fasz. 27.

[796] Art. 74 Ziff. 17 lit. a BV 1848 hielt fest, dass die Bundesversammlung entschied, ob eine Frage in die Kompetenz des Bundes oder der Kantone fiel.

[797] Vgl. die Angaben in der Eingabe der Geistlichkeit an die Bundesversammlung 1868 (Druckschrift), StASH S IV 12.

[798] Vgl. Brief Johann Jakob Rüttimanns an die Geistlichkeit vom 15. Dezember 1868, StASH S IV 16.

Gustav König zusammen mit dem Zürcher Gutachten den Parlamentariern verteilen liess.[799]
Königs Beziehungen zu den Räten schienen sich bezahlt zu machen, berichtete er doch dem Dekan, dass ein Mitglied der Kommission, die die Kompetenzfrage zu beraten hatte, bei ihm war, um sich über einiges zu erkundigen und «ganz indigniert über das Benehmen der Regierung [Schaffhausens] war.» Die Kommission sei günstig gestimmt, ob einstimmig, wisse er (König) nicht.[800] Auch die Freundschaft zu Blumer war in diesem Stadium von Nutzen. Blumer – sowohl Bundesrichter als auch Ständerat – dankte König für das Zürcher Gutachten, «welches vortrefflich abgefasst sei». Die Kompetenzfrage schien ihm klar, und er äusserte sich auch ganz freimütig: «[…]wenn man Euch nicht gerade Gericht & Recht verschliessen will, so ist auch […] das Bundesgericht zuständig. Mit Rücksicht auf meine Stellung als Mitglied dieses Gerichtshofes will ich mich einstweilen jeden Urtheiles über die Hauptfrage enthalten.» Von einem Herrn Stamm[801] habe er erfahren, dass es der Regierung in erster Linie um den Ministerialfonds gehe.[802] Dieser war ein ausgeschiedenes Staatsvermögen, mit welchem die Kirchenzwecke finanziert wurden.[803] Die Schaffhauser Regierung befürchtete wohl, dass dieser Fonds unter die Kontrolle der Kirche fallen könnte, sofern der Anspruch der Geistlichkeit auf die Hospeswohnung anerkannt werden würde.

Die Vereinigte Bundesversammlung entschied am 22. Dezember 1868, dass es sich bei der Frage, ob die Geistlichkeit eine Korporation im Sinne von § 61 Abs. 2 KV/SH war, um eine materielle Frage handle, welche vom Bun-

---

[799] Eingabe der Geistlichkeit an die Bundesversammlung 1868 (Druckschrift), StASH S IV 12.; vgl. ausserdem zu Königs Vorgehen den Brief Karl Gustav Königs an den Dekan der Geistlichkeit vom 17. Dezember 1868, StASH S IV 17.

[800] Brief Karl Gustav Königs an den Dekan der Geistlichkeit vom 17. Dezember 1868, StASH S IV 17.

[801] Wohl HEINRICH STAMM-GELZER (1827–1905). Schaffhauser Radikaler und zu dieser Zeit Ständerat, späterer Bundesrichter. Vgl. BÄCHTOLD KURT, Stamm, Heinrich, in: Schaffhauser Beiträge zur Geschichte, Bd. IV 58 (1981), S. 325 ff.

[802] Vgl. Brief Johann Jakob Blumers an seinen Freund König vom 18. Dezember 1868, StASH S IV 10.

[803] Vgl. zum Ministerialfonds und seinem Bezug zum Fall: Gutachten Zürich, S. 23 f.

desgericht beurteilt werden solle.[804] Bützberger und Stamm gelang es nicht, die Bundesversammlung davon zu überzeugen, dass es sich um eine politische Frage handelte.[805] Die Geistlichkeit hatte einen ersten Sieg errungen.

3. Klageantwort der Regierung Schaffhausens

Die Kompetenzeinrede an das Bundesgericht hatte noch Regierungsrat Moser-Ott verfasst, welcher keine juristische Ausbildung besass. Die Klageantwort der Regierung Schaffhausens vom 20. Januar 1869 verfasste nun der bekannte Fürsprecher JOHANN BÜTZBERGER.[806]

a. Kompetenzeinrede

Bützberger begann seine Klageantwort mit einer lehrbuchartigen Kommentierung des BGbR. So bestimme dessen Art. 5, dass «handlungsfähige Personen» ihre Rechte vor dem Bundesgerichte verfolgen können. So gebe es «bekanntlich zwei Arten von Personen, physische und juristische.»[807] Juristische Personen seien entweder Korporationen oder Stiftungen, wobei erstere durch «Vereinigung einer Mehrheit von Menschen zu einem gemeinschaftlichen […] Zweck» entstehen und letztere durch Widmung eines Vermögens zu einem bestimmten Zweck.[808] Daneben gehöre aber auch die Anerkennung des Staates dazu, da die juristischen Personen «eine Schöpfung des positiven Rechts» seien.

---

[804] Beschluss der Schweizerischen Bundesversammlung betreffend einen von der Schaffhauser Geistlichkeit erhobenen Kompetenzkonflikt, vom 22. Dezember 1868, BBl 1869 I 10 f.; vgl. auch ZSR XIX (1876), S. 152 ff. (155).
[805] Ihre Voten finden sich im Journal de Genève vom 25. Dezember 1868, Nr. 308, S. 2.
[806] Vgl. zu Bützberger Anm. 623.
[807] Klageantwort Regierung, S. 2, StASH IV 13.
[808] Bützberger erwähnt in einer nachträglichen Fussnote auch die vorgeschlagene, neue Einteilung der juristischen Personen durch das Zürcher Gutachten und stimmt in die Meinung der Berner Fakultät ein, wonach die neue Einteilung im konkreten Fall keine Änderung bewirke, da ja auch das Zürcher Gutachten zum Schluss komme, dass nur eine Korporation oder ein gewidmetes Vermögen in Frage kommen.

Gegen die Behauptung der Klägerin, vor dem Erlass des Privatrechtlichen Gesetzbuches in Schaffhausen sei es auch möglich gewesen, juristische Personen ohne positive Norm zu bilden, führte Bützberger mehrere Meinungen von juristischen Autoritäten ins Feld. So verweise Bluntschli in der Frage der Genehmigung auf das Privatrechtliche Gesetzbuch für den Kanton Zürich, welches für kirchliche Korporationen eine Genehmigung vorsehe, jedoch nicht für solche mit wissenschaftlichem, künstlerischem oder sonst wie gemeinnützigem Zweck. Friedrich Ludwig Keller bezeichne die Frage, ob es einer Genehmigung des Staates zur Entstehung einer juristischen Person bedürfe, als «streitig, [sie] werde aber von den meisten Neueren [Staaten] bejaht.»[809] Bützberger sah es – im Gegensatz zur Klageschrift – als wichtig an, ob die Geistlichkeit eine Korporation des öffentlichen oder des Privatrechts sein soll. Wenn man auch behaupte, privatrechtliche Korporationen könnten ohne staatliche Genehmigung entstehen, so «wolle doch sicher niemand behaupten wollen, dass öffentliche Corporationen, namentlich kirchliche, ohne Zustimmung und Consens des Staates entstehen können. Es ist charakteristisch, dass die Geistlichkeit selbst nicht weiss was sie ist!»[810] Die Geistlichkeit bezeichnete sich 1837 gegenüber dem kleinen Rat als «anerkannte öffentliche Korporation» und gegenüber der Zürcher Fakultät als Personengesamtheit. Bützberger behauptete, das Zürcher Gutachten sehe die Geistlichkeit als «sogenannte Privatkorporation». Dies alles seien «Lauter widersprüchliche Ansichten, die wir alle bestreiten.»[811] Ausserdem forderte Bützberger von der Klägerin den Beweis, dass die Geistlichkeit eine juristische Person sei, denn diesen Beweis habe sie bis jetzt nicht geleistet. So lägen keine Urkunden vor, und die Klägerin begnüge sich damit zu behaup-

---

[809] Klageantwort Regierung, S. 4 f., StASH IV 13. Genauere Angaben zu seinen Quellen macht Bützberger nicht.
[810] Klageantwort Regierung, S. 8, StASH IV 13.
[811] Klageantwort Regierung, S. 8, StASH IV 13. Das Zitat findet sich nicht im Zürcher Gutachten und scheint eher Polemik zu sein. Im Gegenteil lässt sich in der Zusammenfassung des Zürcher Gutachtens unter Punkt I. lesen: «Die reformierte Geistlichkeit des Kantons Schaffhausen ist eine mit Vermögensrechtsfähigkeit ausgestattete Korporation.», vgl. Gutachten Zürich, S. 37.

ten, die juristische Persönlichkeit «erhelle» aus dem Tatbestand. Obwohl in Akten und Gesetzen von «der Geistlichkeit» die Rede sei, seien die Geistlichen lediglich Staatsbedienstete. Bützberger lehnte sich hier stark an die Argumentation des Berner Gutachtens an und führte zur Unterstützung mehrere Bestimmungen des Kirchenorganisationsgesetzes an, welche belegen sollten, dass es sich bei den Geistlichen lediglich um Staatsbedienstete handelte. Weiter bestritt die Beklagte, dass die Geistlichkeit eigene Organe bestelle und zu einem dauernden Zweck bestehe. Schliesslich könne der Vertrag zwischen der Geistlichkeit und der Regierung von 1837 nicht die Anerkennung der Geistlichkeit als juristische Person bedeuten.

Dass Bützberger der Kirche nicht allzu wohl gesonnen war, lässt folgende Passage vermuten: «Wie, wenn die Hochehrwürdige Geistlichkeit trotz ihrer Versicherung, dass sie das göttliche Recht habe, den Prozess doch verlöre und in die Prozesskosten verfällt würde? An wen müsste man sich dann halten?»[812]

b. Eventuelle Einlassung

Hier wendete die Beklagte vor allem ein, dass der Vertrag von 1837 gar kein Vertrag gewesen sei, sondern ein einseitiger Akt der Regierung, zu dem die Regierung ausserdem gar nicht kompetent gewesen sei, da sie lediglich die Verhandlungen hätte führen dürfen. Der Widerspruch scheine offensichtlich, Verhandlungen hätten eigentlich gar nicht stattfinden können, da es ja ein einseitiger Akt gewesen sei. Ausserdem stütze sich die Argumentation auf die Kantonsverfassung von 1852.[813]

Es scheint, als wäre Bützberger klar gewesen, dass seine einzige Möglichkeit darin bestand, die Qualifikation der Geistlichkeit als juristische Person zu verhindern. Würde das Bundesgericht die Geistlichkeit als juristische Person qualifizieren, so wäre die Niederlage der Regierung so gut wie besiegelt gewesen.

---

[812] Klageantwort Regierung, S. 17, StASH IV 13.
[813] Klageantwort Regierung, S. 19 ff., StASH IV 13.

4. Replik der Geistlichkeit Schaffhausens

Karl Gustav König scheint sich seiner Sache sicher gewesen zu sein, begann er doch seine Replik vom 18. März 1869 mit den Worten: «Die reformierte Geistlichkeit gedenkt nicht, der Regierung auf ihren theoretischen Irrwegen zu folgen, [...]».[814] Ob eine juristische Person nach der geltenden Gesetzgebung nur mit einer Staatsgenehmigung entstehen könne, sei ihm und der Geistlichkeit «vollkommen gleichgültig», da es nur um die Frage gehe, ob die Geistlichkeit nicht schon seit Jahrhunderten als vermögensfähige Person anerkannt sei. In diesem Punkt sah König auch das Berner Gutachten auf seiner Seite.[815] «[...] und wenn irgend paradoxe Wissenschaft zu finden ist, so ist es in Ihrem Gutachten.»

Nach weiteren Ausführungen zur Korporationsqualität der Geistlichkeit, unter Bezugnahme auf Grössen wie Savigny, Puchta und Mommsen, machte König eine Aussage, die vermuten lässt, dass es für einen Kenner der Berner Juristenfakultät möglich war festzustellen, von welchem Mitglied eine Aussage stammte. «Dagegen bleibt mir noch übrig einige faktische Unrichtigkeiten zu widerlegen, welche theils in dem Gutachten der Berner Juristen Fakultät – d.h. in einer Fraktion derselben – theils in der gegnerischen Vertheidigung enthalten sind.» König spricht in der Folge explizit davon, dass die Darstellung, das «Herrengärtlein» sei Klostervermögen gewesen, von Prof. G. Vogt stamme.[816] Zumindest für König als Kenner der Berner Fakultät und späterem Mitglied derselben, schien es möglich, den Schleier des vermeintlich geschlossenen Spruchkörpers zu lüften.

Im Gegenteil zeige gerade die vom der Beklagten eingereichte Zessionsurkunde von 1524, dass das Herrengärtlein nicht Klostervermögen war, da dort

---

[814] Überhaupt wurde der *lebensferne Theoretiker* gerne bemüht, um die Qualität eines Gesetzes oder sogar der Verfassung hervorzuheben, welche von Staatsmännern in zähen Verhandlungen geschaffen worden sei, vgl. z.B. JOHANN JAKOB BLUMER in einem Bericht einer Ständeratskommission von 1865, teilweise abgedruckt bei RAPPARD, S. 311.

[815] Gegenantwort der Geistlichkeit vom 18. März 1869, S. 1, StASH IV 14.

[816] Damit schien es für Kenner der Fakultät – wie König einer war – möglich gewesen zu sein, zu beurteilen, welches Mitglied welche Meinung zum Rechtsgutachten beigesteuert hatte, vgl. Gegenantwort der Geistlichkeit vom 18. März 1869, S. 6, StASH IV 14.

umständlich aufgezählt worden war, welche Werte zum Klostervermögen gehörten. Das Herrengärtlein findet sich in dieser Aufzählung nicht, weil es der Weltgeistlichkeit gehörte – früher der katholischen und nach der Reformation der reformierten – ohne dass die Übergabe speziell erwähnt worden wäre. Um dies zu beweisen, reichte König eine Reihe von Urkunden ein, welche das Herrengärtlein als «bekanntes Eigenthum der reformierten Geistlichkeit von Schaffhausen behandelt[en], unter Zustimmung der Regierung.»[817]

(Eine Duplik des Kantons Schaffhausen liess sich nicht auffinden.)

IV. Urteil des Bundesgerichts vom 2. Juli 1869

1. Richterbank

Anwesend waren laut Protokollband alle Bundesrichter ausser Bundesrichter PAUL CÉRÉSOLE.[818] Somit also Bundesgerichtspräsident EDOUARD CARLIN,[819] Bundesrichter JOHANN JAKOB BLUMER,[820] NICOLAUS HERMANN,[821]

---

[817] Die Urkunden stammten u.a. aus dem Jahre 1472, in welcher das «Herrengärtlein» durch die Weltgeistlichkeit mit einem Pfand belastet worden war. Ausserdem zwei weitere Urkunden vom 1. Juli 1603 und 19. Dezember 1604, in denen «ewige Vergabungen» bestätigt worden waren, vgl. Gegenantwort der Geistlichkeit vom 18. März 1869, S. 6 ff., StASH IV 14.

[818] ABGer Prot. Bd. V, S. 423.

[819] CARLIN, EDOUARD (1817–1870). Carlin studierte von 1837 bis 1839 beide Rechte in Freiburg i. Br., Bern und Paris, war daraufhin Fürsprecher in Delémont (1842–68) und ab 1868 Prof. für französisches Zivilrecht an der Universität Bern, welche ihm 1858 den Dr. h.c. verliehen hatte. Carlin war von 1846 bis 1868 (mit einem kurzen Unterbruch durch Abwahl 1850) Berner Grossrat und der erste jurassische Präsident desselben. Carlin lehnte sowohl die Wahl zum Regierungsrat (1858 und 1862), als auch zum Oberrichter ab (1854). Auf nationaler Ebene war Carlin Nationalrat (1854–1870) und Bundesrichter (1866–70). Als Katholik war Carlin eine zentrale Figur in der antiklerikalen, liberalen und antiseparatistischen Opposition im Jura und engagierte sich stark für den staatlichen Ausbau der Eisenbahn in dieser Gegend. Sowohl bei der Redaktion des bernischen Zivilrechts als auch als Mitglied der Kommission zur Ausarbeitung des eidgenössischen Handelsgesetzbuches war Carlin massgeblich beteiligt. Vgl. STETTLER PETER, Carlin, Edouard, in Historisches Lexikon der Schweiz (HLS), Bd. 3, Basel 2004, S. 209; BuriLex, Edouard Carlin.

[820] Vgl. zur Kurzbiographie Johann Jakob Blumers Anm. 341.

GOTTLIEB JÄGER,[822] JOSEF WILHELM VIGIER,[823] PHILIPPE CAMPERIO,[824] EDUARD HÄBERLIN,[825] JOST WEBER,[826] ALEXIS ALLET[827] und CARL GEORG JAKOB SAILER.[828]

---

[821] Vgl. zur Kurzbiographie Nicolaus Hermanns Anm. 344.
[822] Vgl. zur Kurzbiographie Gottlieb Jägers Anm. 347.
[823] VIGIER, JOSEF WILHELM (1823–1886). Der Sohn eines Solothurner Regierungsrates studierte Geschichte und Philosophie an der Akademie in Genf (1843–1844) und anschliessend Jura in Bonn, Heidelberg, Zürich und Berlin (1844–1848). Vigier war Amtsrichter in Solothurn-Lebern (1850–1853) und von 1851 bis 1856 Fürsprecher in Solothurn. Vigier war ausserdem während 30 Jahren Solothurner Regierungsrat (1856–1886). Auf Bundesebene war Vigier Ständerat (1856–1886) und Bundesrichter (1858–1874). Er kandidierte mehrmals erfolglos als Bundesrat (1866, 1881) und bekleidete hohe Ämter in der Freisinnigen und Radikalen Partei. Vigier schrieb als Redaktor beim «Solothurner Blatt» und war Mitbegründer und Redaktor des «Solothurner Landboten». Er war Verwaltungsrat in mehreren Gesellschaften, wie z.B. in Spinnerei-Firmen, der Portland-Zementfabrik und der Solothurner Bank und war Präsident der Emmentalbahn. Er gründete im Kanton Solothurn ausserdem die Irrenanstalt, das Kantonsspital und die Zwangsarbeitsanstalt. Vgl. BuriLex, Josef Wilhelm Vigier.
[824] CAMPERIO, PHILIPPE (1810–1882). Der Sohn eines Dr. beider Rechte stammte aus Italien (ab 1847 aus Genf) und studierte ab 1829 Rechtswissenschaft in Genf (u.a. bei Pellegrino Rossi), wo er 1833 mit einer Dissertation über die Todesstrafe für Mord promovierte und darin die Todesstrafe unterstützte. Erfolglos kandidierte er zweimal für den Genfer Lehrstuhl für Strafrecht und Strafuntersuchung, worauf er 1839 einen «Appel à l'opinion publique» veröffentlichte und darin die Genfer Akademikerkreise anprangerte. In der Politik war Camperio erfolgreicher, war er doch Genfer Grossrat (1847–1870), Ständerat (1850–1851, 1863–1866, 1869–1870) und Nationalrat (1851–1863, 1866–1869) sowie Genfer Staatsrat (1853–1855, 1865–1870). Von 1848 bis 1866 gelang es Camperio doch noch, Prof. für Strafrecht und öffentliches Recht in Genf zu werden. Von 1857 bis 1874 war Camperio Mitglied des Bundesgerichts. Vgl. SENARCLENS JEAN DE, Camperio, Philippe, in: Historisches Lexikon der Schweiz (HLS), übersetzt aus dem Französischen, Bd. 3, Basel 2004, S. 186; BuriLex, Philippe Camperio.
[825] Vgl. zur Kurzbiographie Eduard Häberlins Anm. 657.
[826] WEBER, JOST (1823–1889). Auch Jost Weber war – wie so viele Bundesrichter – Sohn eines Landwirts. Er studierte von 1845–1847 Rechtswissenschaft in München und war ab 1849 als Rechtsanwalt und Geschäftsagent in Sursee und Entlebuch tätig, nachdem er 1847 noch Hauptmann der Sonderbundsarmee gewesen war. Weber war Mitglied des Grossen Rats des Kantons Luzern (1854–1867), Luzerner Ständerat (1860–1867) und von 1867 bis 1874 Regierungsrat in Luzern. 1863 wurde er als Nachfolger von Kasimir Pfyffer zum Bundesrichter gewählt und blieb bis 1872 in diesem Amt. Weber sass im Verwaltungsrat der Gotthardbahn, war Verwaltungsrat der Ost-West-Bahn, Direktor und anschliessend Verwaltungsrat der Bern-Luzern-Bahn, Direktor und anschliessend Verwaltungsratspräsident der Rigibahn sowie Verwaltungsrat der Versicherungsgesellschaft «La Suisse». Vgl. BuriLex, Jost Weber.
[827] ALLET, ALEXIS (1820–1888). Als Kind eines Landratsabgeordneten und Appellationsrichters studierte Allet Rechtswissenschaft in Sitten, Chambéry und Pisa und praktizierte

2. Sachverhalt

Für das Bundesgericht war das Herrengärtlein Eigentum der Weltgeistlichkeit der Pfarrkirche zu St. Johann, wobei sich die Richter auf die Pfandurkunde von 1472 stützten. Nach der Reformation trat an ihre Stelle – auf welche Weise «erhelle» aus den Akten nicht – die reformierte Geistlichkeit von Schaffhausen, was die Urkunden von 1603 und 1604 belegen würden. Im Jahre 1654 ging das Herrengärtlein in das Eigentum des Staates über, wobei die Geistlichkeit im Gegenzug den ersten und zweiten Stock des Hauses zum Eckstein «erhielt». Die «Art und Weise», wie dies geschah, sei urkundlich nicht ermittelt. «Es ist aber theils nach der Natur der Sache theils als Folge der von Joh. Schop, freilich nur aus dem Gedächtnis niedergeschriebenen Konventsverhandlung vom 30 April 1728 die Annahme gerechtfertigt, dass dieselbe im gemeinschaftlichen Einverständnis der Regierung und der Geist-

---

ab 1847 als Anwalt in Leuk. Er war 1848 Richter in Agarn, von 1848 bis 1851 Walliser Appellationsrichter und danach Bezirksrichter in Leuk. Von 1855 bis 1870 war Allet Staatsrat und brachte es in Zusammenarbeit mit der radikalen Mehrheit im Staatsrat fertig, die Staatsfinanzen zu sanieren. Allet setzte sich für den Bau der Eisenbahn und für den Strassenbau im Kanton ein, auch veranlasste er die erste Etappe der Rhone-Korrektur. Er war treibende Kraft bei der Gründung der Walliser Kantonalbank und war deren Verwaltungsratspräsident. Diese Stellung brachte ihm beim Bankrott der Kantonalbank 1870 ein Gerichtsverfahren ein, in dem er schliesslich freigesprochen wurde. Trotzdem trat er 1872 als Nationalrat (seit 1851) und Bundesrichter (seit 1865) zurück. Seine Regierungszeit wird in der Walliser Geschichte als «Ära Allet» bezeichnet. Vgl. FIBICHER ARTHUR, Allet, Alexis, in: Historisches Lexikon der Schweiz (HLS), Bd. 1, Basel 2002, S. 192 f.; BuriLex, Alexis Allet.

[828] SAILER, CARL GEORG JAKOB (1817–1870). Sailer absolvierte nach dem Gymnasium in St. Gallen die Klosterschule Einsiedeln und die Jesuiten-Kollegien in Sitten und Fribourg sowie das Lyceum in Solothurn. Anschliessend studierte er Rechte in Fribourg, Tübingen und Jena. Er praktizierte als Rechtsanwalt in Wil und später in St. Gallen, war Mitglied des Kantonsgerichts (1849–1854) und von 1855 bis 1864 Präsident desselben. 1866 wurde er zum Bundesrichter gewählt, was er bis 1870 blieb. Vom Mitglied des St. Galler Gemeinderates (1849–1857) und des Grossen Rates über den Kantonsschulrat, den Verfassungsrat und den Erziehungsrat stieg Sailer zum St. Galler Regierungsrat auf, wo er für das Justizwesen zuständig war (1864–1870). Auf nationaler Ebene war Sailer Ständerat (1854–1857) und Nationalrat (1860–1870). Ausserdem war er als Redaktor bei der freisinnigen Zeitung «Pilger an der Thur» beschäftigt, verfasste historische Werke zur lokalen Geschichte und versuchte sich in Dichtung und Theaterstücken, welche teilweise in zahlreichen Auflagen erschienen. Vgl. BuriLex, Carl Georg Jakob Sailer.

lichkeit erfolgte.»[829] Für das Gericht war erwiesen, dass das Recht der Geistlichkeit am Haus zum Eckstein «mindestens als ein dingliches Besitzes- und Benutzungsrecht gedacht wurde.» Mit der Bezeichnung «Abkommnis»[830] war das Bundesgericht in der Wortwahl vorsichtig, als es den Vertrag von 1837 diskutierte. Am Ergebnis, dass der Geistlichkeit dadurch ein «selbständiges Recht eingeräumt werden wollte», änderte dies jedoch nichts.[831]

3. Erwägungen und Urteil

In ihren Erwägungen erklärten die Bundesrichter, «dass der Nachweis nicht geleistet ist, daß im Kanton Schaffhausen sei es ehemals, sei es dermalen die Bildung oder der Bestand privatrechtlicher Korporationen an eine staatliche Genehmigung geknüpft war oder sei»[832] Ausserdem habe der Staat die Geistlichkeit durch wiederholte Verhandlungen und Abkommnisse als Korporation und rechtsfähige juristische Person tatsächlich anerkannt.

Das dingliche Besitzes- und Benutzungsrecht wurde vom Staat nicht nur tatsächlich durch wiederholte Verhandlungen mit der Geistlichkeit, sondern auch ausdrücklich anerkannt und sogar für die Zukunft förmlich zugesichert. Es war laut Bundesgericht aber «noch nicht an der Zeit, das Maaß der zu leistenden Entschädigung von hier aus festzusetzen, vielmehr vorderhand der grundsätzliche Entscheid genügen mag.»[833]

Schliesslich verurteilte das Bundesgericht den Fiskus des Kantons Schaffhausen dazu, der Geistlichkeit eine Entschädigung für den Entzug der

---

[829] Vgl. Urteil des BGer vom 2. Juli 1869, Tatsachen, Ziff. 3, ABGer Doss. 582.
[830] Dieser Begriff (auch «Abkömmnis») wurde im Sinne von «Vergleich» oder «Vertrag» verwendet, vgl. Deutsches Wörterbuch von Jacob Grimm und Wilhelm Grimm, Leipzig 1854–1960, Bd. 1, Spalte 64.
[831] Vgl. Urteil des BGer vom 2. Juli 1869, Tatsachen, Ziff. 5, ABGer Doss. 582.
[832] Vgl. Urteil des BGer vom 2. Juli 1869, Erwägungen, Abs. 2, ABGer Doss. 582; vgl. auch ZSR XIX (1876), S. 152 ff. (156).
[833] Vgl. Urteil des BGer vom 2. Juli 1869, «Erwägung endlich», ABGer Doss. 582.

Hospeswohnung zu leisten. Die Gerichtskosten von Fr. 195.– hatte ebenfalls der Fiskus zu tragen, die Parteikosten blieben den Parteien selbst auferlegt.[834]

V. Ausblick

Die gesamten Kosten für die Geistlichkeit betrugen etwas mehr als 1700 Franken, davon alleine 900 Franken Honorar für Karl Gustav König und 350 Franken für das Rechtsgutachten aus Zürich.[835] Mit dem Gutachten aus Zürich und König als Anwalt hatte die Geistlichkeit eine exzellente Wahl getroffen. Zwar erwähnte das Gericht die Gutachten – wie üblich – nicht in seinen Erwägungen, die Reaktionen von König selbst und von Blumer lassen jedoch keinen Zweifel daran, dass die Argumente des Zürcher Gutachtens (und die Gutachten überhaupt) von den Bundesrichtern zumindest nicht ignoriert wurden.[836]

Scheinbar beschloss die Regierung Schaffhausens dann doch, ihre Kaserne an einem anderen Ort zu bauen. Sie wollte der Geistlichkeit nämlich im Anschluss an das Urteil die Hospeswohnung wieder zurückgeben. Dazu erläuterte König der Geistlichkeit am 15. August 1869, dass das Urteil auf Entschädigung laute und die Regierung daher kein Recht habe, die Wohnung zurückzugeben.[837] Mit dieser Auskunft gaben sich Dekan und Geistlichkeit jedoch noch nicht zufrieden, musste König doch in einem weiteren Brief erklären: «unter einer Entschädigung versteht man in der juristischen Welt ein Aequivalent in Geld. Es sei jedoch «eine Frage der Klugheit, ob Sie die Regierung zum Äussersten treiben oder eine angemessene Abfindung annehmen wollen. Trotz des Urtheils hat die Staatsgewalt Mittel und Wege genug um ihren Willen durchzusetzen.» So könnte es König zufolge dem

---

[834] Vgl. Urteil des BGer vom 2. Juli 1869, Erkenntnis 2, ABGer Doss. 582; vgl. auch ZSR XIX (1876), S. 152 ff. (155 f.).
[835] Auflistung der Auslagen zum Prozess um die Hospeswohnung 1862–1869, StASH S IV 18.
[836] Vgl. Anm. 802.
[837] Brief an den Dekan vom 15. August 1869, StASH S IV 17.

Staate einfallen, die nun anerkannte Korporationsqualität der Geistlichkeit aufzuheben.[838]

Der Geistlichkeit gelang es, auf einer Entschädigung in Geld zu bestehen, denn 1871 wurde die Hospeswohnung abgekurt, also gegen Entschädigung aus dem Vermögen der Geistlichkeit ausgesondert.[839] 1889 schliesslich schlossen der Regierungsrat und die Geistlichkeit einen Vertrag, worin der Staat die Geistlichkeit «in Ausführung des Bundesgerichtlichen Urteils vom 2. Juli 1869» mit 6000 Franken entschädigte. Weiter überliess er der Geistlichkeit das bisherige Lokal der Ministerialbibliothek im Kloster zur unentgeltlichen Benutzung. Sollte der Staat über das Lokal anderweitig verfügen, so verpflichtete er sich zu einer weiteren Entschädigung von 5000 Franken an die Geistlichkeit.[840]

VI. Fazit

Mit der Bestimmung in seiner Kantonsverfassung verhinderte der Kanton Schaffhausen eine unbefriedigende Situation, wie sie zwischen der Stadt Zürich und dem Kanton Zürich im Kaufhausprozess entstanden war.[841] Private und Korporationen konnten dank dieser Verfassungsbestimmung Klagen gegen den Fiskus direkt vor dem Bundesgericht anhängig machen. Was jedoch, wenn gerade die Qualifikation als Korporation in Frage stand und damit eine Zuständigkeitsvoraussetzung des Bundesgerichts umstritten war? In diesem Fall hatte die Bundesversammlung über die Zuständigkeit des Bundesgerichts zu entscheiden, und diese entschied im vorliegenden Fall zu Gunsten einer Zuständigkeit des Bundesgerichts. Es zeigt sich erneut,[842] dass

---

[838] Undatierter Brief Karl Gustav Königs an den Dekan [wohl nach demjenigen vom 15. August 1869, vgl. Anm. 837], StASH S IV 17.
[839] Abkurung der Hospeswohnung 1871, StASH S IV 20.
[840] Vertrag vom 29. Mai 1889 zwischen dem Regierungsrat und der Geistlichkeit aufgrund des bundesgerichtlichen Urteils 1889 (Abschrift), StASH S IV 21.
[841] Vgl. oben § 4.
[842] Vgl. bereits Anm. 535.

die Bundesbehörden auf die Kantone nicht allzu sehr Rücksicht nahmen. Wo das Bundesgericht zuständig war, besonders nachdem der Kanton Schaffhausen dessen Zuständigkeit freiwillig auf innerkantonale Streitigkeiten erstreckt hatte, mischte sich die Bundesversammlung nicht in den Verfahrensablauf ein. Bei der Frage, ob die Geistlichkeit eine juristische Person war, handelte es sich nach heutiger Terminologie um eine doppelrelevante Tatsache. Die Antwort auf diese Frage begründete einerseits die Zuständigkeit des Bundesgerichts, andererseits war es die zentrale materielle Rechtsfrage in dieser Streitigkeit. Die Bundesversammlung hätte somit durchaus die Möglichkeit gehabt, diese Frage zu prüfen und eine Zuständigkeit des Bundesgerichts möglicherweise zu verneinen. Interessanterweise verzichtete die Bundesversammlung aber darauf und überwies die Streitsache als Ganzes dem Bundesgericht. Es scheint sogar, dass das intensive Lobbying Schaffhausens das Parlament davon überzeugt hatte, den Streit ans Bundesgericht zu weisen, darauf deuten zumindest die Berichte von Bundesrichter Blumer hin.[843]

Wenngleich es sich hier nicht um staatsrechtliche Streitigkeiten handelte, wirft dieser Fall ein anderes Licht auf die Tatsache, wonach die Bundesversammlung – ausser in einem Fall – alle staatsrechtlichen Streitigkeiten selber entschieden hatte und in der Folge nie wieder von Art. 105 BV 1848 Gebrauch gemacht hatte. Dieser Artikel ermöglichte es der Bundesversammlung, Verfassungsbeschwerden an das Bundesgericht zu weisen.[844] Der Bundesrat begründete die strikte Zurückhaltung der Bundesversammlung hauptsächlich damit, dass die Bundesversammlung, wenn sie sich schon mit dem Fall beschäftigen musste, ihn auch gleich selber entscheiden konnte. Die Bundesversammlung habe für beide Entscheidungen «die gleichen Diskussion durchzumachen».[845] Wenn dies wirklich der einzige Grund gewesen wäre, so hätte die Bundesversammlung auch diesen Fall gleich an die Schaff-

---

[843] Vgl. Anm. 166
[844] Vgl. oben § 2.II.2.c.
[845] Vgl. Botschaft des Bundesrats betreffend Revision BV, BBl 1870 II 699.

hauser Gerichte zurückweisen können. Gegenüber den Kantonen galten diese Rücksichten aber gerade nicht. Die Bundesversammlung behielt sich die gesamte Rechtsprechung in Beschwerden gegen Entscheide des Bundesrates über staatsrechtliche Rekurse vor. In allen Materien, die dem Bundesgericht zugewiesen waren, hielten sich die politischen Behörden aber zurück. Bundesrichter Johann Jakob Blumer brachte es mit seinem Brief zum Ausdruck: Die Bundesversammlung müsse die Klage vor Bundesgericht zulassen, «[…]wenn man Euch nicht gerade Gericht & Recht verschliessen will […]»[846] Hätte die Bundesversammlung die Klage nicht zugelassen, so wäre dies eine politisch motivierte Rechtsverweigerung gewesen. Die gegenseitige Stabilisierung zwischen Bundesgericht und Bundesversammlung wäre gestört worden, hätte die Bundesversammlung für sich in Anspruch genommen, die Zuständigkeit des Bundesgerichts im Einzelfall einzuschränken. Um einen solchen «Übergriff» zu rechtfertigen, war die Tragweite des Falles und der Einfluss des Kantons Schaffhausen doch zu klein.

---

[846] Vgl. bereits Anm. 802.

Kapitel 4: Staatsrechtspflege auf Umwegen

§ 11. Bundesgericht als Ehegericht

Der folgende Fall dokumentiert wie Josepha Inderbitzin in ihrem Kampf, sich von ihrem Ehemann scheiden zu lassen, die Bundesversammlung veranlasste ein Bundesgesetz zu verabschieden. Dieses Gesetz ermöglichte es jeder Schweizerin und jedem Schweizer in einer gemischt-konfessionellen Ehe, sich von seinem Ehepartner scheiden zu lassen, sofern sein Kanton eine solche Scheidung verunmöglichte.

Staatspolitisch betrachtet zwang der Bund damit die Kantone dazu, die verfassungsmässige Religionsfreiheit[847] in Bezug auf die Ehescheidungen, welche protestantischen Bürgerinnen und Bürgern grundsätzlich zustanden, zu achten, obwohl das Eherecht noch unbestritten eine kantonale Kompetenz war.[848] Während dem Bundesgericht staatsrechtliche Streitigkeiten grundsätzlich entzogen waren,[849] handelte es sich hier womöglich um eine partielle Verfassungsgerichtsbarkeit des Bundes gegenüber den Kantonen.

I. Konfessionelle Gegensätze – Entwicklung der Bundesgesetzgebung

Die konfessionellen Gegensätze in der Schweiz traten besonders bei Eheschliessungen zu Tage.[850] Wie bereits unter der Problematik der Heimatlosen thematisiert, bauten die beiden christlichen Konfessionen mannigfaltige

---

[847] Vgl. Art. 44 Abs. 2 BV 1848.
[848] Vgl. Art. 3 BV 1848.
[849] Vgl. dazu oben § 2.II.1.
[850] Dazu ausführlich HAFNER, S. 16 ff.

Hindernisse auf, um die Eheschliessung zwischen Angehörigen unterschiedlicher Glaubensbekenntnisse zu erschweren.[851] Noch schwieriger war es jedoch, eine solche gemischt-konfessionelle Ehe wieder zu scheiden.[852] Während die Ehe für die katholische Kirche noch immer ein Sakrament darstellt und dementsprechend unauflöslich ist, war im Protestantismus eine Scheidung grundsätzlich schon immer möglich,[853] sofern bestimmte qualifizierte Gründe vorlagen.[854] Diese Differenz in der Auffassung der Ehe führte dazu, dass die konfessionell geprägten kantonalen Eherechte weitgehend unvereinbar waren mit der Tatsache, dass auf Grund der gestiegenen Mobilität der Bürger besonders in Grenzgebieten häufiger gemischt-konfessionelle Ehen geschlossen wurden.[855] Der Umstand, dass gewisse Kantone um 1848 noch kirchliche Ehegerichte kannten,[856] führte dazu, dass sich gemischt-konfessionelle Eheleute dort nicht scheiden lassen konnten.[857] So erstaunt es nicht, dass die paritätischen Kantone, in denen keine Konfessionsgemeinschaft vorherrschend war, die ersten waren, welche ein weltliches Ehescheidungsrecht einführten.[858]

Die Bundeskompetenzen waren 1848 im Bereich der Religionen noch äusserst klein. Mit dem Erlass der BV von 1848 erhielt der Bund lediglich die

---

[851] Vgl. SEEGER, S. 57 ff.; zu den Schwierigkeiten der paritätischen Ehen auch die NZZ vom 3. Dezember 1857, Nr. 337.

[852] Vgl. dazu HEUSSER RUTH, Ehescheidung, in: Historisches Lexikon der Schweiz (HLS), Bd. 4, Basel 2005, S. 100 f.; ausführlich zur Geschichte der Schweizer Scheidungsgesetzgebung seit der Reformation: STALDER, S. 112 ff.

[853] Gleichwohl führte die Ehescheidung zu einem Verlust der gesellschaftlichen Stellung der ganzen betroffenen Familie und hatte vor allem für die ökonomische Situation der Frau fatale Folgen, vgl. STALDER, S. 113.; vgl. auch HAFNER, S. 30 ff.

[854] Z.B. Ehebruch, Geisteskrankheit, Untüchtigkeit zu ehelichen Werken, unüberwindbare Abneigung, vgl. HAFNER, S. 31.

[855] Vgl. ANNE-LISE HEAD-KÖNIG/EM, Mischehen, in Historisches Lexikon der Schweiz (HLS), Version vom 28. November 2008, URL: http://www.hls-dhs-dss.ch/textes/d/D25621.php.

[856] Vgl. zum Ehescheidungsrecht der katholischen Kantone: HAFNER, S. 26 ff.

[857] Die protestantischen «Sittengerichte», welche die Scheidungsklagen protestantischer Eheleute behandelten, waren meist zumindest teilweise weltlich besetzt, vgl. HAFNER, S. 32 f.; a.M.: GUGGISBERG KURT, Bernische Kirchengeschichte, Bern 1958, S. 178.

[858] Aargau 1828, Solothurn 1841, Thurgau 1849, vgl. Anm. 852 und ausführlich: HAFNER, S. 35 ff.

Aufgabe, für Frieden zwischen den Konfessionen zu sorgen.[859] Die Tagsatzung lehnte es in den Revisionsverhandlungen explizit ab, das Recht auf Eingehung gemischt-konfessioneller Ehen in der Verfassung zu verankern,[860] obwohl die gemischten Ehen bereits vor 1848 Gegenstand mehrerer Konkordate waren.[861] Eine Bittschrift des Arztes Fridolin Benz[862] aus Siebnen (Kanton Schwyz) gab einer Kommission des Nationalrates im Jahre 1850 Gelegenheit, auf die Problematik der gemischten Ehen zurückzukommen.[863] Noch 1840 hatte die Landsgemeinde in Schwyz gemischte Ehen für verboten erklärt, wogegen sich Fridolin Benz an den Bundesrat wandte. Er stellte das Begehren, dass ein Gesetz erlassen werden sollte, welches die Eheschliessung von Eheleuten unterschiedlicher Konfession im ganzen Gebiet der Eidgenossenschaft erlauben sollte. Ausserdem sei der Landsgemeindebeschluss des Kantons Schwyz von 1840 als «im Widerstreite mit dem Bunde» aufzuheben.[864] Der Bundesrat stellte sich auf den Standpunkt, dass die BV 1848 eine solche Zuständigkeit des Bundes nicht vorsehe und dass die Kompetenz daher bei den Kantonen liege. Art. 44 Abs. 2 BV 1848 sei in diesem Zusammenhang nicht anwendbar, da dieser sich nur auf Störungen der öffentlichen Ordnung und des Friedens beziehe und damit keine Grundlage bilden könne für die «Regulirung konfessioneller Fragen in ganz gewöhnlichen und ruhigen Zeiten.»[865] Dass der Bundesrat die Verfassung sehr konservativ interpretiert sehen wollte, belegt seine Meinung zur Tragweite der Rechts-

---

[859] Vgl. Art. 44 Abs. 2 BV 1848.
[860] BURCKHARDT, S. 448; Beschluss Bundesrat vom 4. März 1850, BBl 1859 II 273 f. m.w.H.; anders und differenzierter hingegen der von Alfred Escher redigierte Bericht Benz Mehrheit Komm. NR, 1850 III 19 ff.
[861] Vgl. zu den Konkordaten die übersichtliche Darstellung des Bundesrates, Beschluss Bundesrat vom 4. März 1850, BBl 1859 II 265 f.; vgl. auch HAFNER, S. 12 ff.
[862] Die Bittschrift schrieb sein Anwalt Ludwig Snell, vgl. HAFNER, S. 44 f.
[863] Fridolin Benz war nicht der einzige, der sich in dieser Sache an die Bundesbehörden wandte. Es lagen dem Bundesrat mehrere Petitionen und Rekurse von Bürgern des Kantons Schwyz vor, vgl. Beschluss Bundesrat vom 4. März 1850, BBl 1850 I 261; vgl. auch HAFNER, S. 40 f.
[864] Bericht Benz Mehrheit Komm. NR, BBl 1850 III 2.
[865] Bericht Benz Mehrheit Komm. NR, BBl 1850 III 4.

gleichheit. «Wie bei jedem allgemeinen Grundsatz muß man sich auch hier hüten, denselben wörtlich aufzufaßen.»[866]

Die Mehrheit der Nationalratskommission war anderer Meinung als der Bundesrat.[867] Sie beauftragte ihn, ein Gesetz auszuarbeiten, welches gemischte Ehen für die ganze Eidgenossenschaft ermöglichen sollte.[868] Die Kompetenzgrundlage erblickte die Mehrheit in Art. 44 Abs. 2 BV 1848, wobei sie Einwände, welche gewisse Kantone in der Bundesrevisionskommission gemacht hatten, nicht gelten liess. Die Verfassung sei vom Volk angenommen worden, und daher seien solche Einwände der Stände unbeachtlich, denn das Volk habe «in seinem schlichten Sinne» unter dem Wortlaut der Bestimmung «gewiss» verstanden, dass der Bund auch gegen die Verbote gemischter Ehen vorgehen solle.[869] Der liberale Nationalrat setzte sich damit – im Namen des Schweizervolkes – über die Einwände der katholischen und konservativen Kantone[870] hinweg.[871] Die Qualifikation des Bundesrates als Parlamentsausschuss-Regierung[872] trat hier offenkundig zu Tage, indem der Bundesrat bereits im Vorfeld ankündigte, er sei «gerne» bereit, einen entsprechenden Gesetzesentwurf auszuarbeiten, «Im Falle sich die Bundesversammlung als kompetent betrachte».[873] Bereits 1850 wurde

---

[866] Beschluss Bundesrat vom 4. März 1850, BBl 1850 I 269.
[867] Mitglieder waren Alfred Escher, Bundesrichter Johann Rudolf Brosi sowie die späteren Bundesrichter Johann Jakob Trog und Jean-Jacques Castoldi.
[868] Bericht Benz Mehrheit Komm. NR, BBl 1850 III 24.
[869] Bericht Benz Mehrheit Komm. NR, BBl 1850 III 21 f.
[870] Bis auf die Kantone Uri, Schwyz, Nidwalden, Appenzell Innerrhoden und Wallis waren alle Stände dem Konkordat vom 11. Juni und 7. Juli 1819 beigetreten, und hatten sich verpflichtet die Eheschliessung zwischen Personen unterschiedlicher Konfessionen nicht zu verbieten und nicht mit dem Verlust von Heimatrechten zu bestrafen, Beschluss Bundesrat vom 4. März 1850, BBl 1850 I 265; vgl. auch SEEGER, S. 61.
[871] Auch der Bundesrat liess der Bundesversammlung diese Möglichkeit in seinem Beschluss offen, sagte er doch, das Gesetz beleidige zwar das «Nationalgefühl», es handle sich jedoch nicht um eine Bundeskompetenz, da Bundesgesetzgebung und Verfassung den Gegenstand nicht als Bundessache bezeichnete, vgl. Beschluss Bundesrat vom 4. März 1850, BBl 1850 I 267. Hier klingen auch bereits die späteren Auseinandersetzungen um die Vereinheitlichung des Zivilrechts in der Schweiz an, vgl. dazu STALDER, S. 106 ff.
[872] KÖLZ II, S. 487.
[873] Bericht Benz Mehrheit Komm. NR, BBl 1850 III 24.

schliesslich das BG die gemischten Ehen betreffend durch die Bundesversammlung verabschiedet.[874] Mit dem Erlass dieses Gesetzes wurden kantonale Regelungen für aufgehoben erklärt, welche die Eheschliessung zwischen Brautleuten unterschiedlicher christlicher Konfessionen erschwerten.[875] Das Gesetz – gegen welches die Schweizer Bischöfe protestiert hatten[876] – beschäftigte sich jedoch nur mit Fragen der Eheschliessung gemischt-konfessioneller Paare und nicht mit der Scheidung solcher gemischter Ehen.

II. Josepha Inderbitzin – Langer Weg zur Ehescheidung

Auch der vorliegende Fall[877] beschäftigte zuerst den Schweizerischen Bundesrat.[878] Über den Sachverhalt äusserte sich dessen Beschluss nur zurückhaltend, man erfährt lediglich Folgendes.[879] Josepha Inderbitzin-Kammenzind[880] heiratete 1845 den Bezirksrichter Alois Kammenzind in Gersau. Die «höchst unglückliche»[881] katholische Ehe wurde bereits 1850 durch das zuständige bischöfliche Kommissariat in Luzern – auf Antrag der

---

[874] Bundesgesetz die gemischten Ehen betreffend, vom 3. Christmonat 1850, AS II 130 ff.
[875] Vgl. zum Verhältnis des BGgE zu kantonalen Gesetzen Art. 8 BGgE.
[876] Eingabe der schweizerischen Bischöfe an den Bundesrath betreffend die gemischten Ehen, eingegeben am 24. November 1861, BBl 1861 III 197 ff.
[877] Den Fall beschreibt auch HAFNER, S. 101 ff.
[878] Es war dies nicht der erste Rekurs, bereits 1856 gelangte ein Luzerner Bürger in einem vergleichbaren Fall an den Bundesrat und an die Bundesversammlung, vgl. ULLMER I, S. 420 f.
[879] Der Sachverhalt erschliesst sich allmählich im Gang durch die Instanzen und besonders mit der Klageschrift ans Bundesgericht, vgl. unten § 11.IV.1.
[880] Die Schreibweise der Namen ist in den Akten nicht einheitlich. Der Nachname der Ehefrau wird ausserdem oft im Hinblick auf die eine oder andere Seite verwendet. So heisst sie «Inderbitzin verehelichte Kammenzind» (Vgl. Klageschrift, S. 1), «Kammenzind-Inderbitzin» (Vgl. Registraturband ABGer, Anhang § 1, II., Doss. 463) oder «Kammenzind, geborene Inderbitzin» (Urteil des BGer vom 2. Juli 1863, S. 1, ABGer Doss. 463). Im Folgenden soll die Klägerin einheitlich als *Josepha Inderbitzin* bezeichnet werden.
[881] Beschluss des Bundesrates vom 4. Januar 1859, BBl 1850 I 355.

Ehefrau hin – auf unbestimmte Zeit «geschieden von Tisch und Bett».[882] Dies bedeutete, dass die Eheleute zwar nicht mehr zusammen leben mussten, dass die geschlossene Ehe aber erhalten blieb und bei Wegfall des Trennungsgrundes auch wieder gelebt werden musste.[883]

Getrieben von ihrem staatlichen Vormund und den Schwyzer Behörden, welche ihr ihr Vermögen vorenthielten und ihren Lebenswandel kontrollieren wollten, «flüchtete» Frau Inderbitzin nach Zürich und trat zum Pfingstfest 1858 in Glarus der reformierten Kirche bei.[884] Weswegen sie dies getan hatte, wurde später zum Gegenstand des Prozesses vor Bundesgericht. Ob weltliche oder geistliche Motive den Ausschlag gaben, blieb dabei im Dunkeln. Die anfänglich katholische Ehe wurde so zu einer gemischten. Auf Antrag ihres Ehemannes lud das bischöfliche Kommissariat in Schwyz sie mittels peremptorischer Frist vor das geistliche Konsistorium in Schwyz, da es eine zweite Verehelichung der Frau Inderbitzin befürchtete. Die Vorgeladene liess durch die Kanzlei des Bezirksgerichts Zürich erklären, dass sie das römisch-katholische geistliche Gericht nicht als zuständig anerkenne und gegen eine allfällige Aufhebung der Trennung von Tisch und Bett protestiere. Das Gericht in Schwyz hob trotz dieser Einrede und der Tatsache, dass Frau Inderbitzin mittlerweile Protestantin geworden war, die Trennung von Tisch und Bett mittels Kontumazialurteil auf.[885] Dieses Urteil übermittelte das Gericht der Bezirksgerichtskanzlei Zürich, mit der Aufforderung, es der Frau Inderbitzin nur vorzulesen und anschliessend sofort nach Schwyz zurückzusenden. Die Kanzlei übergab es jedoch dem Anwalt Josepha Inderbitzins, um es bei der Beschwerdeführung vor den Bundesbehörden verwenden

---

[882] Der bundesrätliche Beschluss spricht meines Erachtens etwas ungenau von *Scheidung auf unbestimmte Zeit*, vgl. Beschluss des Bundesrates vom 4. Januar 1859, BBl 1850 I 355. Das spätere Urteil des Bundesgerichts führt dagegen treffender aus, die Eheleute seien «auf unbestimmte Zeit von Tisch und Bett geschieden», vgl. Urteil des BGer vom 2. Juli 1863, S. 17, ABGer Doss. 463.

[883] Vgl. noch heute Can. 1153 § 1 CIC (Codex Iuris Canonici) 1983, elektronische Version auf: http://www.vatican.va/archive/DEU0036/_INDEX.HTM, besucht am 19. Juni 2008.

[884] Beschluss des Bundesrates vom 4. Januar 1859, BBl 1850 I 355.

[885] Beschluss des Bundesrates vom 4. Januar 1859, BBl 1850 I 356.

zu können. Nach Schwyz sandte die Kanzlei die Mitteilung, «dass es in Zürich Gewohnheit sei, den Parteien das Urtheil zu behändigen.»[886]

1. Rekurs an den Bundesrat

a. Standpunkt der Rekurrentin

Vertreten war Josepha Inderbitzin durch den Kantonsprokurator JOHANN CASPAR ALOIS BRUHIN.[887] Dieser stellte sich im Namen seiner Mandantin auf den Standpunkt, dass gemäss Art. 44 der BV 1848 alle christlichen Religionen im ganzen Umfange der Eidgenossenschaft gleichberechtigt seien. Somit seien einer Protestantin deren konfessionelle Rechte – also das protestantische Recht auf Ehescheidung – auch in Schwyz zu gewähren. Mit ihrem Übertritt in die evangelische Kirche sei das Konsistorium in Schwyz nicht mehr kompetent gewesen, gerichtliche Verfügungen über sie zu erlassen. Die ergangene Verfügung sei demnach nichtig. Im Gegenteil masse sich das Priestergericht in Schwyz Gerichtsbarkeit über alle Protestanten an, welche in Schwyz wohnhaft seien. Eine solche Ansicht würde das Bundesgesetz über die gemischten Ehen ad absurdum führen, da auf diese Weise die gemischten Ehen im Kanton Schwyz einfach als katholische behandelt würden und die protestantischen Ehegatten ihrer konfessionellen Rechte beraubt würden.

Die Rekurrentin stellte daher das Gesuch, «der Bundesrath möchte das Erkenntniß des Konsistoriums in Schwyz vom 1. Juli v.J., als von unzuständi-

---

[886] Bitt- und Beschwerdeschrift, S. 38.
[887] BRUHIN, JOHANN CASPAR ALOIS (1824–1895). Ursprünglich aus Lachen im Kanton Schwyz, besuchte Bruhin das Jesuitenkollegium, studierte Rechtswissenschaft und schloss seine Studien mit der Doktorwürde ab. Als Redaktor mehrerer Zeitungen war der Anwalt und radikal-demokratische Bruhin vor allem im Kanton Basel-Land in der demokratischen Bewegung um Christoph Rolles aktiv. Von 1864 bis 1870 war Bruhin Staatsanwalt in Basel-Land, 1870 übersiedelte er nach Basel. Vgl. BIRKHÄUSER KASPAR, Bruhin, Johann Caspar Alois, in: Historisches Lexikon der Schweiz (HLS), Bd. 2, Basel 2003, S. 740; vgl. auch HAFNER, S. 103 Anm. 2.

ger Behörde ausgegangen und ihre verfassungsmässigen Rechte verletzend, kassieren und sie gegen Ansprüche der römischen Geistlichkeit schüzen.»[888]

b. Antwort des Konsistoriums von Schwyz

Zur Zuständigkeitsfrage führte das Konsistorium am 20. Oktober 1858 aus, gemäss anerkannten Rechtsgrundsätzen richte sich das Forum in matrimoniellen Angelegenheiten nach demjenigen des Ehemannes. Da die Rekurrentin zur Zeit der Prozessverhandlung weder in Glarus noch in Zürich ihr Domizil hatte und solches auch nicht behauptete, konnte sie «nicht ausser dem Kanton in's Recht gefasst werden, indem sie wie der Kläger unter der Jurisdiktion von Schwyz steht.»[889] Eine Verletzung verfassungsmässiger Rechte der Rekurrentin konnte das Konsistorium nicht erkennen. Alle Angehörigen des Kantons Schwyz – egal ob Katholiken oder Protestanten – müssten sich vor dem Konsistorialgericht verantworten, es bestehe daher «keine Ungleichheit vor dem Gesetze und vor der Verfassung».[890] Auch für eine rein protestantische Ehe im Kanton Schwyz wäre das schwyzerische Forum zuständig. Würde die Auffassung der Rekurrentin zutreffen, so müsste sich ein katholischer Ehemann in einer gemischten Ehe zuerst von einer Behörde ein protestantisches Forum ausserhalb des Kantons zuweisen lassen.[891]

Dass die Priestergerichte in der Kantonsverfassung des Kantons Schwyz nicht erwähnt sind, sei in vielen anderen Kantonen auch der Fall, da diese Gerichte auf «altherkömmlicher Uebung beruhen». Den angerufenen Art. 44 der BV 1848 behandelte das Konsistorium nur unter dem Aspekt der Beschränkung des Gottesdienstes, der zweite Absatz über den Frieden zwischen den Konfessionen schien ihm nicht erwähnenswert.[892]

---

[888] Beschluss des Bundesrates vom 4. Januar 1859, BBl 1859 II 357.
[889] Beschluss des Bundesrates vom 4. Januar 1859, BBl 1859 II 357.
[890] Beschluss des Bundesrates vom 4. Januar 1859, BBl 1859 II 357 f. (Ziff. 1).
[891] Beschluss des Bundesrates vom 4. Januar 1859, BBl 1859 II 358 (Ziff. 2).
[892] Beschluss des Bundesrates vom 4. Januar 1859, BBl 1859 II 358 (Ziff. 3).

c. Entscheid des Bundesrates

Für den Bundesrat stand in seinem Entscheid vom 4. Januar 1859 fest, dass die Ehegatten in ihrer ursprünglich katholischen Ehe auf unbestimmte Zeit von Tisch und Bett geschieden worden waren.[893] Der Übertritt der Ehefrau zur protestantischen Konfession hatte die katholische Ehe zu einer gemischten Ehe werden lassen.[894] Bis zur gänzlichen Trennung der Ehegatten stehe jedem Ehegatten das Recht zu, bei der kompetenten Behörde die Aufhebung der Trennung von Tisch und Bett zu verlangen, was der Ehemann getan hatte.[895] Die blosse Konfessionsänderung der Ehefrau konnte den Gerichtsstand nicht ändern, welcher in matrimonialen Angelegenheiten der Gerichtsstand des Ehemannes ist.[896] Das Forum in Schwyz sei «um so eher als kompetent zu betrachten», da die Ehefrau keinen festen Wohnsitz habe und der Ehemann kein anderes Forum finden würde.[897] Die Berufung auf Art. 44 der BV 1848 wischte der Bundesrat mit den Worten beiseite «daß daher eine Berufung auf den Art. 44 der Bundesverfassung nicht am Platze ist, indem weder freie Ausübung des Kultus, noch Handhabung der öffentlichen Ordnung und des Friedens unter den Konfessionen in Frage steht […]».[898]

2. Beschwerde und Petition an die Bundesversammlung

Gegen den Entscheid des Bundesrates führte Frau Inderbitzin Beschwerde vor der Bundesversammlung.[899] Da die Chancen für einen positiven Bescheid wohl eher schlecht standen, reichte sie auch eine Petition ein mit dem Verlangen: «Vervollständigung des Bundesgesetzes über die gemischten

---

[893] Beschluss des Bundesrates vom 4. Januar 1859, BBl 1859 II 359, Erwägung 1.
[894] Beschluss des Bundesrates vom 4. Januar 1859, BBl 1859 II 359, Erwägung 2.
[895] Vgl. Beschluss des Bundesrates vom 4. Januar 1859, BBl 1859 II 359, Erwägung 3.
[896] Beschluss des Bundesrates vom 4. Januar 1859, BBl 1859 II 359, Erwägung 4.
[897] Beschluss des Bundesrates vom 4. Januar 1859, BBl 1859 II 359, Erwägung 5.
[898] Beschluss des Bundesrates vom 4. Januar 1859, BBl 1859 II 359, Erwägung 6; vgl. auch ULLMER I, S. 423 f.
[899] Vgl. dazu auch HAFNER, S. 103 f.

Ehen in dem Sinne, dass für Streitfälle aus Kantonen, die für Ehesachen keine rein bürgerlichen Gerichte haben, ein Staatsgericht aufgestellt oder diese Lücke sonst ausgefüllt werde.»[900]

a. Bericht der Mehrheit der Kommission des Nationalrates zur Beschwerde

Bereits die Einleitung des Berichts der Kommission des Nationalrates lässt erahnen, in welche Richtung der Entscheid gehen sollte: «Ihre Kommission über die Bitt- und Beschwerdeschrift der Frau Josefa Inderbitzin, geschiedenen Kammenzind, oder wohl richtiger der Frau Josefa Kammenzind geb. Inderbitzin, beehrt sich Ihnen folgenden Bericht zu erstatten».[901] *Geschieden* war die Rekurrentin in den Augen der Kommission also noch lange nicht.

Aus diesem Bericht geht im Sachverhalt hervor, warum der Ehemann Alois Kammenzind 1858 die Wiedervereinigung mit seiner Ehefrau anstrebte: «wie er [Alois Kammenzind] sagt, vorzugsweise durch die Rücksicht auf den gemeinschaftlichen, heranwachsenden Sohn [...]».[902] Auch die Motive der Entscheidung auf Wiedervereinigung durch das Schwyzer Gericht werden näher erläutert. So erfährt man, dass dieses nicht ohne «cognitio causae» entschieden habe, denn «eine fortgesetzte Trennung der Ehegatten würde bei der bisherigen Lebensweise der Gattin für den gemeinsamen legitimen Sohn ein böses Beispiel geben [und] der Ehemann verspreche feierlich, seiner Ehefrau mit Liebe und Eintracht zu begegnen».[903]

Sowohl die Organisation der Ehegerichte als auch das materielle Eherecht waren Sache der Kantone, soweit nicht das Bundesgesetz über die gemischten Ehen etwas anderes bestimmte. Die Kommissionsmehrheit erörterte die Frage, ob Frau Inderbitzin womöglich ein Nachteil i.S.v. Art. 7 des BGgE drohte.[904] Diese Bestimmung verbot jedwede Nachteile für Ehegatten in

---

[900] Vgl. Mehrheitsbericht Komm. NR, BBl 1859 II 362 ff.
[901] Mehrheitsbericht Komm. NR, BBl 1859 II 360.
[902] Mehrheitsbericht Komm. NR, BBl 1859 II 360.
[903] Mehrheitsbericht Komm. NR, BBl 1859 II 361.
[904] Mehrheitsbericht Komm. NR, BBl 1859 II 364 f.

§ 11 Bundesgericht als Ehegericht   191

gemischten Ehen. Damit zielte die Bestimmung in erster Linie auf Benachteiligungen in den Bürgerrechtsverhältnissen ab. Besonderes Augenmerk legte die Kommission dabei auf den Umstand, dass Scheidungen für die Eheleute in ihren je unterschiedlichen Bekenntnissen unterschiedliche Wirkungen entfalteten. Während der katholische Ehepartner keine Ehe mehr eingehen konnte, solange der andere noch lebte, war es für den reformierten Teil durchaus möglich, eine neue Ehe einzugehen. Schliesslich kam die Kommissionsmehrheit zum Schluss, Art. 7 des BGgE könne nicht solche Rechtsnachteile im Auge gehabt haben, «die aus der Natur allbekannter [konfessioneller] Rechtsungleichheiten entspringen», nicht ohne festzustellen, eine solche Rechtsungleichheit könnte – wenn überhaupt – nur durch «eine eingreifende und organisirte Erweiterung» des BGgE erreicht werden.[905] Die Kommission war also der Ansicht, dass das BGgE nicht direkt auf Scheidungen von gemischten Ehen angewendet werden konnte, sondern dass ein weiteres Gesetz notwendig war.

b. Meinung der Mehrheit der Kommission des Nationalrates zur Petition

Zur Petition führte die Mehrheit der Kommission – mit Hinweis auf die Minderheit, welche nur aus Nationalrat Johannes Roth[906] bestand – im Wesentlichen aus, eine Erweiterung des BGgE setze «die ruhigste und umsichtigste Prüfung im Lichte der beidseitigen confessionellen Rechte […] voraus.»[907] Die Kommissionsmehrheit wollte – trotz Bedenken – den Bundesrat zu einer Prüfung und Berichterstattung einladen. Dabei machte sie aber klar, dass sie damit nicht notwendigerweise Neuland beschreiten wolle. Es genüge auch «die bestimmte Proklamation», wonach der Grundsatz zur Anwendung gelange, dass bei Scheidungen gemischter Ehen der Gerichtsstand und die Gesetzgebung des Ehemannes angewendet würden. Eine solche Nach-

---

[905] Mehrheitsbericht Komm. NR, BBl 1859 II 364 f.
[906] Vgl. zur Kurzbiographie Johannes Roths Anm. 656; vgl. auch HAFNER, S. 107 f.
[907] Mehrheitsbericht Komm. NR, BBl 1859 II 365.

führung der Gesetzgebung bezeichneten die Kommissionsmitglieder als «nicht ohne allen Wert».[908] Und der konservative Luzerner Nationalrat PHILIPP ANTON VON SEGESSER[909] merkte an, dass er zu keiner Erweiterung des BGgE Hand bieten könne.[910]

c. Bericht der Kommissionsminderheit des Nationalrats

Obwohl Nationalrat Johannes Roth alleine stand, verfasste er einen Minderheitsbericht. Er sah die Problematik des Entscheids vor allem darin, dass die protestantische Ehefrau ihres konfessionellen Rechts, nämlich der gänzlichen Scheidung beraubt werde, indem sie sich der Rechtsprechung der katholischen geistlichen Ehegerichte von Schwyz unterwerfen müsse.[911] «In früheren Zeiten» sei die paritätische Ehe «da und dort» in dem Sinne aufgefasst worden, dass die Frau ihre eigenen konfessionellen Rechte bei einer Heirat verliere. Er nehme jedoch an, dass die Bundesversammlung bei Erlass des BGgE davon ausgegangen sei, «paritätische Ehen im wahren Sinne des Wortes als zulässig zu erklären». Damit sei eine Ehe gemeint, in der jeder Ehegatte seine konfessionellen Rechte weiter ausüben könne. «Nach meiner [Roths] Anschauung würde es sich gegenwärtigen Jahrhundert übel ausneh-

---

[908] Mehrheitsbericht Komm. NR, BBl 1859 II 366.
[909] SEGESSER, PHILIPP ANTON VON (1817–1888). Nach dem Gymnasium in Luzern studierte Segesser in Heidelberg, Bonn, Berlin und München Rechtswissenschaft und Geschichte. 1841 trat er als Zweiter Ratsschreiber in die konservative Luzerner Regierung ein, wodurch er auch in die Sonderbundswirren verstrickt wurde und schliesslich nach dem Krieg seine Stelle verlor. 1848 wurde er als einziger Luzerner Konservativer in den Nationalrat gewählt, wo er sich um die Integration der unterlegenen Sonderbundskantone in den Bundesstaat verdient machte. Im Luzerner Grossen Rat führte er ab 1851 die konservative Opposition und war von 1863 bis 1867 Regierungsrat. Ab 1871 war er dann erneut Regierungsrat, da die Konservativen wieder die Mehrheit im Kanton Luzern zurückerobert hatten. Der liberalkonservative Segesser setzte sich in mehreren Schriften kritisch mit dem Papsttum auseinander und kritisierte das Unfehlbarkeitsdogma. Er verfasste das vierbändige Quellenwerk der Eidgenössischen Abschiede. Für seine ebenfalls vierbändige Rechtsgeschichte der Stadt und Republik Luzern erhielt er 1860 die Ehrendoktorwürde der Universität Basel. Vgl. HBLS 6, 330; BISCHOF FRANZ XAVER, Segesser, Philipp Anton von, in: Biographisches-Bibliographisches Kirchenlexikon (BBKL), Bd. XVII (2000), Spalten 1283–1286.
[910] Mehrheitsbericht Komm. NR, BBl 1859 II 366.
[911] Vgl. Minderheitsbericht Komm. NR, BBl 1859 II 368 f.

§ 11 Bundesgericht als Ehegericht

men, wenn sie [die Bundesversammlung] einen solchen Begriff der paritätischen Ehe aufstellen wollte.»[912] Roth sah dieses Vorgehen als Widerspruch zu Art. 7 des BGgE, der gerade solche Nachteile verhindern wollte.
Als Ausweg aus diesem Dilemma schlug Roth vor, in *Scheidungsklagen* davon auszugehen, dass der Gerichtsstand der klagenden Partei gilt. Dies sei daher einzuführen, weil der klagende Teil darzulegen habe, ob er weiterhin die ehelichen Pflichten nach seinen religiösen Bestimmungen erfüllen müsse oder nicht. Der beklagte Teil habe nach der Natur der Scheidungsklage keinerlei Leistung zu erbringen, sondern nur die vorgebrachten Beweise anzufechten.[913] Bei einer *Klage auf Wiedervereinigung* hingegen müsse der Gerichtsstand des Beklagten gelten, weil im Prozess festgestellt werden müsse, ob der Beklagte schuldig sei, seine ehelichen Pflichten wieder zu erfüllen.[914]
Die Argumentation Roths lässt erkennen, dass er bemüht war, einen Ausweg aus dem Konflikt zwischen Religionsfreiheit einerseits, und der Souveränität der Kantone andererseits zu finden. Er erkannte aber selber, dass es gegen seinen Vorschlag wohl Einwendungen geben könnte und nahm einen Einwand gleich vorweg. Wie im vorliegenden Falle, bei dem es sich um eine Klage auf Wiedervereinigung handelte, wäre – nach Roths Vorschlag – der Gerichtsstand der Beklagten einschlägig. Da es aber im Kanton Schwyz gar kein protestantisches oder weltliches Gericht gab, hätte der Kläger an ein Gericht ausserhalb des Heimatkantons gelangen müssen. Roth wollte dies gestützt auf Art. 44 der BV 1848 ermöglichen. Diesen Schritt erachtete er für die Aufrechterhaltung der Ordnung zwischen den Konfessionen als notwendig.[915] Die Idee, das weltliche Bundesgericht mit der Aufgabe zu betrauen, lag ihm aber wohl noch zu fern.

---

[912] Minderheitsbericht Komm. NR, BBl 1859 II 370.
[913] Vgl. Minderheitsbericht Komm. NR, BBl 1859 II 371.
[914] Vgl. Minderheitsbericht Komm. NR, BBl 1859 II 371 f.
[915] Vgl. Minderheitsbericht Komm. NR, BBl 1859 II 374.

d. Meinung der Kommission des Ständerates zu Beschwerde und Petition

Die Ständeratskommission[916] stellte überhaupt die Existenz konfessioneller verfassungsmässiger Rechte in Frage, auf die sich Frau Inderbitzin hätte stützen können. In den Augen der Kommission, existierten lediglich «kirchlich-dogmatische Lehrsätze», die eine «gewisse (sittlich-) religiöse Bedeutung haben». «Die Natur von Rechten können sie jedoch nur erlangen, wenn und soweit die Gesetzgebung des Staates, welchem das Individuum angehört […] jene Glaubenssätze mit oder ohne Modifikationen adoptirt hat».[917] Der Kanton Schwyz sei – im Rahmen des Bundesrechts – frei in der Gestaltung seines Matrimonialrechts.[918] Das «scheinbar Anstößige des Falles» bestehe im Grunde nur darin, dass die Ehefrauen – egal ob katholisch oder protestantisch – dem Gesetz des Mannes unterworfen werden. Dies liege jedoch nicht im BGgE begründet, «sondern es ist in dem göttlichen und menschlichen Gesetze begründet, daß das Weib dem Manne unterthan sei.»[919] Welcher Parlamentarier wollte sich gegen diese Wucht von Gottesrecht und positivem Recht stellen? Die Beschwerde wurde selbstverständlich einstimmig abgelehnt.[920]

Die Kommission befasste sich im Anschluss mit der Bittschrift. Sie schloss sich in Bezug auf die Petition der Nationalratskommission an und befürwortete – hier aber nur mit Mehrheit – den Auftrag an den Bundesrat, ein Gesetz betreffend die Scheidung gemischter Ehen auszuarbeiten. Dies nicht aus Sorge um die Rechte der Ehefrauen in gemischten Ehen, sondern um den konfessionellen Frieden im Lande zu bewahren. Im Gegensatz zum Vorschlag von Nationalrat Roth schlug die Ständeratskommission jedoch vor, die Beurteilung der Scheidungsfälle in gemischten Ehen gestützt auf Art.

---

[916] Berichterstatter war der Bundesrichter Eduard Häberlin, vgl. Bericht Komm. StR, S. 384.
[917] Bericht Komm. StR, BBl 1859 II 379.
[918] Bericht Komm. StR, BBl 1859 II 380.
[919] Bericht Komm. StR, BBl 1859 II 383.
[920] Vgl. Bericht Komm. StR, BBl 1859 II 383 f.

§ 11 Bundesgericht als Ehegericht

105 BV 1848 dem Bundesgericht zuzuweisen,[921] um für eine einheitliche Rechtsanwendung zu sorgen. Dies war jedoch nicht der einzige Grund. Der Ständerat erachtete die Zuständigkeit des Bundesgerichts als das kleinere Übel im Gegensatz zum Vorschlag Roths, da dieser in die kantonale Souveränität eingegriffen hätte, indem er abweichende bundesrechtliche Zuständigkeiten in anderen Kantonen geschaffen hätte.[922] Roths Vorschlag, wonach sich die Bürger eines Kantons unter Umständen vor Gerichten anderer Kantone hätten verantworten müssen, hatte seine Wirkung nicht verfehlt. Der konservativere Ständerat war nun plötzlich bereit, eine Zuständigkeit des Bundesgerichts in Scheidungsverfahren gemischter Ehen zu diskutieren.

e. Entscheide des National- und Ständerates

Sowohl der National- als auch der Ständerat lehnten den Rekurs von Josepha Inderbitzin ab, beide unterstützen aber die Petition und forderten den Bundesrat auf zu prüfen, wie das Bundesgesetz über die gemischten Ehen in diesem Sinne abgeändert werden könnte.[923]

3. Botschaft des Bundesrates zum Nachtragsgesetz

Der Bundesrat kam dem Auftrag der Räte nach und verabschiedete am 24. Mai 1861 die entsprechende Botschaft.[924] Er legte zuerst dar, wie die unter-

---

[921] Der Verweis auf Art. 105 BV 1848 war wohl falsch, da solche Gegenstände nur im Einzelfall von der Bundesversammlung ans Bundesgericht gewiesen werden konnten. Richtig hingegen Botschaft Bundesrat betr. gemischte Ehen, S. 7 f., wonach es sich bei einer solchen Kompetenzerweiterung des Bundesgerichts um einen Fall von Art. 106 BV 1848 handelt.
[922] Vgl. Bericht Komm. StR, BBl 1859 II 384.
[923] Vgl. Intelligenzblatt der Stadt Bern vom 25. Juli 1859, Nr. 204, S. 2.
[924] Der unterzeichnende Bundespräsident war Josef Martin Knüsel, der im selben Haus gewohnt hatte wie die Familie Kammenzind-Inderbitzin und der Schwager von Alois Kammenzind war, vgl. Klageschrift Inderbitzin, S. 3, ABGer Doss. 463; sowie Bitt- und Beschwerdeschrift, S. 38.

schiedlichen kantonalen Rechte ausgestaltet waren, um in einem zweiten Teil dann eine Revision des BGgE vorzuschlagen.[925]

a. Gegenwärtige kantonale Scheidungsrechte

Der Bundesrat untersuchte in seiner Botschaft, wie die Kantone die Frage des Gerichtsstands und des Eherechts zur damaligen Zeit beantworteten, wobei er drei Systeme beschrieb:

Im *einseitig konfessionellen System* wurde – je nachdem, ob der Ehemann katholisch oder protestantisch war – die Ehe als Ganzes der gleichen Konfession unterworfen, nämlich derjenigen des Ehemannes, sofern der Gerichtsstand des Ehemannes vorausgesetzt wurde. Laut dem Bundesrat würde sich unter diesem System der eine Ehegatte und seine Kirche «immer verlezt fühlen».[926] Einer der beiden würde in seinen konfessionellen Rechten eingeschränkt, da er kirchenrechtlich der Konfession des anderen unterworfen würde.

Das *konfessionell zweiseitige System* erlaubte sowohl dem katholischen als auch dem reformierten Gericht nach seinem eigenen Recht zu entscheiden. Der Ehegatte der anderen Konfession hatte jedoch die Möglichkeit, das Urteil von einem Gerichte seiner Konfession modifizieren zu lassen. So bedeutete eine protestantische Scheidung für den katholischen Ehegatten nur eine Trennung von Tisch und Bett und umgekehrt.[927]

Anders verhielt es sich im *System des bürgerlichen Eherechts*. Der Staat abstrahierte hier von den Konfessionen und schuf ein bürgerliches Eherecht, um jene Gegensätze zu vermeiden und sowohl Rechtseinheit als auch Rechtsgleichheit zu erzielen. Die Staatsbürger unterstanden hier einem weltlichen Gericht, «während die konfessionellen Grundsätze dem Einfluss der Kirche und dem Gewissen der Individuen überlassen bleiben.»[928]

---

[925] Dass der Bundesrat die ausländische Gesetzgebung konsultiert hatte, geht aus der Botschaft nicht hervor. Vgl. zu diesen Vorarbeiten: HAFNER, S. 110 ff.
[926] Vgl. Botschaft Bundesrat betr. gemischte Ehen, BBl 1861 II 2 f.
[927] Vgl. Botschaft Bundesrat betr. gemischte Ehen, BBl 1861 II 3.
[928] Vgl. Botschaft Bundesrat betr. gemischte Ehen, BBl 1861 II 3.

Diese Systeme waren in den Kantonen mit unterschiedlichen Modifikationen anzutreffen, wobei der Bundesrat das Augenmerk auf die paritätischen Kantone legte, welche am häufigsten mit Mischehen konfrontiert waren. Am Beispiel des Kantons St. Gallen legte er dar, dass dieser Kanton je eigene katholische und protestantische Matrimonialgerichte kannte und dieses *einseitig konfessionelle System* zu Komplikationen führte.[929]
Der Kanton Aargau hatte – als ebenfalls gemischt-konfessioneller Kanton – im Gegensatz zu St. Gallen nur ein Eherecht für beide Konfessionen und sah die Zuständigkeit derselben Gerichte für beide Konfessionen vor. Die Folgen einer Ehescheidung wurden aber für die beiden Ehegatten einer gemischten Ehe unterschiedlich ausgestaltet. So bedeutete die Scheidung für den katholischen Ehepartner lediglich eine Trennung von Tisch und Bett, während sie dem protestantischen Partner ermöglichte erneut zu heiraten. Der Aargau kannte also ein *konfessionell zweiseitiges System*, ähnlich wie Solothurn, wobei dort eine katholisch geschlossene Ehe in der Frage der Ehescheidung von einem geistlichen Gericht beurteilt wurde.[930] Der Kanton Thurgau hatte in seinem neueren Scheidungsrecht auch ein gemeinsames Scheidungsrecht vorgesehen, wobei bei einer rein katholischen Ehe nur die *Scheidung von Tisch und Bett* zulässig war.[931]

b. Regelung auf Bundesebene?

Der Bundesrat nahm in seinem Bericht Bezug auf die Anmerkung der Ständeratskommission, wonach ein konfessionelles Recht nur als *Recht* anzusehen ist, wo es der Staat zu *Recht* erklärt hatte. Eine solche Ansicht sei zwar im speziellen Fall zutreffend, könne aber nicht allgemein gelten. «Die Bedürfnisse des realen Lebens lassen sich nicht mit einem Imperativ beseitigen, sondern man erwartet von der Gesezgebung, daß sie dieselben befriedige oder ihnen möglichst Rechnung trage.» Es könne allerdings von *konfessio-*

---

[929] Vgl. Botschaft Bundesrat betr. gemischte Ehen, BBl 1861 II 3 f.
[930] Vgl. Botschaft Bundesrat betr. gemischte Ehen, BBl 1861 II 4.
[931] Vgl. Botschaft Bundesrat betr. gemischte Ehen, BBl 1861 II 4 f.

nellen Rechten gesprochen werden, da das konfessionelle Element dieser Rechte «tief ins Rechtsbewußtsein des Volkes eingedrungen ist».[932]
Der Bundesrat verwarf in seinen Ausführungen den Vorschlag von Nationalrat Roth, da dieser die Problematik des einseitig konfessionellen Systems nicht löse.[933] Im Gegensatz dazu schlug er ein allgemeines staatliches Scheidungsrecht vor, welches das katholisch dogmatische Prinzip der Unauflösbarkeit der Ehe berücksichtigen solle. Dabei erwähnte der Bundesrat nicht, was das für protestantische Eheleute bedeuten würde.[934]
Was den Gerichtsstand betraf, so erachtete es der Bundesrat aus mehreren Gründen als unangemessen, die Ehescheidungen in die Kompetenz des Bundesgerichts zu legen. So wären dabei die Kosten zu hoch und das Bundesgericht versammle sich zu selten. Er schlug vor, dass die jeweiligen Kantonsregierungen die Sache an die Gerichte eines anderen Kantons zuweisen sollten.[935] In Frage wäre aber nur ein Kanton gekommen, welcher ein gemeinsames Matrimonialrecht für beide Konfessionen kannte.[936]

III. Gesetzliches Verfahren in Ehescheidungen vor Bundesgericht

Im Gegensatz zum bundesrätlichen Entwurf verabschiedete die Bundesversammlung am 3. Februar 1862 das Nachtragsgesetz, betreffend die gemischten Ehen (NGgE).[937] Dieses sah nun doch die Zuständigkeit des Bundesgerichts vor, sofern die Klage auf Scheidung einer gemischten Ehe nicht vor dem bürgerlichen Richter verhandelt werden konnte.[938] Damit sollten kirch-

---

[932] Vgl. Botschaft Bundesrat betr. gemischte Ehen, BBl 1861 II 5.
[933] Vgl. Botschaft Bundesrat betr. gemischte Ehen, BBl 1861 II 1 f., S. 6.
[934] Vgl. Botschaft Bundesrat betr. gemischte Ehen, BBl 1861 II 7.
[935] Vgl. Botschaft Bundesrat betr. gemischte Ehen, BBl 1861 II 7 f.
[936] Vgl. Botschaft Bundesrat betr. gemischte Ehen, BBl 1861 II 8 f. (Art. 2).
[937] Nachtragsgesetz betreffend die gemischten Ehen, vom 3. Hornung 1862, AS IV 126 f.
[938] Vgl Art. 1 NGgE. Wie die Beratungen in den Räten schliesslich dieses – vom Vorschlag des Bundesrates stark abweichende – Gesetz hervorbrachten, erläutert HAFNER, S. 117 ff.

§ 11 Bundesgericht als Ehegericht

liche Ehegerichte ausgeschlossen werden, die aus Geistlichen bestanden und nicht einer schweizerischen Staatsgewalt unterstanden.[939] Das Gericht hatte die Scheidung «nach bestem Ermessen» auszusprechen, sofern «es sich aus den Verhältnissen ergibt, daß ein ferneres Zusammenleben der Ehegatten mit dem Wesen der Ehe unverträglich ist».[940] Für die Scheidungsfolgen hatte das Bundesgericht das jeweilige Recht des Kantons anzuwenden, dessen Gerichtsbarkeit der Ehemann unterworfen war.[941]

Das Nachtragsgesetz verpflichtete das Bundesgericht ausserdem, eine Verordnung über das Verfahren in Ehescheidungssachen (VVE) zu erlassen. Diesem Auftrag kam das Bundesgericht am 5. August 1862 nach.[942] Den Besonderheiten eines Scheidungsverfahrens wurde dahingehend Rechnung getragen, dass in gewissen Bereichen die Offizialmaxime zu beachten war.[943] Der Instruktionsrichter sollte also von Amtes wegen feststellen, ob ein ferneres Zusammenleben noch mit dem Wesen der Ehe verträglich war und anhand des anzuwendenden kantonalen Rechts die Scheidungsfolgen regeln.[944] Der Instruktionsrichter hatte ausserdem den Leumund der Parteien selbständig festzustellen.[945] Das Gericht konnte in der Hauptverhandlung im Einzelfall die Öffentlichkeit vom Verfahren ausschliessen.[946]

IV. Verfahren vor Bundesgericht

Nachdem das Verfahren für Ehescheidungen vor Bundesgericht im Jahre 1862 in Kraft getreten war, reichte Josepha Inderbitzin eine Scheidungsklage

---

[939] Vgl. zur Auslegung des Begriffs des bürgerlichen Richters durch das Bundesgericht: Geschäftsbericht BGer 1866, BBl 1867 I 458.
[940] Vgl. Art. 2 NGgE.
[941] Vgl. Art. 4 NGgE.
[942] Verordnung betreffend das Verfahren im Ehescheidungsprozeße vor Bundesgericht, vom 5. Heumonat 1862, AS VII 293 ff.
[943] Vgl. Art. 5–7 VVE.
[944] Vgl. Art 5 VVE.
[945] Vgl. Art. 6 VVE.
[946] Vgl. Art. 9 VVE.

gegen Alois Kammenzind beim Bundesgericht ein. Ihr Fall war der zweite Ehescheidungsfall, mit welchem sich die Bundesrichter befassen konnten.[947]

1. Scheidungsklage Josepha Inderbitzins

Josepha Inderbitzin forderte in ihrer Klage vom 2. Wintermonat 1862 die Scheidung der Ehe, gestützt auf Art. 3 Abs. 2 des Nachtragsgesetzes betreffend die gemischten Ehen. Was den ehelichen Sohn Viktor Emil (geboren am 25. Sept. 1847) betraf,[948] so sollte dieser in erster Linie der Mutter zugeteilt werden und eventuell, falls er dem Vater belassen werden sollte, forderte die Klägerin, dass sie keinen finanziellen Beitrag mehr an seine Erziehungs- und Unterhaltskosten zu leisten hätte.[949] Was ihr Vermögen betraf, so sei ihr dieses herauszugeben und zwar in erster Linie samt Zinsen seit der Übernahme der Verwaltung durch den Ehemann. Eventuell sei ihr mindestens soviel zu übergeben, als sie für ihren Unterhalt in der fraglichen Zeit aufgewendet habe, nämlich gut 1600 Franken. Sollte sie auch mit diesem Begehren nicht durchdringen, so sei ihr eine Entschädigung nach bundesgerichtlichem Ermessen zuzusprechen.[950]

a. Sachverhalt

Aus der Klageschrift geht nun detaillierter hervor, was der Hintergrund dieser Scheidungsklage war. Josepha Inderbitzin hatte von ihrem verstorbenen Vater ein ansehnliches Vermögen von über 19 000 Schweizergulden geerbt, was im Jahre 1860 ein Vermögen von fast 40 000 Schweizerfranken ausmachte und somit geeignet war, Begehrlichkeiten zu wecken. So habe die

---

[947] Die erste Ehescheidung behandelten die Bundesrichter bereits am 8. Januar 1863, vgl. ULLMER II, S. 358 f.; ABGer Doss. 452, Franz Näf contra Judith Näf geb. Krüsi.
[948] Der Name geht erst aus der Klageantwort Kammenzinds hervor, vgl. Klageantwort Kammenzind, S. 12, ABGer Doss. 463. Über sein Geburtsdatum gehen die Angaben jedoch auseinander, vgl. Klageschrift Inderbitzin, S. 1, ABGer Doss. 463, wo als Geburtsdatum der 20. Herbstmonat 1847 genannt wird.
[949] Vgl. Klageschrift Inderbitzin, S. 1, ABGer Doss. 463.
[950] Vgl. Klageschrift Inderbitzin, S. 1 f., ABGer Doss. 463.

Mutter ihr Kind in ein Kloster geben wollen und habe sie, als sie sich weigerte, mit dem Beklagten verheiratet. Diesen habe sie erst kurz vor der Heirat überhaupt zu Gesicht bekommen, ohne zu wissen, dass es sich bei ihm angeblich um jemanden handelte, der nicht gern arbeitete und es daher auf das Vermögen der Ehefrau abgesehen hatte. Er hätte die Familie misshandelt und ihr den Unterhalt verweigert, ihr ausserdem ein eigenes Zimmer zugewiesen, «aus lauter Furcht vor Kindersegen».[951] Einmal habe er sie mit einem Stock misshandelt und sie zu Boden geworfen.[952]

Wie bereits erwähnt, reichte die Klägerin beim bischöflichen Kommissariat in Luzern die Scheidung ein. Dieses folgte ihrem Antrag und beschloss 1850 die Scheidung von Tisch und Bett auf unbestimmte Zeit. Von der Bevormundung durch den Ehemann wechselte Frau Inderbitzin unter staatliche Vormundschaft und, obwohl die neue Vormundschaftsverordnung von 1851 keine Vormundschaft mehr für unverheiratete Frauen vorsah, blieb sie bevormundet.[953] Josepha Inderbitzin stellte ein Gesuch beim Waisenamt Gersau, ihre Vormundschaft sei aufzuheben. Das Gesuch wurde am 29. Januar 1858 abgelehnt, eine Beschwerde beim Bezirksrat Gersau und beim Regierungsrat des Kantons Schwyz ebenfalls. Dabei hatte laut Klageschrift ein schriftliches Gesuch der Mutter der Klägerin und ihres geschiedenen Ehemannes den Ausschlag gegeben, indem sie sich für die «Bevogtigung» ausgesprochen hatten.[954]

Der Regierungsrat ging nun noch einen Schritt weiter und beschloss am 6. Hornung 1858, der Vormund solle darauf «wirken, dass sie ihren Aufenthalt im Kt. Schwyz nehme».[955] Der Vormund wurde ermächtigt, die Zinsen des Vermögens von Josepha Inderbitzin solange zurückzubehalten. Dieses Vorgehen stütze sich auf Vormundschaftsbestimmungen über Minderjährige, wonach neben finanzieller Vorsorge auch die sittliche und religiöse Erzie-

---

[951] Vgl. Klageschrift Inderbitzin, S. 2, ABGer Doss. 463.
[952] Vgl. Klageschrift Inderbitzin, S. 2 f., ABGer Doss. 463; vgl. auch ZSR XI (1864), S. 31.
[953] Vgl. Klageschrift Inderbitzin, S. 3, ABGer Doss. 463.
[954] Vgl. Klageschrift Inderbitzin, S. 4, ABGer Doss. 463.
[955] Klageschrift Inderbitzin, S. 4 f., ABGer Doss. 463.

hung gewährleistet werden sollte. Nun wurde versucht, Frau Inderbitzin über den finanziellen Hebel zu einem «sittsameren» Lebenswandel zu zwingen. Der Vormund Josepha Inderbitzins war Staatsanwalt KASPAR KRIEG,[956] der zweite Mann ihrer jüngeren Schwester. Trotz der verwandtschaftlichen Nähe setzte Krieg den Beschluss des Regierungsrats mit aller Strenge um und übergab Josepha Inderbitzin ab 1857 kein Geld mehr.[957]

Wie bereits erwähnt, konvertierte Josepha Inderbitzin in der Folge am 22. Mai 1858 zum Protestantismus. Ihr geschiedener Ehemann stellte daraufhin ein Begehren beim bischöflichen Kommissariat Schwyz, es sei die Scheidung von Tisch und Bett aufzuheben. Nachdem Frau Inderbitzin auf eine Vorladung des Kommissariats erklärte, die Gerichtsbarkeit des Kommisssariats nicht anzuerkennen, hob dieses die Trennung von Tisch und Bett am 1. Juli 1858 durch Kontumazialurteil auf.[958]

b. Zuständigkeit des Bundesgerichts und Begründung der Klage

Das Nachtragsgesetz betreffend die gemischten Ehen erklärte für die Scheidung einer gemischten Ehe die Zuständigkeit eines bürgerlichen Richters.[959] Waren gemischte Ehen gar nicht oder nicht vor einem weltlichen Gericht möglich, so konnte die Klage beim Bundesgericht eingereicht werden.[960] Dieses hatte die Scheidung auszusprechen, sofern «es sich aus den Verhält-

---

[956] KRIEG, KASPAR (1820–1870). Krieg heiratete 1855 Katharina Inderbitzin, die jüngere Schwester Josepha Inderbitzins. Nach dem Gymnasium in Schwyz studierte Krieg vier Semester Recht in München. Danach arbeitete er im Anwaltsbüro von Josef Meinrad Breny in Rapperswil (SG) und eröffnete danach ein eigenes Anwaltsbüro in Lachen. 1851 wechselte er zu seinem Freund Karl Styger nach Schwyz, wo sie eine gemeinsame Kanzlei betrieben. Krieg war Schwyzer Kantonsrat (1848–1870) und katholisch-konservativer Ständerat (1848–1849, 1850–1852). Von 1852 bis 1870 war Krieg Staatsanwalt. Vgl. AUF DER MAUER FRANZ, Krieg, Kaspar, in: Historisches Lexikon der Schweiz (HLS), Bd. 7, Basel 2008, S. 445.
[957] Vgl. Klageschrift Inderbitzin, S. 4, ABGer Doss. 463.
[958] Vgl. Klageschrift Inderbitzin, S. 5 f., ABGer Doss. 463.
[959] Art. 1 NGgE.
[960] Art. 2 NGgE.

§ 11 Bundesgericht als Ehegericht 203

nissen ergibt, daß ein ferneres Zusammenleben der Ehegatten mit dem Wesen der Ehe unverträglich ist.»[961] Im Kanton Schwyz bestanden keine weltlichen Ehegerichte. Scheidungsklagen wurden von den bischöflichen Ehegerichten behandelt, welche ausserdem keine Scheidungen im zivilrechtlichen Sinne vornahmen, sondern lediglich Trennungen von Tisch und Bett aussprachen. Somit waren die Voraussetzungen von Art. 2 des Nachtragsgesetzes erfüllt, was Anwalt Bruhin[962] in der Klageschrift deshalb auch als «notorisch» bezeichnete.[963]

Ein weiteres Zusammenleben der Eheleute wäre für die Klägerin «das bösste Gegentheil» einer wahren Ehe gewesen und hätte für sie «die wahre Hölle» bedeutet, was einem «Aneinanderfesseln zweier Todfeinde» entsprochen hätte.[964] In Ergänzung zur Beschwerde vor den politischen Behörden begründete die Klageschrift nun ausführlich, warum ein weiteres Zusammenleben dem Institut der Ehe widersprechen würde. So habe der Beklagte die Klägerin vor der Bundesversammlung und durch Inserate in der NZZ beleidigt. Vor der Bundesversammlung habe der Bevollmächtigte des Beklagten[965] erklärt, die Klägerin wolle «zwei Männer auf einmal haben», sie sei «genusssüchtig und verschwenderisch»[966] und zeichne sich durch «Geistesbeschränktheit» aus.[967] In der NZZ hatte der Beklagte zweimal ein Inserat veröffentlichen lassen, in welchem er öffentlich vor seiner Frau warnte und sich gegen alle Ansprüche im Zusammenhang mit den Geschäften seiner Frau verwahrte.[968] Inzwischen war Alois Kammenzind nämlich wieder die Verwaltung des ehelichen Vermögens übertragen worden, da er mit der Auf-

---

[961] Art. 3 Abs. 2 NGgE.
[962] Vgl. schon oben Anm. 887.
[963] Klageschrift Inderbitzin, S. 10, ABGer Doss. 463.
[964] Vgl. Klageschrift Inderbitzin, S. 10, ABGer Doss. 463.
[965] Es war dies GUSTAV VOGT.
[966] Ein Vorwurf, den man übrigens auch den Heimatlosen machte.
[967] Vgl. Klageschrift Inderbitzin, S. 7, ABGer Doss. 463.
[968] Vgl. NZZ Nr. 263 vom 19. September 1860 und Nr. 266 vom 22. September 1860.

hebung der Scheidung erneut zum ehelichen Vormund über seine Frau geworden war.[969]

Insgesamt zählte die Klageschrift acht verschiedene Punkte auf, die belegen sollten, dass ein weiteres Zusammenleben undenkbar gewesen wäre.[970] So erfuhr man aus dieser Aufzählung sogar, dass der Beklagte «der alttestamentarischen Auffassung huldigt», wonach gemischte Ehen zu verwerfen seien.[971]

c. Scheidungsfolgen

Für die Scheidungsfolgen hatte das Bundesgericht – mangels eidgenössischen Familienrechts – kantonales Recht anzuwenden und zwar das Recht des Kantons, dessen Gerichtsbarkeit der Ehemann unterworfen war.[972] Es blieb dem Bundesgericht jedoch auch die Möglichkeit, auf Antrag einer Partei oder von Amtes wegen, diese Fragen dem zuständigen kantonalen Richter zu überweisen.[973]

Für die Klägerin ging es darum, ihr Vermögen zurückzuerhalten und um die Erziehung ihres Sohnes. Was diese Scheidungsfolgen betraf, so stellte die Klägerin den Antrag, es solle das Bundesgericht diese Fragen beantworten, weil die Fragen einerseits «sehr leicht» erledigt werden konnten und andererseits eine grosse Gefahr bestehe, dass der kantonale Richter befangen wäre, sei der Beklagte doch Bezirksgerichtspräsident im fraglichen Bezirk Gersau. Ausserdem würden sowohl Mischehen als auch die Konversion zu einer anderen Religion in dieser Region «verdammt». Diese Behauptung war durchaus ernst zu nehmen, waren es doch hauptsächlich Beschwerden und Petitionen aus dem Kanton Schwyz, die die Bundesbehörden zum Erlass des BG über die gemischten Ehen veranlasst hatten. Noch 1840 erklärte – wie oben erwähnt – die Landsgemeinde in Schwyz gemischte Ehen für verbo-

---

[969] Vgl. Klageschrift Inderbitzin, S. 8, ABGer Doss. 463.
[970] Vgl. Klageschrift Inderbitzin, S. 12 ff., ABGer Doss. 463.
[971] Klageschrift Inderbitzin, S. 14, ABGer Doss. 463.
[972] Art. 4 Abs. 1 NGgE.
[973] Art. 4 Abs. 2 NGgE.

ten.[974] «Leicht erledigt» werden könne die Rückgabe des Vermögens, da dieses ja ausgeschieden geblieben sei und nur rückübereignet werden müsse.[975]

2. Klageantwort Alois Kammenzinds

Alois Kammenzind wurde vertreten durch den Berner Fürsprecher JOHANN BÜTZBERGER.[976] Dieser forderte in seiner Klageantwort vom 28. Dezember 1862 in erster Linie eine vollständige Abweisung der Klage. Falls das Gericht wider Erwarten eine Ehescheidung erkennen sollte, so sei Kammenzind der Sohn zuzusprechen. Die Klägerin habe einen Beitrag an seine Erziehung zu leisten und sei darüber hinaus zu einer Entschädigung zu verpflichten.[977]

a. Sachverhalt

Auch was die Ursachen und das Geschichtliche der Streitigkeit betraf, so hatten Bützberger und sein Mandant eine etwas andere Ansicht als die Klägerin. Nachdem Bützberger feststellt hatte, dass sein Gegner in seiner Klageschrift «soviel möglich confessionelle und politische Leidenschaft heraufzubeschwören [suchte]»[978] und die Klage eigentlich durch das Gericht hätte zurückgewiesen werden sollen,[979] kam er zur Darstellung des Sachverhalts, wie er sich dem Beklagten präsentierte.

So sei die Ehe keineswegs eine arrangierte gewesen, im Gegenteil hätten die zwei «zufällig» Bekanntschaft miteinander gemacht und Josepha habe ihn darauf in Gersau besucht, wo sie sich «von allen seinen Verhältnissen Kenntnis geben liess.» Die beiden hätten sich verlobt und wenige Wochen

---

[974] Vgl. Bericht Benz Mehrheit Komm. NR, BBl 1850 III 2; vgl. auch oben § 11.I.
[975] Vgl. Klageschrift Inderbitzin, S. 17 f., ABGer Doss. 463.
[976] Vgl. zur Kurzbiographie Johann Bützbergers Anm. 623.
[977] Vgl. Klageantwort Kammenzind, S. 12, ABGer Doss. 463.
[978] Vgl. Klageantwort Kammenzind, S. 1, ABGer Doss. 463.
[979] Bützberger machte geltend, die Klageschrift verstosse gegen Art. 89 des BGbR, welcher aufzählte, was die Klageschrift genau anzuführen hatte. Er kündigte an, sich in der Hauptverhandlung dazu genauer zu äussern, vgl. Klageantwort Kammenzind, S. 2, ABGer Doss. 463.

später, im Januar 1845, geheiratet.[980] Die Ehe sei anfänglich eine glückliche gewesen, was Josepha einem Vetter gegenüber geäussert habe. Auch sei Josepha Inderbitzin keine einfache Gemahlin gewesen, habe sie doch ultimativ von ihrem Ehemann verlangt, er solle aus der Gesellschaft mit seinen Brüdern austreten. Alois Kammenzind war Mitglied der «Handelssocietät Andreas Cammenzind & Söhne».[981] Für den Verkauf seiner Anteile habe Alois fast 9000 Franken von seinen Brüdern erhalten, was seiner Ehefrau jedoch als zu wenig erschienen sei und ihr «viel Stoff zu Zank und Hader» geboten habe, während Alois Kammenzind sich stets «auf die zärtlichste Weise» um seine Familie gekümmert habe.[982]

Auch der Beklagte räumte ein, dass es in der Folge zwar «Missfälligkeiten» gegeben habe, dass er seine Frau aber nicht «misshandelt» hätte. Die Scheidung sei deshalb auch aufgrund des Verschuldens «beider Theile» erfolgt. «Alle Liebe und Gefühl» habe die Klägerin damals aber noch nicht verloren, wie ein Brief von ihr an den Beklagten vom 18. Mai 1850 zeige. Im Weiteren stimme auch nicht, dass der Beklagte vor Kindersegen geflohen sei, habe ihm seine Frau doch innerhalb von drei Jahren zwei Kinder geboren.[983] Eines der beiden war bei der Geburt gestorben.[984]

So habe es manche gegeben, die an eine Wiedervereinigung der beiden geglaubt hatten, bis die Geschiedene nach Schwyz zu ihrer Mutter gezogen sei, wo die beiden allein in einem Haus gewohnt hätten. Die geschiedene Ehefrau habe ein Liebesverhältnis mit einem Gerber namens Joseph Maria In-

---

[980] Nicht einmal über das Hochzeitsdatum waren sich die beiden Parteien einig, so verortete die Klageschrift die Ehe ins Jahr 1846, vgl. Klageschrift Inderbitzin, S. 1, ABGer Doss. 463.
[981] Vgl. Klageantwort Kammenzind, S. 2 f., ABGer Doss. 463.
[982] Dies bezeugte «Frau Bundesrath» Knüsel, die im selben Haus wohnte wie die junge Familie, vgl. Klageantwort Kammenzind, S. 3, ABGer Doss. 463.
[983] Vgl. Klageantwort Kammenzind, S. 3, ABGer Doss. 463.
[984] Vgl. Replik der Frau Josepha Inderbitzin in Zürich auf die Klagebeantwortung des Bezirksgerichtspräsidenten Alois Kammenzind in Gersau betreffend Ehescheidung, ABGer Doss. 463, Fasz. 45, S. 2.

§ 11 Bundesgericht als Ehegericht 207

derbitzin begonnen,[985] «welcher ihr Tag und Nacht schmeichelte und Geschenke machte, um sie an sich zu ziehen.»[986] Es schien, als hätte sich Josepha Inderbitzin den Schmeicheleien entziehen wollen, sei sie doch nach Sion in ein Kloster und anschliessend zu Pfarrer Kälin[987] nach Zürich gezogen. Ihr Liebhaber sei ihr an beide Orte nachgereist und sei schliesslich erfolgreich gewesen – die beiden hätten beschlossen zu heiraten. Dieses Verhältnis habe Josephas Mutter solchen Kummer gemacht, dass sie sich an Pfarrer Kälin gewandt habe. Dieser habe versucht das Liebespaar zu sich zu einem Gespräch einzuladen, worauf diese ihn in einem Brief einen «verkappten Jesuiten» geschmäht hätten.[988] Die beiden seien nach Locarno übersiedelt, wo sie als Ehepaar aufgetreten und auch als solches in den Registern geführt worden seien.[989]

Aufgrund dieses lasterhaften Lebenswandels sei die Klägerin daraufhin – ohne Zutun des Ehemannes – unter Vormundschaft gestellt worden, und es sei der Beschluss ergangen, wonach ihr von ihrem Vermögen keine Zinsen mehr auszuhändigen seien, bis sie ihren Wohnsitz in den Kanton Schwyz verlege. Von einer «Flucht» nach Zürich könne keine Rede sein.[990] Alois Kammenzind seinerseits habe um die Aufhebung der Scheidung ersucht, weil er bereit gewesen sei, «seiner Ehefrau all ihre Fehltritte zu verzeihen» und ohne dass er etwas vom Übertritt seiner Frau zum Protestantismus ge-

---

[985] Inderbitzin ist ein altes Schwyzer Geschlecht und war weit verbreitet. So sassen 1848 12 (!) Inderbitzins im Schwyzer Kantonsrat. Vgl. AUF DER MAUER FRANZ, Inderbitzin, in: Historisches Lexikon der Schweiz (HLS), Bd. 6, Basel 2007, S. 605 f.
[986] Vgl. Klageantwort Kammenzind, S. 4 f., ABGer Doss. 463.
[987] KÄLIN, ROBERT (1808–1866). Nach dem Gymnasium in Solothurn und dem Priesterseminar in Chur wurde Kälin 1831 zum Priester geweiht. Er arbeitete daraufhin als Sekundarlehrer in seinem Heimatort Einsiedeln, bis er 1833 zum zweiten katholischen Pfarrer von Zürich gewählt wurde. Der talentierte Prediger galt als Wegbereiter und Vordenker der christkatholischen Kirche und war gegen das obligatorische Zölibat. Der liberale Priester trat 1863 nach einem Schlaganfall zurück. Vgl. LUSTENBERGER JOSEF, Kälin, Robert, in: Historisches Lexikon der Schweiz (HLS), Bd. 7, Basel 2008, S. 50.
[988] Vgl. Klageantwort Kammenzind, S. 5, ABGer Doss. 463.
[989] Vgl. Klageantwort Kammenzind, S. 6, ABGer Doss. 463; vgl. auch ZSR XI (1864), S. 31 ff.
[990] Vgl. Klageantwort Kammenzind, S. 6 f., ABGer Doss. 463.

wusst habe.[991] Des Weiteren seien die Verwandten der Klägerin und «das ganze Schwyzer Publikum» der Ansicht, dass sie aus weltlichen Gründen übergetreten sei, nämlich um ihre Ehe mit ihrem Liebhaber zu ermöglichen.[992] Dieser sei kaum in der Lage, für sich selber zu sorgen, geschweige denn für eine Ehefrau, habe dieser doch Geld von seiner Mutter entliehen. Überhaupt stehe Josepha Inderbitzin ja schon vor ihrem 43. Altersjahr.[993] Sie solle zu ihrem Ehemann zurück, sie würde sich dort «gewiss glücklicher fühlen als in ihrer bisherigen Lage!»[994]

Bützberger erwähnte noch, dass die Schwyzer Matrimonialgerichte in neuerer Zeit dazu übergegangen seien, die Regelung der Scheidungsfolgen den Zivilgerichten zu überlassen.[995] Dass er damit unterstreichen wollte, dass die Regelung der Scheidungsfolgen dem kantonalen Gericht überlassen werden sollte, erwähnte er seltsamerweise nicht. Der bekannte und erfahrene Bützberger hatte es in seiner ganzen Klageantwort unterlassen, seine Ausführungen unter rechtliche Bestimmungen zu subsumieren. Womöglich war auch dies der Grund, warum er der Ansicht war, die gegnerische Klageschrift hätte zurückgewiesen werden sollen,[996] denn Bruhin hielt sich mit rechtlichen Subsumtionen nicht zurück. Bützberger entsprach mit seiner Rechtsschrift peinlich genau den gesetzlichen Vorgaben des Bundesgerichts, hatten sich die Parteien Rechtserörterungen doch gemäss Art. 180 BGbR für das mündliche Hauptverfahren aufzusparen. Bereits in seinen ersten provisorischen Verfahrensvorschriften wurde festgehalten, dass die Rechtserörterun-

---

[991] Vgl. Klageantwort Kammenzind, S. 7 f., ABGer Doss. 463.
[992] Vgl. Klageantwort Kammenzind, S. 9 f., ABGer Doss. 463.
[993] Klageantwort Kammenzind, S. 10 f., ABGer Doss. 463.
[994] Klageantwort Kammenzind, S. 12, ABGer Doss. 463.
[995] Klageantwort Kammenzind, S. 10, ABGer Doss. 463.
[996] Art. 89 des BGbR verlangte nämlich als Inhalt der Klage keine Rechtserörterungen. Die Klage sollte – neben den Parteien – lediglich das Klagegesuch und die Tatsachen, die zur Begründung der Klage und der Legitimation der Partei nötig waren, enthalten sowie die Beweismittel bezeichnen. Ein ausdrückliches *Verbot* von Rechtserörterungen findet sich dort aber nicht.

§ 11 Bundesgericht als Ehegericht

gen dem mündlichen Verfahren vorbehalten werden sollen.[997] Eine sehr strenge Interpretation des Grundsatzes der richterlichen Rechtsanwendung. Bützberger blieb diesem Grundsatz übrigens in Zukunft nicht mehr treu – im Gegenteil – zeichnete sich doch seine Klageantwort für die Regierung des Kantons Schaffhausen im Streit um die Hospeswohnung durch eine lehrbuchartige Kommentierung des BGbR und zu allgemeinen Rechtsgrundsätzen aus.[998]

3. Replik und Duplik

In Replik und Duplik beschränkten sich die Anwälte der Parteien darauf, die Behauptungen des anderen zu bestreiten und teilweise einige neue Beweismittel beizubringen. So sei beispielsweise der Gerber Joseph Maria Inderbitzin ein Verwandter der Klägerin und während zweier Jahre ihr Vormund gewesen.[999] Im Gegensatz dazu behauptete der Beklagte, die Beziehung Josepha Inderbitzins zu ihrem «Liebhaber» sei in ihrer Heimatgemeinde «notorisch».[1000]

V. Urteil des Bundesgerichts vom 2. Juli 1863

1. Richterbank

An der Verhandlung der Scheidungsklage von Josepha Inderbitzin waren folgende Bundesrichter beteiligt:[1001] Präsident Dr. EDUARD BLÖSCH,[1002] Vi-

---

[997] ABGer Prot. Bd. I, S. 7, § 12; vgl. auch oben § 3.II.2.
[998] Klageantwort Regierung, S. 2 ff., StASH IV 13, vgl. auch oben § 10.III.3.a.
[999] Replik der Frau Josepha Inderbitzin in Zürich auf die Klagebeantwortung des Bezirksgerichtspräsidenten Alois Kammenzind in Gersau betreffend Ehescheidung, ABGer Doss. 463, Fasz. 45, S. 2 f.
[1000] Duplik des Herrn Bezirksgerichtspräsidenten Alois Kammenzind, von Gersau, auf die Replik seiner Ehefrau Josepha geb. Inderbizin, ABGer Doss. 463, Fasz. 53, S. 3.
[1001] ABGer Prot. Bd. IV, S. 444.
[1002] Vgl. zur Kurzbiographie Eduard Blöschs Anm. 650.

zepräsident JOSEF WILHELM VIGIER,[1003] NICOLAUS HERMANN,[1004] ARNOLD OTTO AEPLI,[1005] NICOLAS GLASSON,[1006] PHILIPPE CAMPERIO,[1007] EDUARD HÄBERLIN,[1008] Dr. HENRI DUCREY[1009] sowie der Ersatzrichter HANS VON ZIEGLER.[1010] Das Protokoll führte der Gerichtsschreiber Dr. EUGEN ESCHER.[1011]

[1003] Vgl. zur Kurzbiographie Josef Wilhelm Vigiers Anm. 823.
[1004] Vgl. zur Kurzbiographie Nicolaus Hermanns Anm. 344.
[1005] Vgl. zur Kurzbiographie Arnold Otto Aeplis Anm. 649.
[1006] Vgl. zur Kurzbiographie Nicolas Glassons Anm. 343.
[1007] Vgl. zur Kurzbiographie Philippe Camperios Anm. 824.
[1008] Vgl. zur Kurzbiographie Eduard Häberlins Anm. 657.
[1009] DUCREY, HENRI (JOSEPH) (1805–1864). Der zweite Walliser am Bundesgericht studierte Rechtswissenschaft in Paris, Freiburg i.Br. und Heidelberg und schloss diese mit dem Dr. iur. ab. Daraufhin arbeitete er als selbständiger Anwalt und Notar in Sitten. Der gemässigte Radikale war Gemeindepräsident (1841–1847) und Gemeinderat (1848–1864) in seiner Walliser Heimatgemeinde Bovernier sowie Walliser Grossrat (1852–1864). Ducrey war Abgesandter an der Tagsatzung von 1848 und von 1848 bis 1850 Ständerat. Obwohl Ducrey – im Gegensatz zu vielen seiner Kollegen im Bundesgericht – kein Sohn eines Landwirts war, galt er als leidenschaftlicher Interessenvertreter der Landwirtschaft. Im Bundesgericht sass er lediglich zwei Jahre (1862–1864), da er 1864 im Amt verstarb. Vgl. GIROUD FRÉDÉRIC, Ducrey, Henri, in: Historisches Lexikon der Schweiz (HLS), übersetzt aus dem Französischen, Bd. 3, Basel 2004, S. 823; BuriLex, Henri (Joseph) Ducrey.
[1010] Vgl. zur Kurzbiographie Hans von Zieglers Anm. 659.
[1011] ESCHER, EUGEN (VOM GLAS) (1831–1900). Escher studierte Romanistik und Rechtswissenschaft an der Akademie in Genf, danach in Zürich, Heidelberg und Berlin. Nach einem Studienaufenthalt in Paris und einer Reise nach London wurde Escher zum PD für französisches Recht an der Universität Zürich ernannt, 1855 zum Dr. iur. der Universität Jena. Escher war Bezirksrichter (1855–1857) und Stadtschreiber von Zürich (1857–1868). Von 1868 bis 1872 war er Chefredaktor und Geschäftsleiter, von 1872 bis 1877 Verwaltungsrat der NZZ. Der Anhänger von Alfred Escher war Direktor (1872–1894) und ab 1889 Direktionspräsident der Nordostbahn. Escher sass im Zürcher Grossen Rat (1857–1869), im Verfassungsrat (1868–1869) und im Kantonsrat (1869–1876). Auf eidgenössischer Ebene war Escher Ständerat (1863–1869) und Nationalrat (1870–1871). Von 1862 bis 1866 war Escher Gerichtsschreiber am Bundesgericht. Vgl. BÜRGI MARKUS, Escher, Eugen (vom Glas), in: Historisches Lexikon der Schweiz (HLS), Bd. 4, Basel 2005, S. 296.

2. Erwägungen und Urteil

Das Bundesgericht wiederholt auf fast 16 Seiten in ausführlicher Weise die Tatsachenbehauptungen der Klägerin und des Beklagten,[1012] um dann auf etwa vier Seiten seine Erwägungen darzulegen.[1013] Diese beginnen mit der Feststellung, dass die meisten Anführungen der Klägerin entweder nicht erwiesen oder doch ungenügend seien, um ein Scheidungsbegehren zu rechtfertigen. «Immerhin liegen aber hinreichende Anhaltspunkte vor, um ein ferneres Zusammenleben derselben mit dem Beklagten zur Fortführung einer ehelichen Gemeinschaft als unstatthaft zu erkennen, und um daher die Voraussetzung des Art. 3 als eingetreten anzusehen.»[1014] Es schien, als hätte sich das Gericht dabei in erster Linie darauf gestützt, dass die beiden Eheleute nach kaum fünfjähriger Ehe geschieden worden waren und danach 13 Jahre ununterbrochen getrennt gelebt hatten. Für die Bundesrichter schien es ausserdem erwiesen, dass der Beklagte die Klägerin durch sein Verhalten in ökonomische Bedrängnis gebracht hatte.[1015]

Der Sohn sollte hingegen weiterhin dem Vater belassen werden, da das Gericht keinen Grund erkennen konnte, weshalb dem Vater die Erziehung entzogen werden sollte, dem sie ja «naturgemäss zukommt». Es sei aber «billig», der Mutter einen Beitrag an die Erziehungs- und Unterhaltskosten zuzumuten.[1016]

Dann befasste sich das Bundesgericht mit dem Vermögen der Frau. Den Entscheid darüber behielt es sich selbst vor, da das Schwyzer Recht eine gänzliche Scheidung gar nicht kannte und dementsprechend auch keine ge-

---

[1012] Urteil des BGer vom 2. Juli 1863, S. 1–16, ABGer Doss. 463; vgl. auch ULLMER II, S. 359 ff.
[1013] Urteil des BGer vom 2. Juli 1863, S. 17–21, ABGer Doss. 463.
[1014] Urteil des BGer vom 2. Juli 1863, S. 17, Erwägung 2, ABGer Doss. 463; ULLMER II, S. 360; vgl. auch ZSR XI (1864), S. 36.
[1015] Urteil des BGer vom 2. Juli 1863, S. 17 f., Erwägung 3, ABGer Doss. 463; ULLMER II, S. 360.
[1016] Urteil des BGer vom 2. Juli 1863, S. 18, Erwägung 4, ABGer Doss. 463; ULLMER II, S. 359 ff.

setzlichen Regelungen dafür vorlagen.[1017] Im Vorfeld der Verhandlung hatte sich das Bundesgericht ausserdem bei der Justizkommission des Kantons Schwyz erkundigt, ob die Behauptung Bützbergers zutreffend sei, dass die Scheidungsfolgen von den Matrimonialgerichten in neuerer Zeit den Zivilgerichten übertragen wurden. Die Justizkommission hatte jedoch keine Kenntnis von solchen Vorgängen, die Behauptung Bützbergers schien also unwahr zu sein.[1018] Das Bundesgericht nahm für sich in Anspruch, die Scheidungsfolgen gestützt auf Art. 4 NGgE selbst zu beurteilen und verfügte, dass der Beklagte der Klägerin das Vermögen in der Höhe, wie es am Ende der staatlichen Vormundschaft bestanden hatte, herauszugeben hatte.[1019] Das Bundesgericht wies in der Folge acht Anträge der Parteien «mit Mehrheit» ab, um schliesslich zu seinem Urteil zu kommen. Aus dieser Formulierung geht hervor, dass sich die Bundesrichter nicht einig waren.[1020]

Die Ehe wurde vollständig geschieden, der Sohn weiter dem Vater überlassen, wobei Josepha Inderbitzin zu einem jährlichen Beitrag von Fr. 400.– an seine Erziehungs- und Unterhaltskosten verpflichtet wurde. Der Beklagte Alois Kammenzind wurde verpflichtet, das Vermögen Frau Inderbitzins in der Höhe von Fr. 33 956.90 samt Zins zu 5% ab Urteilszeitpunkt herauszugeben. Des Weiteren musste er ihr für den Unterhalt in der Zeit seit dem 22. Juni 1860, als er wieder Verwalter ihres Vermögens geworden war, jährlich Fr. 550.– erstatten. Die Gerichtskosten von Fr. 50.– hatten sich die Parteien zu teilen, für die Parteikosten hatten sie selber aufzukommen.[1021]

[1017] Vgl. Urteil des BGer vom 2. Juli 1863, S. 19, Erwägung 5, ABGer Doss. 463; ULLMER II, S. 361.
[1018] Vgl. Schrift der Justizkommission Schwyz vom 18. Februar 1863, ABGer Doss. 463, Fasz. 79.
[1019] Urteil des BGer vom 2. Juli 1863, S. 19 f., Erwägung 5 und 6, ABGer Doss. 463.
[1020] Vgl. zu den unterschiedlichen Formulierungen z.B. Urteil des BGer vom 8. Januar 1862, ABGer Doss. 425 (Thunstetten): «in Einmuth erkannt»; Urteil des BGer vom 28. Juni 1854 ABGer, Prot. Bd. I, S. 319 ff. (Postentschädigung Neuenburg): «In Hinsicht auf Erwägung 5 in Einmuth, im übrigen mit Mehrheit»; Urteil des BGer vom 7. September 1874 (Thurkorrektion), ABGer Doss. 867, Fasz. 23, S. 16: «zu Recht erkannt».
[1021] Urteil des BGer vom 2. Juli 1863, S. 22, Erkenntnis 8, ABGer Doss. 463.

3. Ausblick

So wurde die Ehe von Alois Kammenzind und Jospha Inderbitzin vor Bundesgericht geschieden. Es sollte dies aber nicht das letzte Mal gewesen sein, dass Josepha Inderbitzin die Bundesbehörden beschäftigte. Sie wünschte sich in der Folge mit einem Cousin dritten Grades zu verheiraten, was nach den Gesetzen des Kantons Schwyz verboten war. Die Schwyzer Behörden weigerten sich daher, ihr die für die Heirat nötigen Papiere auszustellen. Der zukünftige Bräutigam gelangte daraufhin mit einem Rekurs an den Bundesrat. Dieser forderte nicht nur vom Kanton Schwyz, sondern auch von mehreren reformierten Kantonen Stellungnahmen ein, um festzustellen, dass auch in reformierten Kantonen die Heirat zwischen Cousins dritten Grades verboten war und wies den Rekurs daher ab.[1022]

VI. Fazit

Es war dies die zweite Scheidung einer gemischten Ehe, es sollten bis Ende 1874 insgesamt 102 Scheidungsprozesse werden, wobei in fast allen Fällen die Scheidung ausgesprochen wurde.[1023] «Als eine Seltenheit» bezeichnet es der Geschäftsbericht des Bundesgerichts aus dem Jahre 1868, dass einmal eine Scheidungsklage abgewiesen worden war.[1024] Die Bundesrichter schienen von ihrer Aufgabe nicht sehr angetan. Im Geschäftsbericht des Jahres 1867 stellte das Bundesgericht fest, dass bereits die «Mehrzahl» der behandelten Zivilfälle Scheidungsklagen seien, dass diese nun aber abnehmen sollten, da der Kanton St. Gallen – aus dem die Mehrzahl der Fälle stammte[1025] – sein Eherecht revidieren werde. Dies sei aus Sicht des Bundesgerichtes «nicht zu bedauern», sei doch «die Beurtheilung von Konsistorialsachen

---

[1022] Vgl. Journal de Genève vom 18. Mai 1864, Nr. 117, S. 1.
[1023] Vgl. auch HAFNER, S. 148 f. wobei er, lediglich gestützt auf die Geschäftsberichte des BGer, fälschlicherweise von etwa 70 Fällen ausging.
[1024] Geschäftsbericht BGer 1868, BBl 1869 I 430.
[1025] Vgl. auch HAFNER, S. 154.

der Stellung des Bundesgerichtes kaum angemessen».[1026] In den Streitigkeiten stellten sich den Bundesrichtern kaum juristische Fragen, die Ehescheidungen bezeichnete eine Publikation von 1865 daher eher als von «psychologischem» Interesse.[1027]
Die Scheidungsklagen gaben den Bundesrichtern viel Arbeit, hatten sie doch eine grosse Zahl von Anträgen durch die Parteien zu prüfen und zu beurteilen. Die Richter schienen sich der bundesstaatlichen Bedeutung ihrer Arbeit nicht bewusst gewesen zu sein. Sie sorgten mit ihren Scheidungsurteilen dafür, dass es für gemischt-konfessionelle Eheleute in der Schweiz möglich wurde, sich aus ihren ehelichen Beziehungen zu lösen. Ohne den Druck durch die bundesgerichtliche Rechtsprechung hätten die betroffenen Kantone ihr Eherecht nicht geändert, um diese Scheidungsklagen auch auf kantonaler Ebene zu ermöglichen. Was die Ehescheidungen betrifft, so scheint sich die Analyse Kägis über die Bundesrechtspflege bis 1874 zu bestätigen, wonach das Bundesgericht nicht für einen durchgängigen Rechtsschutz zu sorgen hatte, sondern eine Rechtsvereinheitlichung in ausgewählten Gebieten des Bundesrechts vorzunehmen hatte.[1028] Das Eherecht blieb zwar bis zum Erlass des ZGB eine kantonale Zuständigkeit, doch war das Bundesgericht als Eherichter Garant gegen den Zwang der jeweiligen kantonal dominierenden Religionsgemeinschaften gegen andersgläubige Bürger. In diesem Sinne ist die zivilrechtliche Ehescheidung auch als Emanzipation des modernen Nationalstaats von den Resten kirchlicher Rechtsetzungs- und Rechtsprechungsaufgaben in den katholischen Kantonen zu sehen.[1029]
Josepha Inderbitzin veranlasste mit ihrem unnachgiebigen Drängen, dass sich die Bundesversammlung dazu durchringen konnte, ein Gesetz über die Scheidung gemischter Ehen zu erlassen. Frau Inderbitzin war fest entschlossen, sich aus der Umklammerung ihres Mannes und dessen Familie zu lösen und gelangte mit Hilfe ihres sachkundigen Anwalts bis vor die Bundesver-

---

[1026] Geschäftsbericht BGer 1867, BBl 1868 II 419 f.
[1027] LITERARISCHES VERLAGSBUREAU, S. 38 f.
[1028] Vgl. KÄGI, S. 187.
[1029] In diesem Sinne auch SEEGER, S. 57 f.; LITERARISCHES VERLAGSBUREAU, S. 44.

sammlung. In den Beratungen der Räte kommt dabei zum Ausdruck, dass die Ratsmitglieder von der Rekurrentin selbst nicht viel hielten. Josepha Inderbitzins Glück war, dass ihr Fall eine weitreichende politische Bedeutung besass und die liberale Mehrheit in der Bundesversammlung den Moment für gekommen erachtete, die katholischen Kantone dazu zu zwingen, die Scheidung gemischt-konfessioneller Ehen zu ermöglichen. Diese Tatsache sollte aber nicht darüber hinwegtäuschen, dass Frau Inderbitzin in einer Zeit lebte, in der die gesellschaftliche und rechtliche Stellung der Frau noch weit hinter derjenigen des Mannes zurückstand. Durch ihren kämpferischen Geist brachte sie weitreichende Ereignisse in Gang brachte, welche schliesslich zu über hundert Scheidungen gemischt-konfessioneller Ehen durch das Bundesgericht führten.

Kapitel 5: Strafrechtspflege

§ 12. Kassationsverfahren

Was die Strafbestimmungen der polizeilichen und fiskalischen Bundesgesetze betraf, so waren diese erstinstanzlich durch die Kantone anzuwenden. Gegen ein solches Urteil eines kantonalen Strafgerichts stand dem Verurteilten die Kassationsbeschwerde an das eidgenössische Kassationsgericht zu.

I. Verfahren bei Übertretungen fiskalischer oder polizeilicher Bundesgesetze

Bereits im Jahre 1849 erkannte die Bundesversammlung, dass das Bundesstrafverfahren, wie es das OG von 1849 für schwere Delikte, wie beispielsweise Hochverrat und Delikte gegen das Völkerrecht vorsah,[1030] nicht geeignet war, um Übertretungen der polizeilichen und fiskalischen Bundesgesetze zu ahnden.[1031] Dieses Verwaltungsunrecht im aufwendigen Verfahren vor dem eidgenössischen Geschworenengericht zu verhandeln, hätte der meist untergeordneten Bedeutung nicht entsprochen, welche diese Übertretungen charakterisierten. Die Gerichtskosten überstiegen oft den Deliktsbetrag und standen auch im Missverhältnis zu den ausgefällten Strafen. Daher verabschiedete die Bundesversammlung 1849 das Bundesgesetz betreffend das Verfahren bei der Uebertretung fiskalischer und polizeilicher Bundesgesetze (FStrV),[1032] welches das Verfahren im Bundesverwaltungsstrafrecht ausgestaltete.[1033]

[1030] Die Delikte wurden in Art. 104 BV 1848 aufgezählt.
[1031] Vgl. Einleitung des FStrV, AS I 87.
[1032] AS I 87 ff.
[1033] Vgl. dazu und im Folgenden auch BRAND, S. 118 ff.; STOOSS, S. 135 ff.

Bestand ein Verdacht auf einen Verstoss gegen ein einschlägiges Bundesgesetz,[1034] so hatten die zuständigen Beamten innert 48 Stunden einen Bericht über die Vorkommnisse zu erstellen.[1035] Dieser Bericht wurde in der Folge an den Vorsteher der zuständigen Stelle der Bundesverwaltung übermittelt.[1036] Dieser entschied, ob der Betroffene gerichtlich verfolgt werden sollte,[1037] was dann durch kantonale Gerichte geschah.[1038] Von der kantonalen Gerichtsorganisation hing es auch ab, ob gegen ein erstinstanzliches Urteil Appellation geführt werden konnte, wobei das Bundesrecht vorschrieb, dass eine Appellation lediglich bei einer Busse von mindestens 50 Franken oder einer Gefängnisstrafe möglich war.[1039] Gegen diese Gerichtsurteile konnte anschliessend innerhalb von 30 Tagen Kassationsbeschwerde am eidgenössischen Kassationsgericht geführt werden.[1040]

Besonders die grossen Unterschiede in den kantonalen Gerichtsorganisationen brachten den Bundesrat Ende 1853 dazu, eine Revision des Verfahrens vorzuschlagen.[1041] Daneben wurde gefordert, dass die kantonale Justiz und die Bundesjustiz nicht mehr vermischt werden sollten.[1042] Der Entwurf zu einem Bundesgesetz über das Verfahren bei Zollübertretungen sah vor, dass Zollübertretungen in Zukunft durch die Anklagekammer des Bundesgerichtes als Polizeikammer in erster Instanz beurteilt worden wären.[1043] Bei Übertretungen der anderen Gesetze sollten die Kantone weiterhin für das Verfah-

---

[1034] In Art. 1 des FStrV waren diese Gesetze aufgezählt. Es waren die Gesetze über Zölle, Post, Pulver, Münzen, Masse und Gewichte. Weitere Gesetze wurden vorbehalten.
[1035] Art. 4 FStrV.
[1036] Art. 8 FStrV.
[1037] Art. 10 FStrV.
[1038] Art. 16 FStrV.
[1039] Vgl. Art. 17 Abs. 5 FStrV.
[1040] Art. 18 FStrV.
[1041] Vgl. zu den Gründen für die Revision, Botschaft des schweiz. Bundesrathes an die beiden gesezgebenden Räthe der Eidgenossenschaft, betreffend den Entwurf zu einem Geseze über das Verfahren bei Zollübertretungen, vom 30. Dezember 1853, BBl 1854 I 137 ff. (139 f.).
[1042] Vgl. BLUMER II, S. 81 f.; RÜTTIMANN, S. 373 f.
[1043] Vgl. Art. 18, Entwurf zu einem Bundesgeseze über das Verfahren bei Zollübertretungen, vom Bundesrathe durchberathen am 28. Christmonat 1853, BBl 1854 I 45 ff. (50).

ren zuständig sein.[1044] Die Vorlage des Bundesrates scheint im Parlament kein Gehör gefunden zu haben, fasste doch erst das Bundesgesetz über die Bundesstrafrechtspflege von 1934 alle Strafprozessnormen des Bundesrechts zusammen, worunter ausdrücklich auch das FStrV fiel.[1045]

II. Das Zollvergehen Peter Jaquiers

Am 17. April 1856 gegen fünf Uhr Morgens wollte der Fuhrmann Peter Jaquier von Ornans in Frankreich die Schweizer Grenze in Col des Roches in der Nähe von Le Locle überqueren. Dabei legte er den dortigen Schweizer Zollbeamten einen Frachtbrief vor, welcher seine Ladung als «gewöhnliche Glaswaren» auswies.[1046] Er bezahlte den entsprechenden Zoll und erhielt dafür eine Zollquittung, die er unterschrieb.[1047] Bei der anschliessenden Inspektion der Ladung durch die Zollbeamten stellte sich heraus, dass nur ein Teil der Glaswaren «gewöhnlich» war und ein grösserer Teil der Ladung aus «feinen Glaswaren» bestand.[1048] Für diese hätte ein höherer Zoll entrichtet werden müssen,[1049] die Fracht wurde daher samt Wagen und Pferden «arretiert».[1050]

Am folgenden Tag wurde das Protokoll zu diesem Vorfall – der sogenannte Procès-Verbal – aufgenommen. Dabei handelte es sich um ein Verfahren gemäss Art. 12 des FStrV. Falls sich ein Angeschuldigter sofort bereit erklärte, das angefertigte Protokoll bedingungslos anzuerkennen und zu unterzeichnen, konnte ihm bis zu einem Drittel der Strafe erlassen werden, aner-

---

[1044] Vgl. auch die Besprechung des Gesetzesentwurfs in der NZZ vom 6. Januar 1854, Nr. 6, S. 21 f.
[1045] Vgl. Botschaft des Bundesrates an die Bundesversammlung zum Entwurf eines Bundesgesetzes über die Bundesstrafrechtspflege, vom 10. September 1929, BBl 1929 II 575 ff. (641 ff.)
[1046] Vgl. Urteil des KassG vom 17. Dezember 1856, S. 1, ABGer Doss. 188.
[1047] Vgl. Urteil des KassG vom 17. Dezember 1856, S. 3, Ziff. 2, ABGer Doss. 188.
[1048] Vgl. Urteil des KassG vom 17. Dezember 1856, S. 1, ABGer Doss. 188.
[1049] Vgl. Urteil des KassG vom 17. Dezember 1856, S. 3, Ziff. 2, ABGer Doss. 188.
[1050] Vgl. Urteil des KassG vom 17. Dezember 1856, S. 1, ABGer Doss. 188. Dies war den Zollbehörden gemäss Art. 21 FStrV gestattet.

kannte er die Strafe innerhalb von acht Tagen schriftlich, so immerhin noch höchstens ein Viertel der Strafe. Jaquier unterschrieb dieses Protokoll gleich am 18. April 1856.[1051] Von der Busse des Sechsfachen der nicht angegebenen Zollgebühr, was Fr. 580.50 entsprach, sollte ihm ein Viertel erlassen werden.[1052] Das Schweizerische Zoll- und Handelsdepartement verfügte dementsprechend am 23. April 1856 eine Busse in der Höhe von Fr. 435.38.[1053]

Diese Busse scheint von Jaquier jedoch nicht bezahlt worden zu sein,[1054] da der Fall in der Folge die Gerichte beschäftigte. Das Tribunal Civil du District du Locle führte am 10. Juli 1856 eine Zeugeneinvernahme mit dem Zollbeamten Marc Gudet durch, wobei dieser bezeugte, Jaquier habe ihm gegenüber erklärt, dass sein Auftraggeber – das Haus Déprez – die Busse für die Widerhandlung gegen das Zollgesetz bezahlen werde.[1055] Da dies bis zum damaligen Zeitpunkt nicht geschehen war, überwies das tribunal de district den Fall schliesslich an die Anklagekammer des Cour d'Appel von Neuenburg.[1056] Da damit auch das Eingeständnis Jaquiers und die Reduktion der Busse hinfällig wurde, bestätigte der Cour d'Appel am 14. Juli die Beschlagnahme von Fuhrwerk und Waren durch die Zollbehörden und verurteilte Peter Jaquier wegen Widerhandlung gegen das Zollgesetz zu einer

---

[1051] Vgl. Procés Verbal, S. 2, ABGer Doss. 188.
[1052] Vgl. Procés Verbal, Beilage, ABGer Doss. 188.
[1053] Vgl. Verfügung vom 23. April 1856 des Département Fédéral du Commerce et des Péages à la Direction du V. Arrondissement des Péages à Lausanne, S. 2, ABGer Doss. 188.
[1054] Es wehrte sich auch der Empfänger eines Teils der Ware, ein gewisser W. Ullmer aus La Chaux-de-Fonds gegen die Beschlagnahme. Um an seine drei Kisten Glaswaren zu gelangen, leitete er am 3. Mai 1856 kurzerhand eine Betreibung gegen den Leiter der Zollstätte von Col-des-Roches ein, die jedoch vom zuständigen Friedensrichter von La-Chaux-de-Fonds als nichtig erklärt wurde. Die Ware sollte gemäss Art. 22 des FStrV erst herausgegeben werden, wenn dem Zollbüro eine angemessene Kaution geleistet worden war. Vgl. Urteil Juge de Paix La-Chaux-de-Fonds vom 24. Mai 1856, ABGer Doss. 188.
[1055] Vgl. Extrait des Plumitifs du Tribunal Civil du District du Locle, Procès-Verbal d'Enquête, S. 1 f., ABGer Doss. 188.
[1056] Vgl. Extrait des Plumitifs du Tribunal Civil du District du Locle, Procès-Verbal d'Enquête, S. 2, ABGer Doss. 188.

Busse von Fr. 677.25.[1057] Dieser Betrag setzte sich aus der ursprünglichen Busse von Fr. 580.50 und der umgangenen Zollgebühr von Fr. 96.75 zusammen.

III. Verfahren vor dem eidgenössischen Kassationsgericht

1. Der Weg ans eidgenössische Kassationsgericht

Gegen das Urteil des Tribunal de District von Le Locle führte Jaquier eine Kassationsbeschwerde beim eidgenössischen Kassationsgericht, gestützt auf Art. 18 des FStrV.[1058] Eine solche Beschwerde war gemäss dieser Bestimmung jedoch nur zulässig, sofern das angefochtene Urteil vom unzuständigen Gericht gesprochen wurde, wenn es gegen bestimmte gesetzliche Bestimmungen verstiess oder wesentliche Formfehler enthielt. Erkannte das Gericht auf Kassation, so beauftragte es laut Gesetz ein beliebiges Gericht gleichen Ranges mit der abschliessenden Beurteilung des Falles.[1059] Handelte es sich um einen Entscheid des obersten kantonalen Gerichts, wurde der Fall auf diese Weise gar an ein Gericht eines anderen Kantons gewiesen. So kassierte das eidgenössische Kassationsgericht 1853 ein Urteil des Genfer Geschworenengerichts und wies den Fall ans Tribunal Correctionnel de Fribourg, was in Genf verständlicherweise auf Ablehnung stiess.[1060] Nicht im-

---

[1057] Aus den Akten geht nicht klar hervor, ob der Präsident der Anklagekammer hier als Einzelrichter urteilte, vgl. Entscheid vom 14. Juli 1856, Président de la Chambre des Mises en Accusation, Cour d'Appel de Neuchâtel, ABGer Doss. 188.

[1058] Das Urteil des KassG spricht von einem Urteil des Bezirksgerichts von Le Locle vom 10. *Oktober* 1856. Da ein solches im Dossier nicht vorhanden ist und das vorhandene Urteil am 10. Juli 1856 ergangen ist, scheint wahrscheinlich, dass es sich um einen Fehler in der Datumsangabe des KassG handelt, vgl. Urteil des KassG vom 17. Dezember 1856, S. 1, ABGer Doss. 188.

[1059] Art. 18 Abs. 2 FStrV.

[1060] Vgl. Journal de Genève vom 8. Dezember 1853, Nr. 289, S. 1; sowie vom 23. Dezember 1853, Nr. 302, S. 1.

mer entsprach das eidgenössische Kassationsgericht aber dieser Bestimmung und entschied unter Umständen den Fall auch gleich selber neu.[1061]

2. Standpunkt des Rekurrenten

Peter Jaquier war vertreten durch einen gewissen J. Jeanneret, Advokat aus La Chaux-de-Fonds. Dieser machte geltend, sein Mandant habe nicht in betrügerischer Absicht gehandelt, da er die Waren ohne weitere Untersuchung von seinem Auftraggeber Herr Déprez entgegengenommen habe. Er habe keinen Verdacht gehegt und dem Frachtbrief vertraut, somit sei Art. 50 lit. f des Zollgesetzes von 1851[1062] nicht erfüllt.[1063] Diese Bestimmung erfasste eine unrichtige Deklaration der Waren, um den Zollbetrag herabzusetzen. Zudem stellte er sich auf den Standpunkt, sein Mandant hätte veranlasst werden sollen, eine Erklärung über den Inhalt seiner Fracht abzugeben. Da dies nicht geschehen sei, seien die Vorschriften der Art. 22, 23 und 26 des ZG 1851 nicht eingehalten worden. Die entsprechende Vollziehungsverordnung des Bundesrates[1064] bezeichnete diese Vorgehensweise in den Art. 27–30 näher und sei damit ebenfalls verletzt worden.[1065]

3. Standpunkt des Generalanwalts

Für den Generalanwalt Jakob Amiet[1066] war der Fall klar. Zollübertretungen gehörten in die Kategorie der formellen Vergehen. Sobald die Voraussetzungen des Zollgesetzes erfüllt seien, sei das Vergehen als vollendet zu betrachten, der dolus werde «präsumiert», es brauche dazu keinen besonderen

---

[1061] Vgl. Urteil des Kassationsgerichts im Fall Schweizerische Pulververwaltung gegen David Pichard et Henri Cullaz, Prot. Bd. V, S. 318 ff.; ebenfalls dargestellt im Journal de Genève vom 29. März 1867, Nr. 75, S. 1.
[1062] Bundesgesetz über das Zollwesen vom 27. August 1851 (ZG 1851), AS II 535.
[1063] Vgl. Rekursschrift Peter Jaquiers vom 6. November 1856, S. 2, ABGer Doss. 188.
[1064] Verordnung zum Gesetz vom 30. Juni 1849 über das Zollwesen, AS I 213 ff.
[1065] Vgl. Rekursschrift Peter Jaquiers vom 6. November 1856, S. 2 f., ABGer Doss. 188.
[1066] Vgl. zur Kurzbiographie Jakob Amiets Anm. 462.

§ 12 Kassationsverfahren

Nachweis.[1067] Dies ergehe ausdrücklich aus Art. 51 des ZG 1851 und aus Art. 112 der Vollziehungsverordnung. Der Wortlaut des Art. 112 der Vollziehungsverordnung stellte ausdrücklich darauf ab, ob ein Zollvergehen aus Absicht oder aus Fahrlässigkeit begangen worden war. Im letzteren Falle konnte «billige Rücksicht» genommen werden. Doch handle es sich hier eben nicht um «la peine en général» sondern nur um «[le]degré de la peine».[1068] Das hätte bedeutet, dass kein Kassationsgrund vorgelegen hätte, da das Strafmass nicht im Ermessen des Kassationsgerichtes lag.

Zweitens habe sich der Rekurrent zwei Mal über den Bestand der Ladung ausgesprochen. Einerseits habe er den betreffenden Frachtbrief vorgelegt, und andererseits habe er die erhaltene Quittung unterschrieben. Diese Quittung legte Amiet vor, sie enthielt den Wortlaut: «J'atteste la verité de la déclaration ci-dessus, le conducteur de la marchandise, signié: Jaquier.»[1069] Weiter habe er keine Vervollständigung des Frachtbriefes verlangt und den Zoll für gemeine Glaswaren bezahlt, obwohl die feinen Glaswaren höher hätten verzollt werden müssen. Auf diese Weise habe er den Zollbetrag um Fr. 96.75 herabgesetzt und sei daher in seinem Begehren abzuweisen.

IV. Urteil des Kassationsgerichts vom 17. Dezember 1856

1. Richterbank

Das Kassationsgericht setzte sich aus dem Präsidenten des Bundesgerichts und vier weiteren Bundesrichtern zusammen, daneben wurden ebenso viele Ersatzmänner gewählt.[1070] Der Bundesgerichtspräsident war gleichzeitig der Vorsteher des eidgenössischen Kassationsgerichts.[1071] Die Mitglieder des

---

[1067] Beschwerdeantwort Generalanwalt, S. 1 f., ABGer, Doss. 188.
[1068] Beschwerdeantwort Generalanwalt, S. 2, ABGer, Doss. 188.
[1069] Beschwerdeantwort Generalanwalt, S. 2, ABGer, Doss. 188.
[1070] Vgl. Art. 13 OG 1849.
[1071] Vgl. Art. 14 OG 1849.

Kassationsgerichts wurden jedes Jahr durch das Bundesgericht neu gewählt.[1072]

Das eidgenössische Kassationsgericht war bei der Beschwerde von Peter Jaquier mit folgenden Bundesrichtern besetzt:[1073] Präsident Dr. KASIMIR PFYFFER,[1074] JEAN-JACQUES CASTOLDI,[1075] NICOLAUS HERMANN,[1076] NICOLAS GLASSON[1077] und FRANZ KASPAR ZEN-RUFFINEN.[1078] Gerichtsschreiber war GOTTLIEB PHILIPP LABHARDT.[1079]

2. Erwägungen und Urteil

Für das Kassationsgericht schien es sich um einen klaren Fall gehandelt zu haben. Es erachtete Frachtbrief, Zollquittung und unterzeichneten «Verbal-Prozess» als genügende Beweise.[1080] Der «Verbal-Prozess» scheint Jaquier zum Verhängnis geworden zu sein.

Für das Gericht war «unzweifelhaft», dass der Zollbetrag durch die falsche Deklaration um Fr. 96.75 herabgesetzt worden war. Es sah sich jedoch nicht

---

[1072] Vgl. Art. 13 OG 1849.
[1073] ABGer Prot. Bd. I, S. 397.
[1074] Vgl. zur Kurzbiographie Kasimir Pfyffers Anm. 29.
[1075] Vgl. zur Kurzbiographie Jean-Jacques Castoldis Anm. 158.
[1076] Vgl. zur Kurzbiographie Nicolaus Hermanns Anm. 344.
[1077] Vgl. zur Kurzbiographie Nicolas Glassons Anm. 343.
[1078] Vgl. zur Kurzbiographie Franz Kaspar Zen-Ruffinens Anm. 345.
[1079] LABHARDT, PHILIPP GOTTLIEB (1811–1874). Geboren in Steckborn (TG) begann Labhardt das Studium der Theologie und Philosophie in Basel, brach dieses jedoch ab und begab sich 1830 in neapolitanische Kriegsdienste. Von 1833 bis 1834 studierte er Recht in Zürich, anschliessend war Labhardt Anwalt in Steckborn (1835–44), Obergerichtsschreiber (1837–44), Thurgauer Kantonsrat (1841–43) und Regierungsrat (1844–48). Wegen Differenzen und aus familiären Gründen demissionierte er 1848 aus dem Regierungsrat und arbeitete wieder als Anwalt (1848–61). Seine berufliche und politische Laufbahn war voller Brüche, so war er von 1859 bis 1869 erneut Kantonsrat und von 1861 bis 1864 Regierungsrat, demissionierte aber 1864 erneut wegen Meinungsverschiedenheiten, nur um von 1869–74 zum dritten Mal Regierungsrat zu werden. Auf Bundesebene war Labhardt Nationalrat (1848–51) und erster Bundesgerichtsschreiber, er verliess diesen Posten Ende 1860. Vgl. SALATHÉ ANDRÉ, Labhardt, Phillip Gottlieb, in: Historisches Lexikon der Schweiz (HLS), Bd. 7, Basel 2008, S. 541; vgl. auch Geschäftsbericht BGer 1860, BBl 1861 I 139 und 1861, BBl 1862 II 1 ff. (3); sowie ABGer Prot. Bd. IV, S. 86, § 576.
[1080] Vgl. Urteil des KassG vom 17. Dezember 1856, S. 3 f., ABGer Doss. 188.

befugt, auf die materielle Würdigung der «erstinstanzlichen Motive» einzutreten. Auf Beweis oder Gegenbeweis zum Vorsatz wollte es deshalb nicht eingehen.[1081]

Somit erkannte das Kassationsgericht «mit Einmuth», dass der Rekurs Peter Jaquiers abgewiesen werde. Dieser hatte mitsamt einer Entschädigung für den Rekursbeklagten ein Gerichtsgeld von Fr. 100.– zu bezahlen. Das Gericht unterliess es, genauer aufzuschlüsseln, wie viel davon Entschädigung und wie viel Gerichtsgeld war.[1082] Womöglich erachtete das Bundesgericht dies als unnötig, da der Rekursbeklagte das eidgenössische Zolldepartement war.

V. Fazit

Das eidgenössische Kassationsgericht hatte in erster Linie die Aufgabe, dafür zu sorgen, dass die Kantone die Strafbestimmungen der polizeilichen und fiskalischen Bundesgesetze einheitlich anwendeten.[1083] Im Gegensatz zu den Zuständigkeiten des Bundesgerichts als Zivilgericht, urteilte das Kassationsgericht als zweite oder dritte Instanz, Beweisaufnahme und Urteil lagen bei den kantonalen Gerichten. Entsprechend diesen Voraussetzungen ging das Kassationsgericht im vorliegenden Fall nicht auf die «erstinstanzlichen Motive» ein. Wurde ein Urteil vom zuständigen Gericht unter Beachtung der formellen Erfordernisse gefällt, so konnte ein Urteil nur aufgehoben werden, wenn «klare gesetzliche Vorschriften unzweifelhaft» verletzt wurden.[1084] In diesem Sinne übernahm das Kassationsgericht die Funktion einer Beschwerdeinstanz gegenüber kantonalen Urteilen gestützt auf Bundesrecht. Es ist

---

[1081] Vgl. Urteil des KassG vom 17. Dezember 1856, S. 4, ABGer Doss. 188; vgl. auch BRAND, S. 123; ULLMER I, S. 386.
[1082] Vgl. Urteil des KassG vom 17. Dezember 1856, S. 4, ABGer Doss. 188.
[1083] Vgl. Geschäftsbericht BGer 1855, BBl 1856 I 1 ff.
[1084] Vgl. Urteil des KassG vom 1. Juli 1863, in: ULLMER II, S. 387.

dies der erste – und bis zur BV 1874 einzige – kleine Ansatz einer Funktion, die heute die weitaus wichtigste des Bundesgerichts ist.[1085]

§ 13. Der vergessliche Postbeamte – Eidgenössisches Strafverfahren

I. Behörden der eidgenössischen Strafrechtspflege

1. Generalanwalt

Eine eidgenössische Strafuntersuchung begann üblicherweise bei der Bundesanwaltschaft,[1086] die die gerichtliche Polizei übernahm, nachdem sie Anzeige von einer möglichen Straftat erhalten hatte, die in die Zuständigkeit der Bundesstrafjustiz fiel.[1087] Sie war die Ermittlungs- und Anklagebehörde unter Leitung des Bundesrates, übernahm für diesen aber auch die Vertretung vor Gericht.[1088] Die Funktion übte entweder der Generalanwalt oder ein Bezirksanwalt aus, wobei beide unter der Aufsicht und Leitung des Bundesrates standen.[1089] Während der Bundesrat Strafuntersuchungen wegen politischer Vergehen zu autorisieren hatte,[1090] konnte der Generalanwalt bei gemeinen Verbrechen auch von sich aus tätig werden.[1091] Beschlossen Bundesrat oder Generalanwalt, dass der Verdächtige gerichtlich verfolgt werden

---

[1085] So findet sich in Art. 114 BV 1874 die Norm, wonach dem BGer die Kompetenz zu übertragen sei, in den genannten Bereichen der Bundesgesetzgebung einheitlich Recht zu sprechen.
[1086] Zur Terminologie ist zu bemerken, dass bereits damals von der *Bundesanwaltschaft* als Behörde die Rede war, dass die leitende Funktion jedoch der *Generalanwalt* übernahm, wobei diese Terminologie auch vom Gesetzgeber nicht konsequent eingehalten wurde, vgl. Art. 29 BStPO 1851, wo vom «Bundesanwalte» die Rede ist.
[1087] Vgl. Art. 11 ff. BStPO 1851.
[1088] Vgl. zu den Aufgaben des Generalanwalts in Heimatlosenangelegenheiten oben § 6.II.3.
[1089] Vgl. Art. 6 BStPO 1851.
[1090] Vgl. Art. 4 Abs. 1 BStPO 1851.
[1091] Vgl. Art. 4 Abs. 2 BStPO 1851.

sollte, übergab der Generalanwalt das Dossier dem eidgenössischen Untersuchungsrichter.[1092]

2. Untersuchungsrichter und Anklagekammer

Das Bundesgericht wählte jeweils für drei Jahre zwei ordentliche Untersuchungsrichter,[1093] je einen für die deutschsprachige Schweiz und einen für die französischsprachige Schweiz.[1094] Die Untersuchungsrichter standen unter Aufsicht und Leitung der Anklagekammer.[1095] Dieser Untersuchungsrichter hatte weitere Beweismittel zu sammeln und das Dossier soweit vorzubereiten, dass die Anklagekammer einen Beschluss darüber fassen konnte, ob der Angeschuldigte angeklagt werden sollte.[1096] Nach diesen Untersuchungen gingen die Akten wieder zurück zum Generalanwalt,[1097] welcher bei der Anklagekammer die «Versetzung in den Anklagezustand»[1098] beantragte oder «die Sache auf sich beruhen» liess,[1099] was die formlose Einstellung des Verfahrens bedeutete.

Die Anklagekammer bestand aus drei Mitgliedern des Bundesgerichts sowie aus drei Ersatzmännern,[1100] wobei jährlich ein Drittel der Sitze der Anklagekammer neu besetzt wurde.[1101] Die Anklagekammer hatte darüber zu entscheiden, ob der Beschuldigte in den Anklagezustand versetzt werden sollte und der Fall damit vor den Assisenhof gewiesen wurde.[1102]

[1092] Vgl. Art. 16 BStPO 1851.
[1093] Art. 19 OG 1849.
[1094] Vgl. zur ersten Wahl der Untersuchungsrichter: ABGer Prot. Bd. I, S. 5, § 5.
[1095] Art. 21 OG 1849.
[1096] Vgl. Art. 17 BStPO 1851.
[1097] Vgl. Art. 29 BStPO 1851.
[1098] Vgl. Überschrift des vierten Titels der BStPO 1851.
[1099] Vgl. Art. 29 Abs. 2 BStPO 1851.
[1100] Art. 10 OG 1849.
[1101] Art. 11 OG 1849.
[1102] Vgl. Art. 29 ff. BStPO 1851.

3. Kriminalkammer und eidgenössische Geschworene

Für die erstinstanzliche Beurteilung von Straffällen war ein eidgenössisches Schwurgericht zuständig.[1103] Folgt man der Terminologie des Bundesgesetzes über die Bundesstrafrechtspflege (BStPO 1851),[1104] so bestand dieser Assisenhof einerseits aus der Kriminalkammer des Bundesgerichts und andererseits aus den eidgenössischen Geschworenen, zusammen bildeten sie die *Assisen* oder den *Assisenhof*.[1105] Spruchkörper war demnach der Assisenhof, Bundesrichter und Geschworene zusammen. Das Bundesgericht hatte für jeden der fünf eidgenössischen Assisenbezirke[1106] eine Kriminalkammer aufzustellen. Diese bestand aus drei Bundesrichtern und drei Ersatzrichtern.[1107] Die Mitglieder konnten gleichzeitig für mehrere Bezirke gewählt werden[1108] und bildeten zusammen mit den zwölf Geschworenen[1109] des jeweiligen Bezirks das Assisengericht.[1110] Der Präsident der Kriminalkammer hatte der Jury die Tatfragen vorzulegen,[1111] die Geschworenen hatten diese mit «ja» oder «nein» zu beantworten,[1112] worauf die Kriminalkammer das Urteil zu fällen hatte.[1113]

Was das Verfahren dieser Behörde betraf, so fällt es nicht ganz leicht, die «etwas complicirte Einrichtung der Bundesstrafgewalt»[1114] unter der BV 1848 darzustellen. Während kantonale Gerichte bei Verfahren wegen Verstössen gegen polizeiliche und fiskalische Bundesgesetze gezwungen waren

---

[1103] Vgl. Art. 94 Abs. 2 BV 1848.
[1104] Vgl. Art. 43 BStPO 1851.
[1105] Im Folgenden wird der Begriff *Assisenhof* verwendet, um festzuhalten, dass damit das ganze Gericht (Bundesrichter und Geschworene) gemeint ist.
[1106] Vgl. zur Einteilung der Bezirke Art. 22 OG 1849.
[1107] Art. 12 Abs. 1 OG 1849.
[1108] Art. 12 Abs. 2 OG 1849.
[1109] Die Geschworenen wurden in direkter Volkswahl aus den Bürgern des jeweiligen Bezirks gebildet, wobei es gewisse Ausschlussgründe gab, vgl. Art. 25 OG 1849.
[1110] Art. 23 OG 1849.
[1111] Art. 92 BStPO 1851.
[1112] Art. 93 und 111 BStPO 1851.
[1113] Vgl. Art.123 BStPO 1851.
[1114] VOGT, S. 368.

Bundesrecht anzuwenden,[1115] so waren die eidgenössischen Schwurgerichte bis zum Erlass des BG über das Bundesstrafrecht 1853[1116] gezwungen, kantonales materielles Strafrecht anzuwenden.

II. Der Fall Johannes Eberli

Johannes Eberli[1117] leitete als Poststellenhalter von Oberuzwil im Kanton St. Gallen die dortige Poststelle. Während seines Dienstes gingen mehrere Klagen über Unregelmässigkeiten im Postbetrieb bei der zuständigen Kreispostdirektion St. Gallen ein, worauf diese Johannes Eberli zu der Sache befragte. Nach erfolgter Befragung suspendierte ihn die Kreispostdirektion am 26. Juni 1852 vom Dienst[1118] und erstattete am 28. Juni 1852 Anzeige beim Bezirksammannamt Untertoggenburg.[1119]

1. Beim Bezirksammann

Der dortige Bezirksammann Baumann eröffnete daraufhin am 29. Juni 1852 ein Voruntersuchungsverfahren gegen Johannes Eberli und liess ihn am gleichen Tag verhaften.[1120] Auf die erste Anzeige folgten zwei weitere, und im Laufe der Voruntersuchung liess sich laut Bezirksammann Baumann in vier Fällen als «mit bestimmter Gewißheit annehmen», dass Eberli sich der Unterschlagung von Geldern schuldig gemacht hatte, die ihm in seiner Eigenschaft als eidgenössischer Postbeamter anvertraut worden waren.[1121]

[1115] Siehe oben § 12, Kassationsfall.
[1116] Bundesgesez über das Bundesstrafrecht der schweizerischen Eidgenossenschaft, vom 23. Hornung 1853, AS III 404 ff.
[1117] Er wird als *Eberli* sowie auch als *Eberle* in den Akten geführt. Da er jedoch selbst immer mit Eberli unterzeichnete, wird im Folgenden dieser Name verwendet.
[1118] Protokoll der Kreispostdirektion St. Gallen, Einvernahme mit Eberli, Suspendierung desselben vom 26. Juni 1852, ABGer Doss. 1a (Straffälle), Fasz. 2.
[1119] Zuschrift der Kreispostdirektion St. Gallen an den Bezirksammann Untertoggenburg vom 28. Juni 1852, ABGer Doss. 1a (Straffälle), Fasz. 1.
[1120] Vgl. Bericht Bezirksammann Untertoggenburg, S. 1, ABGer Doss. 1a (Straffälle).
[1121] Bericht Bezirksammann Untertoggenburg, S. 1, ABGer Doss. 1a (Straffälle).

So habe Eberli zwei Geldsendungen von Nationalrat Johann Benedikt Schubiger aus Uznach an einen Adressaten in Oberuzwil jeweils erst mehrere Tage zu spät zustellen lassen, wobei in einem Fall das Siegel gebrochen und durch Siegellack, wie ihn die Postverwaltung benutzt, ersetzt worden war. Dieser Brief wurde dem Empfänger erst nach persönlicher Reklamation zugestellt, wobei Eberli behauptete, er habe den Brief in seinem Schreibpult vergessen.[1122]

In einem weiteren Fall kam die Sendung eines Joseph Anton Storcheneggers, aufgegeben am 31. Mai 1852, nie beim Adressaten, dem Kassier Roth in Teufen, an. Als Storchenegger von der Suspendierung Eberlis erfuhr, machte er sich auf, um auf dem Postamt beim Nachfolger Eberlis nachzufragen. Der anwesende 19-jährige Sohn Jakob Eberli nahm daraufhin Storchenegger zur Seite und bat ihn, doch keine Anzeige zu machen, da es sonst für seinen Vater «eine leide Geschichte» geben könne. Das Geld sei auf der Poststelle aufgetaucht, und sein Vater werde es ihm zustellen. Auch in diesem Fall war ein Siegel der Poststelle verwendet worden, um den Brief wieder zu verschliessen.[1123] Eberli selber erklärte in der Einvernahme, dass der Brief vergessen ging, weil ihn seine Frau in seiner Abwesenheit zwar entgegengenommen, dann aber in einer Kommode versorgt hatte, wo er liegen geblieben war.[1124] Seine Ehefrau Johanna Eberli bestätigte diese Darstellung während ihrer Einvernahme am 4. Juli 1852.[1125]

Ein weiterer Fall betraf eine Geldsendung von Pfarrer Joseph Nussbaumer aus Niederhelfenschwil vom 28. Mai 1852. Diese kam innert nützlicher Frist nicht beim Weinhändler Diethelm in Oberuzwil an. Das Geld war laut Eberli ebenfalls von seiner Frau Johanna angenommen worden und anschliessend vergessen gegangen.[1126] Auch in diesem Fall erhielt der Empfänger das Geld

---

[1122] Vgl. Bericht Bezirksammann Untertoggenburg, S. 1 f., ABGer Doss. 1a (Straffälle).
[1123] Vgl. Bericht Bezirksammann Untertoggenburg, S. 2 f., ABGer Doss. 1a (Straffälle).
[1124] Vgl. Einvernahme mit Joh. Eberli, Posthalter, vom 1. Juli 1852, ABGer Doss. 1a (Straffälle), Fasz. 36.
[1125] Vgl. Einvernahme mit Frau Joh. Eberli von Oberutzwil vom 4. Juli 1852, ABGer Doss. 1a (Straffälle), Fasz. 26.
[1126] Vgl. Bericht Bezirksammann Untertoggenburg, S. 3, ABGer Doss. 1a (Straffälle).

doch noch, wenn auch erst am 29. Juni 1852, wobei im betreffenden Brief laut Diethelm wohl noch ein Datum verfälscht worden war.[1127]
Neben diesen Vorkommnissen erwähnte der Bezirksammann noch, dass Eberli zwar sehr viele Schulden habe, dass er in diesem Jahr jedoch nur für 400 Gulden rechtlich betrieben worden sei.[1128]
Mit diesen Ausführungen erachtete der Bezirksammann Baumann die Voruntersuchung als abgeschlossen, übermittelte die Akten dem Justizdepartement des Kantons St. Gallen und empfahl den «Spezialuntersuch» anzuordnen.

2. Kantonale oder eidgenössische Zuständigkeit?

Der Landammann und der kleine Rat des Kantons St. Gallen sahen sich nun mit der Frage konfrontiert, wer für dieses weitere Untersuchungsverfahren zuständig war. Weil Eberli die Verbrechen als Angestellter im eidgenössischen Dienst begangen hatte, lag es gemäss Art. 104 lit. a BV 1848 im Ermessen des Bundesrates, ihn dem Assisengericht zu überweisen. Da seit 1851 zwar ein Bundesgesetz über den Strafprozess[1129] bestand, aber noch kein eidgenössisches Kriminalgesetz, fragte die Kantonsregierung beim Bundesrat an, ob Eberli vor ein kantonales Gericht gestellt werden sollte oder vor den Assisenhof. Dies nicht ohne anzumerken, dass St. Gallen eine Entschädigung verlangen würde, sollten die kantonalen Gerichte mit dem Urteil über Eberli betraut werden.[1130]
Der Bundesrat reichte die Frage an die Anklagekammer weiter. Er beauftragte die St. Galler Regierung, Eberli zur Verfügung des Generalanwalts Jakob Amiet zu halten, welcher Antrag zur Anklageerhebung an die Anklagekam-

---

[1127] Vgl. Einvernahme mit J. Diethelm von Utzwil vom 9. Juli 1852, ABGer Doss. 1a (Straffälle), Fasz. 47.
[1128] Bericht Bezirksammann Untertoggenburg, S. 3, ABGer Doss. 1a (Straffälle).
[1129] Bundesgesetz über die Bundesstrafrechtspflege vom 27. August 1851, AS II 743 ff.
[1130] Vgl. Schreiben des kleinen Rathes von St. Gallen an den Bundesrath vom 14. Juli 1852, ABGer Doss. 1a (Straffälle), Fasz. 63.

mer des Bundesgerichts stellen sollte.[1131] Diese hatte dann nicht nur zu entscheiden, ob Anklage zu erheben sei, sondern auch, ob Eberli vor das Assisengericht oder vor die kantonalen Gerichte gestellt werden sollte.[1132] Somit war die Sache nun bei Generalanwalt Amiet, der den Fall dem Präsidenten der Anklagekammer, Kasimir Pfyffer übergab, ohne jedoch gleich Anklage zu erheben. In der damaligen Aufgabenteilung sollte zuerst der eidgenössische Untersuchungsrichter Jakob Dubs in Zürich die Untersuchungen so weit abschliessen, dass die Anklagekammer über die Anklageerhebung entscheiden konnte.[1133] Dubs hatte die Untersuchung zu vervollständigen und die Akten anschliessend wieder an Amiet zu übergeben, worauf dieser bei der Anklagekammer die Versetzung Eberlis in den Anklagezustand verlangte.[1134]

3. Jakob Dubs' Untersuchung

Jakob Dubs ging sofort daran die Untersuchung voranzutreiben und kam zum Schluss, dass die Untersuchungen am besten durch «Requisitionen» zu vervollständigen waren. Er verzichtete daher darauf, einen Sekretär zu ernennen, sondern richtete seine Gesuche direkt an die kantonalen Stellen.[1135] So verlangte Dubs von Bezirksammann Baumann am 29. Juli 1852 genauere Informationen zu den Schulden von Johannes Eberli und forderte Baumann auf, Eberli erneut zu verhören. Er solle ihn fragen, ob er in den Monaten Mai und Juni grössere Zahlungen getätigt habe und falls ja, mit welchen Münz-

---

[1131] Vgl. Art. 45 OG 1849.
[1132] Vgl. Auszug aus dem Protokoll des Bundsrathes vom 19. Juli 1852, ABGer Doss. 1a (Straffälle), Fasz. 60.
[1133] Vgl. Schreiben des Generalprokurators an den Untersuchungsrichter vom 29. Juli 1852, ABGer Doss. 1a (Straffälle), Fasz. 65.
[1134] Vgl. Antrag des Generalanwalts an die Anklagekammer vom 23. Oktober 1852, ABGer Doss. 1a (Straffälle), Fasz. 131a.
[1135] Vgl. Protokoll des Unteruschungsrichters vom 29. Juli 1852, ABGer Doss. 1a (Straffälle), Fasz. 73.

§ 13 Der vergessliche Postbeamte – Eidgenössisches Strafverfahren   233

sorten diese Zahlungen erfolgt seien.[1136] Baumann antwortete Dubs am 9. August, dass er die Anfrage an das Bezirksamt St. Gallen weitergeleitet habe, da Eberli dort inhaftiert sei. Was die Schulden betreffe, so sei Eberli schon kurz nach seiner Verhaftung in Konkurs gefallen.[1137]
Weiter liess Dubs den Sohn von Eberli, Jakob Eberli, in Ennenda (Kanton Glarus) durch die dortigen Behörden vernehmen. Dabei wollte Dubs genauere Angaben darüber, was Jakob Eberli über den Verbleib des Geldes von Storchenegger wusste und ob und wie Jakob das Geld von Nationalrat Schubiger entgegengenommen habe. Jakob sagte aus, dass der Vater das Geld entgegengenommen und ihm gegeben habe, damit er es in das Schreibpult lege.[1138] Jakob bestätigte also die Angaben seines Vaters.[1139] Dubs erkundigte sich zudem bei der Kreispostdirektion, welche Ordnungsstrafen Eberli bereits erteilt worden waren.[1140] So hatte Eberli 1851 dreimal und 1852 bereits viermal eine Busse erhalten, weil er Postgelder verspätet abgeliefert hatte.[1141] Von Nationalrat Schubiger erfuhr Dubs auf Nachfrage,[1142] dass er sich nicht auf dem Postamt Oberuzwil, sondern in Flawil beschwert habe, jedoch keine weiteren Schritte unternommen habe, da die Geldsendung bereits am nächsten Tag zugestellt worden sei. Seiner Meinung nach müsse daher zwischen Flawil und Oberuzwil «korrespondirt» worden sein.[1143] Ständerat und Bun-

---

[1136] Vgl. Antrag des eidg. Untersuchungsrichters Dubs an das Bezirksamt Untertoggenburg vom 29. Juli 1852, ABGer Doss. 1a (Straffälle), Fasz. 88.
[1137] Vgl. Schreiben Bezirksammann Baumanns an den eidg. Untersuchungsrichter Dubs vom 9. August 1852, ABGer Doss. 1a (Straffälle), Fasz. 89.
[1138] Vgl. Schreiben des Bezirksammanns Untertoggenburg an die Verhörkommission des Kantons Glarus vom 7. August 1852, ABGer Doss. 1a (Straffälle), Fasz. 98.
[1139] Vgl. Protokoll der Einvernahme Jakob Eberlis vom 10. August 1852, ABGer Doss. 1a (Straffälle), Fasz. 99.
[1140] Vgl. Brief des eidg. Untersuchungsrichters an die Kreispostverwaltung St. Gallen vom 29. Juli 1852, ABGer Doss. 1a (Straffälle), Fasz. 78.
[1141] Auszug aus der Bußenkontrolle des Postkreises St. Gallen vom 31. Juli 1852, ABGer Doss. 1a (Straffälle), Fasz. 80.
[1142] Vgl. Brief des eidg. Untersuchungsrichters an Nationalrath Schubiger in Uznach vom 29. Juli 1852, ABGer Doss. 1a (Straffälle), Fasz. 74.
[1143] Vgl. Antwort von Nationalrath Schubiger an den eidg. Untersuchungsrichter vom 29. Juli 1852, ABGer Doss. 1a (Straffälle), Fasz. 75.

desgerichtssuppleant Dr. Roth[1144] beantwortete Jakob Dubs' Fragen[1145] dahingehend, dass Eberli weder zu ihm gekommen sei, um über die Sendung von Storchenegger zu sprechen noch dass Roth jemals einen Brief mit einer Quittung für die fragliche Geldsendung erhalten habe.[1146] Ausserdem wurde Pfarrer Nussbaumer darüber befragt, ob er die Monatszahl in seinem Schreiben an den Weinhändler Ulrich Diethelm selber von 5 nach 6 verändert habe,[1147] was dieser jedoch verneinte.[1148]

Was die erneute Einvernahme Eberlis betraf, so beschwerte sich zuerst das Bezirksamt St. Gallen am 7. August 1852 bei Bezirksammann Baumgartner, dass die von Dubs übermittelten Fragen zu allgemein seien und genauer ausgeführt werden müssten.[1149] Am 17. August teilte das Justizdepartement des Kantons St. Gallen Jakob Dubs schliesslich mit, dass diese weitere Befragung nicht mehr zu den Voruntersuchungen, sondern zum «Spezialuntersuch» zu zählen sei, welcher im Kanton St. Gallen nicht durch die Bezirksämter ausgeführt wurde, sondern durch die Verhörrichter. So war die St. Galler Regierung der Ansicht, dass es sich bei dieser Untersuchung um eine eidgenössische Angelegenheit handle und die Befragung somit die Aufgabe von Dubs sei.[1150] Die persönliche Befragung Eberlis sei ihm ja «leicht möglich», indem er Eberli nach Zürich bringen lasse oder sich selbst nach St. Gallen «verfüge».[1151]

[1144] Vgl. zur Kurzbiographie Johannes Roths Anm. 656.
[1145] Vgl. Brief des eidg. Untersuchungsrichters an Ständerath Roth in Teufen vom 29. Juli 1852, ABGer Doss. 1a (Straffälle), Fasz. 76.
[1146] Vgl. Antwort von Ständerath Roth an den eidg. Untersuchungsrichter vom 30. Juli 1852, ABGer Doss. 1a (Straffälle), Fasz. 77.
[1147] Vgl. Brief des eidg. Untersuchungsrichters an das Bezirksamt Wyl vom 29. Juli 1852, ABGer Doss. 1a (Straffälle), Fasz. 82.
[1148] Vgl. Einvernahme Pfarrer Nussbaumers vom 2. August 1852, ABGer Doss. 1a (Straffälle), Fasz. 85, S. 1 f.
[1149] Vgl. Brief des Bezirksammanns von St. Gallen an das Bezirksamt Untertoggenburg vom 7. August 1852, ABGer Doss. 1a (Straffälle), Fasz. 93.
[1150] Vgl. Brief des Justizdepartementes des Kantons St. Gallen vom 17. August 1852, ABGer Doss. 1a (Straffälle), Fasz. 94, S. 1.
[1151] Vgl. Brief des Justizdepartementes des Kantons St. Gallen vom 17. August 1852, ABGer Doss. 1a (Straffälle), Fasz. 94, S. 2.

§ 13 Der vergessliche Postbeamte – Eidgenössisches Strafverfahren 235

Dubs war mit der Ansicht der St. Galler Regierung ganz und gar nicht einverstanden, einerseits aus Kostengründen und andererseits weil das eidgenössische Recht im schriftlichen Vorverfahren eine solche Unterscheidung zwischen Voruntersuch und Spezialuntersuchung nicht machte.[1152] Doch liess er es nicht auf einen Konflikt mit der St. Galler Regierung ankommen, und so kam es, dass Johannes Eberli in die Haftanstalt nach Zürich transportiert wurde, wo er am 29. August 1852 eintraf.[1153] Dort wurde Eberli von Jakob Dubs zweimal verhört, wobei Eberli seine früheren Aussagen wiederholte, wonach sein Sohn und seine Frau die fraglichen Sendungen entgegengenommen hatten und sie daraufhin vergessen gegangen seien.
Eberli machte nun jedoch plötzlich die Untersuchungsbehörden noch darauf aufmerksam, dass er gegenüber den Postboten Hilber von Oberuzwil und Lichtensteiger von Oberbüren noch offene Rechnungen für Porti habe, welche in den Rechnungen der Postdirektion noch nicht berücksichtigt seien.[1154] Dubs ging diesen Behauptungen Eberlis nach und liess sowohl Hilber,[1155] als auch Lichtensteiger[1156] durch die jeweiligen Bezirksämter verhören. Ausserdem fragte er auch die Kreispostdirektion St. Gallens um eine Stellungnahme an.[1157] Die Postboten stritten ab, offene Rechnungen mit Eberli zu haben. Die Kreispostdirektion nahm ebenfalls Stellung zu den Behauptungen Eberlis und legte ihre Berechnungen dar, womit sie Eberlis Vorwürfe zu widerlegen suchte.[1158]

[1152] Vgl. Brief des eidg. Untersuchungsrichters an das Justizdepartement von St. Gallen vom 23. August 1852, ABGer Doss. 1a (Straffälle), Fasz. 101.
[1153] Vgl. Aktennotiz des eidg. Untersuchungsrichters vom 30. August 1852, ABGer Doss. 1a (Straffälle), Fasz. 101.
[1154] Vgl. Protokolle der Einvernahme Jakob Eberlis vom 1. und 9. September 1852, ABGer Doss. 1a (Straffälle), Fasz. 103 und 109.
[1155] Vgl. Protokoll der Einvernahme von Jos. Ant. Hilber vom 14. September 1852, ABGer Doss. 1a (Straffälle), Fasz. 122.
[1156] Vgl. Protokoll der Einvernahme von Joseph Anton Lichtensteiger vom 18. September 1852, ABGer Doss. 1a (Straffälle), Fasz. 127.
[1157] Vgl. Brief des eidg. Untersuchungsrichters an die Kreispostdirektion St. Gallen vom 1. September 1852, ABGer Doss. 1a (Straffälle), Fasz. 105.
[1158] Vgl. Antwort der Kreispostdirektion St. Gallen an den eidg. Untersuchungsrichter vom 6. September 1852, ABGer Doss. 1a (Straffälle), Fasz. 106.

Dubs schloss seine Untersuchungen am 22. September 1852 ab,[1159] und am 14. November wurde Johannes Eberli wieder nach St. Gallen zurückgeführt.[1160]

III. Vor der Anklagekammer

1. Amiets Begehren um Versetzung Eberlis in den Anklagezustand vom 23. Oktober 1852

Nachdem der Untersuchungsrichter Jakob Dubs seine Untersuchungen abgeschlossen hatte, stellte Generalanwalt Jakob Amiet vor der Anklagekammer des Bundesgerichts das Begehren, Johannes Eberli sei in den Anklagezustand zu versetzen. Im Anschluss an die Tatsachenbehauptungen folgten die Rechtserörterungen des Generalanwaltes. So legte Amiet in seiner Schrift dar, dass sowohl der objektive[1161] als auch der subjektive Tatbestand[1162] der Unterschlagung oder der versuchten Unterschlagung erfüllt seien. Eine Rechtsgrundlage für die Unterschlagung nannte er nicht – es gab auch keine. Zumindest bestand noch kein eidgenössisches materielles Strafrecht, obwohl es sich zweifellos um einen Fall handelte, der formell in die Zuständigkeit der Bundesstrafjustiz fiel.[1163]

Der weitaus umstrittenere Punkt war die Frage, welche Gerichte den Fall verhandeln sollten. Wie bereits vorgängig erwähnt, reichte der Bundesrat diese Frage an die Anklagekammer des Bundesgerichts weiter, wobei Amiet

---

[1159] Vgl. Aktenverzeichniß der Procedur c. Joh. Eberle Posthalter in Ob. Utzwil Cts. St. Gallen betr. Unterschlagung, ABGer Doss. 1a (Straffälle), S. 5 [Notiz zwischen Nr. 131 und 131a].
[1160] Vgl. Brief der Direction der Polizei des Kantons Zürich an den Präsidenten des Assisenhofes J. J. Blumer vom 14. November 1852, ABGer Doss. 1a (Straffälle), Fasz. 135a.
[1161] Begehren Generalprokurator, S. 5, Frage 1, Erwägung 1, ABGer Doss. 1a (Straffälle).
[1162] Begehren Generalprokurator, S. 5, Frage 1, Erwägung 2, ABGer Doss. 1a (Straffälle).
[1163] Begehren Generalprokurator, S. 5, Frage 1, Erwägung 3, ABGer Doss. 1a (Straffälle). Mit Hinweis auf Art. 104a, 107 BV 1848, Art. 49 OG 1849, Art. 4, 5, 6 VG 1850, sowie Art. 4 BStPO 1851.

– und scheinbar auch der Bundesrat[1164] – die Ansicht vertraten, solange noch kein eidgenössisches Strafgesetzbuch bestehe, sollten Fälle von gemeinen Verbrechen der eidgenössischen Beamten vor die kantonalen Gerichte gewiesen werden. Amiet war also der Ansicht, das Verbrechen sollte von den Gerichten des Kantons St. Gallen beurteilt werden, wo das Verbrechen auch begangen worden war. Das sei gestützt auf eine analoge Anwendung von Art. 50 Abs. 2 OG 1849 durchaus möglich, da diese Bestimmung der Anklagekammer ermöglichte, den Gerichtsstand nach freiem Ermessen zu bestimmen, sofern dies im Interesse einer unbefangenen Justiz oder der öffentlichen Sicherheit lag.[1165] Als weiteres Argument unterstrich Amiet die Gefahr, dass Eberli womöglich freigesprochen werden müsste, da seine Tat nach der Bundesgesetzgebung gar nicht mit Strafe bedroht sei. Somit wäre Art. 1 BStPO 1851 (nulla poena sine lege) nicht erfüllt gewesen[1166] und Eberli hätte nach Art. 117 BStPO 1851 freigesprochen werden müssen.[1167]

Was die bereits von der St. Galler Regierung angesprochene Frage der Kosten betraf, so forderte Amiet, dass der eidgenössische Fiskus dafür aufkommen solle, da der Angeschuldigte insolvent geworden sei.[1168]

2. Entscheid der Anklagekammer

Die Anklagekammer war mit dem Präsidenten Bundesrichter KASIMIR PFYFFER,[1169] Bundesrichter JOHANN JAKOB TROG[1170] und dem Suppleanten JOHANN HEINRICH AMMANN[1171] besetzt.[1172]

[1164] Vgl. den Jahresbericht des eidg. Generalanwaltes über dessen Amtsführung während dem Jahre 1852, BBl 1853 II 665 ff. (667).
[1165] Begehren Generalprokurator, S. 6, Frage 2, Erwägung 2, ABGer Doss. 1a (Straffälle).
[1166] Begehren Generalprokurator, S. 7, Frage 2, Erwägung 5, ABGer Doss. 1a (Straffälle).
[1167] Begehren Generalprokurator, S. 6 f., Frage 2, Erwägung 4, ABGer Doss. 1a (Straffälle).
[1168] Begehren Generalprokurator, S. 7, Frage 3, ABGer Doss. 1a (Straffälle).
[1169] Vgl. zur Kurzbiographie Kasimir Pfyffers Anm. 29.
[1170] Vgl. zur Kurzbiographie Johann Jakob Trogs Anm. 508.
[1171] Vgl. zur Kurzbiographie Johann Heinrich Ammanns Anm. 492.
[1172] Vgl. Erkenntnis der Versetzung in den Anklagezustand, S. 1, ABGer Doss. 1a (Straffälle).

Die Anklagekammer führte in ihrem Entscheid vom 6. November 1852 exakt aus, welcher Handlungen Eberli beschuldigt wurde und unter welche Verbrechen sie womöglich zu subsumieren seien.[1173] Was die umstrittene Frage der Zuständigkeit betraf, so zog die Anklagekammer Art. 1 BStPO 1851 heran, wonach eine Strafe «nur in Anwendung *eines*[1174] Gesezes» möglich war. Für die Anklagekammer konnte damit durchaus auch ein kantonales Gesetz gemeint sein, sie interpretierten die Bestimmung lediglich im Sinne des Legalitätsprinzips und sahen darin keine Garantie, in Bundesstrafsachen auch anhand von materiellem Bundesstrafrecht beurteilt zu werden. Für die Anklagekammer stand diesem Vorgehen ausserdem nichts im Wege, da der Angeklagte durch diesen Entscheid «durchaus in keine nachtheilige Stellung versetzt wird».[1175] Dass dies – im Hinblick auf die auszufällende Strafe – ein etwas voreiliger Schluss war, wird sich noch zeigen. Mit dieser einstimmigen Entscheidung der Anklagekammer stand dem ersten Geschworenenprozess auf Bundesebene nichts mehr im Wege. Eberli wurde bezüglich der erwähnten Handlungen in den Anklagezustand versetzt, der Fall an den Assisenhof des vierten eidgenössischen Bezirks gewiesen und das Kantonsgericht St. Gallens sollte die engere Liste der Geschworenen zusammenstellen.[1176]

IV. Der Weg vor den Assisenhof

1. Anklageschrift

In seiner ausführlichen Anklageschrift vom 10. November 1852 ging Amiet genauer auf den massgeblichen Sachverhalt ein. So zeichnete er ein Bild von Eberli als getriebenem Schuldner, der im März und Juni 1852 je für 200 Gulden betrieben worden war und kurz nach seiner Verhaftung in Konkurs

---

[1173] Erkenntnis der Versetzung in den Anklagezustand, S. 1–3, ABGer Doss. 1a (Straffälle).
[1174] Hervorhebung durch den Autor.
[1175] Erkenntnis der Versetzung in den Anklagezustand, S. 4, ABGer Doss. 1a (Straffälle).
[1176] Erkenntnis der Versetzung in den Anklagezustand, S. 4 f., ABGer Doss. 1a (Straffälle).

§ 13 Der vergessliche Postbeamte – Eidgenössisches Strafverfahren 239

geriet, mit einer Passivmasse von über 5000 Gulden.[1177] Eberli erhielt bereits im Jahre 1851 drei und im Jahre 1852 schon vier Mal eine Busse der Kreispostdirektion wegen verspätet abgelieferter Postgelder.[1178] Er versuchte zwar den Schaden wieder gut zu machen, jedoch erst als er «sich verrathen sah» und beging dabei sogar noch ein weiteres Vergehen, als er das Datum auf dem Brief von Storchenegger fälschte.[1179] Storchenegger wollte später zwar die «Verzackung» seines Siegels auf dem Brief erkannt haben, was er laut Amiet aber nur aus Mitleid mit dem Angeklagten angegeben habe.[1180] Für Amiet waren die Behauptungen Eberlis, wonach seine Frau oder sein Sohn die fraglichen Handlungen vorgenommen hatten, «theils unstichhaltig», und er bezeichnete die ganzen Ausführungen Eberlis dazu als «Verteidigungssystem».[1181] Der verwendete Siegellack stamme nachgewiesenermassen aus der Postverwaltung.[1182] Die Behauptungen ausstehender Guthaben bei den Postboten Hilber und Lichtensteiger sowie bei der Postverwaltung seien durch diese selber widerlegt worden.[1183]

Dieser Sachverhalt führte laut Amiet zu den Erwägungen, dass Eberli wegen Unterschlagung oder Versuch der Unterschlagung im Betrage von Fr. 1401.35 zu verurteilen sei, wobei der Angeklagte selber bereits Fr. 1254.20 den Geschädigten ersetzt habe.[1184] Als anwendbares Recht erkannte Amiet das St. Galler Strafgesetzbuch über Verbrechen vom 25. Juni 1819.[1185] Dieses Gesetz verwies für die Rechtsfolgen der Unterschlagung in Art. 195 auf den einfachen Diebstahl,[1186] worauf eine Strafe von einem bis

---

[1177] Anklageakte Eberli, S. 5 f., lit. a, ABGer Doss. 1a (Straffälle).
[1178] Anklageakte Eberli, S. 6, lit. b, ABGer Doss. 1a (Straffälle).
[1179] Anklageakte Eberli, S. 6, lit. c, ABGer Doss. 1a (Straffälle).
[1180] Anklageakte Eberli, S. 4, ABGer Doss. 1a (Straffälle).
[1181] Anklageakte Eberli, S. 6, lit. d, ABGer Doss. 1a (Straffälle).
[1182] Anklageakte Eberli, S. 6, lit. e, ABGer Doss. 1a (Straffälle).
[1183] Anklageakte Eberli, S. 7, lit. g, ABGer Doss. 1a (Straffälle).
[1184] Anklageakte Eberli, S. 7 f., Erwägung 1, ABGer Doss. 1a (Straffälle).
[1185] Strafgesetzbuch über Verbrechen vom 25. Juni 1819, Gesetzessammlung SG, Nr. 312, S. 779 ff., vgl. auch Anklageakte Eberli, S. 8, Erwägung 3, ABGer Doss. 1a (Straffälle).
[1186] Anklageakte Eberli, S. 8, Erwägung 4, ABGer Doss. 1a (Straffälle).

sechs Jahren Zuchthaus angedroht war.[1187] So sei Johannes Eberli wegen Unterschlagung in der Höhe von Fr. 1011.35[1188] und versuchter Unterschlagung in der Höhe von Fr. 400.– (186.40 Gulden) zu verurteilen.[1189]

2. Wahl des Bezirksanwalts und des Sekretärs der Assisen

Der Bundesrat wählte am 10. November 1852 den Fürsprecher Dr. Johann Baptist Weder[1190] aus St. Gallen zum eidgenössischen Bezirksanwalt, der den Prozess vor den Assisen zu führen hatte.[1191] Weder nahm gerne an, erkundigte sich aber bei Blumer, ob die Verhandlung in die zweite Hälfte des Dezembers verschoben werden könnte, da er vorher durch Termine am Kantonsgericht ausgelastet sei. Ausserdem hatten er und der Verteidiger Müller zusammen mit Bundesrichter Pfyffer eine Tagfahrt im Rahmen eines Prozesses vor Bundesgericht zu unternehmen. Weder verlangte mit Rücksicht auf die bereits lange Haftdauer Eberlis keine Verschiebung der Verhandlung. Er wollte lediglich sicherstellen, dass die Verhandlung nicht vorher stattfand, da er sonst hätte absagen müssen.[1192]

Präsident Blumer machte sich nun daran, die nötigen Vorbereitungen für die Verhandlung der Assisen vorzubereiten. Für die Verhandlungen der Kriminalkammer und des Assisenhofes war nicht der gewöhnliche Gerichtsschreiber des Bundesgerichts zuständig, sondern es wurde jeweils ein Sekretär für

---

[1187] Anklageakte Eberli, S. 8, Erwägung 5, ABGer Doss. 1a (Straffälle).
[1188] Wobei Amiet weiter hinten von einem gesamten Deliktsbetrag von Fr. 1401.35 ausging, was einer unerklärlichen Differenz von zehn Franken entspricht, vgl. Anklageakte Eberli, S. 7 f., Erwägung 1, ABGer Doss. 1a (Straffälle).
[1189] Anklageakte Eberli, S. 9, ABGer Doss. 1a (Straffälle).
[1190] WEDER, JOHANN BAPTIST (1800–1872). Der St. Galler war Dr. iur. und Anwalt in St. Gallen. Mit kurzen Unterbrechungen war er St. Galler Grossrat von 1833 bis 1867, er war Regierungsrat von 1847 bis 1851 und von 1861 bis 1863. Auf Bundesebene war Weder Ständerat (1855–1857), Nationalrat (1848–1851 und 1858–1872) sowie Führer der freisinnigen Partei. Vgl. HBLS 7, S. 446 f.
[1191] Vgl. Auszug aus dem Protokoll der Sitzung des schweizerischen Bundesrathes, Bern den 10. November 1852, ABGer Doss. 1a (Straffälle), Fasz. 134.
[1192] Vgl. Brief Weders an Blumer vom 19. November, ABGer Doss. 1b (Straffälle), Fasz. 5.

§ 13 Der vergessliche Postbeamte – Eidgenössisches Strafverfahren

die Assisenverhandlung gewählt. Da der Untersuchungsrichter Dubs auf sein Vorschlagsrecht verzichtete,[1193] berücksichtigte die Kriminalkammer den Vorschlag von Regierungsrat Aepli, der gleichzeitig als Ersatzrichter im Falle Eberli tätig war. Die Wahl fiel dadurch auf Kriminalgerichtsschreiber Büeler aus St. Gallen.[1194] Im gleichen Brief kündigte Blumer ausserdem an, dass er die Prozessakten an die Kanzlei des Kantonsgerichts St. Gallen senden werde, wo sie den Parteien dann zur Ansicht zur Verfügung stünden.

3. Gesuch auf Haftentlassung durch den Verteidiger

Am 23. November 1852 teilte JOHANN JOSEPH MÜLLER[1195] Johann Jakob Blumer, dem Präsidenten der Kriminalkammer mit, dass Eberli ihn mit seiner Verteidigung beauftragt habe. Müller hatte dieses Mandat übernommen, obwohl er sich gegenüber Blumer als «Neuling» im eidgenössischen Strafverfahren bezeichnete.[1196] Praktische Erfahrung im eidgenössischen Strafverfahren konnte zu dieser Zeit noch niemand aufweisen, handelte es sich doch um das erste Verfahren vor dem eidgenössischen Assisenhof. Müller konnte

---

[1193] Brief Jakob Dubs an J. J. Blumer vom 16. November 1852, ABGer Doss. 1b (Straffälle), Fasz. 4.

[1194] Mitteilung J. J. Blumers an Büeler vom 24. November 1852, ABGer Doss. 1b (Straffälle), Fasz. 7.

[1195] MÜLLER, JOHANN JOSEPH (1815–1861). Der St. Galler Sohn eines Wirts, Kreisammanns und Buntwebereibesitzers besuchte das katholische Gymnasium in St. Gallen und das Lyzeum in Luzern, bevor er von 1833 bis 1837 Rechtswissenschaft in München, Heidelberg, Genf und Lausanne studierte. Müller war Anwalt in Wil (1837–44) und – nach der Mitarbeit in der väterlichen Buntweberei – von 1847 bis 1861 Anwalt in St. Gallen. Müller sass von 1839 bis 1861 im Grossen Rat des Kantons St. Gallen und war 1844 und 1845 Tagsatzungsgesandter. Er war der erste katholisch-konservative Nationalrat aus dem Kanton St. Gallen, wobei Müller erst 1841auf Grund der radikalen Kirchenpolitik ins konservative Lager wechselte. Johann Joseph Müller war Redaktor und Herausgeber der St. Gallischen Volkszeitung und Mitarbeiter des Neuen Tagblatts aus der östlichen Schweiz, wo er für einen Ausgleich zwischen den politischen Lagern eintrat. Vgl. GÖLDI WOLFGANG, Müller, Johann Joseph, in: Historisches Lexikon der Schweiz (HLS), Version vom 15. August 2008, URL: http://www.hls-dhs-dss.ch/textes/d/D4006.php,.

[1196] Brief J. J. Müllers an den Präsidenten der Kriminalkammer J. J. Blumer vom 23. November 1852, ABGer Doss. 1b (Straffälle), Fasz. 6, S. 1.

jedoch Erfahrung im kantonalen Strafverfahren aufweisen, praktizierte er doch bereits seit etwa zwölf Jahren als Anwalt in Wil (SG).

Zusammen mit dieser Ankündigung stellte Müller bei Blumer das Gesuch, sein Mandant sei gegen Kaution und Handgelübde aus der Haft zu entlassen. Eberli sass zu diesem Zeitpunkt bereits seit fast fünf Monaten in Haft und litt scheinbar unter gesundheitlichen Problemen. Weiter erbat Müller genügend Zeit für das Aktenstudium, wobei ihm ein Termin vor dem 20. Dezember unmöglich sei.[1197]

Blumer erkundigte sich daher bei Staatsanwalt Weder über Eberlis persönliche Verhältnisse und die Haftbedingungen in St. Gallen. Weder beantwortete Blumers Anfrage am 29. November und teilte ihm mit, dass er Eberlis Familie nicht kenne, ausserdem sei die Haftanstalt so ausgestattet, dass bei einer Haftdauer von ein bis zwei Monaten mit keinen gesundheitlichen Komplikationen zu rechnen sei.[1198] Dass Eberli zu diesem Zeitpunkt schon über fünf Monate inhaftiert war, erwähnte Weder nicht. Blumer lehnte daraufhin den Antrag auf Haftentlassung ab, wobei er sich einen neuen Entscheid vorbehielt, sofern sich der Gesundheitszustand Eberlis verschlechtern würde.[1199] Nach diesem Vorbehalt Blumers liess die Gefängnisdirektion Eberli am 2. Dezember ärztlich untersuchen. Der Untersuch ergab, dass Eberli zwar an «krätzendem Ausschlag» litt, dass dieser aber am abklingen sei und er auch schon wieder «guten Appetit» zeige.[1200] Blumers Entscheid wurde Eberli am gleichen Tag des Untersuches durch den Arzt mitgeteilt. Eberli äusserte sich zu diesem Entscheid, wobei er erklärte, dass er seit Jahren an der Glidsucht[1201] leide und daher Pflaster auflegen müsse, was er im Gefängnis nicht

---

[1197] Brief J. J. Müllers an den Präsidenten der Kriminalkammer J. J. Blumer vom 23. November 1852, ABGer Doss. 1b (Straffälle), Fasz. 6, S. 1 f.

[1198] Vgl. Brief Weders an Blumer vom 29. November 1852, ABGer Doss. 1b (Straffälle), Fasz. 8.

[1199] Vgl. Schreiben Blumers an das Justizdepartement des Kantons St. Gallen vom 30. November 1852, ABGer Doss. 1b (Straffälle), Fasz. 10.

[1200] Vgl. Attest über den Gesundheitszustand Eberlis von Dr. Engwiller an den Gefängnisdirektor vom 2. Dezember 1852, ABGer Doss. 1b (Straffälle), [nicht nummeriert].

[1201] Die *Glidsucht* ist eine alte Bezeichnung für Gelenkrheumatismus, vgl. Schweizerisches Idiotikon Bd. 7, Spalte 278.

könne.[1202] Am 4. Dezember «erneuerte» daher auch der Verteidiger Eberlis Gesuch um Haftentlassung.[1203] Wieweit auf dieses zweite Gesuch eingegangen wurde, ist aus den Akten nicht ersichtlich, auf jeden Fall blieb Eberli bis zur Verhandlung in Haft.

4. Geschworene

Die Geschworenen wurden in der ganzen Schweiz bezirksweise für drei Jahre gewählt. Aus diesen Listen hatte das Kantonsgericht St. Gallen eine engere Liste von 54 Geschworenen durch Losentscheid zusammenzustellen.[1204] Diese Liste reichte das Kantonsgericht am 29. November 1852 an den Präsidenten der Kriminalkammer, Johann Jakob Blumer ein.[1205] Von diesen 54 Geschworenen konnten die Anklage und die Verteidigung je 20 Personen ablehnen,[1206] was Weder[1207] und Müller[1208] auch taten. Von den übriggebliebenen 14 Geschworenen wurden nun zwei – ebenfalls durch Losentscheid – als «Ersatzmänner der Jury» bezeichnet.[1209] Nachdem diese zwei Ersatzmänner ausgelost waren,[1210] lag eine definitive Liste von zwölf Geschworenen und zwei Ersatzmännern vor.[1211] Bei den Geschworenen fällt auf, dass sie sich vollständig aus Notabeln der damaligen Gesellschaft zu-

---

[1202] Vgl. Mitteilung der Gefängnisdirektion an Eberli vom 2. Dezember 1852, ABGer Doss. 1b (Straffälle), Fasz. Ad. 11[I.], S. 2.
[1203] Brief Müllers an den Verhörrichter Ehrenzeller z.H. Blumers vom 4. Dezember 1852, ABGer Doss. 1b (Straffälle), Fasz. Ad. 11 [II.], S. 1 f.
[1204] Vgl. im allgemeinen Art. 33 OG 1849, sowie insb. die Aufforderung Pfyffers an das Kantonsgericht St. Gallen, in: Erkenntnis der Versetzung in den Anklagezustand, S. 5, III., ABGer Doss. 1a (Straffälle).
[1205] Schreiben des Kantonsgerichts St. Gallen an das Präsidium des IV. eidg. Assisenbezirks vom 29. November 1852, ABGer Doss. 1b (Straffälle), Fasz. 9.
[1206] Vgl. Art. 35 OG 1849.
[1207] Vgl. Liste der abgelehnten Geschworenen durch den Angeklagten, ABGer Doss. 1b (Straffälle), [nicht nummeriert].
[1208] Vgl. Liste der abgelehnten Geschworenen durch den Bezirksanwalt Weder, ABGer Doss. 1b (Straffälle), [nicht nummeriert].
[1209] Vgl. Art. 38 Abs. 2 OG 1849.
[1210] Vgl. Liste und Protokoll der Auslosung der Ersatzmänner vom 8. Dezember 1852, ABGer Doss. 1b (Straffälle), [nicht nummeriert].
[1211] Vgl. Alphabetische Geschworenenliste, ABGer Doss. 1b (Straffälle), [nicht nummeriert].

sammensetzten. So finden sich auf der Liste neben einigen Offizieren ausschliesslich ehemalige oder aktuelle Mitglieder politischer Behörden oder Beschäftigte im Justizwesen, wie Bezirksgerichtsschreiber oder Bezirksrichter. Was die abgelehnten Geschworenen betrifft, so lässt sich weder bei der Anklage noch bei der Verteidigung ein Muster erkennen. Womöglich blieb den Parteien nichts anderes übrig, als die Auswahl ebenfalls dem Zufall zu überlassen.

5. Erster Termin zur Verhandlung

Blumer trieb in Zusammenarbeit mit Büeler, dem Sekretär des Assisengerichts, die Vorbereitungen für den Prozess weiter voran. Als die Geschworenen endlich bezeichnet waren, setzte Blumer am 8. Dezember 1852 als Datum für die Verhandlungen den 20. Dezember fest.[1212] Der Verteidiger Müller erfuhr scheinbar noch am selben Tag von Blumers Termin und bat ihn in einem Brief vom gleichen Tag «auch wenn es unbescheiden erscheinen mag», die Sitzung auf den 21. oder 22. Dezember zu verschieben, da er vorher geschäftlich verreisen musste.[1213] Blumer berücksichtigte die Bitte Müllers und setzte die Verhandlung, auch aus Rücksicht auf Bundesrichter Rüttimann, auf den 23. Dezember an.[1214]

6. Umstrittene Ergänzung der Anklageschrift

Noch bevor der Prozess jedoch stattfinden konnte, beantragte Bezirksanwalt Weder bei Blumer, die Verhandlung müsse dringend verschoben werden. Kreispostdirektor Grob hatte ihm mündlich mitgeteilt, dass eine weitere Geldsendung verschwunden war. Dieser Fall hatte sich im Januar 1852 zuge-

---

[1212] Vgl. Schreiben Blumers an Büeler vom 8. Dezember 1852, ABGer Doss. 1b (Straffälle), Fasz. 14.
[1213] Vgl. Schreiben J. J. Müllers an Blumer vom 8. Dezember 1852, ABGer Doss. 1b (Straffälle), Fasz. 16.
[1214] Vgl. Schreiben Blumers an Büeler vom 10. Dezember 1852, ABGer Doss. 1b (Straffälle), Fasz. 20.

tragen, also noch vor den anderen eingeklagten Handlungen.[1215] Um das Ganze genauer zu untersuchen, waren mehr Zeit und einige weitere Einvernahmen nötig. Blumer ging sofort auf das Gesuch Weders ein und beauftragte den Sekretär Büeler am darauffolgenden Tag, mittels Brief[1216] und telegraphischer Depesche[1217] die Verhandlung vom 23. Dezember abzusagen. Gegenüber Generalanwalt Amiet äusserte sich Weder noch etwas freier, er sah die Vervollständigung der Anklage umso wichtiger, als es «leicht möglich wäre, daß die Geschworenen kein Schuldig eines vollendeten Verbrechens aussprechen würden.»[1218]

Amiet beauftragte daraufhin Untersuchungsrichter Dubs zusätzliche Untersuchungen aufzunehmen. Amiet blieb es nicht verborgen, dass sich bei diesem Vorgehen ein formales Problem stellen könnte, da das Prozessthema durch den Entscheid der Anklagekammer bereits fixiert worden war. Art. 100 der BStPO 1851 hielt dazu fest, dass eine strafbare Handlung des Angeklagten, welche erst im Hauptverfahren nachgewiesen wird, in einer neuen Anklageschrift behandelt werden musste. Laut Amiet war es nicht nötig, die Anklagekammer zu unterrichten, da diese Eberli bereits in den Anklagezustand versetzt hatte. Eine neue Anklage erachtete er vor allem deshalb als unnötig, weil das Hauptverfahren noch nicht begonnen hatte. Laut Amiet habe der Präsident der Kriminalkammer der Assisen, sobald die Anklage erhoben worden sei, die Macht alles zu unternehmen, um die Wahrheit zu ermitteln.[1219] Amiet bot Dubs an, falls er überlastet sei, könne jemand aus St. Gallen zum provisorischen ausserordentlichen Untersuchungsrichter ernannt werden und die nötigen Einvernahmen durchführen.[1220] Dubs machte Blumer

---

[1215] Vgl. Schreiben Weders an Blumer vom 19. Dezember 1852, ABGer Doss. 1a (Straffälle), Fasz. 140a.
[1216] Schreiben Blumers an Büeler vom 20. Dezember 1852, ABGer Doss. 1b (Straffälle), Fasz. 27.
[1217] Telegraphische Depesche Blumers an Büeler vom 20. Dezember 1852, ABGer Doss. 1b (Straffälle), Fasz. 28.
[1218] Vgl. Schreiben Weders an Generalprokurator Amiet vom 19. Dezember 1852, ABGer Doss. 1a (Straffälle), Fasz. 141.
[1219] Schreiben Amiets an Dubs, S. 1 f., ABGer Doss. 1a (Straffälle).
[1220] Schreiben Amiets an Dubs, S. 2, ABGer Doss. 1a (Straffälle).

den Vorschlag, den St. Galler Bezirksammann Züblin zum provisorischen ausserordentlichen Untersuchungsrichter zu ernennen, was Blumer schliesslich auch tat.[1221]

Die neuen Vorwürfe bezogen sich auf eine Geldsendung im Wert von 76.35 Gulden, welche Gemeinderatsschreiber Lüchinger von Oberbüren am 22. Februar 1852[1222] an Heinrich Alder, Bretterhändler in Urnäsch gesendet hatte, die dem Adressaten jedoch nie zugekommen war.[1223] Züblin verhörte erneut den Postboten Hilber,[1224] Gemeinderatsschreiber Lüchinger,[1225] den Poststellenhalter Kempter von Oberbüren[1226] und schliesslich Johannes Eberli. Dieser behauptete, sein Sohn habe die Sendung entgegengenommen, was anhand der Unterschrift des Sohnes hervorgehe.[1227] Warum die Geldsendung jedoch nicht im Expeditionsbuch auftauchte, wo alle Briefe und Pakete eingetragen wurden, die die Poststelle wieder verlassen hatten, konnte sich Eberli nicht erklären. Die Geldsendung musste wohl aus seinem Postbüro entwendet worden sein.[1228] Eberli wies die Anschuldigung, es scheine, als habe er das Geld für sich verwendet, weiterhin von sich.[1229] Eberli ergänzte am Schluss der Einvernahme, dass er, falls die Geldsendung tatsächlich nicht an den Adressaten gelangt sein sollte, nach dem Postgesetz verpflichtet sei, den Schaden zu ersetzen und er «denselben auch ersetzen werde».[1230]

[1221] Schreiben Dubs an Blumer vom 24. Dezember 1852, ABGer Doss. 1a (Straffälle), Fasz. 146.
[1222] Amiet nennt den 22. *Januar* 1852, während das Urteil des Assisenhofes vom 22. *Februar* 1852 spricht, vgl. Anm. 1248.
[1223] Schreiben Amiets an Dubs, S. 1, ABGer Doss. 1a (Straffälle).
[1224] Protokoll des Verhörs des Postboten Josef Anton Hilber vom 27. Dezember 1852, ABGer Doss. 1a (Straffälle), Fasz. 151.
[1225] Protokoll des Verhörs von Sebastian Lüchinger vom 27. Dezember 1852, ABGer Doss. 1a (Straffälle), Fasz. 149.
[1226] Protokoll des Verhörs von Joh. Baptist Kempter vom 27. Dezember 1852, ABGer Doss. 1a (Straffälle), Fasz. 150.
[1227] Verhör Eberli vom 27. Dezember 1852, S. 2, Frage 4, ABGer Doss. 1a (Straffälle).
[1228] Verhör Eberli vom 27. Dezember 1852, S. 3 f., Frage 7 und 8, ABGer Doss. 1a (Straffälle).
[1229] Verhör Eberli vom 27. Dezember 1852, S. 5, Frage 12, ABGer Doss. 1a (Straffälle).
[1230] Verhör Eberli vom 27. Dezember 1852, S. 5, Frage 13, ABGer Doss. 1a (Straffälle).

§ 13 Der vergessliche Postbeamte – Eidgenössisches Strafverfahren   247

Bereits am 28. Dezember 1852 machte Bezirksanwalt Weder Blumer die Meldung, dass er die Akten von Züblin erhalten habe und die Anklageschrift so schnell als möglich anpassen werde. Als Termin für die Verhandlung schlug er Montag den 10. Januar 1853 vor. Scheinbar gestaltete es sich ziemlich schwierig einen Termin zu finden. Einerseits musste der fragliche Saal in St. Gallen primär den Sitzungen des Grossen Rates zur Verfügung stehen, und andererseits bestand das Problem, dass einige der am Prozess Beteiligten zu spät zu den Sitzungen der Bundesversammlung in Bern eintreffen würden, die am 10. Januar begannen. Da aber die Gefahr bestand, den Fall Eberli weitere vier bis sechs Wochen zu verschleppen, sah Weder den 10. Januar als besten Termin an.[1231] Blumer favorisierte als Verhandlungstermin den Samstag, 8. Januar, da auf diese Weise niemand Gefahr lief, die Sitzungen der Bundesversammlung zu verpassen. Falls aber der Grosse Rat des Kantons St. Gallen den Saal am Samstag benötige, so müsse wohl oder übel der 10. Januar gewählt werden.[1232] So kam es, dass Büeler die Verhandlung auf Montag, den 10. Januar 1853 ansetzte.[1233] Was die betroffenen Mitglieder der Bundesversammlung betraf, so sagte Johann Rudolf Brosi zwar zu, an der Verhandlung teilzunehmen, drückte aber gleichzeitig die Hoffnung aus, dass er und «College Rüttimann» nach wenigen Tagen wieder an den Sitzungen der Bundesversammlung teilnehmen könnten.[1234]
Blumer war sich seiner Sache wohl doch nicht ganz sicher und nahm Rücksprache mit Kasimir Pfyffer, dem Präsidenten der Anklagekammer, ob die Anklageschrift überhaupt auf diese Weise ergänzt werden konnte. Pfyffer war mit diesem Vorgehen zwar einverstanden, «damit die Sache ein Ende nimmt», obwohl dieses «im Grunde […] doch nicht ganz richtig» sei. Laut

---

[1231] Schreiben Weders an Blumer vom 28. Dezember 1852, ABGer Doss. 1b (Straffälle), Fasz. 31.
[1232] Schreiben Blumers an Büeler vom 29. Dezember 1852, ABGer Doss. 1b (Straffälle), Fasz. 32.
[1233] Da das St. Galler Kantonsgericht und der Grosse Rat den Saal in der ersten Januarwoche benötigten, kam als frühester Termin der 10. Januar in Frage, vgl. NZZ vom 4. Januar 1853, Nr. 4, S. 14.
[1234] Schreiben Brosis an Blumer vom 4. Januar 1853, ABGer Doss. 1b (Straffälle), Fasz. 36.

Pfyffer handelte es sich bei dem Erkenntnis der Anklagekammer um «eine Art Urtheil». Der Angeklagte dürfe nur für diejenigen Handlungen vor den Assisenhof gewiesen werden, welche im Beschluss der Anklagekammer erwähnt waren. Trotzdem empfahl Pfyffer Blumer, er solle dem Verfahren seinen Lauf lassen, wenngleich sich einem Verteidiger, der mit dem Geschworenenverfahren vertraut sei, «hier Stoff [darbiete]». Für Pfyffer war das Schlimmste, was eintreten konnte, die Möglichkeit, dass die Geschworenen auf die neu eingeklagten Handlungen nicht eintreten würden. Ausserdem benutzte Pfyffer die Gelegenheit, um Blumer mitzuteilen, dass er sich freue, ihn bald persönlich in Bern zu treffen.[1235]

Obwohl der Verteidiger Müller Blumer bereits zu Beginn darauf aufmerksam gemacht hatte, dass er im eidgenössischen Strafprozess noch ein «Neuling» war,[1236] hielt es Blumer – soweit sich aus den Akten ergibt – nicht für nötig, die Verteidigung über die Ergänzung der Anklage zu informieren. Bezirksanwalt Weder machte sich erst am 28. Dezember daran, die Anklageschrift zu erweitern, da waren es nur noch 13 Tage bis zur Verhandlung vor den Assisen. Der Verteidigung blieben also sicher weniger als 13 Tage zur Vorbereitung, was eine effektive Verteidigung zumindest erschwerte.

V. Prozess vor dem eidgenössischen Assisenhof

1. Richterbank

Der Assisenhof setzte sich zusammen aus der Kriminalkammer des Bundesgerichts und den zwölf Geschworenen.[1237] Die Kriminalkammer bestand im Straffall Eberli[1238] aus dem Präsidenten JOHANN JAKOB BLUMER,[1239] dem

---

[1235] Schreiben Kasimir Pfyffers an Blumer vom 1. Januar 1853, ABGer Doss. 1b (Straffälle), Fasz. 34.
[1236] Vgl. oben Anm. 1196.
[1237] Art. 43 BStPO 1851, vgl. auch BLUMER II, S. 66.
[1238] Urteil des Assisenhofes vom 10./11. Januar 1853, S. 1, ABGer Doss. 1a (Straffälle).
[1239] Vgl. zur Kurzbiographie Johann Jakob Blumers Anm. 341.

Bundesrichter JOHANN RUDOLF BROSI[1240] sowie aus dem Suppleanten und St. Galler Justizdirektor ARNOLD OTTO AEPLI.[1241]

2. Verhandlungen vor dem Assisenhof

Gemäss Art. 128 BStPO 1851 wurde durch den Gerichtsschreiber zwar ein summarisches Protokoll über die Verhandlung verfasst,[1242] dieses aber nur zum Nachweis, dass die prozessualen Formalitäten eingehalten wurden. Gerade die Zeugenaussagen und die Aussagen des Angeklagten *durften* nicht protokolliert werden.[1243]

Nach Einvernahme der Zeugen und des Angeklagten[1244] hatten Anklage und Verteidigung ihre Argumente darzulegen, das letzte Wort stand am Ende dem Angeklagten zu.[1245] Der Präsident der Kriminalkammer hatte daraufhin den Geschworenen ihre Aufgabe darzulegen und stellte ihnen die zu beantwortenden Fragen.[1246] So hatten die Geschworenen über die Tatfragen zu entscheiden.

Im Fall Eberli wurden der Jury auf diese Weise zehn Fragen vorgelegt, welche auch im Urteil enthalten sind.[1247] In diesen Fragen finden sich die bereits vorher erwähnten Verbrechen, wobei jeweils in einer Frage die vollendete Unterschlagung und in einer zweiten der Versuch derselben behandelt wurde. Erst an zehnter Stelle tauchte schliesslich die kurz vor Verhandlungsbeginn eingefügte vollendete Unterschlagung von einer Geldsendung des Gemeinderates Lüchinger vom 22. Februar 1852 auf.[1248]

[1240] Vgl. zur Kurzbiographie Johann Rudolf Brosis Anm. 346.
[1241] Vgl. zur Kurzbiographie Arnold Otto Aeplis Anm. 649.
[1242] Protokoll über die von den eidgenößischen Aßisen gefällten Strafurteile, ABGer Doss. 19 (Straffälle).
[1243] Art. 129 Abs. 1 BStPO 1851.
[1244] Vgl. Art. 67 ff. BStPO 1851.
[1245] Vgl. Art. 90 BStPO 1851.
[1246] Vgl. Art. 92 ff. BStPO 1851.
[1247] Vgl. Urteil des Assisenhofes vom 10./11. Januar 1853, S. 2 f., Fragen 1.–10., ABGer Doss. 1a (Straffälle).
[1248] Vgl. Urteil des Assisenhofes vom 10./11. Januar 1853, S. 3, Frage 10, ABGer Doss. 1a (Straffälle).

3. Wahrspruch der Geschworenen und Urteil des Assisenhofes

a. Wahrspruch der Geschworenen

Die Geschworenen beantworteten vier Fragen mit ja und sechs Fragen mit nein. Sie erkannten Johannes Eberli schuldig der versuchten Unterschlagung der Geldsendungen von Nationalrat Schubiger vom 14. Juni, von Josef Anton Storchenegger an Ständerat Roth vom 31. Mai und von Pfarrer Nussbaumer an den Weinhändler Diethelm vom 28. Mai. Für vollendete Unterschlagung wurde Eberli lediglich in einem Falle schuldig gesprochen und zwar in demjenigen, der erst nachträglich durch die umstrittene Ergänzung seinen Weg in die Anklageschrift gefunden hatte.[1249]

b. Schlussanträge des Bezirksanwalts und der Verteidigung

Im Anschluss an das Verdikt der Geschworenen hatten nun Anklage und Verteidigung die Möglichkeit, Schlussanträge im Hinblick auf die rechtliche Würdigung an die Kriminalkammer zu stellen, insbesondere was die Strafzumessung betraf. Der Tatbestand konnte jedoch nicht mehr angefochten werden.[1250]

Der Bezirksanwalt fasste sich kurz. Er forderte in Anwendung des St. Galler Strafgesetzes für die Unterschlagung in der Höhe von Fr. 160.82 und für die versuchte Unterschlagung von Fr. 837.20 eine Zuchthausstrafe von zwei Jahren sowie die Vergütung der Kosten.[1251]

Verteidiger Müller hingegen schien die Tücken der St. Galler Gesetze genauer zu kennen. Im Protokoll findet sich der Eintrag, dass Müller zuallererst forderte, dass gegen seinen Mandanten keine Strafe ausgesprochen werde, da

---

[1249] Vgl. Urteil des Assisenhofes vom 10./11. Januar 1853, S. 2 f., ABGer Doss. 1a (Straffälle).
[1250] Vgl. Art. 116 BStPO 1851.
[1251] Vgl. Urteil des Assisenhofes vom 10./11. Januar 1853, S. 3, ABGer Doss. 1a (Straffälle).

gar kein eidgenössisches Strafgesetz existiere.[1252] Im definitiven Protokoll findet sich dieses Begehren nicht mehr. So forderte Müller zwar, dass sein Mandant die Schadenssumme doppelt ersetzen müsse, doch sei die angedrohte Prügelstrafe «als durch den langen Untersuchungs-Verhaft kompensirt zu erklären».[1253]

c. Massgebende Gesetze

Das Gericht legte zuerst das massgebende kantonale Strafrecht dar, wobei dies laut Blumer wohl nicht so kompetent erfolgte, wie das Urteil den Anschein machen wollte. In einem privaten Brief bezeichnete er die mangelnde Kenntnis des St. Galler Rechts als «etwas peinlich».[1254] Dass die Richter mit den betreffenden Artikeln des St. Galler Strafrechts nicht vertraut waren, lässt auch die Tasache vermuten, dass die betreffenden Strafbestimmungen erst im definitven Protokoll vom folgenden Tag enthalten sind und beim ersten Protokoll vom 10. Januar noch fehlten.[1255]

Das grundlegende St. Galler Strafgesetzbuch über Verbrechen[1256] stammte noch aus dem Jahre 1819. Für den Strafrahmen der Unterschlagung von anvertrautem Gut von mehr als Fr. 80.–[1257] verwies Art. 195 auf den einfachen Diebstahl gemäss Art. 185.[1258] Solange der Deliktsbetrag Fr. 500.– nicht überstieg, wurde der Angeklagte zu einer Geldstrafe in der Höhe des zweifa-

---

[1252] Vgl. Protokoll über die von den eidgenößischen Aßisen gefällten Strafurteile, ABGer Doss. 19 (Straffälle), S. 6.
[1253] Vgl. Urteil des Assisenhofes vom 10./11. Januar 1853, S. 4, ABGer Doss. 1a (Straffälle).
[1254] Brief von J. J. Blumer an C.L. Zwicky vom 11. Februar 1853, abgedruckt bei BRAND, S. 124.
[1255] Vgl. Protokoll über die von den eidgenößischen Aßisen gefällten Strafurteile, ABGer Doss. 19 (Straffälle), darin das Protokoll der Sitzung vom 10. Januar (S. 1 ff., insb. Ziff. 15) im Vergleich zum Protokoll vom 11. Januar (S. 8 ff., insb. S. 10 ff.).
[1256] Strafgesetzbuch über Verbrechen vom 25. Juni 1819, Gesetzessammlung SG, Nr. 312, S. 779 ff.
[1257] Die Deliktsbeträge wurden gemäss Art. 1 des Gesetzes über die Schadensbeträge vom 20. Mai 1852 an die neue Währung angepasst, vgl. Urteil des Assisenhofes vom 10./11. Januar 1853, S. 5, ABGer Doss. 1a (Straffälle).
[1258] Vgl. auch Urteil des Assisenhofes vom 10./11. Januar 1853, S. 4, ABGer Doss. 1a (Straffälle).

chen der Schadenssumme verurteilt. Konnte der Verurteilte die Summe nicht aufbringen, so sollte er entweder an der Schandsäule ausgestellt werden und dort nach Ermessen des Richters noch Prügel beziehen oder alternativ eine Zuchthausstrafe von drei Monaten bis zwei Jahren erhalten.[1259] Was den Versuch betraf, so sollte der kantonsfremde Täter gemäss Art. 21 eine Strafe im Minimum des Strafrahmens des vollendeten Delikts erhalten.

Diese Strafen wurden jedoch im Kanton St. Gallen im Hinblick auf die humanere Gestaltung der Strafen durch das Gesetz über die Kriminalstrafen vom 7. Febr. 1839[1260] geändert. So senkte das Gesetz die Dauer der Zuchthausstrafe generell um die Hälfte, doch sah Art. 8 immer noch die Möglichkeit von Prügelstrafen vor. Für Kantonsfremde bestimmte ausserdem Art. 14 lit. h dieses Gesetzes, dass diese immer mit einer Prügelstrafe zu rechnen hatten, da Zuchthausstrafen bis maximal zwei Jahre an ihnen nicht vollzogen wurden. Für sie wandelte das Gesetz die Zuchthausstrafe in Prügelstrafe und Kantonsverweisung um, verbunden mit höchstens drei Monaten Gefangenschaft.[1261] Diese Bestimmung verdankte das Gesetz einem politischen Kompromiss, welcher sich bei der Beratung des Gesetzes ergeben hatte. Aus Sorge um die Staatsfinanzen war dem Kanton daran gelegen, möglichst wenig Kantonsfremde in den Strafanstalten einzusperren, da diese Strafgefangenen zusätzliche Kosten für den Kanton bedeuteten. Um die abschreckende Wirkung nicht zu gefährden, sah man für Kantonsfremde, welche zu maximal zwei Jahren Zuchthaus verurteilt wurden, die Prügelstrafe – verbunden mit Verweis aus dem Kantonsgebiet – vor. Bei Strafen von mehr als zwei Jahren Zuchthaus sollten jedoch auch Nichtkantonsbürger eingesperrt werden.[1262] Dass im St. Galler Strafgesetz Körperstrafen lediglich aus fiskalischen

---

[1259] Vgl. Urteil des Assisenhofes vom 10./11. Januar 1853, S. 4 f., ABGer Doss. 1a (Straffälle).
[1260] Gesetz über die Kriminalstrafen vom 7. Febr. 1839, Gesetzessammlung SG, Nr. 313, S. 833 ff.
[1261] Vgl. auch Urteil des Assisenhofes vom 10./11. Januar 1853, S. 5 f., ABGer Doss. 1a (Straffälle).
[1262] Vgl. MITTERMAIER, S. 190, Anm. 2.

Gründen und nur für Kantonsfremde beibehalten wurden, stiess auf heftige Kritik des Heidelberger Rechtsprofessors Carl Joseph Anton Mittermaier.[1263]

d. Erwägungen der Kriminalkammer

Die Kriminalkammer stellte zuerst fest, dass es sich beim beurteilten Tatbestand um eine vollendete Unterschlagung i.S.v. Art. 195 des Strafgesetzbuchs über Verbrechen vom 22. Juni 1819 handelte,[1264] welche einen Schaden von mehr als Fr. 80.–, aber weniger als Fr. 500.– verursacht hatte.[1265] Für diese Tat wäre der Angeklagte mit einer Geldstrafe in der zweifachen Höhe des Schadensbetrages, eventuell mit Zuchthaus von drei Monaten bis zwei Jahren zu bestrafen gewesen. Die Dauer der Zuchthausstrafe wäre gemäss Art. 14 lit. b des Gesetzes über die Kriminalstrafen vom 7. Februar 1839 um die Hälfte gesenkt worden.[1266] Da Johannes Eberli aber kein Bürger des Kantons St. Gallens war, war Art. 14 lit. h einschlägig.

Was die Versuche betraf, so sah das Gericht im Bestreben Eberlis, den Schaden im Vorfeld wieder gut zu machen, keinen Grund, um von einer Strafe abzusehen, da er dies erst nach erfolgter Reklamation getan hatte.[1267] Der Deliktsbetrag der versuchten Unterschlagung betrug Fr. 837.20, von welchem Eberli das Doppelte als Busse hätte bezahlen müssen. Konnte er diese Busse nicht bezahlen, so wäre auch eine Zuchthausstrafe von drei Monaten bis zwei Jahren fällig gewesen. Diese wäre ebenfalls um die Hälfte

---

[1263] Vgl. MITTERMAIER, S. 190, Anm. 3. Mittermaier war über das St. Galler Strafrecht und die Haftbedingungen durch einen Briefwechsel mit Wilhelm Friedrich Moser informiert, vgl. MITTERMAIER CARL JOSEPH ANTON/RIEMER LARS HENDRIK (Hrsg.), Das Netzwerk der «Gefängnisfreunde» (1830–1872): Karl Josef [sic] Anton Mittermaiers Briefwechsel mit europäischen Strafvollzugsexperten, Frankfurt am Main 2005, S. 1722 ff.

[1264] Urteil des Assisenhofes vom 10./11. Januar 1853, S. 6, Erwägung 1, ABGer Doss. 1a (Straffälle).

[1265] Urteil des Assisenhofes vom 10./11. Januar 1853, S. 6, Erwägung 2, ABGer Doss. 1a (Straffälle).

[1266] Urteil des Assisenhofes vom 10./11. Januar 1853, S. 6, Erwägung 3, ABGer Doss. 1a (Straffälle).

[1267] Urteil des Assisenhofes vom 10./11. Januar 1853, S. 6, Erwägung 5, ABGer Doss. 1a (Straffälle).

gesenkt und für Kantonsfremde gemäss Art. 14 lit. h in eine Prügelstrafe umgewandelt worden.[1268]

Was die Strafzumessung betraf, so erkannte das Gericht im bisher tadellosen Leumund des Angeklagten und in der langen Dauer der Untersuchungshaft zwei Milderungsgründe. Dass Eberli in seiner Eigenschaft als Postbeamter besondere Pflichten verletzt hatte, gewichteten die Richter jedoch als Strafschärfungsgrund.[1269]

e. Urteil der Kriminalkammer vom 10./11. Januar 1853

Die Bundesrichter waren sich nicht einig, was die Strafzumessung betraf. Die «Strafsentenz» erging mit zwei Stimmen zu einer Stimme.[1270] Eberli wurde wegen der versuchten Unterschlagungen zu Gefangenschaft von drei Monaten und 20 Prügelstreichen verurteilt, «wovon ihm zehn beim Eintritt und zehn beim Austritt zu ertheilen» waren.[1271] Für die vollendete Unterschlagung wurde er zu einer Geldstrafe von Fr. 321.64 verurteilt. Bei Zahlungsunvermögen – was bei Eberli bereits vorlag[1272] – zu weiteren drei Monaten Gefangenschaft und 20 Prügelstreichen, «welche ihm während der Dauer der Gefangenschaft in zwei Malen» zu erteilen waren.[1273]

Ein nicht zu vernachlässigender Punkt waren die enormen Prozess- und Untersuchungskosten in der Höhe von Fr. 662.07, die Johannes Eberli ebenfalls zu tragen hatte. Ihm wurden dabei sogar die Heizungskosten des Gerichtsgebäudes belastet.[1274]

[1268] Urteil des Assisenhofes vom 10./11. Januar 1853, S. 6 f., Erwägung 7, ABGer Doss. 1a (Straffälle).

[1269] Urteil des Assisenhofes vom 10./11. Januar 1853, S. 7, Erwägung 8, ABGer Doss. 1a (Straffälle).

[1270] Urteil des Assisenhofes vom 10./11. Januar 1853, S. 7, ABGer Doss. 1a (Straffälle).

[1271] Urteil des Assisenhofes vom 10./11. Januar 1853, S. 7, Erkenntnis 1, ABGer Doss. 1a (Straffälle).

[1272] Vgl. oben, Anm. 1137.

[1273] Urteil des Assisenhofes vom 10./11. Januar 1853, S. 7, Erkenntnis 2, ABGer Doss. 1a (Straffälle).

[1274] Urteil des Assisenhofes vom 10./11. Januar 1853, S. 8, Erkenntnis 5, ABGer Doss. 1a (Straffälle). Überhaupt scheinen die Heizungskosten ein wichtiger Punkt gewesen zu sein, so sah auch der Entwurf zu einer revidierten Bundesurkunde der schweizerischen

Effektiv ging es hier wohl eher darum, dass dem Kanton keine Kosten durch die Bundesrechtspflege entstehen sollten. Da Eberli konkurs war, trug die Eidgenossenschaft die fraglichen Prozesskosten. Dies wurde dadurch unterstrichen, dass der Verurteilte zwar die gesamten Kosten der kantonalen Voruntersuchung zu tragen hatte, in der eidgenössischen Untersuchung jedoch nur die Zeugenkosten.

VI. Ausblick – Abschaffung in Raten

1. Zeit bis 1874

In der gleichen Zeit, in der das Urteil im Fall Eberli erging, berieten die eidgenössischen Räte über das eidgenössische Strafgesetz. Ob der Fall Eberli dabei direkten Einfluss gehabt hat, ist nicht festzustellen. Generell hatten die Verfahren vor den eidgenössischen Schwurgerichten gegen eidgenössische Beamte aber nachweislich einen Einfluss auf die Gesetzgebung. «Man kann daher sagen: Die Räder drehen sich zwar, aber die Salbe kostet ziemlich.»[1275] So brachte es die Kommission des Ständerates angesichts der hohen Kosten der Assisenprozesse auf den Punkt. Das Strafverfahren vor den Bundesassisen gestaltete sich umständlich und kostenintensiv. Wie bereits der Standpunkt des Bundesrats und des Generalanwalts im Straffall Eberli zeigten, bestand ein Bedürfnis, weniger bedeutende Fälle nicht mehr vor den eidgenössischen Geschworenen zu verhandeln. Solche Fälle sollten in Zukunft vor den kantonalen Gerichten verhandelt werden.

Eidgenossenschaft von 1833 in Art. 101 vor, dass Luzern für eine gehörige Feuerung der Räume des Bundes zu sorgen hatte. Der Entwurf findet sich u.a. im Repetitorium der eidgenössischen Abschiede der eidgenössischen Tagsatzung aus den Jahren 1814–1848, 2. Bd., Bern 1876, S. 704 ff.

[1275] Bericht der Kommission des Ständerates über die Geschäftsführung des Bundesrates während des Jahres 1853 und über die Staatsrechnung von demselben Jahre (Fortsezung und Schluss), BBl 1854 II 621 ff. (656).

In Anlehnung an die deutsche Rechtswissenschaft unterschied man die eigentlichen Amtsverbrechen von den gemeinen Verbrechen, die in amtlicher Stellung begangen wurden.[1276] Die gemeinen Verbrechen und Vergehen der eidgenössischen Beamten, welche nicht in Zusammenhang mit ihrer amtlichen Funktion standen, waren schon immer der kantonalen Justiz vorbehalten gewesen. Dies ging aus Art. 14 und 41 des VG 1850 hervor.[1277] Problematisch waren die gemeinen Verbrechen und Vergehen, bei welchen die amtliche Stellung als Erschwerungsgrund zu berücksichtigen war.[1278] Für diese Delikte bestand zur Zeit der Verhandlung Eberlis noch gar kein materielles Bundesstrafrecht. Das BG über das Bundesstrafrecht der schweizerischen Eidgenossenschaft wurde erst am 4. Februar 1853 erlassen.[1279] Durch den Erlass war der Assisenhof zwar nicht mehr genötigt, kantonales materielles Strafrecht anzuwenden, doch regelte das Bundesstrafrecht auch gleich noch die prozessuale Frage der Zuständigkeit. Art. 75 dieses Gesetzes wies die betreffenden Beamten an die kantonalen Gerichte, wo sie nach den kantonalen Gesetzen beurteilt werden sollten.

Eine dritte Kategorie waren fortan die Verbrechen von Beamten, welche durch das Bundesstrafrecht ausdrücklich erwähnt waren.[1280] In all diesen Fällen – den eigentlichen Amtsverbrechen[1281] – sollten grundsätzlich die kantonalen Behörden für die Untersuchung und die Beurteilung zuständig sein, wobei die kantonalen Behörden das Bundesstrafrecht anzuwenden hat-

---

[1276] Vgl. VOGT. S. 371 m.w.H.
[1277] Vgl. BLUMER II, S. 75 f.; VOGT, S. 372 ff. (lit. c), wobei für die höchsten Magistraten eine Ausnahme gemacht wurde. VOGT (S. 373 ff.) äussert sich kritisch zu dieser «garantie administrative»; vgl. auch LITERARISCHES VERLAGSBUREAU, S. 59 f.
[1278] Vgl. BLUMER II, S. 76 f.; NÄGELI, S. 81; LITERARISCHES VERLAGSBUREAU, S. 60 f.
[1279] AS III 404 ff., vgl. zur fraglichen Verfassungsmässigkeit von Teilen der materiellen Strafnormen: BURCKHARDT, S. 781; NÄGELI, S. 78.
[1280] Vgl. BLUMER II, S. 77 f.; LITERARISCHES VERLAGSBUREAU, S. 61 f.
[1281] Vgl. Art. 53–57 und 61–68 des BG über das Bundesstrafrecht der schweizerischen Eidgenossenschaft vom 4. Hornung 1853.

ten.[1282] Der Bundesrat konnte solche Prozesse auch an die Bundesjustiz weisen, was er jedoch bis 1874 nie getan hatte.[1283]
So kam es, dass im Jahre 1853 die letzten «gemeinen Verbrechen» von Bundesbeamten durch den Assisenhof beurteilt wurden. Von 14 begonnen Untersuchungen wurden sieben vor dem Assisenhof verhandelt, die anderen sieben wurden entweder bereits vom Generalanwalt oder von der Anklagekammer eingestellt.[1284] In den übrigen 21 Jahren des nicht ständigen Bundesgerichts wurden nur noch acht Fälle an den Assisenhof gewiesen, wobei drei davon aufgrund einer Amnestie durch die Bundesversammlung eingestellt werden mussten.[1285]

2. Einschränkungen der Zuständigkeiten durch das OG von 1893 und das StGB von 1937

Was folgte, war eine Abschaffung der Bundesassisen in Raten. Während die Bundesassisen bis 1890 immerhin fünf Straffälle zu verhandeln hatten,[1286] erachtete es der Bundesrat im Hinblick auf die zweite Revision des OG für nötig, dass gewisse Straftatbestände der Bundesgesetzgebung durch ein Strafgericht ohne Geschworene beurteilt werden sollten.[1287] In der neuen Fassung des OG von 1893 wurde dementsprechend ein Bundesstrafgericht

---

[1282] Vgl. Art. 74 des BG über das Bundesstrafrecht der schweizerischen Eidgenossenschaft vom 4. Hornung 1853; VOGT, S. 371 f.
[1283] Laut Blumer hat der Bundesrat davon – zumindest bis 1864 – nie Gebrauch gemacht, vgl. BLUMER II, S. 78. Gemäss dem Register des Bundesgerichts ist ein solcher Fall auch bis Ende 1874 nie vorgekommen, vgl. Registraturband im Anhang §1. I.
[1284] Vgl. Registraturband im Anhang §1. I.
[1285] Es handelte sich dabei um drei Fälle von Wahlstörungen anlässlich der Nationalratswahlen im Tessin 1855, vgl. Geschäftsbericht BGer 1855, BBl 1856 II 3.
[1286] Vgl. BURCKHARDT, S. 785; STOOSS, S. 131 ff. beschreibt kurz einige Fälle seit 1871 und den «Stabiohandel» etwas ausführlicher; vgl. auch NÄGELI, S. 83 f.
[1287] Der Bundesrat nannte als Beispiel Übertretungen des Banknotengesetzes, vgl. Bericht des Bundesrathes an die Bundesversammlung über seine Geschäftsführung im Jahr 1886, BBl 1887 II 651 f. Ein weiteres Beispiel war das BG betreffend die Werbung und den Eintritt in den fremden Kriegsdienst vom 30. Juli 1859, AS VI 312 ff.; vgl. auch BURCKHARDT, S. 784.

ohne Assisen geschaffen,[1288] welches für alle Strafurteile in Anwendung von Bundesgesetzen zuständig war.[1289] Das Assisengericht war fortan im Wesentlichen[1290] nur noch für Delikte nach Art. 112 Ziff. 1–4 BV 1874[1291] zuständig,[1292] es sollte also wieder auf qualifizierte, politisch heikle Delikte beschränkt werden. Die zusätzlichen Straftatbestände, die in der Zwischenzeit durch die Bundesgesetzgebung geschaffen worden waren, sollten nicht mehr durch den Assisenhof beurteilt werden. Unter dem dritten OG von 1893 kamen die Bundesassisen nur noch zweimal zu einer Verhandlung. Im Jahre 1927 wegen eines Faustschlages gegen den Ministerpräsidenten Ungarns durch einen seiner Landsleute[1293] und 1933 gegen Nationalrat Léon Nicole, wegen Zusammenrottung und gewaltsamen Widerstandes gegen die Staatsgewalt im Rahmen der Genfer Unruhen.[1294]

[1288] Obwohl selbst Heinrich Hafner, der Gesetzesreaktor des OG von 1893 der Ansicht war, dafür sei eine Verfassungsänderung nötig, vgl. HAFNER HEINRICH, Revision des Bundesgesetzes über die Organisation der Bundesrechtspflege: Entwurf und Motive, Bern 1888, S. 118 ff., 128 ff.; a.M. NÄGELI, S. 87 f.

[1289] Vgl. Art. 107 OG 1893

[1290] Ausserdem war das Assisengericht noch zuständig in Fällen von Hochverrat gegen einen Kanton oder von Aufruhr und Gewalttat gegen Kantonsbehörden, sofern diese Zuständigkeit gemäss Art. 106 OG 1893 von der kantonalen Verfassung oder Gesetzgebung dem Bundesgericht übertragen worden war.

[1291] Dieser Artikel entsprach wörtlich – wenn auch in anderer Reihenfolge – der Bestimmung von Art.104 lit. a–d BV 1848.

[1292] Vgl. MÜLLER, S. 36 f.

[1293] Urteil abgedruckt in der ZStrR 1927, S. 179 ff., vgl. auch den Bericht des schweizerischen Bundesgerichts an die Bundesversammlung über seine Geschäftsführung im Jahre 1926, vom 22. Februar 1927, BBl 1927 I 189 ff. (196) und den Bericht des schweizerischen Bundesgerichts an die Bundesversammlung über seine Geschäftsführung im Jahre 1927, vom 16. Februar 1928, BBl 1928 I 945 ff. (952).

[1294] Urteil abgedruckt in der ZStrR 1933, S. 489 ff., vgl. auch MÜLLER, S. 40 Anm. 116, sowie den Bericht des Bundesrates an den Nationalrat über die Frage der Immunität für Herrn Nationalrat Nicole, vom 2. Dezember 1932, BBl 1932 II 997 ff. Nicole war bereits Mitinitiator des Generalstreiks 1918 in Genf. Nach der Verbüssung der sechsmonatigen Gefängnisstrafe, zu der ihn das eidgenössische Assisengericht 1933 verurteilte, wurde er zum Genfer Staatsrat gewählt und präsidierte 1934–36 die erste mehrheitlich sozialdemokratische Kantonsregierung der Schweiz. Vgl. CERUTTI MAURO, Nicole Léon, in: Historisches Lexikon der Schweiz (HLS), Version vom 9. Februar 2009, URL: http://www.hls-dhs-dss.ch/textes/d/D3879.php.

Das eidgenössische Strafgesetzbuch von 1937 schränkte die Zuständigkeiten der Bundesassisen weiter ein.[1295] Das StGB zählte die Delikte, die in die Zuständigkeit der Bundesassisen fielen, ausdrücklich in Art. 341 lit. a–d (in einschränkender Weise) auf und schränkte damit auf Gesetzesstufe die von der Verfassung[1296] vorgesehenen Zuständigkeiten des Assisengerichts ein.[1297] Im Rahmen der Totalrevision der Bundesverfassung[1298] wurden die Bundesassisen am 1. März 2000 schliesslich abgeschafft,[1299] da sie in den Augen von Bundesversammlung und Bundesrat «durch jahrzehntelangen Nichtgebrauch obsolet geworden» waren.[1300]

VII. Würdigung

Bundesrat und Generalanwalt hatten vorausgesehen, dass die Anwendung von kantonalem Strafrecht durch den Assisenhof Probleme aufwerfen konnte. Die kantonalen Strafrechte waren zur Zeit der Bundesstaatsgründung noch derart unterschiedlich, dass es für die Kriminalkammer ein rechtliches Abenteuer bedeutete, Urteilssprüche der Geschworenen anhand von kantonalen Strafgesetzen in Urteile umzusetzen.

Da der Bundesrat sich weigerte, die Prügelstrafe vollziehen zu lassen, stellte er bei der Bundesversammlung den Antrag, Johannes Eberli diese zu erlas-

---

[1295] Vgl. FLEINER/GIACOMETTI, S. 849.
[1296] Art. 112 BV 1874.
[1297] Vgl. dazu MÜLLER, S. 37 ff.
[1298] Bereits der Schlussbericht der Gruppe Wahlen zur Revision der BV kam zu diesem Schluss, vgl. dazu HALLER WALTER, Kommentierung zu Art. 112 BV 1874, in: Kommentar zur Bundesverfassung der Schweizerischen Eidgenossenschaft vom 29. Mai 1874, Basel/Zürich 1987–1996.
[1299] Bundesgesetz über die Abschaffung der Bundesassisen vom 8. Oktober 1999, AS 2000 505 ff.
[1300] Botschaft über die Inkraftsetzung der neuen Bundesverfassung und die notwendige Anpassung der Gesetzgebung vom 11. August 1999, BBl 1999 7922 ff. (7935). In der nachgeführten Bundesverfassung wurden die Bundesassisen in Art. 179 zwar noch aufgeführt, die Botschaft verlangte jedoch, dass sie abgeschafft werden sollten, vgl. Botschaft über eine neue Bundesverfassung vom 20. November 1996, BBl 1997 I 1 ff. (427 f., 539).

sen. Nach einer «höchst widerlichen Diskussion»[1301] stimmte die Bundesversammlung dem Antrag des Bundesrates zu und erliess Johannes Eberli am 27. Januar 1853 die Prügelstrafe durch Begnadigung.[1302]
Doch damit nicht genug: Dass Schweizerbürger im Gegensatz zu St. Gallern zu einer Prügelstrafe verurteilt wurden, stellte eine Ungleichbehandlung dar, welche den Bundesrat dazu bewegte, die St. Galler Regierung «einzuladen», Art. 14 lit. h des Strafgesetzes über Verbrechen vom 24. November 1838 abzuändern, da diese Ungleichbehandlung gegen Art. 48 der BV 1848 verstiess. Art. 48 BV 1848 sah vor, dass die Kantone alle Schweizerbürger christlicher Konfession in der Gesetzgebung und im gerichtlichen Verfahren den Kantonsbürgern gleichzustellen hatten.[1303] Die NZZ bezeichnete die Sache gar als «verdammt delikat», wobei auch sie damit die Ungleichbehandlung von Schweizerbürgern mit Kantonsbürgern meinte und nicht die Prügelstrafe an sich.[1304]
Dass das St. Galler Strafrecht für kantonsfremde Schweizer aus fiskalischen Gründen eine Prügelstrafe vorsah, ist an sich schon bedenklich und wurde, wie bereits erwähnt, durch den Bundesrat im Anschluss an den Prozess auch als bundesrechtswidrig beurteilt. Im vorliegenden Fall handelte es sich bei Eberli aber um einen eidgenössischen Beamten, welcher durch ein eidgenössisches Schwurgericht verurteilt worden war. In diesem Falle hatte also der Bund nicht nur für die Kosten des Verfahrens, sondern laut Art. 199 BStPO 1851 auch für die Kosten der Bestrafung aufzukommen. Das Motiv des St. Galler Gesetzgebers konnte in diesem Fall also gar nicht zum Zug kommen, wollte das Gesetz doch verhindern, dass der Kanton für die Gefängnisstrafen von Kantonsfremden aufkommen musste. Die bundesrechtswidrig ausgestaltete Prügelstrafe wurde somit auch noch willkürlich angewendet, da deren

---

[1301] So Johann Jakob Blumer in seinem Brief an C.L. Zwicky vom 11. Februar 1853, abgedruckt bei BRAND, S. 124.
[1302] Vgl. Urteil des Assisenhofes vom 10./11. Januar 1853, S. 8, ABGer Doss. 1a (Straffälle), Randnotiz rechts oben; vgl. auch ULLMER I, S. 210; BLUMER II, S. 226.
[1303] Vgl. ULLMER I, S. 210.
[1304] Vgl. NZZ vom 14. Januar 1853, Nr. 14, S. 54.

fiskalpolitischer Zweck gar nicht erfüllt werden konnte, weil der Bund in diesem Fall für alle Kosten aufkommen musste.

Der Waadtländer Henry Druey, Mitglied der Redaktionskommission der Bundesverfassung von 1848 und Mitglied des ersten Bundesrates, war ein Verfechter der Schwurgerichte. Besonders in der Westschweiz hatte diese Einrichtung viele Anhänger, war zur Zeit der Bundesstaatsgründung aber erst in den Kantonen Genf und Waadt verwirklicht.[1305] Das Kapitel «Bundesgericht» des Berichts von Henry Druey und Johann Konrad Kern über die Arbeiten der Redaktionskommission umfasste sechs Seiten, wovon sich fünf mit den Schwurgerichten beschäftigten.[1306] Die Institution des Geschworenengerichts entsprach dem damaligen liberalen Zeitgeist[1307] und war im Begriff, in mehreren Kantonen Fuss zu fassen. Dafür waren jedoch nicht in erster Linie juristische Gründe verantwortlich. Neben der Reformbedürftigkeit der Strafrechtspflege, war die Jury ein politisches Postulat der Liberalen, das in der Tagsatzung auch von Kantonen unterstützt wurde, die eine solche Institution bei sich gar nicht einrichten wollten. Liberale und Konservative konnten sich beide für die Bundesassisen begeistern, da sich beide Lager vor dem Schreckgespenst einer aristokratisch-oligarchischen Bundesregierung in Bern fürchteten. In dieser Vorstellung hatten die eidgenössischen Geschworenen für eine freiheitliche und demokratische Staatsordnung zu garantieren.[1308]

Die Erfahrungen mit dem Assisenhof auf Bundesebene waren jedoch ernüchternd. Das Verfahren war aufwendig und kompliziert, sowohl was die Wahlen der Geschworenen in der ganzen Eidgenossenschaft betraf, als auch

---

[1305] Vgl. HILLEBRAND I, S. 343; Die Jury wurde in Genf 1841 und in der Waadt 1845 eingeführt. Bern schrieb das Institut bereits 1846 in die Verfassung, zur Einführung gelangte es aber erst 1850, vgl. MÜLLER, S. 20 f., zu Bern insb. Anm. 59.
[1306] Bericht über den Entwurf einer Bundesverfassung, vom 8. April 1848, erstattet von der am 16. August 1847 von der Tagsatzung ernannten Revisionskommission, [s.l.] 1848, S. 69–76; vgl. auch RAPPARD, S. 180 f.
[1307] Vgl. MÜLLER, S. 125 f.
[1308] MÜLLER, S. 18 f., nur Glarus und Basel-Stadt lehnten die Bundesassisen ab.

was die einzelnen Prozesse betraf.[1309] Die Prozesskosten überschritten im dargestellten Fall die Deliktssumme bei weitem. Die rechtlichen Ziele,[1310] die mit der Beteiligung von Geschworenen erreicht werden sollten, Unmittelbarkeit, Mündlichkeit, Öffentlichkeit, waren im Bundesstrafverfahren auch ohne die Beteiligung von Geschworenen zu erreichen. Die Zweiteilung des Verfahrens in eine Jury, die über die Tatfragen zu beraten hatte und Richter, welche über die Schuldfrage zu urteilenhatten, stand einem gerechten Urteil eher im Weg.[1311]

Für Johann Jakob Rüttimann[1312] sollten Schwurgerichte auch für Zivilsachen eingesetzt werden, was er in seiner Abhandlung über das amerikanische Staatsrecht vor allem politisch begründete, mit dem Argument, die Unabhängigkeit der Gerichte könnte so besser gewährleistet werden.[1313] Auch Jakob Dubs[1314] sprach sich für Geschworenengerichte aus, aber eher deshalb, weil er gegen Volkswahlen für Richter war. Die Richter sollten seiner Meinung nach von den Parlamenten gewählt werden, da sie lediglich deren «Hülfsinstitution» sein sollten. Die Geschworenen sollten diese schwächere demokratische Legitimierung der Richter etwas verbessern und ausserdem dafür sorgen, dass die Richter ihr Amt gewissenhaft ausüben.[1315]

Wie der vorliegende Fall des Postbeamten Johannes Eberli zeigt, waren die Straftaten der eidgenössischen Beamten zu wenig schwer, als dass sich das aufwändige Verfahren vor dem Assisenhof gelohnt hätte. Die schweren Delikte hingegen, für die der Assisenhof ebenfalls zuständig war, kamen zu selten vor, als dass sich die Institution im Bundesstaat hätte behaupten können. Die lange Untersuchungshaft von Johannes Eberli und die Kompetenzkonflikte zwischen kantonalen Behörden und Behörden des Bundes lassen

---

[1309] Vgl. STOOSS, S. 130 f.; VOGT, S. 381 f. m.w.H.; NÄGELI, S. 78 f.
[1310] Diese Unterscheidung zwischen rechtlichen und politischen Gründen machte bereits Tocqueville, vgl. TOCQUEVILLE II, Kap. 8, S. 205.
[1311] Vgl. STOOSS CARL, Justizreform oder Verfassungsrevision?, in: ZBJV 1883, S. 444.
[1312] Vgl. zur Kurzbiographie Johann Jakob Rüttimanns Anm. 157.
[1313] Vgl. RÜTTIMANN, S. 374 ff., vgl. auch MÜLLER, S. 125 ff.
[1314] Vgl. zur Kurzbiographie Jakob Dubs Anm. 340.
[1315] DUBS, Demokratie, S. 52 ff. (insb. S. 53).

erkennen, dass es durchaus auch im Sinne des Beschuldigten war, wenn diese Strafsachen ab 1853 an die kantonalen Gerichte gewiesen wurden, die fortan gestützt auf das Bundesstrafrecht zu urteilen hatte.

Kapitel 6: Schlussfolgerungen

§ 14. Bundesgericht zwischen Recht, Politik und Wissenschaft

I.   Wissenschaftliche Rechtsprechung?

Die juristische Kompetenz der Bundesrichter war generell hoch, hatten sie doch fast alle Rechtswissenschaften studiert.[1316] Daneben waren viele auch wissenschaftlich tätig, und nicht wenige waren Gesetzesredaktoren. So verfasste Kasimir Pfyffer neben Bürgerlichem Gesetzbuch, Zivilprozessordnung und Strafgesetzbuch viele weitere Gesetze für den Kanton Luzern.[1317] Johann Jakob Blumer war Redaktor des Bürgerlichen Gesetzbuches des Kantons Glarus,[1318] Bundesgerichtsschreiber Peter Conradin von Planta verfasste das Civilgesetzbuch von Graubünden,[1319] Johann Jakob Rüttimann war u.a. Redaktor des OG 1849.[1320]

Trotzdem scheinen die Schweizer Rechtsgelehrten ein anderes Verständnis vom (römischen) Recht gehabt zu haben als ihre deutschen Kollegen. Eine wissenschaftliche Rechtsprechung war ihnen fremd.[1321] So war Johann Jakob Blumer zwar von den Vorlesungen des grossen Savigny nachhaltig beeindruckt und verwandte einen grossen Teil seiner Studienzeit für das Studium

---

[1316] Johann Jakob Trog (Vgl. Anm.508) und Johann Jakob Rüttimann hatten nicht Rechtswissenschaft studiert. Rüttimann hatte lediglich Kurse am zürcherischen Politischen Institut besucht, schlug aber trotzdem eine Universitätslaufbahn ein und wurde zum Ordinarius an der Universität Zürich und am Polytechnikum Zürich berufen, vgl. Anm. 157.
[1317] Vgl. PFYFFER, Erinnerungen, S. 222 f.; sowie ELSENER, S. 315 ff.
[1318] Vgl. ELSENER, S. 406 ff.
[1319] Vgl. ELSENER, S. 419 ff.
[1320] Vgl. BRAND, S. 69. Rüttimann schrieb auch gleich den begleitenden Bericht des Bundesrates zum grössten Teil selber.
[1321] Vgl. FÖGEN, Pandektistik, S. 190 ff.

der Pandekten.[1322] Gleichwohl betrachtete er das Studium immer noch als Kavalierstour wie zu früheren Zeiten und verliess die Universität ohne Abschluss und ohne Doktorwürde. Solche ausländischen Titel waren in seiner Heimat, dem Glarnerland, für eine Laufbahn in Politik und Recht noch nicht nötig.[1323] Obwohl viele Bundesrichter auch meist einige Semester an deutschen Universitäten studiert hatten, unterschied sich das Verhältnis des Bundesgerichts zur Rechtswissenschaft doch markant von demjenigen deutscher Gerichte. Am besten trat dieser Unterschied zum Vorschein, wenn deutsche Rechtswissenschaftler für Schweizer Prozesse Gutachten verfassten.[1324] So geschehen in den Gutachten Rudolf von Jehrings zum Basler Schanzenstreit. Jehring sah es als einen Zweck im Gutachten an, die Bundesrichter mit seinen pandektistischen Ausführungen zu beeindrucken.[1325] Dies schien ihm aber gründlich missglückt zu sein, äusserte sich doch Bundesrichter Gottlieb Jäger folgendermassen zu den verschiedenen Gutachten: «Die vielen Rechtsgutachten, welche in der vorliegenden Sache eingeholt worden sind, haben dem Richter seine Aufgabe sehr erschwert, denn durch die Art und Weise der Behandlung des Gegenstandes, durch die Zergliederung und Zersetzung der Worte des Urtheils, durch Unterstellung desselben unter gewisse Theorien, und durch Folgerungen, welche man aus diesen Theorien wieder ableitete, und wobei man ganz fremdartige Anschauungen hineingezogen hat, ist man hin und wieder irre geleitet worden, und ich wenigstens habe mich darauf beschränkt, alle diese Gutachten bei Seite zu legen und mich an den Wortlaut des Urtheils zu halten und nach dem Sinn desselben zu forschen.»[1326]

Es scheint, als hätte sich Jäger an Ulrich Zasius gehalten, der bereits 1526 erklärt hatte: «Endlich lasse ich den ganzen Wald von Consilien völlig bei-

---

[1322] Vgl. BLUMER JOHANN JAKOB/HEER JOACHIM, Dr. J.J. Blumer. Sein Leben und Wirken dargestellt nach seinen eigenen Aufzeichnungen, 2. Aufl., 'Separat-Abdruck: Jahrbuch des glarn. hist. Vereins', Glarus 1877, S. 12.
[1323] Vgl. ELSENER, S. 408.
[1324] Vgl. oben § 4.V
[1325] Vgl. KUNDERT, S. 175 f.
[1326] Votum Gottlieb Jägers, Basler Festungswerke, S. 105 f.

§ 14 Bundesgericht zwischen Recht, Politik und Wissenschaft 267

seite, da sie meistens mehr um Gewinns halber und um den Richter zu überreden, als um den wahren Sinn der Quellen zu verteidigen, verfaßt sind.»[1327] Dass es in der Schweizerischen Rechtslandschaft nicht in erster Linie um *Quellen* ging, wurde Heinrich Dernburg bereits bei Beginn des Auftrages mitgeteilt. Dernburg verfasste für den Kanton Zürich zwei Rechtsgutachten im Zürcher Kaufhausprozess.[1328] Der Anwalt des Kantons – Friedrich Gustav Ehrhardt, selbst ebenfalls aus Deutschland stammend – ersuchte Dernburg darum, sein Gutachten «unbeschadet seiner wissenschaftlichen Haltung so populär als möglich halten zu wollen.»[1329] Wissenschaftlichkeit war eher verpönt, der Juristenstand wurde in der Schweiz «reichlicher als anderswo» angefeindet.[1330] Doch auch diese *populäre* Art kam beim Bundesgericht – zumindest formell – nicht gut an. Im Kaufhausprozess verfügte Instruktionsrichter Pfyffer, die Gutachten könnten laut eidgenössischem Prozessverfahren keinen Bestandteil der Akten bilden, sie könnten höchstens im mündlichen Verfahren als Grundlage beigezogen werden. Sofern die Parteischriften sich in ihrem Wortlaut auf die Gutachten bezogen, so sollten diese Passagen «eliminiert» werden.[1331]

War hier eine Abneigung gegen (deutsches) gelehrtes Recht zu vernehmen? Der Suppleant VINCENT KEHRWAND[1332] lehnte 1854 die Wahl ins Bundesgericht u.a. mit der Begründung ab, «die mehr deutsche Organisation des Bun-

---

[1327] Vgl. KROESCHELL KARL, Deutsche Rechtsgeschichte, Bd. 2 (1250–1650), 8. Aufl. Opladen 1992, S. 237 f., Text nach R. STITZING, Ulrich Zasius, Basel 1857, S. 144.
[1328] Vgl. oben § 4.V.
[1329] Brief Ehrhardts an seinen «lieben Freund» Rüttimann vom 11. Juli 1856, StAZ R 77.4.2.
[1330] Vgl. WYSS, S. 12.
[1331] Beschluss Kasimir Pfyffers vom 31. August 1856, StAZ R 77.5.10, Fasz. 5, vgl. auch oben § 4.V.3.
[1332] KEHRWAND, VINCENT (1803–1857). Nach einem Rechtsstudium an der Akademie von Lausanne war Kehrwand Anwalt und Strafrichter in Nyon. Er war Kantonsrichter (1845–1851) und Suppleant am Bundesgericht (1851–1854). Politisch war er radikaler Waadtländer Grossrat (1836–1844 und 1845–1846) und Nationalrat (1850–1857). Er setzte sich für die Ausdehnung der Schwurgerichte auf die Zivilrechtsprechung ein und war beteiligt an der Einführung der eidgenössischen Schwurgerichte in Strafsachen auf Bundesebene. Vgl. MEUWLY OLIVIER, Kehrwand, Vincent, in: Historisches Lexikon der Schweiz (HLS), übersetzt aus dem Französischen, Bd. 7, Basel 2008, S. 150.

desgerichts» sage ihm nicht zu.[1333] Kehrwand war ein energischer Verfechter der Schwurgerichte – auch in Zivilsachen – und war massgeblich beteiligt an der Verwirklichung des eidgenössischen Schwurgerichts in Strafsachen. Er störte sich mutmasslich eher an der Gerichtsorganisation als am Einfluss (deutscher) Parteigutachten.

Die Skepsis bezog sich wohl eher auf den Einfluss der Rechtswissenschaft auf die Entscheidungen des Bundesgerichts. Das Rechtsgutachten stellt nicht nur eine besondere Literaturform dar,[1334] sondern vereinigt – nicht zuletzt auch unter finanziellen Aspekten – in besonderer Weise Rechtswissenschaft mit Rechtsprechung.[1335] Sowohl für juristische Fakultäten als auch für private Juristen war (und ist) die Gutachtertätigkeit eine einträgliche Einkommensquelle.[1336] Der konkrete Einfluss auf die Entscheidfindung im Bundesgericht ist schwierig festzustellen. Immerhin äusserte sich Johann Jakob Blumer während einer Amtszeit als Präsident des Bundesgerichts einmal über ein Gutachten der Zürcher Fakultät im Rahmen des Streits um die Schaffhauser Hospeswohnung,[1337] indem er in einem Brief an seinen Freund (und Anwalt im bevorstehenden Prozess) Karl Gustav König schrieb, das Gutachten sei «vortrefflich abgefasst».[1338]

Der Grund für die Ablehnung, mit der die Bundesrichter den Parteigutachten begegneten, lag wohl weniger in persönlicher Abneigung gegen die Rechtswissenschaft, als eher im Grundsatz, wonach die Parteien Rechtserörterungen erst im mündlichen Verfahren erheben sollten.[1339] Die Parteien hatten sich nach eidgenössischem Prozessrecht in ihren Parteischriften darauf zu

---

[1333] NZZ vom 8. Dezember 1854, Nr. 342, S. 1455.
[1334] Vgl. KUNDERT, S. 182 f.
[1335] Vgl. zu den frühen juristischen Zeitschriften als weiteres Mittel diese beiden Disziplinen zu vereinen: SALESKI, S. 206 ff.
[1336] Vgl. zur finanziellen Bedeutung der Gutachtertätigkeit FALK ULRICH, Consilia: Studien zur Praxis der Rechtsgutachten in der frühen Neuzeit, Frankfurt am Main 2006, S. 394 ff.
[1337] Vgl. oben § 10.
[1338] Brief Johann Jakob Blumers an seinen Freund Gustav König vom 18. Dezember 1868, StASH S IV 10.
[1339] Vgl. auch oben § 3.II.2.

beschränken, die relevanten Tatsachen zu behaupten und allenfalls Beweise dafür zu nennen, sie hatten jedoch keine Rechtserörterungen anzustellen, die behaupteten Tatsachen also nicht bereits unter rechtliche Bestimmungen zu subsumieren.[1340]

Die Schwierigkeiten der Rechtswissenschaft, sich in der Schweiz des 19. Jahrhunderts zu etablieren, gehen bereits auf die Ablösung der Eidgenossenschaft vom Reich im Jahre 1499 zurück.[1341] Diese politische Trennung bewirkte auch eine weitgehende Loslösung von den deutschen Juristenfakultäten und damit auch vom gelehrten Recht.[1342] Während sich in den deutschen Territorialstaaten im Laufe der zweiten Hälfte des 15. Jahrhunderts die gelehrten Juristen auszubreiten begannen,[1343] besann sich die Eidgenossenschaft auf ihre althergebrachten Partikularrechte.[1344] Der Typus des gelehrten Juristen der Zeit der Rechtsschule von Bologna war spätestens seit der zweiten Hälfte des 16. Jahrhunderts aus der Eidgenossenschaft verschwunden.[1345] In Folge dieser Abwesenheit des gelehrten Rechts stellten sich Fragen nach der richtigen Wissenschaftlichkeit und der Verwissenschaftlichung der Rechtsprechung für die Schweiz nicht.[1346]

II. Politische Rechtsprechung?

Wie Kägi richtig bemerkte, hatte die BV 1848 gewisse Züge eines demokratischen Absolutismus. Ein solches politisches System musste der Judikative naturgemäss Misstrauen entgegenbringen und wusste eine *aristocratie de la robe*,[1347] eine eigentliche Richterkaste, die zum Machtfaktor im Institutio-

---

[1340] Vgl. Art. 89 BGbR, vgl. auch oben § 10.III.2.
[1341] Vgl. dazu ELSENER, S. 27 ff.
[1342] Vgl. ELSENER, S. 31 ff.; WYSS, S. 17.
[1343] Vgl. WILLOWEIT DIETMAR, Deutsche Verfassungsgeschichte: Vom Frankenreich bis zur Wiedervereinigung Deutschlands, 5. Aufl., München 2005, S. 159 f.
[1344] ELSENER, S. 33.
[1345] ELSENER, S. 32; vgl. auch WYSS, S. 5.
[1346] Vgl. zu diesen Fragen im Deutschen Reich: SIMON, S. 148 f.
[1347] Vgl. zum Ausdruck: KÄGI, S. 206.

nengefüge hätte werden können, zu verhindern. Während die Gerichte in den Kantonen durchaus eine selbständige und einflussreiche Stellung erlangen konnten,[1348] waren die Rollen im Bund noch anlässlich der Revision der BV von 1874 klar verteilt. Der Bundesrat, und auf Beschwerde die Bundesversammlung, sollten das Staatsrecht «in freierm Geiste» fortbilden, während dem Bundesgericht der «Ballast» der Rechtsprechung zukommen sollte. Zur Aufgabe des Richters gehöre es nicht «das Recht zu machen», er habe «das gegebene Recht nur anzuwenden».[1349] Anlässlich eines umstrittenen Entscheides äusserte sich Ersatzrichter Häberlin ähnlich, er wollte die Streitsache mehr unter «dem staatsrechtlichen Gesichtspunkte» als unter dem «theoretischen» betrachtet haben. Er lehne es ab, «diese oder jene theoretischen Lehrsätze, wenn auch im Sinne grösseren Schutzes der individuellen Rechte [...] zur Geltung zu bringen». Für ihn war bereits zu dieser Zeit klar, dass «die weitere Entwicklung des schweizerischen Staatsrechtes [...] den gesetzgebenden Organen vorbehalten» bleiben sollte.[1350] Es scheint, als vertrat Häberlin damit ein absolutistisch-demokratisches Staatsverständnis, in dem die politischen Behörden – allen voran die Bundesversammlung – die Rechtsentwicklung zu steuern hatten. Entsprechend bestand in der Schweiz auch wenig Bedürfnis, die Rechtswissenschaft als Barriere einzusetzen, um eine Demontage des Bundesstaates zu verhindern.[1351] Im Gegenteil, die theoretischen Lehrsätze oder die fremden Theorien[1352] widersprachen dieser politischen Kontrolle über die Bundesgerichtsbarkeit. Der Bundesstaat und das Bundesstaatsrecht standen unter Kontrolle der politischen Behörden und sollten durch Bundesrat und Bundesversammlung nicht nur mittels Gesetzgebung, sondern auch durch die Rechtsprechung der politischen Behörden

---

[1348] Vgl. LITERARISCHES VERLAGSBUREAU, S. 37 f.
[1349] Vgl. Botschaft des Bundesrats betreffend Revision BV, BBl 1870 II 700; vgl. auch oben § 2.II.1.
[1350] Vgl. Thurgauer Zeitung vom 30. Dezember 1859, Nr. 310, S. 2; ähnlich auch DUBS, Demokratie, S. 52 ff.
[1351] Ganz anders in Deutschland, vgl. SIMON, S. 150 f.
[1352] Vgl. auch Anm. 814.

§ 14 Bundesgericht zwischen Recht, Politik und Wissenschaft   271

entwickelt und fortgebildet werden.[1353] So stiess eine Kopplung zwischen Pandektistik und Rechtsprechung, wie sie in Deutschland zu dieser Zeit betrieben wurde, in der Schweiz auf Ablehnung.[1354]
Die Pandektistik war in Deutschland eng mit dem Schlagwort des «unpolitischen Richters» im Übergang vom aufgeklärten Absolutismus zum modernen Verfassungsstaat verknüpft. In diesem Sinne war der wissenschaftliche Richter eine Garantie für die Abkopplung der Justiz von der Politik. Diese Trennung ermöglichte es der Justiz, die Akzeptanz ihrer Urteile zu erhöhen, indem sie fortan als rechtliche – und eben nicht mehr politische – Urteile galten.[1355] In der Schweiz sah man die Justiz eher als eine «Hülfsinstitution» des Gesetzgebers an, welche die generelle Norm auf den Spezialfall anzuwenden hatte.[1356] Die Aufgabe des Gerichts wurde nur als das «Zu-Ende-Denken eines Gedachten» verstanden.[1357] Dabei hatte sie sich aber auf keinen Fall in «allzu viele sogenannte Kasuistik» zu vertiefen, noch «positive Beweistheorien» anzuwenden.[1358] Eine ständige Gerichtspraxis konnte sogar mit «Schlendrian» gleichgesetzt werden.[1359] Bei Jakob Dubs – aber nicht nur bei ihm –[1360] findet sich damit das Dogma der ungeteilten Staatsgewalt[1361] in seiner schweizerischen Ausprägung. Die Rolle des Bundesgerichts als Teil der staatlichen Hoheitsgewalt, jedoch mit einer eigenen, ausdifferenzierten Funktion, nämlich der Anwendung des Gesetzes auf den einzelnen Fall.

[1353] Vgl. auch Botschaft des Bundesrats betreffend Revision BV, BBl 1870 II 700.
[1354] Vgl. FÖGEN, Pandektistik, S. 194 f.
[1355] Vgl. zu dieser Funktion der Trennung der Justiz von der Politik: OGOREK, Richter und Politik, S. 140 ff.; derselbe Vorgang aus Sicht des Rechts ist unten Kap. 6.IV. beschrieben.
[1356] DUBS, Demokratie, S. 52 ff.; vgl. auch oben § 9.V.
[1357] Der Ausdruck stammt von MAYER-MALY THEO, Die politische Funktion der Rechtsprechung in einer pluralen Gesellschaft, in: Deutsche Richterzeitung (Hannover), Jhg. 49 (1971), S. 325–330 (326).
[1358] DUBS, Demokratie, S. 53 f.; so forderte er auch die konsequente Wahl der Richter durch die Parlamente, da sie deren ausführendes Organ seien.
[1359] DUBS, Demokratie, S. 55 f.
[1360] Vgl. HÄBERLIN in der Thurgauer Zeitung vom 30. Dezember 1859, Nr. 310, S. 2; Botschaft des Bundesrats betreffend Revision BV, BBl 1870 II 700; zur Unterordnung der Justiz unter die Legislative in der Schweiz: BÄUMLIN, S. 70 f.
[1361] Dazu OGOREK, Subsumtionsautomat, S. 54 ff.

Dubs lehnte es folglich ab, die Justiz als selbständige Gewalt anzusehen. Mit diesem Verständnis der Bundesgerichtsbarkeit wurden zwar die Strukturen einer Justiz anerkannt, die sich aus der Politik herausgelöst hatte, nicht jedoch deren selbständige rechtliche Tätigkeit.[1362] So sollte auch die Mitwirkung von Laien im Gerichtsverfahren vor «unfruchtbare[r] Abstraktion» schützen.[1363] Es bestand offensichtlich die Angst vor einer Justiz, die nach den ihr eigenen Regeln funktionierte.

III. Rechtsprechende Politik?

Während die Entscheide des Bundesgerichts klar als rechtliche Entscheidungen gewertet werden konnten, traf dies für die Rechtsprechungsaufgaben des Bundesrates und der Bundesversammlung nicht zu. Die staatsrechtlichen Streitigkeiten waren den politischen Institutionen vorbehalten, gingen demnach von politischen Strukturen aus. Ob die Entscheide auch nach politischen Kriterien ergangen sind, wäre noch zu untersuchen.[1364]

In der Schweiz war der Hauptgrund, warum ein Bundesgericht nötig wurde, ein quantitativer.[1365] Allein die Menge der über 1100 anhängig gemachten Fälle bis 1874 zeigt, dass das Bundesgericht eine wichtige Funktion im Bundesstaat übernommen hatte. Die politischen Institutionen hätten diese Last nicht alleine bewältigen können. Dabei standen die Rekurse gegen Entscheidungen der eidgenössischen Schätzungskommissionen mit über 850 Fällen im Vordergrund. Fragen wie die, ob für eine Wiese nun ein Franken Entschädigung mehr pro Quadratmeter bezahlt werden müsse, hätten die Politik schlicht überlastet. Zwar beklagte sich auch das Bundesgericht immer wie-

---

[1362] Vgl. zur Unterscheidung von Strukturmerkmalen und der Funktion der Justiz: OGOREK, Richter und Politik, S. 140 f.
[1363] WYSS, S. 11.
[1364] Vgl. etwa die Kritik des Sekretärs des Justizdepartements, Leo Weber, zur Praxis des Bundesrates in den Entscheiden der staatsrechtlichten Rekurse, die von Weber selbst betreut wurde, ZSR 27 (1886), S. 640 ff.
[1365] Vgl. für eine ähnliche Situation in Deutschland: OGOREK, Richter und Politik, S. 142 f.

§ 14 Bundesgericht zwischen Recht, Politik und Wissenschaft   273

der darüber, dass es zu wenige wirkliche Rechtsfälle zu entscheiden hätte, doch verdankte das Bundesgericht seine Existenz gerade dieser Entlastung der Politik, die noch über keine ausgebaute Verwaltung verfügte. Wie in dieser Arbeit gezeigt wurde, bestand die Haupttätigkeit des Bundesgerichts – nach heutiger Terminologie – in der Verwaltungsrechtspflege.[1366]
Solange das Bundesgericht dabei lediglich nicht staatsrechtliche Streitigkeiten behandelte, geriet es auch nicht in Konflikt mit den politischen Behörden, dafür hatte der Gesetzgeber vorgesorgt. Bei Heimatlosenstreitigkeiten hatte das Bundesgericht einen der Kantone zu verurteilen, eine subsidiäre Pflicht zur Einbürgerung durch den Bund war nicht vorgesehen. In Enteignungsangelegenheiten stand der Entscheid, *ob* enteignet wurde, Bundesrat und Bundesversammlung zu. Schätzungskommissionen und Bundesgericht hatten lediglich über die Höhe der Entschädigung zu entscheiden. Es zeigt sich, dass der Gesetzgeber das Bundesgericht nur dort tätig werden liess, wo wenig Gefahr bestand, dass er mit unliebsamen Entscheidungen des Bundesgerichts konfrontiert werden konnte.
Ganz anders die Situation der Kantone, sie hatten die ganze Macht des Bundesgerichts zu fürchten. So wurden ihnen durch das Bundesgericht «auf schwache Argumente hin»[1367] Heimatlose zugeteilt.[1368] Katholisch konservative Kantone wurden mittels bundesgerichtlicher Ehescheidungen zur Revision ihrer Eherechte gedrängt,[1369] und kantonale Relikte einer ungleichen Strafjustiz erlangten durch einen Entscheid des Bundesstrafgerichts die Aufmerksamkeit des Bundesrates.[1370] Das Bundesgericht beurteilte die politisch heiklen Sonderbundsschulden unter den beteiligten Kantonen[1371] und sorgte als Kassationsgericht für eine einheitliche Anwendung der polizeilichen und fiskalischen Bundesgesetze durch die Kantone.[1372] Das Bundesge-

---

[1366] Vgl. oben, § 5.
[1367] Vgl. auch Anm. 523.
[1368] Vgl. oben § 6.
[1369] Vgl. oben § 11.
[1370] Vgl. oben § 13.VII.
[1371] Vgl. Anhang § 1.II., Doss. 13, 253, 329, 361, 409, 486, 487.
[1372] Vgl. oben § 12.

richt sollte – ausgestattet mit der Legitimität einer juristischen, gesetzesgebundenen Behörde – das Ziel der Rechtsvereinheitlichung gegenüber den Kantonen durchsetzen.[1373]

Werner Kägi bezeichnete die richterliche Gewalt unter der BV von 1848, in Anlehnung an Montesquieu, als «en quelque façon nulle»,[1374] da sie sich der Legislative unterzuordnen hatte und das demokratische Prinzip sich gegenüber dem rechtsstaatlichen im Vorrang befunden habe. Ausserdem sei der qualifizierte Rechtsschutz wenig deutlich ausgeprägt gewesen.[1375] Diese Bewertung ist meines Erachtens ein wenig zu korrigieren. In den Bereichen, die dem Bundesgericht zugewiesen waren, war das Bundesgericht durchaus dem Rechtsschutz verpflichtet. Soweit meine Fallstudien zeigen konnten, waren sich die Bundesrichter ihrer Aufgabe als Richter bewusst, «politische» Entscheide des Bundesgerichts konnte ich im Rahmen meiner Forschungen nicht feststellen. Dies erstaunt angesichts der Tatsache, dass viele Bundesrichter Mitglieder der Bundesversammlung waren. Aus heutiger Sicht hätte man wohl anderes vermutet, gelten heute doch strenge Unvereinbarkeiten zwischen allen drei obersten Gewalten.[1376]

IV. Entpolitisierung der Rechtsprechung

Ich bin der Auffassung, dass gerade der eingeschränkte Zuständigkeitsbereich den Erfolg des Bundesgerichts und seine Akzeptanz im Bundesstaat ausmachte. Die Meinung Kägis, wonach 1848 der «günstigste Moment» verpasst worden sei, um die Verfassungsgerichtsbarkeit einzuführen,[1377] verkennt, dass Verfassungsrecht politisches Recht ist.[1378] Mit anderen Worten,

---

[1373] In den deutschen Territorien übernahmen die Gerichte diese Funktion bis 1871 vor allem gegenüber den ständischen Mächten, vgl. OGOREK, Richter und Politik, S. 141 f.
[1374] MONTESQUIEU, De l'Esprit des Lois, Buch XI, Kap. 6.
[1375] Vgl. KÄGI, S. 185 ff.
[1376] Vgl. dazu oben § 2.I.3.
[1377] KÄGI, S. 206.
[1378] So jedenfalls SMEND RUDOLF, Verfassung und Verfassungsrecht, München/Leipzig 1928, S. 133.

handelt es sich bei Verfassungsrecht um Recht, welchem eine stärkere und unmittelbarere politische Bedeutung zukommt als dem übrigen Recht. Indem das Bundesgericht in seinen Zuständigkeiten auf einen politisch weniger bedeutenden Bereich reduziert war, konnte es sich im jungen Bundesstaat behaupten, waren die Bundesrichter davon entlastet, auch Staatsmänner sein zu müssen.[1379]

Ähnliche Entwicklungen beschreibt OGOREK für den preussischen Fürstenstaat in der zweiten Hälfte des 18. Jahrhunderts. Die ordentliche Justiz wurde in dieser Zeit auf die bürgerlichen Streitigkeiten beschränkt, während die Kammerjustiz – unter direkterem Einfluss der Politik – für die Durchsetzung von *iura cameralia et fiscalia,* also dem damaligen Verwaltungsrecht, zuständig wurde. Damit sank zwar die gesamtgesellschaftliche Bedeutung der ordentlichen Justiz, dafür stiegen aber die Chancen, dass die Justiz auf dem verbleibenden Gebiet frei von direkten politischen Einflüssen tätig sein konnte.[1380] Das Bundesgericht hatte insofern einen erweiterten Zuständigkeitsbereich, als ihm immerhin gewisse Verwaltungsrechtsstreitigkeiten übertragen wurden.

Für diese politisch umstrittene Stellung des Bundesgerichts spricht auch die erste Rede Alfred Eschers als Präsident des Nationalrates 1849. Er bezeichnete den Wirkungskreis des Bundesgerichts zwar als klein, verband damit aber die Hoffnung, dass es sich in diesem Bereich «dermaßen bewähren» werde, dass der in ihm liegende Keim ein «fruchtbares Erdreich» finden werde.[1381] Es scheint, als sei der Umfang der Bundesgerichtsbarkeit unter der BV 1848 bewusst als Vorstufe einer umfangreicheren Gerichtsbarkeit vorgesehen gewesen.[1382] Zu dieser Zeit wäre ein solches Projekt aber politisch noch nicht mehrheitsfähig gewesen. Noch in den Verhandlungen des

---

[1379] Tocqueville sah es als Erfordernis an, dass die Bundesrichter der USA auch Staatsmänner, «hommes d'État», sein mussten, vgl. TOCQUEVILLE II, Kap. 8, S. 181.
[1380] Vgl. OGOREK, Subsumtionsautomat, S. 33 ff.
[1381] Rede des Herrn Amtsbürgermeisters Dr. Escher, Präsidenten des Nationalrathes, bei der Vertagung der ordentlichen Sitzung am 30. Brachmonat 1849, BBl 1849 II 333 ff. (335).
[1382] So auch HILLEBRAND I, S. 342 f.; RAPPARD, S. 183.

Schweizerischen Juristenvereins 1886, anlässlich der Diskussionen um die Einführung einer Verwaltungsgerichtsbarkeit im Bund, erklärte Leo Weber, der Sekretär des Justiz- und Polizeidepartements und spätere Bundesrichter, dass die Glaubens- und Gewissensfreiheit den Schutz der politischen Behörden benötigte, bis sie «allgemeine rechtliche Anerkennung errungen hatte».[1383] Erst dann konnte die Glaubens- und Gewissensfreiheit dem Schutz des Bundesgerichts unterstellt werden.

Ein weiterer Kritikpunkt am nicht ständigen Bundesgericht, besonders aus heutiger Warte, sind die schwach ausgestalteten Unvereinbarkeitsregeln für die Mitglieder des Gerichts.[1384] Die Bundesrichter waren meist Mitglieder der Bundesversammlung,[1385] kantonale Regierungsräte, ehemalige Tagsatzungsgesandte, spätere Bundesräte, kurz gesagt, es handelte sich um Mitglieder der gesellschaftlichen Elite der damaligen Zeit. Neben der Tatsache, dass das Amt eines Bundesrichters zu dieser Zeit noch kein Vollamt war, wäre es für diese Männer undenkbar gewesen, auf Grund einer Mitgliedschaft im Bundesgericht auf weitere Tätigkeiten im Bund oder ihren Heimatkantonen zu verzichten. Diese Herrschaft einer kleinen Zahl von liberalen, gebildeten Männern, die gleichzeitig in der Bundesversammlung und im Bundesgericht sassen, sowie später in den Bundesrat wechselten, lässt sich durchaus als bürgerlich-plutokratische Vorstufe auf dem Weg zu einem demokratischen Parlamentarismus bezeichnen.[1386]

Für das Bundesgericht war es meiner Ansicht nach äusserst wichtig, dass seine Mitglieder eigentliche politische und gesellschaftliche Honoratioren waren. Die Bundesrichter waren keineswegs eine «abgespaltene Spezialis-

---

[1383] Votum Leo Webers anlässlich der Verhandlungen des Schweizerischen Juristenvereins 1886, ZSR 27 (1886), S. 641.
[1384] Vgl. dazu oben § 2.1.3.
[1385] Rüttimann schreibt 1867, dass zu diesem Zeitpunkt sogar alle Bundesrichter Mitglieder der Bundesversammlung waren, vgl. RÜTTIMANN, S. 370.
[1386] Den Begriff stammt von Hugo Preuss, welcher beklagte, dass eine solche Vorstufe im Deutschland der Weimarer Zeit fehlte. Vgl. PREUSS HUGO, Das Verfassungswerk von Weimar, in: Ders., Staat, Recht und Freiheit: Aus 40 Jahren deutscher Politik und Geschichte, Tübingen 1926, S. 421–428 (425 f.)

§ 14 Bundesgericht zwischen Recht, Politik und Wissenschaft   277

tengruppe».[1387] Ein Bundesrichter hatte zu dieser Zeit auch in anderen Bereichen der Gesellschaft, sei dies wirtschaftlich, politisch oder wissenschaftlich erfolgreich zu sein. Erst ein solches «Universalwissen»,[1388] welches auch die Rechtswissenschaft einschloss,[1389] machte diese Männer zur Elite ihrer Zeit, während nicht wenige ihrer Väter noch Landwirte gewesen waren.[1390] Der Grund war dabei weniger ein juristischer, sondern ein politischer. Wenn Alfred Escher die eingeschränkte Stellung des Bundesgerichts in der Verfassung von 1848 als Bewährungszeit betrachtete, so war es nur konsequent, in diese Institution die politisch angesehensten Männer zu wählen. Daneben war auch jeder Kanton zumindest mit einem Supplant am Bundesgericht vertreten, was die «Bewährungszeit» des Bundesgerichts mit einer föderalistischen Komponente anreicherte.

[1387] Der Begriff stammt von FÖGEN, Rechtsgeschichten, S. 173 ff., sie beschreibt eine ähnliche Entwicklung für die römische Jurisprudenz im 3. und frühen 2. Jahrhundert v. Chr.
[1388] FÖGEN, Rechtsgeschichten, S. 175.
[1389] Dazu oben Kap. 6.I.
[1390] So die Väter von Johann Konrad Kern, Nicolas Glasson, Johann Rudolf Brosi, Jakob Stämpfli, Jost Weber und Henri (Joseph) Ducrey.

Schluss

Es hat sich gezeigt, dass sich sowohl die Organisation des nicht ständigen Bundesgerichts, als auch dessen Rolle im Bundesstaat von derjenigen des ständigen Bundesgerichts ab 1875 stark unterscheiden. Seine gesamtstaatliche Bedeutung ist nicht mit derjenigen des heutigen Bundesgerichts zu vergleichen. Seine Kompetenzen waren auf «unpolitische» Gebiete beschränkt, es wurde eher als Hilfsinstitution des Gesetzgebers verstanden. Und trotzdem zeigt sich in der Rechtsprechung des nicht ständigen Bundesgerichts, dass das Gericht bereits die Rechtsgebiete des Zivilrechts, des Verwaltungsrechts und des Strafrechts – zumindest in (bundes-)politisch unverfänglichen Bereichen – abdeckte. Selbstverständlich war seine Bedeutung geringer als diejenige des ab 1875 ständigen Gerichtshofes; dies allein deshalb, weil fast das ganze Zivilrecht noch Sache der Kantone war. Interessanterweise hatten aber gerade letztere einen Machtspruch des Bundesgerichts am ehesten zu fürchten. Gegenüber den Kantonen hatte das Bundesgericht in mehreren Gebieten Streitigkeiten zu entscheiden, die für die Kantone einschneidende Konsequenzen haben konnten. Das Bundesgericht auferlegte den Kantonen Heimatlose einzubürgern, sprach Scheidungen gemischt-konfessioneller Ehen anstelle der kantonalen Gerichte aus und erledigte sogar die politisch heikle Verteilung der Kosten des Sonderbundes unter den beteiligten Kantonen.

Die vorliegende Arbeit zeigt, dass die zurückhaltenden Zuständigkeiten des Bundesgerichts sich nicht aus Zufälligkeiten ergaben und das Gericht zu einem nebensächlichen Anhängsel machten, sondern dass das Gericht ganz bewusst so eingerichtet worden war. Die schweizerische Bundesgerichtsbarkeit war – ähnlich wie die amerikanische – für eine einheitliche Anwendung des Bundesrechts im Bereich der wenigen Bundeskompetenzen zuständig. So schufen die Bundesbehörden für Fälle wie die Enteignungen, die Verantwortlichkeit der Bundesbeamten, die Einbürgerung der Heimatlosen sowie für das Fiskalstrafrecht und das Bundesstrafrecht eine Bundesjustiz, die losgelöst von der kantonalen Justiz zu funktionieren hatte und fast ausschliesslich erstinstanzlich tätig wurde. Erst nach 1874 bezog man auch die kantonale Gerichtsbarkeit in die Durchsetzung des in der Folge erlassenen Zivilrechts ein. In diesem System wurde es zur Hauptaufgabe des Bundesgerichts, als Beschwerdeinstanz tätig zu sein. Es ist daher unergiebig zu kritisieren, dass das Bundesgericht vor 1875 eine eingeschränkte Zuständigkeit hatte, die Kompetenzen des Bundesgerichts entsprachen weitgehend den eingeschränkten Kompetenzen des Bundes. Wo der Bund kompetent war, war auch das Bundesgericht zuständig, mit der grossen Ausnahme, was die Staatsrechtspflege durch die politischen Behörden betraf. Alle staatsrechtlichen Streitigkeiten entschied der Bundesrat als erste Instanz, mit der Möglichkeit eines staatsrechtlichen Rekurses an die eidgenössischen Räte.

Den Bundesrichtern kam dabei – im Gegensatz zu den Bundesrichtern der USA – keine derart hohe verfassungsrechtliche Stellung zu. Sie hatten ihre Stellung durch ihren gesellschaftlichen und politischen Erfolg erreicht. In den frühen Jahren des Bundesstaates scheint dies die beste aller Möglichkeiten gewesen zu sein, damit der Samen des Bundesgerichts, wie es Alfred Escher bezeichnete, auf fruchtbaren Boden fallen konnte. Es war nötig, dass verdiente Männer der Institution das Ansehen und politische Gewicht gaben, welches ihm die Verfassungsgeber noch aus Angst vor einer *aristocratie de la robe* verweigerten.

Ausserdem zeigt die Entwicklung des nicht ständigen Bundesgerichtes auf, dass der Bundesstaat, wie er 1848 gegründet worden ist, kein fertiges Konstrukt war, das bis zur Totalrevision der BV von 1874 statisch gewesen wäre. Im Gegenteil zeigt gerade die Entwicklung im Expropriationswesen, wie Bundesversammlung, Bundesrat und Bundesgericht mit gegenseitigen Anregungen die Gesetzgebung anhand von Erfahrungen des Bundesgerichts in der Rechtsprechung anpassten oder eben die Entwicklung dem Bundesgericht anhand eines Reglements selber überliessen.

Wenngleich die damalige Zusammensetzung des Bundesgerichts in der heutigen Zeit anachronistisch erscheint, weil Bundesrichter gleichzeitig Mitglieder der Bundesversammlung waren oder kantonalen Exekutiven angehörten, so sind die damaligen Zustände doch auch für heutige Verhältnisse aufschlussreich. Sie lassen erkennen, dass gewisse Entwicklungen, wie beispielsweise die immer rigideren Unvereinbarkeitsbestimmungen etwas Modernes sind. Vor noch nicht allzu langer Zeit herrschte die Meinung vor, dass solche Tätigkeiten in verschiedenen Gewalten oder in Judikative und Wirtschaft durchaus auch Vorteile bringen können. Solche Ansichten vertritt heute kaum mehr jemand in Bezug auf die höchsten Amtsträger. Dies, obwohl sich diese Amtsträger, nach allem was diese Arbeit zeigen konnte – und mit gewissen fragwürdigen Ausnahmen – der möglichen Interessenkonflikte sehr wohl bewusst waren.

Anhang

§ 1. Transkript des Registraturbandes des Bundesgerichts

Mit diesem Register soll eine Lücke in der Sammlung der Rechtsprechung des Bundesgerichts geschlossen werden, die bereits Fleiner/Giacometti beklagt haben.[1391] Der Registraturband entspricht, was Genauigkeit, Systematik und Orthographie betrifft, nicht dem heutigen Standard. Bei der Transkription wurden nur wenige Vereinheitlichungen und Ergänzungen vorgenommen, die uneinheitliche Rechtschreibung jedoch beibehalten. In der letzten Spalte wird auf Fundstellen zu den jeweiligen Entscheiden verwiesen. In eckigen Klammern finden sich einige Hinweise auf Querbezüge zu anderen Fällen oder weiterführende Hinweise.

Die Systematik des Registraturbandes wurde einheitlich übernommen, dies erklärt Unregelmässigkeiten und Auslassungen, die durch den jeweiligen Bundesgerichtsscheiber vorgenommen worden sind. So sind beispielsweise Datumsangaben an gewissen Stellen unvollständig oder fehlen unter Umständen ganz. Die Fälle sind hauptsächlich anhand der Nummer ihres Dossiers (Doss.) geordnet, doch finden sich teilweise Abweichungen (siehe z.B. I. Straffälle, Doss. 22 und 23),[1392] was wohl mit der Tatsache zusammenhängt, dass der Registraturband handschriftlich geführt wurde und nachträgliche Änderungen nur beschränkt möglich waren. Zwischen den Fällen finden sich auch Angaben über ganze Aktenbestände, wie Expropriationsakten oder Korrespondenzen, wo sich deshalb keine Angaben zum Gegenstand des Falles finden.

[1391] Vgl. FLEINER/GIACOMETTI, S. 629 f., Anm. 2.
[1392] Hier stimmte die Reihenfolge der Dossiers nicht mit den Daten der Entscheide überein.

Neben dem Registraturband und den Dossiers zu den einzelnen Fällen führte das Bundesgericht auch Protokollbände (Prot. Bd. I–VI). In diesen führte das Bundesgericht chronologisch alle Geschäfte auf. Neben Wahlen und anderen allgemeinen Vorgängen finden sich in diesen Bände ebenfalls alle Fälle des Bundesgerichts, die mittels Urteil erledigt wurden. Daraus lässt sich der Schluss ziehen, dass Fälle, die zwar eine Dossiernummer, aber keine Angabe des betreffenden Paragraphen im Protokollband tragen, durch anderweitigen Beschluss entschieden worden sind. In Expropriationsfällen also wahrscheinlich durch Annahme des Entscheides der Instruktionskommission.[1393]

Legende: §: Paragraph in den Protokollbänden des BGer; U I: ULLMER I; U II: ULLMER II; AK: Anklagekammer; GA: Generalanwalt; id: idem

---

[1393] Vgl. dazu oben § 7.II.2.b.

I. Straffälle

Datum	Bemerkung	Doss.	Bezeichnung der Personen	Gegenstand
10.1.1853		1 a+b	J. Eberli, Posthalter von Oberutzweil	Unterschlagung
14.3.1853		2	Emanuel Martin von Matt	Unterschlagung
6.6.1853		3 a+b	Kaspar Hunziker von Kirchleerau	Unterschlagung
7.6.1853		4	Franz Jos. Suter von Rodersdorf	Betrug
29.8.1853		5	Ludwig Clementi und Compli.	Anstiftung von Aufruhr
12.9.1853		6 a+b	Joseph Kalt von Koblenz	Unterschlagung
13.9.1853		7	Carl Müller von Ursern	Betrug
8.4.1853	AK	8	Phil.-Alex. Marro in Freiburg	Diebstahl
29.6.1853	GA	9	Joachim Waldis von Wäggis	Unterschlagung
8.3.1853	Dito	10	Peter Flückiger von Lauperswyl	Verletzung des Postgeheimnißes
12.3.1853	Dito	11	Johann Jenk von Bümplitz	Diebstahl
24.3.1853	AK	12	Louis Menoud de la Magre und Compli.	Wahlumtriebe in Bulle
6./13.6.1853	GA/AK	13	Johann Moska von Dobrezin und Compli.	Stiftung von Aufruhr im Auslande
28.1.1853	GA	14	Toutvent, Benedikt in Münchenbuchsee	Unterschlagung
10.4.1854	AK	15	Angelo Contini von Angera und Compli.	Verbrechen gegen die Ruhe der Eigenossenschaft
25.8.1855	Amnestie	16	Carlo Ducchini v. Gubiasco und Compli.	Wahlstörung
25.8.1855	Amnestie	17	Giuseppe Mazzini von Gaggio und Compli.	Wahlstörung
25.8.1855	Amnestie	18	Giuseppe Remonda von Comolognio	Wahlstörung
		19	Protokoll über die Strafurteile der Assisen	

Datum	Bemerkung	Doss.	Bezeichnung der Personen	Gegenstand
19.8.1856		20	Pourtalès-Staiger und Compli.	Hochverrat
10.5.1860		21	John Perrier und Genoßen von Genf	Verletzung fremden Gebietes
		23	Acten der Anklagekammer aus den Jahren 1852-1856	
		22	Acten der Strafuntersuchung über die Genfer-Ereignniße vom 22. August 1864	
7.1870	2 vol.	24	Nathan und Genoßen	Verletzung des ital. Gebietes
3.1871	3 vol.	25	Voruntersuchungsakten betr. den Tonhalle-Krawall in Zürich	Auflehnung gegen die obrigkeitliche Gewalt
6.1871		26	Protokoll über die Assisenverhandlungen in Zürich im Tonhalle-Krawall	wie oben
6.1871		27	Urtheil der Kriminalkammer der eidg. Assisen im zürcher Tonhalle-Krawall	wie oben

II. Zivilfälle

Datum	§	Doss.	Bezeichnung der Personen	Gegenstand	Fundstellen
27. 6. 1850	18, 26	1	J. A. Staiger c^a. Bundesrath	Entschädigungsforderung	U I 390 f.; Brand 78 f.
29. 6. 1850	27	2	P. T. Marin c^a. Bundesrath	id (fehlt)	U I 390 f.; Brand 78 f.
29. 6. 1850	28	3	J. Straub c^a. Bundesrath	id (fehlt)	U I 390 f.; Brand 78 f.
27. 6. 1851	5	4	Zoll-Departement c^a. Daudin	Cassationsfall	U I, 383
28. 6. 1851	6	5	Zoll-Departement c^a. Veillard	id	U I 383 f., 386; Brand,121 f.
28. 6. 1851	7	6	Zoll-Departement c^a. Lauret	id	U I 385
30. 6. 1851	8	7	Zoll-Departement c^a. Pilloud & Cons.	id	
30. 6. 1851	9	8	Zoll-Departement c^a. Evrard	id	U I 384; Brand 122
1. 7. 1851	10	9	Zoll-Departement c^a. Roguet	id	
1. 7. 1851	11	10	Zoll-Departement c^a. Rusca	id	U I 385
3. 7. 1851	40	11	Aargau c^a. Baselland	Heimatrecht der Brüder Hochstrasser	
4. 7. 1851	41	12	Baselland c^a. Bern	Heimatrecht der Familie Schmidlin	U I 436 f.; ZVR XI (1850-52) 246 ff.
5. 7. 1851	42, 63	13	Freiburg c^a. Wallis	Forderung	
26. 6. 1852	17	14	Mager c^a. Zoll-Departement	Caßationsfall	U I 383; Brand 122
29. 6. 1852	60	15 a,b	Grenus c^a. Bund	Forderung	Brand 90 ff.
30. 6. 1852	61	16	Aargau c^a. Uri	Heimatrecht der Johanna Walker	U I, 444

Datum	§	Doss.	Bezeichnung der Personen	Gegenstand	Fundstellen
3. 7. 1852	64	17	Mad. Dupré c^a. Freiburg	Verfassungsverletzung	U I 367 ff.; ZSR II 41 ff.
27. 6. 1853	71	18	Zoll-Departement c^a. Cattin	Kassationsfall	U I 383; Brand 122
27. 6. 1853	72	19	Zoll-Departement c^a. Böhni	id	
28. 6. 1853	73	20	Zoll-Departement c^a. Bally	id	U I, 382; Brand 122 f.
28. 6. 1853	74	21	Zoll-Departement c^a. Hermann	id	U I 384 f.
30. 6. 1853	81	22	Uznach c^a. Schwyz	Baulast	
1. 7. 1853	82	23	Bern c^a. Aargau	Heimathrecht der Kinder Anliker	
1. 7. 1853	83	24	Bund c^a. Solothurn	Heimathrecht der Fam. Scherr	U I 434 f.
2. 7. 1853	84	25	Bund c^a. Luzern, Zug, Glarus	Heimathrecht Fam. Horlacher	U I 443
20. 12. 1853	87	26	Bund c^a. Schwyz, Aargau, Tessin	Heimathrecht der Fam. Siegel	U I 438 f.
21. 12. 1853	90	27	Bund c^a. Schaffhausen & Zürich	Heimathrecht des Chr. Hartmann	U I 434, 443
21. 12. 1853	91	28 a,b	Bund c^a. Luzern, Aargau, Zug, Bern und Basellandschaft	Heimathrecht des Michael Herler	U I 436
22. 12. 1853	95	29	Bund c^a. Luzern & Solothurn	Heimathrecht der Gebrüder Schaller	
22. 12. 1853	96	30	Bund c^a. Aargau & Luzern	Heimathrecht der Cath. Malter & ihrer Kinder	Brand 108 f.
23. 12. 1853	98	31	Siegfried & Soller c^a. Nordostbahn	Expropriation	
5. 1. 1854	104, 111	32	Centralbahn c^a. Ritter & Cons.	id	U I 402, 406
6. 1. 1854	105	33	Mad. Müller & Cons. c^a. Westbahn	id	U I 401
6. 1. 1854	106, 113	34	Cuénod-Juillerat & Cons. c^a. dieselbe	id	U I 406

Anhang 289

Datum	§	Doss.	Bezeichnung der Personen	Gegenstand	Fundstellen
7. 1. 1854	107	35	Ing. Sulzberger c^a. dieselbe	id	U I 395
7. 1. 1854	108	36	Kübler c^a. dieselbe	id	
19. 4. 1854	112	37	Zeller & Cons. c^a. Centralbahn	id	U I 400 f.
21. 4. 1854	114	38	Bund c^a. Westbahn	id	
21. 4. 1854	115	39	Zolikon c^a. Nordostbahn	id	U I 402 f.
26. 6. 1854	75	40	Zoll-Departement c^a. Kohler	Caßationsfall	
28. 6. 1854	124	41	Neuenburg c^a. Bund	Entschädigungsforderung	Brand 79 f.
29. 6. 1854	125, 162	42	Centralbahn c^a. Jörin	Expropriation	
29. 6. 1854	126, 163	43	Centralbahn c^a. Schützenges. Liestal	id	
30. 6. 1854	127	44	Geering c^a. Nordostbahn	id	U I 399
1. 7. 1854	133	45	Nidwalden c^a. Obwalden	Forderung	
29. 8. 1854	146	46	Schwager c^a. Nordostbahn	Expropriation	
30. 8. 1854	149, 150	47	Grabs & Walter c^a. dieselbe	id	
1. 9. 1854	157-159	48, 49	Hirzel, Hanharts Erben und Koller c^a. Nordostbahn	id	
2. 9. 1854	161	50	Centralbahn c^a. Frenkendorf	id	
4. 9. 1854	166	51	Centralbahn c^a. Sissach	id	
4. 9. 1854	167	52	Centralbahn c^a. Muttenz	id	
5. 9. 1854	170	53	Centralbahn c^a. Pratteln	id	
6. 9. 1854	173	54	Centralbahn c^a. Ittingen	Expropriation	
7. 9. 1854	174	55	Burla & Cons. c^a. Westbahn	id	
8. 9. 1854	175	56	Wiltina Braun & Cons. c^a. St. Gallischebahn	id	

Datum	§	Doss.	Bezeichnung der Personen	Gegenstand	Fundstellen
9. 9. 1854	176	57	Siegeisen c^a. Centralbahn	id	
19. 12. 1854	184	49	Hanhart & Cons.	id	
19. 12. 1854	187	58	Nadelmann c^a. Nordostbahn	id	
19. 12. 1854	188	59	Schoch c^a. dieselbe	id	
20. 12. 1854	189	60	Gamper c^a. dieselbe	id	
20. 12. 1854	190	61	Rathgeb c^a. dieselbe	id	
22. 12. 1854	192	62	Sommerau c^a. Centralbahn	id	U I 399, 400 f.
23. 12. 1853 [sic]	97	63	Sieger c^a. dieselbe	Prozeßabstand	
22. 4. 1854	120	64	Rebmann c^a. Nordostbahn	id	
30. 6. 1854	128	65	Maria Frauk, Heimatlose	id	
30. 6. 1854	128	66	Völki c^a. St. Gallischebahn	id	
30. 6. 1854	128	67	Goldinger c^a. Nordostbahn	id	
29. 8. 1854	145	68	Weinfelden c^a. dieselbe	id	
9. 9. 1854	178	69	Oberwinterthur c^a. dieselbe	id	
18. 9. 1854	183	70	Gde. Pratteln c^a. Centralbahn	id	
22. 9. 1854	194	71	Foretay & Billon c^a. Westbahn	id	
22. 9. 1854	194	72	Egg c^a. Nordostbahn	id	
16. 4. 1855	207	73	J. A. Egger c^a. St. Gallisch. Appenz. Bahn	id	
16. 4. 1855	207	74	A. Büchi c^a. dieselbe	id	
16. 4. 1855	208	75	U. Battio c^a. dieselbe	Expropriation	
17. 4. 1855	209	76	Ziegler & Rieter c^a. Nordostbahn	id	U I 387 f.
17. 4. 1855	210	77	Hunkeler c^a. Centralbahn	id	
18. 4. 1855	211	78	Blum & Cons. c^a. dieselbe	id	

Anhang 291

Datum	§	Doss.	Bezeichnung der Personen	Gegenstand	Fundstellen
18. 4. 1855	212	79	Egolzwyl c^a. dieselbe	id	U I 404
19. 4. 1855	213	80	Bollinger c^a. St- Gallisch Appenz. Bahn	Expropriation	
19. 4. 1855	214	81	Caillard & Cie c^a. Bund	Schadenersatz	
20. 4. 1855	215	82	Gemeinde Luzern c^a. Reg. Luzern	Baupflicht	U I 371 f.
21. 4. 1855	216	83	Kt. Bern c^a. Kt. Aargau	Heimathlosigkeit / Hammer	U I 416, 429, 444
21. 4. 1855	217	84	Bund c^a. Aargau, Baselland & Bern	Heimathlosigkeit / Wendelmeier	U I 436
24. 4. 1855	224	85	J. J. Naef c^a. Centralbahn	Expropriation	U I 400 f.
24. 4. 1855	225	86	J. Beiner c^a. dieselbe	id	
24. 4. 1855	226	87	J. Bonenblust c^a. dieselbe	id	U I 397, 406
25. 4. 1855	227	88	Suter & Cons. c^a. dieselbe	id	U I 397
26. 4. 1855	228	89	Helfenstein & Cons. c^a. dieselbe	id	U I 391 f.
27. 4. 1855	229	90	Weinfelden c^a. Nordostbahn	id	
28. 4. 1855	76	91	Bund c^a. H. Espié	Caßation	Brand 122 f.
30. 6. 1855	236	92	Langdorf & Cons. c^a. Nordostbahn	Expropriation	U I 395
15. 10. 1855	243	93	Risch & Kuoni c^a. Nordostbahn	id	U I 392 f.
17. 10. 1855	244	94	Heer-Wanger c^a. Nordostbahn	id	U I 403
17. 10. 1855	245	95	Nordostbahn c^a. Walsburg & Müller	id	
17. 10. 1855	246	96	Joh. Suter c^a. Nordostbahn	id	
18. 10. 1855	247	97, 186	Bund c^a. Wallis und Luzern	Heimatlosigkeit / Neuwirth	U I 433 f.
19. 10. 1855	248	98	J. Meier in Zofingen c^a. Centralbahn	Expropriation	
20. 10. 1855	253	99	Stein c^a. Fiskus Schaffhausen	Forderung	U I 372 ff.
19. 10. 1855	251	100	Schneider & Rätersch c^a. St. Gallisch. Bahn	Expropriation	

Datum	§	Doss.	Bezeichnung der Personen	Gegenstand	Fundstellen
19. 10. 1855	251	101	F. Gschwind c^a. Nordostbahn	id	
19. 10. 1855	251	102	Lüscher, Steiner, Suter c^a. Centralbahn	id	
22. 10. 1855	254	103	Bund c^a. Baselland, Aargau & Bern	Heimatlosigkeit / Wendelmeier	U I 439 f.; Brand 109 f.
23. 10. 1855	255	104	Bund c^a. Freiburg & Bern	id / Paul Schmutz	U I 416, 444; Brand 110 f.
23. 10. 1855	256	105	Bund c^a. Bern & Waadt	id / Gebr. Lauber	U I 434
26. 3. 1856	258	106	Stölker c^a. St. Gallisch. Appenz. Bahn	Expropriation	
26. 3. 1856	259	107	Lindenmann gegen St. Gall. Appenz. Bahn	id	
26. 3. 1856	260	108	W. Meier gegen dieselbe	id	
27. 3. 1856	261	109	G. Ammann Waber gegen dieselbe	id	
27. 3. 1856	262	110	Gemeinde Henau c^a. dieselbe	id	U I 399 f.
28. 3. 1856	263	111	Schweizer gegen Glatthalbahn	id	
29. 3. 1856	264	112	Not. Keller c^a. Nordostbahn	id	U I 392
31. 3. 1856	265	113	Windisch c^a. dieselbe	id	
31. 3. 1856	266	114	Gondoux & Cons. c^a. Westbahn	id	
1. 4. 1856	267	115	Bund c^a. Aargau, Luzern & Glarus	Heimatlosigkeit/ Wagner	U I 436, 439
2. 4. 1856	268	116	Wildi Anna gegen Nordostbahn	Expropriation	U I 395
2. 4. 1856	269	117	Hirt Joh. c^a. dieselbe	id	U I 395
3. 4. 1856	272	118	Rheinfallbahn c^a. Wiesendangen	id	U I 406 f.
3. 4. 1856	274	119	Denzler c^a. Glatthalbahn	id	
4. 4. 1856	277	120	Huber & Cons. c^a. Centralbahn	id	U I 406
4. 4. 1856	280	121	Mühlethaler c^a. dieselbe	id	
5. 4. 1856	282	122	Manz c^a. Rheinfallbahn	id	U I 399

Datum	§	Doss.	Bezeichnung der Personen	Gegenstand	Fundstellen
5. 4. 1856	283	123	Hanhart cᵃ. dieselbe	id	
5. 4. 1856	284	124	Dr. Breiter cᵃ. dieselbe	id	
7. 4. 1856	285	125	Steiner & Cons. cᵃ. dieselbe	id	U I 404 f.
7. 4. 1856		126	Schweisser cᵃ. Centralbahn	id	
25. 6. 1856	299	127	Entlebucher cᵃ. Rheinfallbahn	id	
26. 6. 1856	302	128	Rickenbach gegen St. Gallisch. Apz. Bahn	id	
26. 6. 1856	303	129	Solothurn cᵃ. J. Sury-Bussy	id	
26. 6. 1856	304	130	Walser cᵃ. Centralbahn	id	U I 393
27. 6. 1856	305	131	V. Glutz-Blotzheim cᵃ. dieselbe	id	
27. 6. 1856	307	132	Centralbahn cᵃ. Zuchwyl	id	
28. 6. 1856	310	133	Krutter cᵃ. Centralbahn	id	
30. 6. 1856	312	134	Sury d'Aspremont cᵃ. Centralbahn	Expropriation	
30. 6. 1856	313	135	Schreier & Cons. cᵃ. Centralbahn	id	
1. 7. 1856	314	136	Solothurn gegen Gibellin & Vigier	id	
1. 7. 1856	315	137	Centralbahn gegen Daguet	id	U I 393
2. 7. 1856	319	138	Bund cᵃ. St. Gallen, Zürich, Luzern, Bern	Heimath der Kath. Leu	U I 434, 436, 439
3. 7. 1856	320	139	Bund cᵃ. St. Gallen & Consorten	Heimathrecht der Fam. Bergdorf	
24. 6. 1856	297	140	Trindler gegen Nordostbahn	Expropriation	
4. 7. 1856	321	141	Mad. Muller de la Mothe gegen Westbahn	id	
4. 7. 1856	322	142	Mad. Brandenburg gegen Westbahn	id	U I 412
		143	Nordostbahn gegen Engishofen	id	
		144	Weilemann gegen Nordostbahn	id	

Datum	§	Doss.	Bezeichnung der Personen	Gegenstand	Fundstellen
		145	Akten der Schatzungs-Kommission für den Kanton Luzern		
		146	Akten der Schatzungs-Kommission für den Kanton Solothurn		
		147	Akten der Schatzungs-Kommission für Aargau und Baselland		
		148	Akten der Schatzungs-Kommission für die Linie Rorschach-Aargaus I		
		149	Akten der Schatzungs-Kommission für dieselbe Linie II		
		150	Protokolle derselben Schatzungs-Kommission III		
		151	Bund cᵃ. Bern & Solothurn	Einbürgerung v. G. Wieß & Mar. Götz	
		152	Correspondenzen des Präsidiums des Bundesgerichts pro 1853		
		153	Correspondenzen des Bundesgerichts pro 1854 & 1855		
1. 12. 1856	330	154	H. de Perrot-Reynier cᵃ. Jura-Bahn	Expropriation	U I 393 f.
1. 12. 1856	331	155	Mad. Preud'homme-Favarger gegen dieselbe	id	
2. 12. 1856	332	156	I. Girardet gegen dieselbe	id	U I 393 f., 407
2. 12. 1856	333	157	Mad. de Sandoz-Travers gegen dieselbe	id	U I 394
2. 12. 1856	334	158	R. de Chambrier-Chaillet gegen dieselbe	id	
3. 12. 1856	335	159	Expropr. Neuenburg ect. gegen dieselbe	id	
3. 12. 1856	336	160	Demois. de Meuron gegen dieselbe	id	
3. 12. 1856	337	161	Mad. De Meuron-Osterwald gegen die Jura-Bahn	Expropriation	

Anhang 295

Datum	§	Doss.	Bezeichnung der Personen	Gegenstand	Fundstellen
4. 12. 1856	338	162	Mad. Reymond-Galloix gegen die Bahn Lyon-Genf	id	
4. 12. 1856	339	163	Ls. Mullhauser gegen dieselbe	id	
4. 12. 1856	340	164	Louis Develey gegen die Westbahn	id	
5. 12. 1856	341	165	Vasserot de Vincy gegen die Bahn Lyon-Genf	id	
5. 12. 1856	342	166	M. Gerebzon gegen dieselbe	id	
6. 12. 1856	343	167	Louis Pictet sel. Erben gegen dieselbe	id	
6. 12. 1856	344	168	Lyon-Genf Bahn gegen J. J. Mathey-Claudet	id	
6. 12. 1856	345	169	dieselbe gegen das Spithal zu Genf	id	
6. 12. 1856	346	170	dieselbe gegen J. A. Odier	id	
8. 12. 1856	347	171	die Westbahn gegen F. L. Mercier	id	
8. 12. 1856	348	172	dieselbe gegen M. Perret-Schudi	id	
8. 12. 1856	349	173	S. Soutter-Buvelot gegen d. Westbahn	id	
8. 12. 1856	350	174	L. Guex-Gisal gegen dieselbe	id	
9. 12. 1856	351	175	Rahs & Rauschenbach gegen Nordostbahn	id	
9. 12. 1856	352	176	S. Maeder gegen dieselbe	id	
10. 12. 1856	353	177	Schnebeli gegen dieselbe	id	
10. 12. 1856	354	178	Meier & Fröhlich gegen dieselbe	id	U I 394
10. 12. 1856	355	179	Kammermann gegen Centralbahn	id	U I 388 f.; ZSR VIII 4
11. 12. 1856	356	180	Hitz & Cons. gegen Nordostbahn	id	U I 405 f.
11. 12. 1856	357	181	Weber & Cie. gegen St. Gallische Bahn	id	U I 389
11. 12. 1856	358	182	Bertsch gegen dieselbe	id	
13. 12. 1856	366	183	Bund gegen Bern, Zürich, Solothurn, Schwyz	Heimath d. Familie Rogger	

296 Anhang

Datum	§	Doss.	Bezeichnung der Personen	Gegenstand	Fundstellen
13. 12. 1856	367	184	Bund gegen Tessin	Heimath d. J. A. Ekard	
15. 12. 1856	368	185	Bund gegen Bern, Zürich, Thurgau, Freiburg, Glarus	Heimath d. Familie Lauber	U I 443
15. 12. 1856	369	186	Bund gegen Wallis, Luzern, Solothurn	Heimath d. C. A. Neuwirth	U I, 441 f.
16. 12. 1856	370	187	Bund gegen Unterwalden & Uri	Heimath d. Familie Rubelet	U I 442
17. 12. 1856	77	188	Peter Jaquier v. Ornans c^a. Zoll-Departement	Caßation	U I 386; Brand 123
23. 3. 1857	373	189	Ch. et Louis Imabénit c^a. Verrières-Bahn	Expropriation	
25. 3. 1857	382	190	Ami Bernard Genf c^a. Westbahn	id	U I 396
25. 3. 1857	383	191	Ch. Devillard à Coppet c^a. dieselbe	id	
26. 3. 1857	384	192	Notar Bouffard gegen dieselbe	id	U I 397
26. 3. 1857	385	193	Adv. Henry gegen dieselbe	id	
27. 3. 1857	386	194	Vincent Kehrwand gegen dieselbe	id	U I 398, 403
27. 3. 1857	387	195	Rolaz & Juillerat gegen dieselbe	id	
28. 3. 1857	389	196	Mad. Guex-Gisal gegen dieselbe	id	
28. 3. 1857	390	197	Felix Soulter gegen Staatsrath Waadt	id	U I 396
30. 3. 1857	391	198	J. J. Schiplin Gegen Nordostbahn	id	
31. 3. 1857	393	199	Schmidhauser gegen dieselbe	id	
31. 3. 1857	394	200	Bund c^a. Waadt & Wallis	Heimath d. M. Hirtler-Favez & ihrer Kinder	
2. 4. 1857	395	201	Sandoz & Jacot c^a. Jura-Bahn	Expropriation	
2. 4. 1857	396	202	Bund c^a. Solothurn & Bern	Heimath der P. Leibundgut	
3. 4. 1857	398	203	Imhof & Siegenthaler c^a. Nordostbahn	Expropriation	
6. 4. 1857	401	204	J. & J. R. Streif c^a. Südostbahn	id	
6. 4. 1857	402	205	Joh. Heer in Glarus gegen dieselbe	id	

Anhang

Datum	§	Doss.	Bezeichnung der Personen	Gegenstand	Fundstellen
7. 4. 1857	406	206	Südostbahn cᵃ. Gd. Netstall	id	
7. 4. 1857	407	207	dieselbe cᵃ. Becker & Cie	id	
7. 4. 1857	78	208	Carlo Casabelli gegen Zoll-Departement	Caßationsfall	
7. 4. 1857	409	209	Bund cᵃ. Unterwalden o/W, Zürich, Glarus	Heimath der Ant. Waser und ihrer Nachkommen	Brand 111
29. 6. 1857	414	210	Doret-Walther cᵃ. Staatsrath Waadt	Expropriation	
30. 6. 1857	415	211	Stadtrath Luzern cᵃ. Corpor. Verw.	Servitut	
1. 7. 1857	416	212	Brändli cᵃ. Nordostbahn	Expropriation	
2. 7. 1857	421	213	Geering, Streif & Cie cᵃ. Nordostbahn	id	
2. 7. 1857	422	214	Fischer & Cons. cᵃ. Nordostbahn	id	
2. 7. 1857	421	215	F. Weber cᵃ. Südostbahn	id	
2. 7. 1857	422	216	J. L. Roulet cᵃ. Jura-Bahn	id	
		217	Ganz & Ernst cᵃ. Nordostbahn	id	
		218	Stadt Chur cᵃ. Südostbahn	id	
25. 3. 1857	381	219	Chambrelien [Gemeinde] cᵃ. Jura-Bahn	id	
25. 3. 1857	381	220	Rosselet-Dubied cᵃ. franco-suisse	id	
1. 12. 1856 [sic]	329	221	A. Terriße cᵃ. Jura-Bahn	id	
		222	J. de Meuron gegen dieselbe	id	
		223	Präsidial-Akten des Bundesgerichts	Expropriation	
30. 11. 1857	430	224	Schubiger cᵃ. union suisse	Expropriation	U I 387, 401
30. 11. 1857	431	225	Haffner & Vogt cᵃ. Nordostbahn	id	
1. 12. 1857	432	226	Trümpler & Gysin cᵃ. union suisse	id	U I 396 f.
2., 3. 12. 1857	435	227	Stadt Zürich cᵃ. Fiscus Zürich	Forderung	

Datum	§	Doss.	Bezeichnung der Personen	Gegenstand	Fundstellen
4. 12. 1857	437	228	A. Leuba c^a. Jura-Bahn	Expropriation	
4. 12. 1857	439	229	Gebr. Favre gegen dieselbe	id	
5. 12. 1857	440	230	Glogger gegen die Centralbahn	id	
5. 12. 1857	441	231	Basellandschaft gegen Luzern	Forderung	U I 433
5. 12. 1857	441	232	Juillerat gegen die Westbahn	Expropriation	
5. 12. 1857	441	233	Herzog-Herrosé c^a. Nordostbahn	id	
5. 12. 1857	441	234	die Direktion der vereinigten Schweizer-Bahnen gegen Moriz Meier Küfer in Jona	id	
		235	die Direktion der Genf-Lyoner Eisenbahn gegen Mad. Mac-Culloch-Fer	id	
13. 4. 1858	454	236	Bund gegen Aargau, Freiburg, Uri, Waadt, Bern & Schwyz	Heimath der Schwestern Ostertag & Kinder	U I 432 f.
14. 4. 1858	455	237	Bund gegen Schwyz und Uri	Heimath d. Familie Geringer	U I 442
14. 4. 1858	456	238	J. Sommer gegen vereinigte Schweizerbahnen	Expropriation	
15., 16. 4. 1858	457	239	Baselland gegen Bund & Baselstadt	Postentschädigung (3 Bände Beilagen)	Brand 80 f.
17. 4. 1858	464	240	Nat.Rath Plüss gegen Centralbahn	Expropriation	
17. 4. 1858	465	241	Magd. Suter c^a. Nordostbahn	id	U I 395
19. 4. 1858	466	242	Seb. & Al. Pfiffer c^a. Nordostbahn	Expropriation	
19. 4. 1858	467	243	Xaver Meier c^a. Centralbahn	id	
19. 4. 1858	468	244	Colfs-Heyne c^a. Schw. Postdepart.	Schadenersatz	
28. 6. 1858	472	245	Nordostbahn c^a. Suhr, Buchs & Rohr	Expropriation	
28. 6. 1858	473	246	Joh. Bucher c^a. Postdirkt. Aarau	Kassationsfall	U I 384; Brand 123
29. 6. 1858	474	247	Centralbahn c^a. Banq-Kairo	Expropriation	

Anhang

Datum	§	Doss.	Bezeichnung der Personen	Gegenstand	Fundstellen
29. 6. 1858	475	248	Bund c^a. Bern & Genf	Heimath der Ad. Strittmatter	U I 436
30. 6. 1858	476	249	Roulet c^a. Jura-Eisenbahn	Expropriation	U I 413
30. 6. 1858	477	250	die Moosgemeinde Freiburg gegen Bern	Eigenthum (7 Stücke)	
1. 7. 1858	478	251	Bund c^a. Solothurn, Aargau & Bern	Heimathrecht d. M. Meier & ihrer Kinder	
2. 7. 1858	479	252	Oberst Delarottaz c^a. Reg. Waadt	Expropriation	
3. 7. 1858	486	253	Uri, Schwyz, Obwalden, Wallis c^a. Luzern, Freiburg & Zug	Rechnungsstellung	U I 374 ff.; ZSR VI 48, VII 28, IX 30; Brand 82 ff.
		254	Gebr. Rychner c^a. Nordostbahn	Expropriation	
		255	Dan. Siebenmann c^a. dieselbe	id	
		256	Jac. Baltenschweiler c^a. dieselbe	id	
		257	Jul. Billo-Bär c^a. dieselbe	id	
		258	Franz Coraggioni c^a. Centralbahn	id	
		259	Al. Kaufmann c^a. dieselbe	id	
		260	Andr. Lisibach c^a. dieselbe	id	
		261	Jos. Felder c^a. dieselbe	id	
		262	Corp. Emmen c^a. dieselbe	id	
		263	Franz Jos. Schiffmann c^a. dieselbe	id	
		264	Ober. Pfyffer-Balthasar c^a. dieselbe	id	
		265	Centralbahn c^a. Anna Göldlin	id	
		266	Anton Hunkeler c^a. Centralbahn	id	
		267	Jac. Egli c^a. vereinigte Schw. Bahnen	id	
		268	Georg Egger c^a. dieselbe	id	

Datum	§	Doss.	Bezeichnung der Personen	Gegenstand	Fundstellen
		269	Vereinigte Schweizerbahnen c^a. Jos. Hüppi	Expropriation	
		270	dieselben c^a. Fridi Blumer	id	
		271	Akten betreffend Expropriation im Kanton Wallis		
		272	Akten betreffend Expropriation im Kanton Wallis		
		273	Akten betreffend Expropriation im Kanton Wallis und Freiburg		
		274	Akten betreffend Expropriation im Kanton Baselstadt		
		275	Akten betreffend Expropriation im Kanton Schaffhausen		
		276	Akten betreffend Expropriation im Kanton St. Gallen		
		277	Missive an das Bundesgericht 5. 1850 - Juny 1858		
		278	Blum & Koblenz c^a. Nordostbahn	Expropriation	
		279	Häfeli & Klingnau gegen dieselben	id	
		280	Lorenz & Klingnau gegen dieselben	id	
		281	Sartorius gegen die Centralbahn	id	
		282	Stüssi in Basel gegen dieselbe	id	
13. 12. 1858	489 ff.	283	die Direktion der Centralbahn gegen …	id	
13. 12. 1858	493	"	Adelheid Iseli & Basel & Consortes.	id	
15. 12. 1858	495	284	Schnebeli c^a. Nordostbahn	id	
15. 12. 1858	496	285	Killer & Küng gegen dieselbe	id	U I 412
16. 12. 1858	501	286	Borgeaud gegen Post-Depart.	Entschädigung	

Anhang 301

Datum	§	Doss.	Bezeichnung der Personen	Gegenstand	Fundstellen
16. 12. 1858	502	287	Bundesrath gegen Uri & Schwyz	Heimath der M. A. Zurflüe	U I 442
17. 12. 1858	503	288	Westbahn gegen Lardy & Cons.	Expropriation	U I 390
17. 12. 1858	504	289	Delessert & Cons. gegen Westbahn	id	
18. 12. 1858	505	290	Rougemont gegen Franco-Suisse	id	
18. 12. 1858	506	291	Petitpierre-Wesdehlen gegen dieselbe	id	
18. 12. 1858	507	292	Bastardoz & Cons. gegen dieselbe	id	
20. 12. 1858	508	293	St. Sulpice gegen dieselbe	id	
20. 12. 1858	509	294	Alex. Roulet gegen dieselbe	id	
21. 12. 1858	510	295	Dir. Cie. Franco Suisse gegen Devenoge	Expropriation	
21. 12. 1858	511	296	Mad. Gaberel & Cons. gegen die Franco Suisse	id	
		297	Notar Mayer gegen Staat Waadt		
		298	Präsidialia pro 1858		
1859		299	Michel & Cons. gegen dieselbe [wohl Franco Suisse]	Expropriation	
		300	Hirschi & Cons. gegen dieselbe	id	
		301	Wieland-Rollmann gegen dieselbe	id	
		302	Ebikon, Dierikon ect. Gegen Ostwestbahn	id	
		303	Burgenauer gegen Union Suisse	id	
30. 6. 1859	515	304	Noverraz L. D. & Cons. gegen die Oron-Bahn	id	
1. 7. 1859	516	305	J.J. Schoenauer gegen die Centralbahn	id	
1. 7. 1859	517	306	Jaunin Erben gegen die Oron-Bahn	id	
2. 7. 1859	519	307	Albert Blau gegen die Centralbahn	id	
2. 7. 1859	520	308	Gde. Müllheim gegen die Nordostbahn	id	

Datum	§	Doss.	Bezeichnung der Personen	Gegenstand	Fundstellen
2. 7. 1859	521	309	Vasserot de Vincy gegen die Bahn Lyon-Genf	Forderung & Zins	U I 409 ff., 413
		310	Ulysse Girard et Cons. gegen Franco Suisse	Expropriation	
		311	Aug. Virchaux-Ruef gegen dieselbe	id	
		312	Henri de Buren & Strady gegen dieselbe	id	
		313	Isac Niccoller ect. gegen die Westbahn	id	
		314	Ch. Clement gegen dieselbe	id	
		315	Mad. Duboux gegen die Oron-Bahn	id	
		316	J. F. Détraz & Cons. gegen dieselbe	id	
		317	Friedrich & Hotz gegen die Centralbahn	id	
		318	Präsididialia pro 1855		
		319	Expropriationsakten für d. Walliser-Bahn	(cfr. W. 395, 521, 522)	
		320	J. J. Schäppi gegen die Nordostbahn		
		321	Blum & Gassler gegen dieselbe	id	
13. 12. 1859	522	322	Mechaniker Ludwig Schlöth in Basel & Streitgenossen	id	
14. 12. 1859	524	323	Peter Haussi zur Neumühle in Unterterz	id	
14. 12. 1859	525	324	Jacob Menzi, Ziegler daselbst	id	U I 412
14. 12. 1859	526	325	Georg & Frid. Egger in Tiefwinkel	id [Egger zum 2. Mal --> 268]	
15. 12. 1859	527	326	Die Ortsgemeinde Buchs-Werdenberg	id	
15. 12. 1859	528	327	Caspar Petermann in Gisikon	id	
15. 12. 1859	529	328	Theodor Daguet in Solothurn	id	
16. 12. 1859	530	329	Die Mitglieder d. Luzerner Regierung v. 1847	Rückforderung	Brand 84 f.
17. 12. 1859	531	330	Meinrad Schneeli im Seefeld	Expropriation	U I 413

Anhang 303

Datum	§	Doss.	Bezeichnung der Personen	Gegenstand	Fundstellen
17. 12. 1859	539	331	Geschwister A. & Ida Vasserot de Vincy	id	
19. 12. 1859	540	332	Sabine Soutter nés Buvelot à Morges	id	
19. 12. 1859	541	333	Mad. Pittet nés Dulon à Villeneuve	id	
19. 12. 1859	542	334	L'Hoirie [Vermächtnisnehmer] Bessat à Grandvaux	id	
20. 12. 1859	543	335	Buchdrucker Wolfrath in Neuenburg	Forderung [gestrichen, Verweis auf 372]	U I 375 ff.; ZSR IX 22; Musée neuchatelois, Jhg. 43 (1956), 195 ff.
21. 12. 1859	544	336	die Regierung von Baselland c^a. Centralbahn	Competenz-Streit	U I 400
21. 12. 1859	545	337	Joh. Balz, Gerber in Steinen	Expropriation	
		338	Gustav Immer & Cons. in Neuenstadt	id	
		339	Karl Fritz Krebs in Engelberg & Cons.	id	
		340	die Bürgergemeinde Nidau & Cons.	id	
		341	Joh. Aug. engel & Cons. in Twann	id	
		342	Jac. Lohri in Herblingen & Cons.	id	
		343	Joh. Römer, Notar im Gottstadt-Haus	id	
		344	Christian Schüpbach in d. Reute & Cons.	id	
		345	Joh. Weiss in Zug & Cons.	id	
		346	Adv. Peter Kamm in Mühlethal	id	
		347	Jac. Schneeli Baselstadt	id	
		348	die Ortschaft Mühlethal	Expropriation	
		349	Hauptmann J. J. Zweifel in Netstall	id	
		350	Landrath J. M. Merz in Mühlehorn	id	
		351	derselbe	id	

Datum	§	Doss.	Bezeichnung der Personen	Gegenstand	Fundstellen
		352	Peter Haussi in Unterterzen	id	
		353	Johann Müller Notar in Bern	id	
		354	Albert Trümpi, Spediteur in Bern	id	
		355	J. Dan. Fondu in Pully & Cons.	id	
		356	Protokolle der Schatzungs-Kommission für die Linie Sargans-Rorschach (cfr. No. 520)	id	
		357	Akten betr. Expropriationen in Lausanne, Pully, Vilette etc.	id	
27. 6. 1860	546	358	Joh. Balz, Gerber in Steinen	id [siehe auch Doss. 337]	
27. 6. 1860	547	359	die Bürgergemeinde Vingelz	id	
27. 6. 1860	548	360	Ost-West-Bahn gegen Schatzungs-Kommission Biel-Neuenstadt	Beschwerde über Kosten	
28. 6. 1860	549	361	Luzern c^a. Freiburg	Rückforderung	Brand 85 f.
29. 6. 1860	550	362	Friedrich Ferdinand Lange in Münsingen	Expropriation	[siehe Schloss Münsingen]
30. 6. 1860	552	363	Peter Studer, Bleicher in Langnau	id	U I 392
30. 6. 1860	552	364	Peter Mathys & Cons. v. Vingelz	id	U I 394 f.
		365	Expropriationsakten der Linie Rorschach-Wyl		
		366	Expropriationsakten der Nordostbahn C. Zurich		
		367	Expropriationsakten v. D. Fr. Visinand in Montreux & Cons.		
		368	Schulvogt J. Schraepfer in Mühlethal	Expropriation	
		369	die Genossame Mühlehorn	Expropriation	
		370	Jakob Keller, Bleicher v. Döttingen	Expropriation	

Anhang 305

Datum	§	Doss.	Bezeichnung der Personen	Gegenstand	Fundstellen
		371	Expropriationsakten, betreffend den Jura industriel		
		372	Wolfrath cª. Bundesrath	Entschädigungsforderung	
		373	Protokoll der Rorschach-Wyler-Eisenbahn		
		374 a&b	Protokolle der Schatzungs-Kommission für die Nordostbahn		
		375	Ortsgemeinde Quarten	Expropriation	
		376	Präsident Lendi & Cons. In Mols	Expropriation	
		377	Peter Britt in Tiefwinkel	id [siehe auch Doss. 325]	
		378	Einwohnergemeinde Ligerz & Cons.	id	
22. 10. 1860	556	379	Jac. Cham & J. Schneeli in Mühlethal	id	U I 406, 412
22. 10. 1860	557	380	Landrath J. Cham in Filzbach	id	
22. 10. 1860	560	381	Christian Schafroth in Bern	id	U I 415 f.
22. 10. 1860	562	382	Notar Joseph Stöcklin in Freiburg	id	U I 412
22. 10. 1860	563	383	Ph. Fr. Ed. v. Diessbach in Freiburg	id	
22. 10. 1860	564	384	der Staatsrath des Kt. Waadt	id	U I 403
22. 10. 1860	565	385	Mad. Girard nés Castella in Freiburg	id	
22. 10. 1860	567	386	Wittwe Nicod de Vevey	id	
22. 10. 1860	568	387	Fr. L. S. Triboux in Plan	id (in einem Hefte) [386,387]	
22. 10. 1860	569	388	Basellandschaft cª. Bundesrath	Zinsforderung	
22. 10. 1860	571	389	Minicipalität Neuenburg cª. Gemeinde daselbst [De Purry]	Eigentum & Nutzniessung	ZVR IX (1861) 337 ff.; Musée neuchâtelois, Jhg. 43 (1956), 72 ff.
22. 10. 1860	572	390	Tagwen Kerenzen, Obwalden & Cons.	Expropriation	

Datum	§	Doss.	Bezeichnung der Personen	Gegenstand	Fundstellen
		391	Marie Anne Overney & Streitg. von Freiburg	id	
		392	Ostwestbahn c^a. Gemeinde Nidau	Erläuterungsbegehren	
		393	dieselbe c^a. Melch. Kost in Gisikon	id	
		394	die Schützengesellschaft von Travers	Expropriation	
		395	Expropriationsakten der Walliserbahn	(cfr. No. 521, 522)	
		396	Expropriationsakten des Kantons Solothurn		
		397	Etienne Paschoud in Lutry	Expropriation	
		398	Jules Séchaud de Paudex et cons.	Expropriation	
		399	Expropriationsprotokoll der Linie Lausanne-Freiburg		
		400	Correspondenzen des Schweizerischen Justizdepartements		
1861		400	Correspondenz der Bundesgerichtskanzlei vom 9. 7. 1851- Anfang 1861		
		401	a) Jura industriel c^a. Franco-Suisse	Expropriation	
		401	b) Eventuelle Klage von Joh. Bosshard in Arth	id	
		402	Eventuelle Klage von Basel-Stadt c^a. Bund	Postentschädigung	U I 377
		403	Kirchgemeinde Mols c^a. Verein. Schw. Bahnen	Schadenersatzforderung betr. Kirche in Mols	
		404	Badische Bahnverwaltung c^a. J. Honnegger in Neuhausen	Expropriation	
		405	Eisenbahngesellschaft Lausanne-Freiburg gegen a) Charles Marchaud & Frau in Freiburg,	id	
		405	b) Apotheker Wilmer & Frau in Freiburg,	id	

Anhang 307

Datum	§	Doss.	Bezeichnung der Personen	Gegenstand	Fundstellen
		405	c) Capitän Rämy in Villars,	id	
		405	d) Gebrüder Küchli, Müller, in Flamatt	id	
		405	e) Wittwe Roubaty in Flamatt	id	
28. 6. 1861	587	406	Oronbahn c^a. Anton Locher, Müller, in Biolaz	id	
		407	Jura industriel c^a. Gemeide Peseux	Vindication	
28. 6. 1861	586	408	Gemeinde Mury c^a. Vereinigte Schweizerbahnen	Entschädigungsforderung	
29. 6. 1861	589	409	Luzern c^a. Wallis	Forderung aus Gemeinschaft	Brand 86 ff.
29. 6. 1861	590	410	Müller Bühl in Oberaach c^a. Nordostbahn	Expropriation	
28. 6. 1861	588	411	Klage gegen alte Staatsrath Castella, Präsidenten der Schätzungskommission Linie Neuenstadt	Entfremdung von Geldern	U II 319 f.
		412	Protokolle der Schätzungskommission für die Oronbahn vom 8. 4. bis 23. 5. 1861		
		413	Kinder von Philipp Creusaz in Bavois-Kt. Waadt c^a. Schweiz. Telegraphenverwaltung & Westbahn	Entschädigungsforderung	U I 378 f.; Brand 117 f.
27. 6. 1861	585	414	Lieut. Weidmann Aussersihl c^a. Nordostbahn	Expropriation	
		415	Kantonsrath Huber in Aussersihl c^a. Nordostbahn	id	
		416	Karl Rudolf in Zürich c^a. Nordostbahn	id	
		417	Heinrich Moser aus Charlottenfels c^a. Grossh. Badische Eisenbahnbauverwaltung	id	
		418	Beilagenheft zu No. 417, Akten der eidgenössischen Schatzungskommission i.S. Moser c^a. Badische Bahn	id	
		419	J. J. Müller in Aussersihl c^a. Nordostbahn	id	

Datum	§	Doss.	Bezeichnung der Personen	Gegenstand	Fundstellen
		420	Seidenfabrikant Rüegg in Aussersihl gegen Nordostbahn	id	
		421	Major C. v. Fischer aus Eichberg bei Thun gegen Centralbahn	id	
1862		422	Schweizerische Centralbahngesellschaft c[a]. a) Christian Glauser, Gutsbesitzer in Muri	id	
		422	b) Christian Bigler, Wirth in Gümlingen	id	
		422	c) Gottfried Maurer, in Gümligen	Expropriation	
		422	d) Wittwe Maurer, in Gümligen	id	
		423	Eisenbahngesellschaft Lausanne-Freiburg-Berner-Grenze c.		
		423	a) J. M. Bumann, in Freiburg	id	
		423	b) Claude Bochud, in Biolaz	id	
		423	c) Gebrüder Leyvraz, in Puidoux	id	
		423	d) J. F. Barrand, in Puidoux	id	
		423	e) Syndia Gumy, in Avry s/Matran	id	
		423	f) Geschwister Gumy in Avry s/Matran	id	
		423	g) H. Bron, à la Conversion s/Lutry	id	
		423	h) J. L. Pouly, à Lutry	id	
		423	i) Lise Marianne Chappuis veuve Bujard, à Lutry	id	
		423	k) Jeanne Marianne Louise Tachet née Gaudard, à Lutry	id	
		423	l) veuve Cassat née Crausaz, à Lutry	id	
		423	m) hoirie Maurice Bujard, à Lutry	id	

Anhang 309

Datum	§	Doss.	Bezeichnung der Personen	Gegenstand	Fundstellen
		423	n) demoiselles Jenny & Louise Ganty, à Lutry	id	
		423	o) hoirie Jean François Dizerens, à Lutry	id	
		423	p) François 8.e Bujard, à Lutry	id	
		423	q) Jean Louis Crausaz, à Lutry	id	
		423	r) commune de Lutry	id	
		424	Schweizerische Westbahn c. 1) Erbschaft v. J. L. Kohli v. Villars	id	
		424	Schweizerische Westbahn c. 2) Element u Cie. v. Villars	id	
		424	Schweizerische Westbahn c. 3) Henri Lauy v. Villars	id	
		424	Schweizerische Westbahn c. 4) J. L. Bovard in Villette	id	
		424	Schweizerische Westbahn c. 5) H. Louis Davisod in Villette	id	
8. 1. 1862	596	425	Einwohnergemeinde Thunstetten c. Bundesrath	Forderung auf Schadenersatz	U II 275 ff.; ZSR XII 54; ZVR NF II (1863) 108 ff.; Brand 92 f.
9., 10. 1. 1862	597 & 598	426	Thomas Braßey c. Schweizerische Centralbahn	Forderung	U II 278 ff., 332; Brand 93 f.
11. 1. 1862	599	427	Großh. Badische Bahn c. Med. D. Ringk in Schaffhausen	Expropriation	U II 321, 323
		428	Gemeinde Müllheim c. Schweizer. Centralbahn	id	
		429	Oberst Gmür in Schänis c. Verein.-Schweizerb.	id	

Datum	§	Doss.	Bezeichnung der Personen	Gegenstand	Fundstellen
28. 6. 1862	619	430	Baselland c. Centralbahngesellschaft (Schiedsgerichtliche Acten)	Rechtsverbindlichkeit der Eisenbahnconceßion Muttenz-Augst	
28. 6. 1862	615	431	Handels- und Zolldepartement c. Jacques François Manny in Dardagny	Kaßationsgesuch	
30. 6. 1862	621 / 625	432	Wiesenthalbahn c. 49 Grundeigenthümer im Kanton Baselstadt	Expropriation	U II 316, 321, 323 f.
2. 7. 1862	627 / 629	433	Rheinfährebesitzer zu Koblenz c. Nordostbahn	id	U II 286 ff., 333
4. 7. 1862	632	434	Kanton Uri c. Bund, A. Proceßschriften	Entschädigung für das Postregal	U II 333; Brand 81 f.
4. 7. 1862	"	435	Kanton Uri c. Bund, B. Protokolle u Acten der Proceßinstruct. Und bundesgerichtl. Urtheil	2 Bände, id	
4. 7. 1862	"	436	Kanton Uri c. Bund, C. Correspondenzen	id	
5. 7. 1862	633	437	Eidg. Schätzungscom. f. Biel-Neuenstadt c. Bernische Staatsbahn	id	
		438	Großh. Badische Bahn c.:		
	"		a) Ludwig Ziegler in Schaffhausen,	Expropriation	
	"		b) alt. Spitalmeister Spahn in Schaffhausen,	id	
	"		c) Zinsermeister Ulmer " "	id	
	"		d) Mayer Ott " "	id	
	"		e) Frau Registratur Frauler " "	id	
	"		f) J. J. Maurer Bäcker, " "	id	
29. 10. 1862	636 / 637	439	Baselland c. Baselstadt	Realtheilung der Basler-Festungswerke resp. Forderung	U II 292; Brand 94 ff.

Anhang 311

Datum	§	Doss.	Bezeichnung der Personen	Gegenstand	Fundstellen
31. 10. 1862	638 / 640	440	Centralbahn & Solothurn c. Baselland, A. Rechtsschriften der Parteien	Rückleitung der Waßer des Hauensteintunnels nach Baselland	
31. 10. 1862	"	441	Centralbahn & Solothurn c. Baselland, B. Acten des Instructionsverfahrens und Endurtheil	id	
31. 10. 1862	"	442	Centralbahn & Solothurn c. Baselland, C. Protocolle der eidgenößischen Schätzungscommiß.	id	
31. 10. 1862	"	443	Centralbahn & Solothurn c. Baselland, D. Referat des Hn. Scherz an die Schätzungskommißion	id	
31. 10. 1862	"	444	Centralbahn & Solothurn c. Baselland, E. Acten der Schätzungscommißion Fascic. I.	id	
31. 10. 1862	"	445	Centralbahn & Solothurn c. Baselland, F. Acten der Schätzungscommißion Fascic. II.	id	
31. 10. 1862	640	446	Centralbahn & Solothurn c. Baselland, G. Acten der Schätzungscommißion Fascic. III.	Rückleitung der Waßer des Hauensteintunnels nach Baselland	
		447	Bern für sich u. Namens der Gemeinde Evilard c. Aargau für sich u zu Hand d. Gemeinde Villnachern	Heimatrecht von G. A.Rhyner	
		448	Großh. Badische Eisenbahn c.	Expropriation	
		"	a) Kantonsrath Joh. Hallauer in Trasadingen		
		"	b) Johannes Zimmermann " "	id	
		"	c) Adrian Hallauer Wagner, " "	id	
		449	Louis Weck d' Onnens c. Eisenbahngesellschaft Lausanne-Freiburg-Bernergrenze	id	

Datum	§	Doss.	Bezeichnung der Personen	Gegenstand	Fundstellen
30. 10. 1862	639	450	Expropriaten in Riehen c. Wiesethalbahn	Begehren e. neuen Schätzung	
8. 1. 1863	641	451	Jean-Bapt. Bonaccio au Locle c. Schweizer. Postdepartement	Forderung auf Schadensersatz	
8. 1. 1863	642	452	Franz Näf von Oberhelfenschwil - St. Gallen c. Juditha Näf geb. Krüsi	Ehescheidung	U II 358 f.
9. 1. 1863	644	453	Pierre de Reynold de Pérolles c. Eisenbahngesellschaft Lausanne-Freiburg-Bernergrenze	Expropriation	U II 321, 322 f.
		454	Nordostbahndirection c. 1) Frei u Schlatter in Außersihl	id	
9. 1. 1863	645	"	" c. 2) Weinschenk Kindlimann in Außersihl	id	
		455	Großh. Badische Eisenbahn c.		
10. 1. 1863	646	"	1) Zimmermeister Ullmer in Schaffhausen	Expropriation	U II 322, 324
		"	2) Heinrich Meister älter, " "	id	
10. 1. 1863	647	"	3) Frau Metzger-Teulon " "	id	U II 323
		"	4) Joh. Frauenfelder	id	
		"	5) Posthalter Schaub	id	
		456	Bernische Staatsbahn c.		
		"	1) Jb Moser allié Maurer in Madretsch	Expropriation	
		"	2) Joh. Moser, Rudolf's sel. " "	id	
		"	3) Joh. Meyer u 4 Mith. in Brügg	id	
		"	4) Joh. Schneider, Stabhauer[?], " "	id	
		"	5) Jb Schneider, Schuhmacher, "	id	
		"	6) U. M. Salchli geb. Maurer	id	
		"	7) Joh. Kocher, Benedict's sel., Ägerten	id	

Anhang 313

Datum	§	Doss.	Bezeichnung der Personen	Gegenstand	Fundstellen
1863					
		456	Bernische Staatsbahn c.	Expropriation	
		"	8) Joh. Schneider, Scharfschütz, in Brügg	id	
		"	9) Salome Salchli " "	id	
		"	10) Benedict Kunz, Hausen sel., in Studen	id	
		"	11) Burgergemeinde Worben		
		457	Eisenbahnunternehmung Zürich-Zug-Luzern c.	Expropriation	
		"	1) Geschwister Dietrich in Altstätten	id	
		"	2) Johannes Gyr " "	id	
		"	3) Corporation Ober-Urdorf	idem (Anm.:) bez. a, aber kein b	
		458	Eisenbahnunternehmung Zürich-Zug-Luzern c. Jakob Syz zum Adler in Knonau	id	
		459	Wittwe Sandoz in Saint-Blaise c. Franco-Suisse		
30. 6. 1863	656	460	Bund c. Kantone Bern und Wallis	Einbürgerung der Familie Körbler	U II 373 f.
1. 7. 1863	658	461	Louis Daurel Fréd. Noverraz à Baussan c. chemin de fer Lausanne-Fribourg_Frontière Bernoise	Expropriation	U II 314 ff., 317
1. 7. 1863	659	462	Joh. Spielmann von Obergösgen c. Handels- und Zolldepartement	Kaßation	
2. 7. 1863	660	463	Frau Kammenzind-Inderbitzin c. Alois Kammenzind von Gersau - Ktn. Schwyz	Ehescheidung	U II 359 ff.
2. 7. 1863	661	464	Frau Boschung-Stämpfli c. Stephan Boschung von Bellegarde - Ktn. Freiburg	id	U II 362
2. 7. 1863	664	465	Vincent Victor Dériaz à Chéseaux c. chemin de fer Lausanne-Fribourg-Frontière Bernoise	Expropriation	U II 326 f.

Datum	§	Doss.	Bezeichnung der Personen	Gegenstand	Fundstellen
3. 7. 1863	665	466	Frau Seeberger-Stump c. Melchior Seeberger von Malters - Ktn. Luzern	Ehescheidung	U II 362
3. 7. 1863	666	467	Frau Salber-Müller c. Adolf Salber von Reiden - Ktn. Luzern	id	U II 362 f.
3. 7. 1863	667	468	Schuster Löliger in Kiesen c. Wiesenthalbahn	Vindication	U II 329 f.
3. 7. 1863	669	469	Rheinfährebesitzer zu Koblenz c. Nordostbahn	Erläuterungsbegehren	U II 333 f.
4. 7. 1863	670	470	Frau Wermelinger-Gut c. Lehrer Wermelinger von Triengen - Ktn. Luzern	Ehescheidung	U II 363 ff.
4. 7. 1863	671	471	Frau Schwank-Wetter c. Jak. Philipp Schwank von Landschlacht - Ktn. Thurgau	id (siehe auch Archiv-Zchn. 513)	
4. 7. 1863	672	472	Frau Braxel-Byon c. Paul Braxel von Constanz	id	U II 366 f.
		473	Bernische Staatsbahn c.		
		"	1) Daniel Schneider, Armengutsverwalter, in Brügge	Expropriation	
1863		"	2) Joh. Moser, Rudolf's sel. in Madretsch	id	
		"	3) Jacob Moser, Küfer, in Madretsch	Expropriation	
		"	4) Rud. Weieneth gew Präsident, " "	id	
		"	5) Jb Heer, auf dem Außerfeld, " "	id	
		"	6) Rudolf Lutz, Schuhmacher, " "	id	
		"	7) Johann Bälli, Gemeindschreiber, " "	id	
		"	8) Benedict Moser, Schneider, " "	id	
		"	9) Johann Moser, Zimmermann, " "	id	
		"	10) Jakob Weieneth, Zimmermann, " "	id	
		"	11) Wittwe Marger. Bieri, " "	id	

Anhang

Datum	§	Doss.	Bezeichnung der Personen	Gegenstand	Fundstellen
		"	12) Jb Moser, Statthalters sel., " "	id	
		"	13) Wittwe Moser geb. Meister, " "	id	
		"	14) Jb. Moser, Maurer, " "	id	
		"	15) Joh. Moser, Chorrichter, " "	id	
		"	16) Samuel Gautschi, " "	id	
		"	17) Burgergemeinde	id	
		"	18) Casp. Schneider, Sattler, in Brügg	id	
		"	19) Rudolf Pagan, Victor, in Nidau	id	
		"	20) Joh. Schürch, Gärtner, in Madretsch	id	
		"	21) Friedr. Moser, Steinhauer, " "	id	
		474	Bernische Staatsbahn c.		
		"	1) Friedr. Schwab, Commandant, in Biel	Expropriation	
		"	2) Wittwe Schwab geb. Werdan, " "	id	
		"	3) Kinder des Ferd. Köhli sel., " "	id	
		"	4) Wittwe Bridel geb. Schwab, " "	id	
		"	5) Wittwe Grüring u ihr Sohn Friedr., " "	id	
		"	6) Erbschaft von Albert Masel, " "	id	
		"	7) Johann Müller, auf Seefels, " "	id	
1863		474	8) Friederich Merz, Metzger, in Biel	Expropriation	
		"	9) David Girard, Sohn, Baumeister, " "	id	
		"	10) Burgergemeinde in Biel	id	
		"	11) Wittwe Weber, Schreiners, " "	id	
		"	12) Wilhelm Römer, Wirth, " "	id	

Datum	§	Doss.	Bezeichnung der Personen	Gegenstand	Fundstellen
		"	13) Rudolf Frei, Müller, " "	id	
		"	14) Gottlieb Sissler, Öler, " "	id	
		475	Joh. Keller, Müller, in Biel c. Bernische Staatsbahn	id	
		476	Bernische Staatsbahn c.		
		"	1) Jgfr. Verena Mutti in Münchenbuchsee	Expropriation	
		"	2) Benedict Rufener " "	id	
		"	3) Johann Marti in Kosthofen	id	
		"	4) Johann Stämpfli " "	id	
		477	Bernische Staatsbahn c.		
		"	1) Benedict Schneider Bauwart, in Brügg	Expropriation	
		"	2) Johannes Schneider, Benedicts', " "	id	
		"	3) Adolf Schneider, alt-Kirchmeier, " "	id	
		"	4) Caspar Schneider, Sattler, " "	id	
		"	5) Joseph Salchli, Schiffmann, " "	id	
		"	6) Peter Kocher, Schreiner, in Ägerten	id	
		"	7) Benedict Simmen, " "	id	
		"	8) Joh. Moser, Schneiders sel., in Madretsch	id	
		478	Veith Krauer in Schaffhausen c. Großh. Bad. Bahn	id	
		479	Bernische Staatsbahn c.		
		"	1) Johannes Zingg in Bußwyl	Expropriation	
		"	2) Johannes Stauffer, Präsident " "	id	
		"	3) Niklaus und Benedict Bangeter " "	id	

Anhang 317

Datum	§	Doss.	Bezeichnung der Personen	Gegenstand	Fundstellen
1863		479	4) Rudolf Eggli, Präsident in Bußwyl	Expropriation	
		"	5) Johannes Bangeter " "	id	
		"	6) Niklaus Löffel " "	id	
		"	7) Adam Löffel " "	id	
		"	8) Johannes Löffel " "	id	
		"	9) Benedict Löffel " "	id	
		"	10) Niklaus Eggli " "	id	
		"	11) Johannes Eggli, Benedict's, "	id	
		"	12) Benedict Knuchel in Buetigen	id	
		"	13) Benedict Bart in Bußwyl	id	
		"	14) Burgergemeinde Bußwyl	id	
		480	Bernische Staatsbahn c.		
		"	1) Benedict Marti, Gemeindschreiber, in Lyß	Expropriation	
		"	2) Rudolf Kuchen, Wirth, " "	id	
		"	3) Johannes Arn, Vater auf der Beueren, " "	id	
		"	4) Johann Marti, " " " " ,	id	
		"	5) Johannes Bangeter, Mechaniker, " "	id	
		"	6) Johann Struchen, auf dem Werdthof, " "	id	
		"	7) Gebrüder Äbi, in Lyß	id	
		"	8) Niklaus Lauper, Pintenwirth, " "	id	
		"	9) Rudolf Lauper in Locle, von Lyss	id	
		"	10) Benedict v. Büren, Benedicts sel., in Ammerzwyl	id	
		"	11) J. J. Christen, Müller, in Lyss	id	

Datum	§	Doss.	Bezeichnung der Personen	Gegenstand	Fundstellen
		"	12) Niklaus u Benedict Wyß, in Suberg	id	
		"	13) Johann u Jakob Wyß " "	id	
		"	14) Friedrich Baumgartner " "	id	
		"	15) Johannes Marti, Müller, " "	id	
1863		480	16) Benedict Marti, Amtsrichter, in Suberg	Expropriation	
		481	Eisenbahnunternehmen Zürich-Zug-Luzern c.		
		"	1) Gebrüder Vonmoos, auf der Reußinsel - Luzern	Expropriation	
		"	2) Mechaniker Weckerlin, " " "	id	
		"	3) Huber u Fleischlin, Besitzer v. Ziegelfabrik an der Reuß	id	
		"	4) Dominik Furrer, im Loch - Luzern	id	
		"	5) Pfyffer Knürr u seine Brüder in Luzern	id	
		"	6) Gebrüder Brunner, im Gogglismoos - Luzern	id	
		"	7) Jost Furrer, im Gretnerhof - Ebikon	id	
		"	8) Staat Luzern, als Besitzer des Schulhofes - Ebikon	id	
		"	9) Joseph Widmer, Gastwirth, in Ebikon	id	
		482	Großh. Badische Bahn c. Gebr. Pfister in Schaffhausen	id	
		483	Eisenbahnunernehmen Zürich-Zug-Luzern c.		
		"	1) Corporation Zug,	Expropriation	
		"	2) Thadäus Menteler in Zug	Expropriation	
		"	3) Joh. Casp. Schwarzmann, Pfleger, " "	id	

Anhang 319

Datum	§	Doss.	Bezeichnung der Personen	Gegenstand	Fundstellen
		"	4) Geschwister Keiser beim Schützhaus, " "	id	
		"	5) Georg Wyß, am Erlenbach, " "	id	
		"	6) Caspar Hotz, Posthalter, " "	id	
2. 12. 1863	674 & 675	484	Regierung von Schaffhausen c.		
2. 12. 1863	"	"	1) Stierlin, zur Löwenburg in Schaffhausen	Expropriation	
2. 12. 1863	"	"	2) Hch. Stierlin, Bierbrauer, " "	id	
2. 12. 1863	"	"	3) Jakob Springer, Landwirth, " "	id	
2. 12. 1863	"	"	4) Rudolf Engelhart, zum Adler, " "	id	
2. 12. 1863	"	"	5) Hch. Zollinger, Färber, " "	id	U I 320 f.
3. 12. 1863	676	485	Bund c. Luzern, Bern, Aargau, Solothurn, Baselland	Einbürgerung v. Engelbert Brutschi	
5. 12. 1863	678	486	Uri, Schwyz, Ob- und Nidwalden, Zug und Wallis c. Luzern und Freiburg	Vertheilung der Sonderbundskriegskosten	Brand 88
7. 12. 1863	681	487	Karl Leonhard Müller c. Sonderbundskantone	Entschädigungsforderung	U II 330 ff.; Brand 88ff.
		488	Acten der Bundesgerichtskanzlei aus den Jahren 1861–1863		
		489	Bernische Staatsbahn c.		
		"	1) Benedict Arn, in Grentschel zu Lyss	Expropriation	
		"	2) Johann Herrli, Krämer, zu Lyss	id	
		"	3) Rudolf Vondach, im Grentschel " "	id	
		"	4) Benedict Wyß, zu Lyss	id	
		"	5) Benedict Herrli, Hausen sel., " "	id	
		"	6) Friedrich Struchen, Müller, " "	id	
		"	7) Samuel Vondach, " "	id	

Datum	§	Doss.	Bezeichnung der Personen	Gegenstand	Fundstellen
		"	8) Benedict Bürgi, " "	id	
		"	9) Samuel Egger u Elis Beck, " "	id	
		"	10) Benedict Vondach, Gärtner, " "	id	
		"	11) Jakob Hauser, " "	id	
		"	12) Johannes Marti auf der Lauer, " "	id	
		"	13) Johannes Marti am Schlattbach " "	id	
		"	14) Adam Möri Hauser, " "	id	
		"	15) Hans Möri, Hausen, " "	id	
		"	16) Johannes Lauper, Vater, " "	id	
		"	17) Benedict Möri, " "	id	
		"	18) Johannes Arn, in den Stauden zu Lyss	id	
		"	19) Christian Bangeter, auf d. Werdthof zu Lyss	id	
		"	20) Johannes Bangeter, " " " "	id	
		"	21) Benedict Marti, Gemeindschreiber, zu Lyss	id	
		"	22) Friedrich Vondach, Zimmermeister, " "	id	
		"	23) Johann Zimmermann, Uhrenmacher, " "	id	
		"	24) Benedict Marti, Färber, " "	id	
1863		489	25) Abraham Leiser, zu Lyss	Expropriation	
		"	26) Benedict Marti, Schreiner, " "	id	
		"	27) Benedict Portier auf d. Werdthof, " "	id	
		"	28) Johannes Strauchen, zu Lyss	id	
		"	29) Joh. Schwab, Jakobs auf d. Werdthof, " "	id	

Anhang

Datum	§	Doss.	Bezeichnung der Personen	Gegenstand	Fundstellen
		"	30) Benedict Arn u Rudolf Arn zu Zuckenriedt	id	
		"	31) Johannes Arn, Zimmermann, zu Lyss	id	
		"	32) Adam Wyßheer, " "	id	
		490	Bernische Staatsbahn c.	Expropriation	
		"	1) Benedict Hauser, Benedicts, zu Bundkofen	id	
		"	2) Niklaus Bucher, Müller, " "	id	
		"	3) Benedict Moser, " "	id	
		"	4) Friedrich Hauser, Unterweibel, " "	id	
		"	5) Benedict Hauser auf d. Hag	id	
		"	6) Schwestern Vogt, " "	id	
30. 6. 1864	693	491	Gustave de Coppet in Lausanne c. Eisenbahn Lausanne-Freiburg	Vindication	
2. 7. 1864	695	492	Sophia Zöllig geb. Baumann c. Jos. Gabriel Zöllig, Schneider, von Burg - Ktn. St. Gallen	Ehescheidung	
2. 7. 1864	696	493	Anna Elisab. Eberle geb. Zölper c. Joh. Eberle von Amden - Ktn. St. Gallen	id	
2. 7. 1864	698	494	Anton Hurter, Schützenhauptmann, in Luzern c. Eisenbahn Zürich-Zug-Luzern	Expropriation	
		495	Med. Dr. Kaufmann in Großaffoltern c. Schweizer. Postdepartement	Entschädigung	
		496	1) Bernhard Keller, z. große Engel in Schaffhausen	Expropriation	
		"	2) Jakob Brunner-Jäger, " "	id	
		"	Großh. Badische Eisenbahnbauverwaltung		

Datum	§	Doss.	Bezeichnung der Personen	Gegenstand	Fundstellen
15. 11. 1864	701	497	Stadtrath v. Waldkirch in Schaffhausen c. Großh. Badische Eisenbahnbeuverwaltung	Expropriation	
15. 11. 1864	702	498	Heinrich Zollinger, Färber, in Schaffh. c. Schaffh.	id	
16. 11. 1864	704	499	Bund c. Schwyz, Bern und Solothurn	Einbürgerung der Cresc. Graf	
16. 11. 1864	705	500	Joh. Balz, Gerber, zu Steinen bei Signau c. Bernische Staatsbahn	Expropriation	
17. 11. 1864	707	501	Graubündten nom. Roveredo u S. Vittore c. Tessin nom. Lumino u Arbedo mit Castione	Vollzug eines Schiedsspr.	
		502	Bernische Staatsbahn c.		
		"	1) Ulrich Haldemann, Thurmwirth, in Signau,	Expropriation.	
		"	2) Joh. Ulrich Krähenbühl, in Signau	id	
		"	3) Christian Gerber, Rothgerber, in Lagnau,	id	
		"	4) Gemeinde Lauperswyl.	id	
30. 6. 1864	694	503	J. F. Dufey in Pélézieux u Ant. Bochud in Bossonnens c. Eisenbahn Laus.-Freib.-Bern	id	
		504	Bernische Staatsbahn c.		
		"	1) Christ. Häberli, Rud'., u 15 Mith., in Münchenbuchsee,	Expropriation.	
		"	2) Jb Leu, im Gsteig - Gmde Schwanden,	id	
		"	3) Erbschaft Fallenberg, in Hofwyl,	id	
		"	4) Karl Leutwein, in Diemerswyl,	id	
		"	5) Johann Hegg, Thierarzt, in Münchenbuchsee,	id	
		"	6) Magd. Vogt geb. Vogt u 10 Mith., in Schüpfen,	id	

Anhang 323

Datum	§	Doss.	Bezeichnung der Personen	Gegenstand	Fundstellen
		"	7) Joh. Stähli, Viehhändler, u 5 Mith., in Schwanden	id	
		"	8) Jakob Leu, in Gsteig;	id	
		"	9) Erbschaft Rufer und 4 Mith., in Münchenbuchsee;	id	
		"	10) Friedr. Käch u 1 Mith., in Moosseedorf,	id	
		"	11) Niklaus Leemann, Zimmermann, in Zollikofen.	id	
1865		505	Frau Luisa Riethauser geb. Wüst c. Theobald Riethauser von 5.enfeld.	Ehescheidung.	
		506	Frau Elisabetha Fröhlich geb. Hofmann c. Jakob Fröhlich, Kürschner, von Luzern.	id	
		507	Schweizerische Nordostbahn c. Albert Sigg, Müller, in Niederglatt.	Expropriation.	
29. 6. 1865	715	508	Samuel François Duplan in Luzern c. Schweizerische Centralbahn.	Ehescheidung.	
29. 6. 1865	716	509	Tobias Gloor in Ober-Urdorf c. Schweizerische Nordostbahn nom. Eisenbahn Zürich-Zug-Luzern.	Beschwerde üb. Nichtbezahlung.	
30. 6. 1865	717	510	Frau Pugin geb. Hartmann c. alt. Notar Pugin von Freiburg.	Ehescheidung.	
30. 6. 1865	719	511	Tessiner-Schätzungskommißion c. Centraleuopäische Eisenbahn.	Beschwerde üb. Nichtbezahlung.	
30. 6. 1865	720	512	Frau Baumann geb. Baselgia c. Joh. Jab. Baumann, Maurer, von Ilanz.	Ehescheidung.	
1. 7. 1865	723	513	Frau Schwank geb. Wetter c. Jakob Philipp Schwank gewes. Eisenbahnzugführer, von Landschlacht.	Ehescheidung. (siehe auch Archiv-Zchn. 471)	Brand 115

Datum	§	Doss.	Bezeichnung der Personen	Gegenstand	Fundstellen
		514	Protocoll der Schätzungscommißion für die Eisenbahnlinie Morges-Lausanne_Yverdon, I. Band (1853).		
		515	Idem, II. Band (1854-1859).		
		516	Idem, III. Band, Gemeinde Yverdon (1853).		
		517	Protocoll der Schätzungscommißion für die Eisenbahnlinie Bulle-Romont, Gemeinden Bulle, Vaulruz, Sâles, Rueyres u. Arrufens.		
		518	Protocoll der Schätzungscommißion für die Eisenbahnlinie Lausanne-Freiburg-Bern, Expropriationen im Kanton Freiburg.		
		519	Protocoll der Schätzungscommißion für die Eisenbahnlinie Ragaz-Rapperschwyl.		
		520	Protocoll der Schätzungscommißion für die Eisenbahnlinie Rorschach-Sargans.		
		521	Protocoll der Schätzungscommißion für die Ligne d'Italie, I. Band, Gemeinden Sion u St. Léonard.		
		522	Idem, II. Band, Gemeinden St. Léonard, Sion, St. Gingolphe.		
		523	Protocoll der Schätzungskommißion für die Westbahnlinie Yverdon-Vaumarcus, 1858/59.		
		524	Idem, Gemeinden Yverdon und Concise, 1858/59.		
19. 12. 1865	727	525	Consorts Chevalley à La Locle c. chemin de fer Lausanne-Fribourg-Berne.	Expropriation.	
21. 12. 1865	728	526	Hans Ulrich Weber in Seebach c. Nordostbahn.	id	

Anhang 325

Datum	§	Doss.	Bezeichnung der Personen	Gegenstand	Fundstellen
22. 12. 1865	731	527	Bundesrath c. Teßin und Graubündten.	Einbürgerung d. Familie Sonanini.	
23. 12. 1865	734	528	Expropriaten im Kanton Teßin c. Sillar u Cie. resp. centraleuropäische Eisenbahn.	Expropriation.	
		529	Acten der Bundesgerichtskanzlei aus den Jahren 1864 und 1865.		
29. 6. 1866	742	530	Schweizerische Westbahn c. Albert Römer, in Gravelines bei Yverdon.	Expropriation.	
29. 6. 1866	743	531	Eheleute Künzler-Müller von St. Margareth [sic] - Ktn. St. Gallen.	Ehescheidung.	Brand 116
29. 6. 1866	745	532	Handels- und Zolldepartemt. c. Michel Laravoire in Chévrens - Ktn. Genf.	Kaßation.	Brand 123
30. 6. 1866	746	533	Eheleute Meyer-Hoffmann von Rorschach.	Ehescheidung.	
30. 6. 1866	747	534	Eheleute Schwarzer-Strauli von Kappel - Ktn. St. Gallen.	Ehescheidung.	
30. 6. 1866	748	535	Eheleute Walser-Dietiker von Laupersdorf - Ktn. Solothurn.	Ehescheidung.	
30. 11. 1866	758	536	Baumeister U. Meier in Luzern c. Nordostbahn.	Expropriation.	
30. 11. 1866	759	537	Eheleute Wirz-Hanhart von Solothurn.	Ehescheidung.	
30. 11. 1866	760	538	Eheleute Klingler-Freund von Goßau - Ktn. St. Gallen.	id	
1. 12. 1866	762	539	Rud. Wernli, Negotiant, in Aarau c. Nordostbahn.	Expropriation.	
1. 12. 1866	763	540	Eheleute Stark-Jakob, von Gonten - Ktn. Appenzell I. Rh.	Ehescheidung.	
1. 12. 1866	764	541	Eheleute Jäger-Leutenegger von Pfäfers.	id	
1. 12. 1866	765	542	Eheleute Fäh-Brugger von Kaltbrunn, Ktn. St. Gallen.	id	

Datum	§	Doss.	Bezeichnung der Personen	Gegenstand	Fundstellen
1. 12. 1866	766	543	Eheleute Dörig-Schaz von Appenzell.	id	
		544	Protocoll der eidgenössischen Schätzungscommißion für die pneumatische Eisenbahn in Lausanne.		
		545	Acten der Bundesgerichtskanzlei aus den Jahren 1866 und 1867 bis zum Rücktritt von Bundesgerichtsschreiber Escher.		
19. 3. 1867	788	546	Erbschaft Testuz c. Eisenbahn Lausanne-Freiburg-Bern.	Vindication.	
20. 3. 1867	789	547	Eheleute Vettiger-Hämmi von Chur.	Ehescheidung.	
20. 3. 1867	791	548	Bern resp. Gemeinde Chatillon c. Solothurn resp. Gemeinde Tscheppach	Heimatrecht der Mm. Culpt.[?]	
22. 3. 1867	794	549	Berner-Forstgesellschaft c. Bernische Staatsbahn.	Forderung.	
23. 3. 1867	799	550	Schweizer. Pulververwaltung c. David Pichard et Henri Cullaz.	Kaßation.	
		551	Eheleute Grübler-Bertschinger in Wyl - Ktn. St. Gallen.	Ehescheidung.	
		552	Kant. Bern c. Kant. Solothurn be.	Ableitung des Grabenbachs	
		553	Dampfschifffahrts-Gesellschaft für den Bodensee u Rhein c^a. Kt. Schaffhausen	Betheiligung an der Actiengesellschaft	
28. 6. 1867	802	554	Bundesrath c^a. Schwyz u Unterwalden N.W.	Expropriation	
28. 6. 1867	803	555	Fries & Cons. (Gebr. Klöti u. H. Tanner) c^a. Nordostbahn	Heimathrecht der Fr. Kamm	
29. 6. 1867	812	556	Lena Ochsner geb. Graf c^a. Urb. Ochsner Kt. St. Gallen	Ehescheidung	
29. 11. 1867	819	557	Anne Fr. Christin geb. Dupertuis c^a. Pierre Christin von St. Gingolf	Ehescheidung	

Anhang

Datum	§	Doss.	Bezeichnung der Personen	Gegenstand	Fundstellen
30. 11. 1867	820	558	Eheleute Ruegg von St. Gallen-Kappel	Ehescheidung	
30. 11. 1867	821	559	Eheleute Zahner von Niederbühren (St. Gallen)	Ehescheidung	
30. 11. 1867	822	560	Eheleute Widmer von Ebnat (St. Gallen)	Ehescheidung	
30. 11. 1867	824	561	Eheleute Büchner von Darmstadt	Ehescheidung	
30. 11. 1867	825	562	Eheleute Haslimann von Luzern	Ehescheidung	
		563	Schätzungscommißion Bulle-Romont; Spezialfall Menoud c^a. Direktion der Gesellschaft		
4. 7. 1868	841	564	Eheleute Alois u Cath. Burri von Malters	Ehescheidung	
2. 7. 1868	837	565	Henri u Aymon de Gingins von La Sarraz c^a. Eisenbahn Jougne Eclépens	Expropriation	
4. 7. 1868	840	566	J. Funk in Dietfurt c^a. Toggenburger Eisenbahn	id	
3. 7. 1868	839	567	Eheleute Jos. Alb. u Marianne Tinguely von Pont-la-Ville	Ehescheidung	
1. 7. 1868	833	568	Regierung des Kant. Aargau c^a. Regierung des Kant. Schaffhausen	Heimathrecht eines Kindes	
		569	Eisenbahn Jougne-Eclépens c^a. verschiedene Partikularen	Expropriation	
3. 12. 1868	844	570	Regierung des Kt. Bern c^a. Regierung des Kt. Luzern	Verpflegung und Kosten eines Findelkindes	
4. 12. 1868	845	571	Eheleute Dominique u Rose Koffel von Estavayer Kt. Freiburg	Ehescheidung	
4. 12. 1868	846	572	Ad. Müller v. Luzern c^a. eidg. Postverwaltung	Ersatzforderung	
4. 12. 1868	847	573	Eheleute Fr. Jos. u Ros. Barb. Wehrle v. Zermatt Kt. Wallis	Ehescheidung	
5. 12. 1868	848	574	Jos. Vögtli v. Läufelfingen c^a. Centralbahn	Expropriation u Schadenersatz	

Datum	§	Doss.	Bezeichnung der Personen	Gegenstand	Fundstellen
5. 12. 1868	849	575	Eheleute Andr. U Barb. Nussbaumer v. Oberägeri Kt. Zug	Ehescheidung	
		576	Moulin-Bornu c^a. Eisenb. Jougne-Eclépens und	Expropriation	
			Menoud c^a. Eisenb. Bulle-Romont		
		577	Gaupp & Kons. c^a. Nordostbahn	Expropriation	
		578	Grensing & Kons. v. Steinach c^a. Nordostbahn	Expropriation	
		579	Toggenburger Eisenbahn (gütlich erledigte Fälle)	Expropriation	
		580	Kanzleiakten der Jahre 1867 u 1868		
1. 7. 1869	860	581	Kant Bern c^a. Kant. Aargau	Bürgerrecht vorehelicher Kinder	
2. 7. 1869	862	582	Geistlichkeit des Kant. Schaffhausen gegen Kant. Schaffhausen	die sog. Hospeswohnung	
3. 7. 1869	863	583	Eheleute Eckard von Menziken Kt. Zug	Ehescheidung	
23. 10. 1869	868	584	Eheleute Scherer v. Mosnang Kt. St. Gallen	Ehescheidung	
26. 10. 1869	869	585	Kummer u Ernst c^a. eidg. Militärdeparte.	Forderungen	
28. 10. 1869	870	586	Bernische Staatsbahn c^a. Alex Kocher	Forderungen	
		587	Nicht zum bundesgerichtlichen Entscheide gelangte Expropriationsrekurse aus Rorschach u Goldach		
		588	Da. in Sache Bourrg c^a. N.O. Bahn		
		589 a+b	Bahn Bülach-Regensburg	Expropriation	
		590 2 vol.	Eisenbahn Lausanne-Freiburg, waadtländer Gebiet 1858-1864 (bez. I u II)		

Anhang 329

Datum	§	Doss.	Bezeichnung der Personen	Gegenstand	Fundstellen
		591	D°. (Reclamations sur le Territoire Vaudois) 1857-1862	Expropriation	
		592	D°. (verschiedene Akten)		
18. 12. 1869	871	593	Eheleute Ducrest von du Crêt, Kant. Freiburg	Ehescheidung	
2. 7. 1870	873	594	Eheleute Albrecht von Mels, Kant. St. Gallen	Ehescheidung	
2. 7. 1870	874	594	Eheleute Stampfli von Solothurn	Ehescheidung	
2. 7. 1870		596	Bernische Forstgesellschaft c^a. Berner Staatsbahn	Forderungssache	
1872		597/a	Procès-verbal des opérations de la Commission féd.le d'éstimation pour le chemin de fer Porrentruy-Delle		
		597.b.	1 Band Eingaben der Exproprianten, Korrespondenzen nebst Beilagen		
		597.c	1 Mappe mit 8 Plänen		
		598	Kanzleiakten pro 1869 u 1870		
2. 12. 1872	882	599	Fr. Stoppiani geb. Strazza c^a. eidg. Postverwaltg	Ersatzforderung	
3. 12. 1872	888	600	Eheleute Joh. Joseph - Susanna Bäriswyl	Ehescheidung	
		601	Senn & Cons., Häuserbesitzer in Burgerau, gegen Ver. Schweizerbahnen	Ersatzforderung	
		602	Eheleute Johannes - Anna Barb. Bucher von [?] Kt. St. Gallen	Ehescheidung	
		603 a+b	Hoffmann c^a. Nordostbahn	Expropriation	
		604	Roth, Etter, Altwegg u Kunz c^a. Nordostbahn	id	
29. 6. 1871	896	605	Regierung des Kant. Zürich c^a. Regierung d. Kant. Schwyz	Heimathörigkeit eines Findelkindes	

Datum	§	Doss.	Bezeichnung der Personen	Gegenstand	Fundstellen
30. 6. 1871	898	606	Eheleute Christoph Germain u Johanna Barra v. Tafers, Kant. Freiburg	Ehescheidung	
30. 6. 1871	899	607	Natale u Elise Marianne Girola von Cureggia Kant. Tessin	Ehescheidung	
30. 6. 1871	900	608	Fr. Gfeller, Postkondukteur, c^a. eidgenöß. Postverwaltung	Schadenersatz	
1. 7. 1871	901	609	Friedr. u Pauline Curti, Eheleute, von Rapperschwyl	Ehescheidung	
1. 7. 1871	902	610	Eheleute Joh. Anton u Babette Rüst von Thal Kant. St. Gallen	Ehescheidung	
3. 11. 1871	904	611	Regierung von Zürich gegen Regierung von Schaffhausen	Heimathberechtigung	
3. 11. 1871	905	612	Eheleute Joseph u Elisab. Schmucki von St. Gallenkappel, Kant. St. Gallen	Ehescheidung	
3. 11. 1871	906	613	Eheleute Joh. Thomas u Margaretha Vallaulta von Ruis, Kant. Graubünden	Ehescheidung	
4. 11. 1871	907	614	Eheleute Joseph u Maria Lingg von Grossdietwyl, Kant. Luzern	Ehescheidung	
4. 11. 1871	908	615	Eheleute Joh. Rupert u Susanna Schälli von Niederbüren, Kant. St. Gallen	Ehescheidung	
4. 11. 1871	909	616	Jacob und Barbara Zwicker von Gossau, Kant. St. Gallen	Ehescheidung	
		617	Korporation Weggis gegen die Rigi-Bahn	Expropriation	
		618	G. Michel zum Seehof in Romanshorn gegen die Nordostbahn	Expropriation	
1871		619	Benjamin Truan gegen die Eisenbahn Jougne-Eclépens	Expropriation	
		620	Louis Béchaux u Konsorten gegen die Eisenbahn Pruntrut-Delle	Expropriation	

Anhang 331

Datum	§	Doss.	Bezeichnung der Personen	Gegenstand	Fundstellen
		621	Eheleute Hauer u Maria Anderegg v. Oberhelfenschwyl Kant. St. Gallen	Ehescheidung	
1872		622	Thui von Derendingen gegen Schweiz. Centralbahn	Expropriation	
		623	Bernische Jurabahnen Schätzungsverhandlungen in Sachen von Privaten u der Gemeinden Péry, La Heutte, Corgémont, Courtelary, Cormoret	Expropriation	
		624	Brünigbahn. I. Sektion: Bödelibahn. Schätzungsverhandlungen im Gemeindebezirk Aarmühle	Expropriation	
		625	Bernische-Jurabahn Verhandlungen der eidg. Schätzungskommißion in den Gemeinden Biel, Bözingen u Nidau	Expropriation	
		626	Bernische Jurabahn. Verhandlungen der eidg. Schätzungskommißion in den Gemeinden Vauffelin, Péry, La Heutte, Corgémont, Cortébert, Courtelary, Cormoret	Expropriation	
1. 1872		627	Verhandlungen der eidg. Schätzungskommißion über die Verbindungsbahn in den Rangierbahnhof Basel	Expropriation	
9. 1872		628	Centralbahn. Verhandlungen der eidg. Schätzungskommißion über Erweiterung Stationsanalgen in Derendingen	Expropriation	
7. 1872		629	Berner Jurabahn. Verhandlungen der eidg. Schätzungskommißion betreffend die abtretungspflichtigen Partikulare von Sonceboz-Sombeval, Tavannes u St. Imer.	Expropriation	

Datum	§	Doss.	Bezeichnung der Personen	Gegenstand	Fundstellen
7. 1872		630	Berner Jurabahn. Verhandlungen der eidg. Schätzungskommißion betreffend die Gemeindegüter von La Heutte, Sonceboz-Sombeval, Tavannes u Villeret	Expropriation	
6. 1872	914	631	Roth & Cie. in Solothurn c^a. eidgenöß. Postverwaltung	Ersatzforderung	
6. 1872	915	632	Ludw. Dreyfuss & Cie. in Zürich c^a. eidg. Oberkriegskommißariat	Forderungssache	
6. 1872	916	633	Susanna Ruegg v. St. Gallen-Kappel	Ehescheidung	
6. 1872	917	634	Elisabeth Scheidegger geb. Schenk c^a. Franz Scheidegger v. Oehringen	Ehescheidung	
6. 1872	919	635	Domenik Bossard v. Hergiswyl c^a Maria Bossard geb. Kaufmann	Ehescheidung	
6. 1872	921	636	Emma Susanna Moser, geb. Mathys c^a Joh. Robert Moser v. Niederhelfenswyl	Ehescheidung	
6. 1872	922	637	Margareth Egli geb. Wild c^a. Joh. Egli v. Wildhaus	Ehescheidung	
6. 1872	923	638	Barbara Lenzlinger geb. Huber c^a. Joh. Bapt. Lenzlinger v. Mosnang	Ehescheidung	
6. 1872	924	639	Mathilde Hager, geb. Schubiger c^a. Friedrich Hager v. Gams	Ehescheidung	
6. 1872	925	640	Joh. Heinrich Morf v. Rykon c^a. M^a. Magd. Barb. Morf, geb. Hammel	Ehescheidung	
9. 1872	-	641	Jacob Blattmann in Wädenswyl c^a. Eisenbahn Wädenswyl-Einsiedeln	Expropriation	
8. 1872	-	642	Privatleute in Biel c^a. Bernische Jurabahn	Expropriation	
	-	643	Bertha Holinger geb. Knaus c^a. Franz Holinger v. Gipf (Aargau)	Ehescheidung	

Anhang 333

Datum	§	Doss.	Bezeichnung der Personen	Gegenstand	Fundstellen
9. 1872	-	644	Edmund Fissot in Lausanne c^a. Schweiz. Westbahn	Expropriation	
11. 1872	929	645	Alexander Schöni in Biel c^a. Bernische Jurabahn	Expropriation	
11. 1872	931	646	Anna Elisab. Hälg geb. Schiess c^a. Franz jos. Hälg v. Oberbüren	Ehescheidung	
11. 1872	932	647	Jacob Rebmann in Wädenswyl c^a. Eisenbahn Wädenswyl-Einsiedeln	Expropriation	
11. 1872	933	648	Heinrich Knabenhans in Wädenswyl c^a. Eisenbahn Wädenswyl-Einsiedeln	Expropriation	
11. 1872	934	649	Heinrich Treichler in Wädenswyl c^a. Eisenbahn Wädenswyl-Einsiedeln	Expropriation	
11. 1872	936	650	Susanna Barb. Weyermann geb. Ruggli c^a. Anton Fr. Weyermann v. Wittenbach	Ehescheidung	
11. 1872	937	651	Elise Wirth geb. Lutz c^a. Albert 7.us Wirth v. Lichtensteig	Ehescheidung	
11. 1872	-	652	Partikularen von La Heutte-Renan c^a. Bernische Jurabahn	Expropriation	
11. 1872	-	653	Gemeinden Sonvilier, La Heutte u Renan c^a. Bernische Jurabahn	Expropriation	
11. 1872	-	654	Columban Kümmi c^a. Eisenbahn Wädenswyl-Einsiedeln	Expropriation	
11. 1872		655	Gottfried Hüller c^a. die nämliche Eisenbahn	Expropriation	
11. 1872		656	Eisenbahn Wädenswyl-Einsiedeln c^a. Haubgenossen	Expropriation	
2. 1872	-	657	Bahnhof Freiburg	Expropriation	
3. 1872	-	658	Eisenbahn Morges-Lausanne-Yverdon (Gremier et Moulin in Lausanne)	Expropriation	

Datum	§	Doss.	Bezeichnung der Personen	Gegenstand	Fundstellen
12.1872/ 2.1873	-	659	"Obnen-Linie" der Bödelibahn (I. Sektion der Brünigbahn)	Expropriation	
2.1873	-	660	Bahnhof in Olten (Fürst & Cons)	Expropriation	
2.1873	-	661	Verbindungsbahn in Basel in Sachen Kleimt-Schmidt u Puig in Basel	Expropriation	
2.1873	-	662	Schatzungen in Kiesen u Thun	Expropriation	
3.1873	-	663	Bernische Staatsbahn (Gümlingen- Langnau) in Sache von Jacob Aeberhardt in Aemligen	Expropriation	
1860/1864	-	664	Badische Staatsbahn durch den Kant. Schaffhausen	Expropriation	
1873	-	665	Eisenbahn Bern-Langnau-Luzern für die Strecke Wiggen-Escholzmatt	Expropriation	
4.1873	-	666	Franz Jos. Laube in Hohentingen gegen die Nordostbahn	Expropriation	
5.1873	-	667	Rudolf Huber in Kaiserstuhl gegen die Nordostbahn	Expropriation	
6.1873	-	668	Eheleute Elisab. Scheidegger geb. Schenk cᵃ. Franz Scheidegger v. Oekingen	Ehescheidung	
7.1873	950	669	Eheleute Margaretha u Philipp Zay von Ragaz	Ehescheidung	
7.1873	951	670	Maria Gertr. U Fr. Xaver Anderegg v. Oberhelfenswyl (St. Gallen)	id	
7.1873	952	671	Carolina u Julius Caviezel v. Seth (Graubünden)	id	
7.1873	956	672	Alexander Germain u Pauline Weber in Rorschach	id	
7.1873	957	673	Bernische Jurabahn gegen Lydie Voirol in Tavannes (Bern)	Expropriation	
7.1873	958	674	Caspar u Elisabeth Bürgi v. Arth (Schwyz)	Ehescheidung	

Anhang 335

Datum	§	Doss.	Bezeichnung der Personen	Gegenstand	Fundstellen
7. 1873	962	675	Rosina Margr. u Alois Walker v. Bürglen (Uri)	id	
7. 1873	963	676	Carolina u Heinrich Grob v. Bütschwyl (St. Gallen)	id	
7. 1873	959	677	Maria Barb. u Abraham Fuchs v. Gonten (Appenzell I R.)	id	
7. 1873	961	678	Rosina u Albert Hadr. Büssard v. Freiburd	id	
7. 1873	966	679	Eisenbahn Wädenschwyl-Einsiedeln gegen Korporation Wollerau	Expropriation	
7. 1873	967	680	Catharina u Friedrich Huber v. Wöschnau (Solothurn)	Ehescheidung	
7. 1873	968	681	Fritz u. Rosa Meyer v. Zizers (Graubünden)	id	
7. 1873	965	682	Carl u Chlotilde Hug v. Wallenstadt (St. Gallen)	id	
7. 1873	970	683	Bertha u Joseph Herrmann v. Malters (Luzern)	id	
7. 1873	971	684	Johanna u Ludwig Jecker v. Oberbuchsiten (Solothurn)	id	
7. 1873	972	685	Johanna u Constantin Scherer v. Häggenschwyl (St. Gallen)	id	
7. 1873	954	686	Margar. Carolina u Johann Maurer v. Leuk (Wallis)	Ehescheidung	
7. 1873	955	687	Joh. Kohler in Gossau gegen Ver. Schweizerbahnen	Expropriation	
7. 1873	-	688	Société foncière des Boulevards in Lausanne gegen schweiz. Westbahn	id	
4. 1873	-	689	Sophie, Cécile u Uranie d'Ivernois in Neuchâtel gegen Franco-Suisse	id	
4. 1873	-	690	Eisenbahn Wädenswyl-Einsiedeln gegen Allmend Korporat. Richterswyl	id	

Datum	§	Doss.	Bezeichnung der Personen	Gegenstand	Fundstellen
6. 1873	-	691	Ami Girard in Renan gegen Bernische Jurabahn	id	
5. 1873	-	692	Cath. Willi in Kaiserstuhl gegen Nordostbahn	id	
7. 1873	-	693	Joh. Meyer in Olten gegen Centralbahn	id	
-	-	694	Kanzleiakten pro 1871 u 1872	-	
6. 1873	-	695	Protokoll betreffend die Werke Wiggen-Escholzmatt	Expropriation	
8. 1873	-	696	Barbara Schneider in Riesen gegen Centralbahn	id	
9. 1873	974	697	Eidgenöß. Zolldepartement gegen Gabriel Charbonnier u Lucien Bray	Zolldefraudation	
9. 1873	975	698	Korporationsgemeinde Luzern gegen Regierung von Luzern	Eigenthumsansprüche an das Seegestade	
9. 1873	976	699	Schweizer. Bundesrath gegen Regierungen von Bern u Solothurn	Heimathlosigkeit (Familie Bürgi)	
9. 1873	977	700	Elisab. Schütz geb. Ranenick gegen Joh. Schütz von Entlebuch	Ehescheidung	
9. 1873	978	701	Regierung von Aargau gegen Regierung von Bern	Civilstand eines vorehelichen Kindes	
9. 1873	979	702	Wendolin Baumann in Olten gegen Centralbahn	Expropriation	
9. 1873	980	703	Einwohnergemeinde Unterseen gegen Bödeli-Bahn	Ebenso	
6. 1873	-	704	Marti u Waber in Kiesen gegen Centralbahn	Ebenso	
1873	-	705	Centralbahn gegen Christian Berger zu Unterlangenegg bei Thun	Ebenso	
8. 1873		706	Bahnlinie Bern-Luzern gegen Unternährer & Cons. zu Escholzmatt	id	

Anhang 337

Datum	§	Doss.	Bezeichnung der Personen	Gegenstand	Fundstellen
9. 1873	-	707	Bahnlinie Bern-Luzern gegen Polizeigemeinde Escholzmatt, Studer, Roos u Brun	Ebenso	
1873	-	708	Kanzleiakten	-	
1873/1874	-	709	Stadtbahnlinie Freyburg-Payerne-Yverdon (Gemeinden Granges, Paccot, Givisiez, Belfaux, Léchelles, Montagny les Monts, Kant. Waadt)	Expropriation	
9. 1873		710	Rengger, Gottlieb, Vater, in Brugg gegen die Nordostbahn	Expropriation	
10. 1873		711	Schleuss, Rud. U. Weilmann, Casp in Winterthur u Töss gegen die Nordostbahn	id	
12. 1873		712	Direktion der Nordostbahn gegen Wittwe Cath. Bieger in Baselaugst	id	
3. 1874	986	713	Eidgenöß. Handels- und Zolldepartemt. Gegen Wittwe Blanc-Roguey in Moillesulaz, Kant. Genf	Zolldefraudation	Brand 124
3. 1874	989	714	Eheleute Joh. Baptista und Anna Mª Steinach-Lehner von Uznach	Ehescheidung	
3. 1874	991	715	Eheleute Peter Ant. u. Marianna Fessler-Ryser v. Altbüren	id	
3. 1874	990	716	Bundesrath gegen die Kantone Schwyz und Wallis	Heimathlosensache der Familie Vinet	
3. 1874	996	-	Schützengesellschaft Unterseen gegen Bödeli-Bahn s. No. 703	Expropriation	
3. 1874	995	717	Erben v. Rudolf Sterchi in Aarmühl gegen Bödeli-Bahn	id	
3. 1874	997	718	Eheleute Fortuné u. Louise Noël-Appia in Freiburg	Ehescheidung	

Datum	§	Doss.	Bezeichnung der Personen	Gegenstand	Fundstellen
3. 1874	998	719	Louis u Sophie Pfyffer-Amrhyn, Eheleute, von Littau	id	
3. 1874	999	720/6 90	Allmendgenossenschaft Richterswyl gegen Eisenbahn Wädenswyl-Einsiedeln s. No. 690	Expropriation	
3. 1874	1000	721	Casp. Rebmann v. Altenburg gegen Nordostbahn (Bötzberg)	id	
3. 1874	1001	722	Gebrüder Hafner in Altenburg gegen Nordostbahn (Bötzberg)	id	
3. 1874	1002	723	Rudolf Ganz, Notar, in Bülach gegen Nordostbahn (Winterthur-Coblenz)	id	
3. 1874	988	724	Rudolf Landerer in Bellinzona gegen die Gotthardbahn	id	
4. 1874	-	725	Municipalität (Praebenda) Osogna gegen die Gotthardbahn	id	
4. 1874	-	726	Aquilino Matter & Cons. in Osogna gegen die Gotthardbahn	id	
4. 1874	-	727	Fulgenzio Ferrari in Arbedo gegen die Gotthardbahn	id	
4. 1874	-	728	Alessandro Pellandini in Molinazzo gegen Gotthardbahn	id	
4. 1874	-	729	Erben Brunetti in Molinazzo gegen die Gotthardbahn	id	
4. 1874	-	730	Carlo Pellandini in Molinazzo gegen die Gotthardbahn	id	
4. 1874	-	731	Guiseppe Pellandini in Molinazzo gegen die Gotthardbahn	id	
4. 1874	-	732	Basilio Lussi in Bellinzona gegen die Gotthardbahn	id	

Anhang

Datum	§	Doss.	Bezeichnung der Personen	Gegenstand	Fundstellen
4. 1874	-	733	Giovanni Molo in Bellinzona gegen die Gotthardbahn	Expropriation	
4. 1874	-	734	Carlo Scerri in Molinazzo gegen die Gotthardbahn	id	
4. 1874	-	735	Pietro Barenco in Daro gegen die Gotthardbahn	id	
4. 1874	-	736	Giuseppe Zanini in Daro gegen die Gotthardbahn	id	
4. 1874	-	737	Defendente Pestalaccio in Daro gegen die Gotthardbahn	id	
4. 1874	-	738	Andrea Zanetti in Daro gegen die Gotthardbahn	id	
4. 1874	-	739	Francesco Chicherio in Bellinzona gegen die Gotthardbahn	id	
4. 1874	-	740	Dottore Antonio Steiner in Bellinzona gegen die Gotthardbahn	id	
4. 1874	-	741	Vincenzo Ciseri in Bellinzona gegen die Gotthardbahn	id	
4. 1874	-	742	Antonio Paolina in Bellinzona gegen die Gotthardbahn	id	
5. 1874	-	743	Eredi de Antonio Varenna in Orselina gegen die Gotthardbahn	id	
5. 1874	-	744	Municipalität (Praebenda) Orselina gegen die Gotthardbahn	id	
5. 1874	-	745	Dre. Giovanni (Vittore) Muralti gegen die Gotthardbahn	id	
5. 1874	-	746	Bartolomeo Nessi in Orselina gegen die Gotthardbahn	Expropriation	

Datum	§	Doss.	Bezeichnung der Personen	Gegenstand	Fundstellen
5. 1874	-	747	Pietro Scazziga in Orselina gegen die Gotthardbahn	id	
5. 1874	-	748	Ermenegildo Pirovano in Orselina gegen Gotthardbahn	id	
5. 1874	-	749	Pietro Martire Nessi in Orselina gegen die Gotthardbahn	id	
5. 1874	-	750	Bernardino Mariotta in Orselina gegen Gotthardbahn	id	
5. 1874	-	751	Fratelli fu Giuseppe Scazziga in Orselina gegen Gotthardbahn	id	
5. 1874	-	752	Pietro di Pietro Nessi in Orselina gegen Gotthardbahn	id	
5. 1874	-	753	Pietro Bellasi in Lugano gegen die Gotthardbahn	id	
5. 1874	-	754	Luigi Caccia in Lugano gegen die Gotthardbahn	id	
5. 1874	-	755	Fratelli Enderlin in Lugano gegen die Gotthardbahn	id	
5. 1874	-	756	Giuseppe Pianezza in Lugano gegen die Gotthardbahn	id	
5. 1874	-	757	Domenico Brentani in Lugano gegen Gotthardbahn	id	
5. 1874	-	758	Annibale Bollati in Lugano gegen Gotthardbahn	id	
5. 1874	-	759	Stefano Riva in Lugano gegen die Gotthardbahn	Expropriation	
5. 1874	-	760	Municipalität (Praebenda Canle.) [Cantonale] Lugano gegen Gotthardbahn	id	

Anhang 341

Datum	§	Doss.	Bezeichnung der Personen	Gegenstand	Fundstellen
5. 1874	-	761	Giuseppe Andreoli in Lugano gegen die Gotthardbahn	id	
5. 1874	-	762	Enrico Fusoni in Lugano gegen die Gotthardbahn	id	
5. 1874	-	763	Paolo Regazzoni in Lugano gegen die Gotthardbahn	id	
5. 1874	-	764	Napoleone Scala in Lugano gegen die Gotthardbahn	id	
5. 1874	-	765	Luigi Enderlin in Lugano gegen die Gotthardbahn	id	
5. 1874	-	766	Giovanni Fraschina in Lugano gegen die Gotthardbahn	id	
5. 1874	-	767	Fratelli fu Luigi Ferrari in Campione gegen die Gotthardbahn	id	
5. 1874	-	768	Eredi fu Carlo Moretti in Melide gegen die Gotthardbahn	id	
5. 1874	-	769	Pietro Bottani in Melide gegen die Gotthardbahn	id	
5. 1874	-	770	Eredi fu Leopoldo Galli in Melide gegen die Gotthardbahn	id	
5. 1874	-	771	Eredi fu Natale Somaini in Bissone gegen die Gotthardbahn	id	
5. 1874	-	772	Cattarina Maderni in Capolago gegen die Gotthardbahn	Expropriation	
5. 1874	-	773	Luigi Maderni in Capolago gegen die Gotthardbahn	id	
5. 1874	-	774	Giovanni Clericetti in Capolago gegen die Gotthardbahn	id	

Datum	§	Doss.	Bezeichnung der Personen	Gegenstand	Fundstellen
5. 1874	-	775	Giovanni Foglia in Capolago gegen die Gotthardbahn	id	
5. 1874	-	776	Domenico Tagliana in Capolago gegen die Gotthardnbahn	id	
5. 1874	-	777	Eredi fu Andrea Fagliana in Capolago gegen die Gotthardbahn	id	
5. 1874	-	778	Antonia Valsangiacomo in Capolago gegen die Gotthardbahn	id	
5. 1874	-	779	Fratelli Croci in Medrisio gegen die Gotthardbahn	id	
5. 1874	-	780	Domenico Bernasconi in Mendrisio gegen die Gotthardbahn	id	
5. 1874	-	781	Giuseppe Riva in Mendrisio gegen die Gotthardbahn	id	
5. 1874	-	782	Fratelli Tarchini in Balerna gegen die Gotthardbahn	id	
5. 1874	-	783	Achille Regazzoni in Balerna gegen Gotthardbahn	id	
5. 1874	1006	784	Centralbahn gegen Fr. Sperisen, Al. Jäggi, J. Baschun u J. M. Enzin in Dernedingen (Kt. Solothurn)	Expropriation	
5. 1874	1007	785	F. A. Ritter-Rossel in Lausanne gegen die Eisenbahn Lausanne-Ouchy	id	
5. 1874	1008	786	Louisa Perrin in Ouchy gegen die Eisenbahn Lausanne-Ouchy	id	
5. 1874	1009	787	Henri Butticaz in Treytorrens u Vincent Dufour in Charnex gegen die Eisenbahn Lausanne-Ouchy	id	

Anhang 343

Datum	§	Doss.	Bezeichnung der Personen	Gegenstand	Fundstellen
5. 1874	1010	788	Eheleute Anton u Maria Künzli-Weidmann von Dagmersellen (Kant. Luzern)	Ehescheidung	
5. 1874	1011	789	Xaver Isler u 19 Genoßen in Wohlen (Kant. Aargau) gegen die Centralbahn (aarg. Südbahn)	Expropriation	
5. 1874	1012	790	Eheleute Johann Ulr. U Susanna Dudli-Sturzenegger in Oberbüren	id	
1. 1874	-	791	Georg u. Xaver Fischer von Rümikon (Kant. Zürich) gegen die Nordostbahn (Winterthur-Coblenz)	id	
2. 1874	-	792	Société foncière des Boulevards in Lausanne gegen die Eisenbahn Lausanne-Ouchy	Expropriation	
4. 1874	-	793	Gebrüder Fischer z. Salmen in Rümikon (Kant. Zürich) gegen die Nordostbahn (Winterthur-Coblenz)	id	
1. 1874	-	794	Eheleute Pet. Florian u. Elisabeth Meienberger-Kuster von Wildhaus	Ehescheidung	
1. 1874	-	795	Unterallmendkorporation Arth gegen Baugesellschaft Kaltbad-Scheidegg	Expropriation	
1. 1874	-	796	Eisenbahn Winterthur-Singen-Kreuzlingen gegen Kant. Thurgau	Aktienbetheiligung	
1. 1874	-	797	Louis Schulthess in Lenzburg gegen Centralbahn (aarg. Südbahn)	Expropriation	
1. 1874	-	798	Centralbahn (aargauische Südbahn) gegen Joh.Zobrist in Hendschikon	id	
1. 1874	-	799	Nordostbahn gegen J. Dietschi in Frick (Aargau)	id	
9. 1873	-	800	Joh. Harlacher in Umikon gegen Nordostbahn (Bözberg)	id	

Datum	§	Doss.	Bezeichnung der Personen	Gegenstand	Fundstellen
11. 1873	-	801	Eheleute Caspar u Margaretha Wörndli-Wyss v. Wettingen	Ehescheidung	
4. 1874	-	802	Centralbahn (aargauische Südbahn) gegen J. Richner u J. Berner in Rupperswyl	Expropriation	
5. 1874	-	803	Centralbahn (aargauische Südbahn) gegen J. Meier u Genoßen in Othmarsingen	Expropriation	
5. 1874	-	804	Heinz Müller in Dürnten gegen Eisenbahn Wald-Rüti	id	
4. 1874		805	Eheleute Joh. Baptist u Anna Oberholzer-Künzli von Oberhelfenswyl	Ehescheidung	
5. 1874		806	Carl Fischbach in Villmergen gegen Centralbahn (aarg. Südbahn)	Expropriation	
5. 1874		807	Leonz Koch in Villmergen gegen Centralbahn (aarg. Südbahn)	id	
6. 1874		808	Fridolin Moser in Villmergen gegen Centralbahn (aarg. Südbahn)	id	
6. 1874		809	Peter Fischer u Genoßen in Dottikon gegen Centralbahn (aargauische Südbahn)	id	
3. 1874	-	810	Nordostbahn (Bözbergbahn) gegen Gebrüder Vögtli in Baselaugst	id	
3. 1874	-	811	Nordostbahn (Bözbergbahn) gegen J. Lüscher in Baselaugst	id	
3. 1874	-	812	Nordostbahn (Bözbergbahn) gegen Em. Bärtschi in Baselaugst	id	
3. 1874	-	813	Nordostbahn (Bözbergbahn) gegen J. Kistler in Baselaugst	id	
3. 1874	-	814	Nordostbahn (Bözbergbahn) gegen Barba. Moll-Baumgartner in Baselaugst	Expropriation	

Anhang 345

Datum	§	Doss.	Bezeichnung der Personen	Gegenstand	Fundstellen
3. 1874	-	815	Nordostbach (Bözbergbahn) gegen Ludw. Gessler in Baselaugst	id	
3. 1874	-	816	Nordostbahn (Bözbergbahn) gegen Sim. Bader in Baselaugst	id	
7. 1874	-	817	Chr. Gunten & Cons. in Aarmühle gegen Brünigbahn	id	
7. 1874	-	818	Brünigbahn gegen Burgergemeinden Matten u. Wilderswyl	id	
7. 1874	-	819	Burgergemeinde Aarmühle und Erben des Joh. Imboden in Interlaken gegen Brünigbahn	id	
7. 1874	-	820	Joh. Kilchenmann u Genoßen in Herzogenbuchsee gegen Centralbahn	id	
Aug. 1874	-	821	Eisenbahn Winterthur-Singen-Kreuzlingen gegen H. Füllemann in Berlingen	id	
Aug. 1874	-	822	Eisenbahn Winterthur-Singen-Kreuzlingen gegen Wittwe Dietzi in Berlingen	id	
Aug. 1874	-	823	Mart. Brugger in Berlingen gegen Eisenbahn Winterthur-Singen-Kreuzlingen	id	
Aug. 1874	-	824	Eisenbahn Winterthur-Singen-Kreuzlingen gegen Martin Kern in Berlingen	Expropriation	
Aug. 1874	-	825	Eisenbahn Winterthur-Singen-Kreuzlingen gegen A. Gremlich in Ermattingen	id	
4. 1874	"	826	Nordostbahn (Winterthur-Coblenz) gegen Bened. Fischer in Rümikon	id	
4. 1874	"	827	Nordostbahn (Winterthur-Coblenz) gegen Fridol. Drach in Rümikon	id	
4. 1874	"	828	Xav. Fischer in Rümikon gegen Nordostbahn (Winterthur-Coblenz)	id	

Datum	§	Doss.	Bezeichnung der Personen	Gegenstand	Fundstellen
4. 1874	"	829	Andr. Stigeler in Rekingen gegen Nordostbahn (Winterthur-Coblenz)	id	
5. 1874	"	830	Dan. Döbeli in Lenzburg gegen Centralbahn (aarg. Südbahn)	id	
5. 1874	"	831	Friedr. Baumann u Genoßen in Hendschikon gegen Centralbahn (aargauische Südbahn)	id	
5. 1874	"	832	Erben der Louisa Rohr in Lenzburg gegen Centralbahn (aarg. Südbahn)	id	
5. 1874	"	833	Erben der Gebr. Peter in Lenzburg gegen Centralbahn (aarg. Südbahn)	id	
5. 1874	"	834	Joh. Brünggel in Lenzburg gegen Centralbahn (aarg. Südbahn)	id	
5. 1874	-	835	Walti (resp. Kinder u. J. Salm) in Lenzburg gegen Centralbahn (aarg. Südbahn)	Expropriation	
5. 1874	-	836	J. Rohr-Nussberger in Lenzburg gegen Centralbahn (aarg. Südbahn)	id	
5. 1874	-	837	Joh. Rubli in Lenzburg gegen Centralbahn (aarg. Südbahn)	id	
5. 1874	-	838	Heinr. Frey in Lenzburg gegen Centralbahn (aarg. Südbahn)	id	
5. 1874	-	839	J. J. Müller-Hauser in Lenzburg gegen Centralbahn (aarg. Südbahn)	id	
5. 1874	-	840	Gebr. Samuel u Jac. Bertschi in Lenzburg gegen Centralbahn (aarg. Südbahn)	id	
5. 1874	-	841	Adolf Meyer in Lenzburg gegen Centralbahn (aarg. Südbahn)	id	
5. 1874	-	842	Joh. Sandmeyer in Staufen gegen Centralbahn (aarg. Südbahn)	id	

Anhang 347

Datum	§	Doss.	Bezeichnung der Personen	Gegenstand	Fundstellen
7. 1874	-	843	Saline Kaiseraugst gegen Nordostbahn (Bötzbergbahn)	id	
7. 1874	-	844	Urs Kehrli in Utzenstorf gegen Emmenthalbahn	id	
8. 1874	-	845	Nordostbahn (Zürich-Wesen) gegen Ant. Diethelm in Schübelbach	id	
8. 1874	-	846	Jac. Höhn in Wädenswyl gegen Nordostbahn (Zürich-Wesen)	id	
8. 1874	-	847	Casp. Leonz Zett in Reichenburg gegen Nordostbahn (Zürich-Wesen)	id	
8. 1874	-	848	B'meo Chiara in Orselina gegen Gotthardbahn	Expropriation	
8. 1874	-	849	Centralbahn gegen Stadtgemeinde Zofingen	id	
8. 1874	-	850	Konzeßionäre der Eisenbahn Arth – Rigi-Kulm gegen Korporation Berg u Seeboden in Küssnacht	id	
8. 1874	-	851	Elisab. Aeberhard-Stettler in Alchenflüh gegen Emmenthalbahn	id	
9. 1874	-	852	Joh. Ulr. Binz in Alchenflüh gegen Emmenthalbahn	id	
9. 1874	-	853	J. J. Lehner in Alchenflüh gegen Emmenthalbahn	id	
9. 1874	-	854	Fel. Kaiser in Biberist gegen Emmenthalbahn	id	
8. 1874	-	855	Nordostbahn gegen die Expropriaten in der Gemeinde Pratteln	id	
9. 1874	1016	856	Kant. Schaffhausen gegen schweizer. Industriegesellschaft in Neuhausen	Eigenthumsstreit	
9. 1874	1017	857	J. J. de R. Schmid in Baselaugst gegen Nordostbahn (Bötzbergbahn)	Expropriation	

Datum	§	Doss.	Bezeichnung der Personen	Gegenstand	Fundstellen
9. 1874	1018	858	Eheleute Josephine u Joseph Pidoux-Ding von aumont (Freiburg)	Ehescheidung	
9. 1874	1019	859	J. Brodbeck u Genoßen in Eschenz u Mammern gegen Eisenbahn Winterthur-Singen-Kreuzlingen	Expropriation	
9. 1874	1022	860	Silvio Chicherio in Bellinzona gegen Gotthardbahn	Expropriation	
9. 1874	1023	861	Anto. Defilippis in Lugano gegen Gotthardbahn	id	
9. 1874	1024	862	Eheleute Anton u Anna Cath. Gründer-Gähler von Urnäsch	Ehescheidung	
9. 1874	1025	863	Teodoro Cirla in Calpurnio gegen Gotthardbahn	Expropriation	
9. 1874	1027	864	Maddalena Trivelli in Capolago gegen Gotthardbahn	id	
9. 1874	1028	865	Enderlin, Bollati u Maraini in Lugano gegen Gotthardbahn	id	
9. 1874	1029	866	Società del Grande Albergo in Lugano gegen Gotthardbahn	id	
9. 1874	1030	867	Regierung des Kant. Zürich gegen Regierung des Kant. Thurgau	Thurkorrektion resp- Grenzstreit	
9. 1874	1031	868	Eheleute Anton u Maria Stadelmann-Arx von Escholzmatt (Kant. Luzern)	Ehescheidung	
9. 1874	1032	869	Advokat Vittore Scazziga in Locarno gegen die Gotthardbahn	Expropriation	
9. 1874	1033	870	Francesco Scazziga in Locarno gegen die Gotthardbahn	id	
9. 1874	1034	871	Giacomo Farinelli in Bellinzona gegen die Gotthardbahn	id	

Anhang 349

Datum	§	Doss.	Bezeichnung der Personen	Gegenstand	Fundstellen
9. 1874	1035	872	Carlo Bonzanigo in Bellinzona gegen die Gotthardbahn	id	
9. 1874	1036	873	Eheleute Gustav u Johanna Elisabeth Weyermann-Beyel von Wittenbach (Kant. St. Gallen)	Ehescheidung	
9. 1874	1037	874	Eheleute Dr. Anton u Susanna Maria Ruppanner-Moner von Altstätten	id	
9. 1874	1038	875	Rocco von Mentlen in Bellinzona gegen Gotthardbahn	Expropriation	
9. 1874	1039	876	Carlo Maurelli in Daro gegen Gotthardbahn	id	
9. 1874	1040	877	Giuseppe d'Agostini u Genoßen in Airolo	id	
9. 1874	1041	878	Eheleute Ignaz Ludwig u Elisabetha Rebekka Jaumann-Müller in Bern (von Tübach)	Ehescheidung	
9. 1874	1042	879	Eheleute Joseph u Maria Anna Wirz-Mooser von Solothurn	id	
9. 1874	1044	880	Eheleute Xàvier Florian und 7.e Euphrasie Voirol-Flotteron von Genevez (Kant. Bern)	id	
9. 1874	1045	881	Carlo cusa in Bellinzona gegen die Gotthardbahn	Expropriation	
9. 1874	1047	882	Giuseppe Maderni in Capolago gegen die Gotthardbahn	id	
9. 1874	-	883	Ant. Bruggiser u. Genoßen von Wohlen gegen die Centralbahn (aargauische Südbahn)	id	
9. 1874	-	884	Andr. Stigeler in Reckingen gegen Nordostbahn (Winterthur-Coblenz)	Expropriation	
9. 1874	-	885	Heinz Frei u Jac. Baldinger in Reckingen gegen Nordostbahn (Winterthur-Coblenz)	id	

Datum	§	Doss.	Bezeichnung der Personen	Gegenstand	Fundstellen
9. 1874	-	886	Nordostbahn (Winterthur-Coblenz) gegen Cornelius Vögeli in Reckingen	id	
9. 1874	-	887	Wittwe Maria Zoppi in Airolo gegen die Gotthardbahn	id	
9. 1874	-	888	Eredi fu Giovanni Lombardi u Martino Zoppi in Airolo	id	
9. 1874	-	889	Francesco Maria Mattei, Fro [Ehefrau] fu Gius' [Giuseppe] Mª Mattei u. Maria Orsola Jemetti in Osogna gegen die Gotthardbahn	id	
9. 1874	-	890	Giacomo fu Giuse. Mattei in Osogna gegen die Gotthardbahn	id	
9. 1874	-	891	Sindaco Cipriano Mattei in Osogna gegen Gotthardbahn	id	
9. 1874	-	892	Giacomo fu Fro Antº Mattei in Osogna gegen Gotthardbahn	id	
9. 1874	-	893	Matteo Negrini in Osogna gegen die Gotthardbahn	id	
9. 1874	-	894	Fratelli Giovi. e Paolo Malaguerra in Osogna gegen Gotthardbahn	id	
9. 1874	-	895	Wittwe Colomba Mattei in Osogna gegen Gotthardbahn	Expropriation	
9. 1874	-	896	Wittwe Elisabetha Malaguerra in Osogna gegen Gotthardbahn	id	
9. 1874	-	897	Giuse. Antº. u Albina Gianini in Cresciano gegen Gotthardbahn	id	
9. 1874	-	898	Zaccaria Brunetti u. Genoßen in Arbedo gegen Gotthardbahn	id	
9. 1874	-	899	Zenobio Pedrazzoli in Arbedo gegen die Gotthardbahn	id	

Anhang 351

Datum	§	Doss.	Bezeichnung der Personen	Gegenstand	Fundstellen
9. 1874	-	900	Pietro Rossi in Arbedo gegen die Gotthardbahn	id	
9. 1874	-	901	Giudice Zaccaria Brunetti in Arbedo gegen Gotthardbahn	id	
9. 1874	-	902	Fulgenzo Ferrari in Arbedo gegen die Gotthardbahn	id	
9. 1874	-	903	Segretario Giuseppe Delcó in Daro gegen die Gotthardbahn	id	
9. 1874	-	904	Gebrüder fu Giulio Beltraminelli in Daro gegen die Gotthardbahn	id	
9. 1874	-	905	Francesco Leona, Sindaco, in Daro gegen die Gotthardbahn	id	
9. 1874	-	906	Tomaso Franzoni in Locarno gegen die Gotthardbahn	id	
9. 1874	-	907	Volontario e Cattar[a]. Bianchetti gegen die Gotthardbahn	id	
9. 1874	-	908	Barnaba Leoni in Minusio gegen die Gotthardbahn	Expropriation	
9. 1874	-	909	Modesto Rusca in Locarno gegen die Gotthardbahn	id	
9. 1874	-	910	Wittwe Maria Bustelli (verwitwete Nessi) in Minusio gegen die Gotthardbahn	id	
9. 1874	-	911	Giaco' Ant°. Sciaroni d°. Mgnetti in Minusio gegen Gotthardbahn	id	
9. 1874	-	912	Rosa Varenna, verwittwete Valleggia in Minusio gegen Gotthardbahn	id	
9. 1874	-	913	Pietro Gianoni in Minusio gegen die Gotthardbahn	id	

Datum	§	Doss.	Bezeichnung der Personen	Gegenstand	Fundstellen
9. 1874	-	914	Gaudenzio Sciaroni u. Ignazio Gianoni in Minusio gegen Gotthardbahn	id	
9. 1874	-	915	Giovanni Antº. Fabretti in Contra gegen Gotthardbahn	id	
9. 1874	-	916	Erben des Dr. Pedroja in Minusio gegen die Gotthardbahn	id	
9. 1874	-	917	Wittwe Rosina Nessi geb. Romerio in Locarno gegen Gotthardbahn	id	
9. 1874	-	918	Gerolamo Consolascio in Minusio gegen Gotthardbahn	id	
9. 1874	-	919	Quirico Leoni in Minusio gegen die Gotthardbahn	Expropriation	
9. 1874	-	920	Pietro Scascighini in Minusio gegen Gotthardbahn	id	
9. 1874	-	921	Gebrüder Alberto u. Giuseppe Bacilieri in Locarno gegen Gotthardbahn	id	
9. 1874	-	922	Virginio Mariotta in Orselina gegen die Gotthardbahn	id	
9. 1874	-	923	Gaetano Galli u Luigi Spinedi-Mazetti in Rovio u Melano gegen Gotthardbahn	id	
9. 1874	-	924	Municipalità di Capolago gegen Gotthardbahn	id	
9. 1874	-	925	Luigi Clericetti u Gattin in Capolago gegen Gotthardbahn	id	
9. 1874	-	926	Erben des Camillo Bernasconi in Riva San Vitale gegen Gotthardbahn	id	
9. 1874	-	927	Giuseppe Zolla in Mendrisio gegen Gotthardbahn	id	

Anhang

Datum	§	Doss.	Bezeichnung der Personen	Gegenstand	Fundstellen
9. 1874	-	928	Carlo Foriani in Mendrisio gegen die Gotthardbahn	id	
9. 1874	-	929	Cirillo Cattaneo in Capolago gegen die Gotthardbahn	id	
9. 1874	-	930	Giuseppe Nessi in Orselina gegen die Gotthardbahn	id	
9. 1874	-	931	Bernardino Nessi in Orselina gegen die Gotthardbahn	Expropriation	
9. 1874	-	932	Rosa Nessi, verwitwete Paganetti in Orselina gegen Gotthardbahn	id	
9. 1874	-	933	Erben des Giacomo Nicora in Orselina gegen Gotthardbahn	id	
9. 1874	-	934	Stefano Martella in Orselina gegen Gotthardbahn	id	
9. 1874	-	935	Domenico Mariotta in Orselina gegen die Gotthardbahn	id	
9. 1874	-	936	Direktion des Albergo delle due Spade in Capolago gegen die Gotthardbahn	id	
9. 1874	-	937	Carlo Cucini in Melide gegen die Gotthardbahn	id	
7./8. 1874	-	938	Giovanni Pedrioli u. Genoßen in Arbedo gegen die Gotthardbahn	id	
4. 1874	-	939	Gemeinden Rinikon, Umikon u Villnachern gegen Nordostbahn	id	
4. 1874	-	940	Joachim Pfiffner u. Genoßen in Burgerau gegen Ver. Schweizerbahnen	id	
8. 1874	-	941	Caspar Honegger in Dürnten gegen die Eisenbahn Wald-Rüti	id	

Datum	§	Doss.	Bezeichnung der Personen	Gegenstand	Fundstellen
8. 1874	-	942	Casp. Schaffner's sel. Wittwe u Erben in Hausen gegen Nordostbahn	id	
9. 1874	-	943	Charles Schinz in Neuchâtel gegen Eisenbahn Franco-Suisse	Expropriation	
10. 1874	-	944	Die Nordostbahn gegen Rudolf Marti, älter, in Bilten	id	
10. 1874	-	945	Die Nordostbahn (Zürich-Wesen) gegen Conrad Lienhard in Bilten	id	
10. 1874	-	946	Die Nordostbahn (Zürich-Wesen) gegen David Zweifel in Bilten	id	
10. 1874	-	947	Die Nordostbahn (Zürich-Wesen) gegen Fridolin Marti in Bilten	id	
10. 1874	-	948	Die Nordostbahn (Zürich-Wesen) gegen Jacob Blum in Bilten	id	
10. 1874	-	949	Die Nordostbahn (Zürich-Wesen) gegen Conrad Oswald in Bilten	id	
10. 1874	-	950	Die Nordostbahn (Zürich-Wesen) gegen Jacob Ant. Bruhin in Wangen	id	
10. 1874	-	951	Die Nordostbahn (Zürich-Wesen) gegen Pet. Düggelin, Sohn, in Wangen	id	
10. 1874	-	952	Die Nordostbahn (Zürich-Wesen) gegen Mathaeus Schneider in Wangen	id	
10. 1874	-	953	Die Nordostbahn (Zürich-Wesen) gegen Jos. Martin Schnellmann in Wangen	id	
10. 1874	-	954	Die Nordostbahn (Zürich-Wesen) gegen Peter Düggelin, Vater, in Wangen	Expropriation	
10. 1874	-	955	Die Nordostbahn (Zürich-Wesen) gegen G. Steinegger in Lachen	id	

Anhang

Datum	§	Doss.	Bezeichnung der Personen	Gegenstand	Fundstellen
10. 1874	-	956	Die Nordostbahn (Zürich-Wesen) gegen die Erben des Stähelin in Lachen	id	
10. 1874	-	957	Die Nordostbahn (Zürich-Wesen) gegen Leonh. Krieg in Lachen	id	
10. 1874	-	958	Die Nordostbahn (Zürich-Wesen) gegen Franz Anton Züger in Altendorf	id	
10. 1874	-	959	Die Direktion der Nordostbahn (Zürich-Wesen) gegen Martin Knobel in Altendorf	id	
10. 1874	-	960	Die Nordostbahn (Zürich-Wesen) gegen Jos. Anton Knobel in Altendorf	id	
10. 1874	-	961	Die Nordostbahn (Zürich-Wesen) gegen M. Bühler in Galgenen	id	
12. 1874	1051	962	Emil Rietmann-Guh in Mammern gegen Eisenbahn Winterthur-Singen-Kreuzlingen	id	
12. 1874	1052	963	Eduard Tschopp'sche Konkursmaße in Littau gegen Eisenbahn Bern-Luzern	Expropriation	
12. 1874	1053	964	Die Nordostbahn (Zürich-Wesen) gegen David Rothpletz in Thalwyl	id	
12. 1874	1055	965	Die Nordostbahn (Zürich-Wesen) gegen Schmid u Heer in Thalwyl	id	
12. 1874	1058	966	Heinr. Nägeli in Bändlikon gegen Nordostbahn (Zürich-Weesen)	id	
1874	-	967	Kanzleiakten des Jahres 1874	-	
1874	-	968	Hafner Gebrüder in Eschlikon-Dynhart c[a]. Eisenbahn Winterthur-S.-Kreuzl.	Expropriation	
1874	-	969	Mazzini, Battistas' Erben in Giubiasco c[a]. Gotthardbahn	id	
1874	-	970	Langnau Schützengesellschaft c[a]. Bern-Luzern-Bahn	id	

Datum	§	Doss.	Bezeichnung der Personen	Gegenstand	Fundstellen
		971a	Protokoll der eidgenössischen Schätzungskommission der Nordostbahn 1872 (Bözberg)	id	
		971b	Beilagen dazu		
		972a	Protokoll der eidgenössischen Schätzungskommission der Nordostbahn; Kaiserstuhl-Koblenz		
		972b	Beilagen dazu.		
1874 ? [sic]	-	973	Chemin de fer Lausanne Ouchy:	Expropriation	
			" cª Jaqu. Alp. Perrin		
			" " Frcois. Js. dº.		
			" " Jules Frc. dº		
1874 ?	-	974	" " F. Ed. Sanseaux	id	
			" " Jean Charton		
			" " Charl. Eng. Tentorey		
			" " Hoirie de Paul Brandt		
			" " Charles Demastimes		
1874 ?	-	975	" " Jean D. Rochat	id	
			" " Hoirie Dufour-Hennen		
1874 ?	-	976	" " Perrin veuve Pittet	id	
			" " Bonnet		
			" " Dapples Ere.Jager		
			" " Société hôtel Luihse		
			" " Bezencenet architecte		
			tous de Lausanne ou Ouchy.		

Anhang 357

Datum	§	Doss.	Bezeichnung der Personen	Gegenstand	Fundstellen
1874 ?	-	977	Gemeinsame Akten, Korrespondenz etc	id	
1874 ?	-	978	a Stadelmann Anton Escholzmatt	id	
			b Bucher Alois & [?] Schlüpfheim c^a Bern-Luzern-Bahn		

§ 2. Graphische Darstellung der Fallzahlen

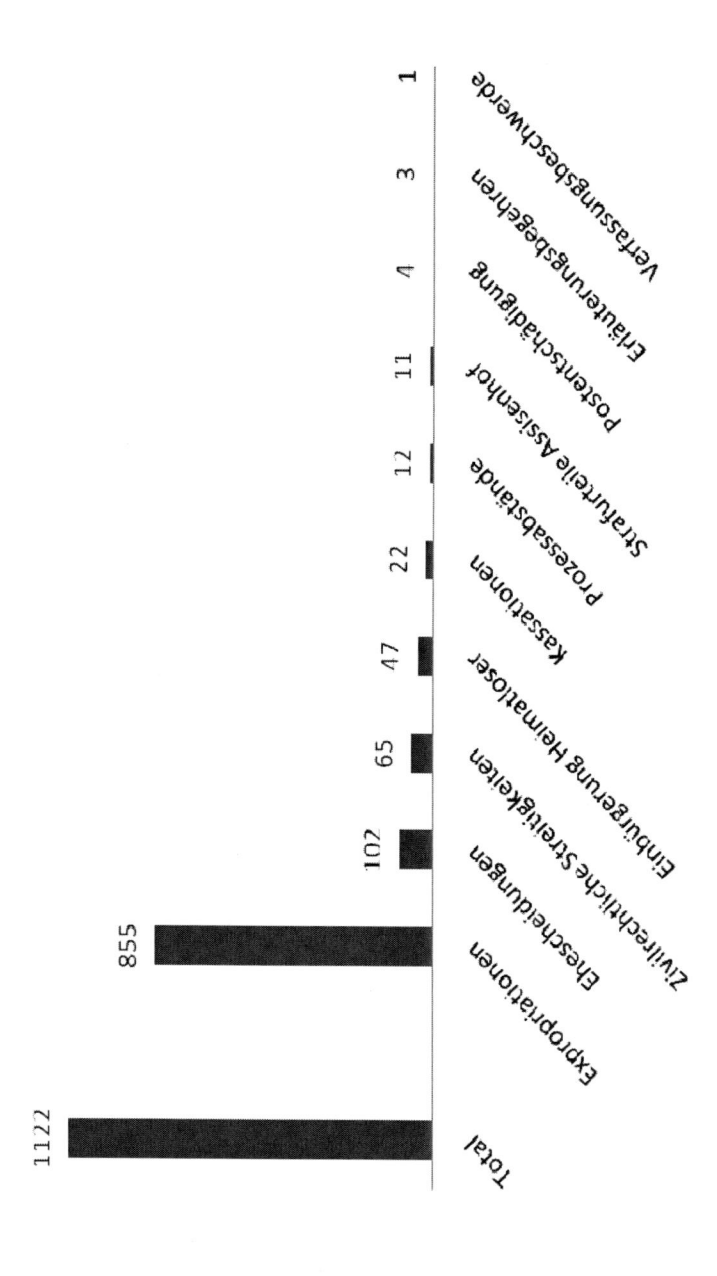

Kategorie	Anzahl
Total	1122
Ehescheidungen	855
Zivilrechtliche Streitigkeiten	102
Einbürgerung Heimatloser	65
Kassationen	47
Prozessabstände	22
Strafurteile Assisenhof	12
Postentschädigung	11
Erläuterungsbegehren	4
Verfassungsbeschwerde	3
Expropriationen	1

§ 3. Schema Bundesjustiz

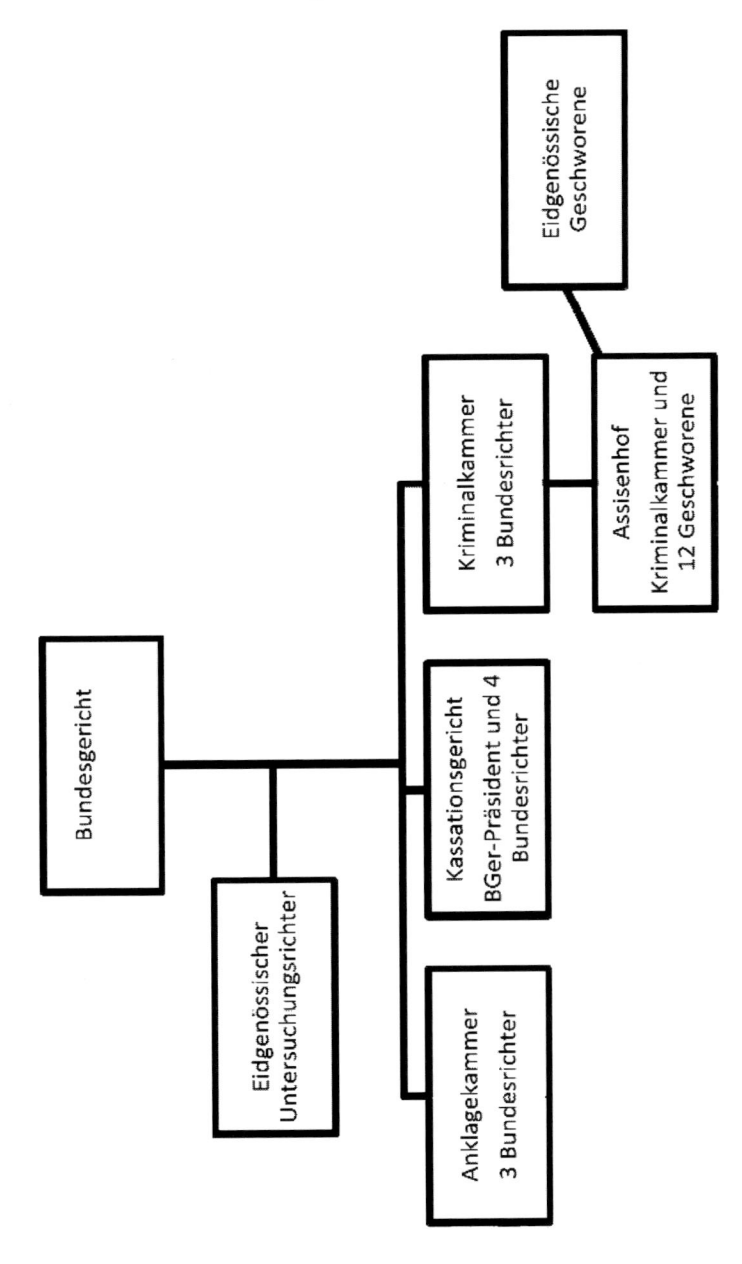

```
Bundesgericht
├── Eidgenössischer Untersuchungsrichter
├── Kassationsgericht
│   BGer-Präsident und 4 Bundesrichter
├── Anklagekammer
│   3 Bundesrichter
└── Kriminalkammer
    3 Bundesrichter
    └── Assisenhof
        Kriminalkammer und 12 Geschworene
        └── Eidgenössische Geschworene
```

§ 4. Transkript des Urteils des BGer vom 21. Dezember 1853 bezüglich des Heimatrechts von Christoph Hartmann

(Prot. Bd. I S. 215 ff.)

XXVI te-Sitzung
des
schweizerischen Bundesgerichtes
in Luzern, Mittwoch den 21. Dezember 1853.
Anwesend die Herren: Dr. Pfyffer, Dr. Rüttimann, Staempfli, Dr. Kern, Trog, Brosi, Herrmann, Glasson und die Herrn Supleanten Jaeger und Ammann.
[§88, 89 ausgelassen]
§90.
Im gesetzlichen Ausstande der Herrn Dr. Rüttimann, Dr. Kern und Ammann wird
in Sachen
des schweizerischen Bundesrathes, Klägers, vertreten durch Herrn General-Anwalt Amiet in Bern.
gegen
1. die Regierung des hohen Standes Schaffhausen, repräsentirt durch Herrn Staatsanwalt Ammann daselbst,
2. die Regierung des hohen Standes Zürich vertreten durch Herrn Fürsprech Ehrhart daselbst,
Beklagte
Ueber die Rechtsfragen:
Ist das von dem Hauptbeklagten Stand Schaffhausen gestellte Gesuch um Ergänzung der Akten in dem Sinne, daß die Abstammung der Mutter des heimathlosen Christoph Hartmann des Näheren erforscht werde, zuläßig oder nicht?

Da sich ergeben:
A. Der Stand Schaffhausen beschwere sich im Allgemeinen über das in obschwebender Angelegenheit beobachtete Verfahren; obwohl die Heimathhörigkeit des Hartmann schon seit dem Jahr 1850 einen Gegenstand der Untersuchung gebildet, habe der Bundesrath dem Stande Schaffhausen von den Resultaten derselben niemals Kunde ertheilt, und erst unterm 13. April

d.J. sei dieser Stand durch die Aufforderung überrascht worden, der Einbürgerung des Hartmann statt zu geben; der Klage der General-Anwaltschaft sei nichts Näheres über die Abstammung des Hartmann zu entnehmen gewesen, im Gegentheil finde sich daselbst der Paßus: „Ein thurgauisches Heimathrecht der Mutter konnte nicht ermittelt werden"; die Akten selbst seien bis auf die jüngste Zeit weder der schaffhauserischen Regierung noch deren bevollmächtigten Anwalte zu Gesichte gekommen, erst gestern habe Letzterer durch Einsicht in dieselben die Gewißheit erhalten, daß Hartmann der Sohn einer Angehörigen des Kantons Thurgau sei; einem Berichte des Pfarramts Kirchberg werde nämlich entnommen, daß Regula Erni, getauft den 21. Dezember 1765, Tochter einer Anna Maria Erni, die sich 1788 zum zweiten Male mit Fr. Georg Baumann von Bürglen verheirathet, im nämlichen Jahre den August Hartmann von Chemnitz in Sachsen, Vater des Christoph Hartmann geehelicht habe, um mit diesem nach Konstanz gegangen sei; und aus einem Auszuge aus dem Todtenbuche der Spithalkirche in Konstanz gehe hervor, „daß Regina Hartmann, geb: Erni am 29. April 1809 dort in einem Alter von 43 Jahren, 4 Monaten an der Auszehrung gestorben sei"; obwohl die Namen: „Regula und Regine" nicht ganz gleich lauten, könne doch bei der Uebereinstimmung des Geschlechtsnamens und Alters kein Zweifel walten, daß die in Konstanz gestorbene „Regina Hartmann" mit der in Thundorf geborenen Regula Erni" nicht [sic] eine und dieselbe Person gewesen sei; der Stand Schaffhausen anerbiete sich, die näheren Beweise dafür zu erbringen; nun sei aber die Abstammung von Heimathlosen für die Einbürgerung derselben in erster Linie maaßgebend, und es habe der Stand Thurgau den Christoph Hartmann zu übernehmen, sofern er sich als Sohn einer Thurgauerin darstelle; demnach qualifizire sich die beantragte Ergänzung der Akten als erheblich, und nach Art. 173 Ziffer 1 & 174 des Prozeßgesetzes als zuläßig.

B. Von Seite des Herrn General-Anwalt werde bemerkt; er habe sich mit der Unterschlagung dieser Heimathlosen-Angelegenheit nicht befaßt, sondern erst im August d.J. die Akten erhalten, mit dem bestimmten Auftrage des Bundesrathes: „in erster Linie gegen den Stand Schaffhausen, in zweiter Linie gegen den Stand Zürich wegen Einbürgerung des Christoph Hartmann zu klagen"; aus dem Vorbringen des Anwalts des Standes Schaffhausen überzeuge er sich nun selbst, daß hinreichende Gründe vorhanden seien; den Stand Thurgau für Einbürgerung des Hartmann zu verpflichten; das materielle Recht spreche hiermit für Schaffhausen, und, wenn nun auch das Begehren um Vervollständigung der Akten proceßualisch als verwirkt erscheine, so könne man sich unter obwaltenden Umständen nicht so strenge an die Formen binden; daher unterstütze die General-Anwaltschaft das Gesuch des

Standes Schaffhausen und beantrage, daß die Kosten bei der Hauptsache belaßen werden.

C. Von Seite des Anwalts des Standes Zürich werde dagegen das Begehren des mitbeklagten Standes als unstatthaft angefochten, einerseits weil es Schaffhausen frei gestanden sei, sich frühere Einsicht in die Akten zu verschaffen, anderersets weil keine neuen Beweismittel, die erst seit dem Schlusse des Hauptverfahrens entdekt worden seien produziert werden können; jedenfalls verwehre sich der Stand Zürich gegen alle aus einer Rückweisung des Falles neu entspringende Kosten:

In Erwägung:

1. Daß das Begehren des Standes Schaffhausen offenbar nicht die Produktion neuer Beweismittel im Sinne des Art. 173 Ziffer 1 der Prozess-Ordnung bezweckt, solche auch nicht angeführt werden, sondern die Absicht jenes Standes dahin gerichtet ist, von einer neuen Thatsache gegenüber einem neu in's Recht zu rufenden Beklagten Gebrauch zu machen;

2. Daß nach Art. 46 & 47 des provisorischen Proceß-Gesetzes den Parteien die Veränderung des thatsächlichen Inhalts ihrer Klage nicht anders gestattet ist, als auf dem Wege der Reform, und daß eine Abweichung von dem Wege des ordentlichen Proceßverfahrens aus dem Grunde, weil der Stand Schaffhausen von den Akten nicht die erforderliche Kenntniß besaß, nicht als gerechtfertigt erscheint, da der Art. 20 der Proceß-Ordnung demselben die Mittel für Einsichtnahme in die Prozedur hinreichend sicherte

Zu Recht erkannt:

I. Sei die Rechtsfrage verneinend entschieden,

II. Haben die Partheien sofort der einläßlichen Proceß-Verhandlung statt zu geben.
Sodann wird:
Ueber die Rechtsfrage:

Ruht die Verbindlichkeit der Einbürgerung des Schreiners Christoph Hartmann auf der Regierung des Kantons Schaffhausen oder auf derjenigen des Kantons Zürich oder auf beiden Regierungen dieser Stände?

Da sich ergeben:

Anhang 363

A. Laut Auszug aus der Tauf-Matrikel der protestantischen Pfarrei im Hospital zum heiligen Geiste in Augsburg sei den 8. September 1791 getauft worden: „Johann Christoph"; als Eltern deßelben finden sich angegeben: „Friedrich August Hartmann, Kattundrukergeselle und Regina geborne Aernin."

B. Zufolge der Angaben des Christoph Hartmann sei sein Vater aus Chemnitz gebürtig, und es stehe ein vom Pastor zu St. Johann daselbst ausgestellter Taufschein, gemäß welchem Friedrich August, Sohn des Joh. August Hartmann, am 29. November 1763 dort getauft worden, mit der dießfälligen Behauptung in Uebereinstimmung; das königlich sächsische Ministerium der auswärtigen Angelegenheiten verweigere es jedoch, dem Joh. Christoph Hartmann das sächsische Indeginat zuzugestehen.

C. Nachdem Christoph Hartmann vorgeblich in Emmishofen Kantons Thurgau die Lehre als Schreiner durchgemacht, habe er sich nach Schaffhausen begeben, und bei der dortigen Polizei-Kommißion unterm 11. Maerz 1816 ein Wanderbuch ausgewirkt; zufolge dieses Wanderbuches habe Hartmann vom 3. Januar 1818 bis 3. July 1833 in Zürich gearbeitet; nach kurzer Abwesenheit aus dem Kanton sei er im April 1834 in denselben zurückgekehrt und habe bis in's Jahr 1849 zu Wollishofen als Schreinergeselle ein Unterkommen gefunden.

D. Das Statthalteramt Zürich habe dem Hartmann, „wegen Mangels genügender Ausweisschriften" den Wegzug anbefohlen; durch bundesräthliche Verfügung vom 28. July l. J. sei dann der Regierung des Kantons Schaffhausen die Pflicht der Einbürgerung deßelben überbunden worden, wogegen der Entscheid des Bundesgerichtes angerufen werde.

E. Die General-Anwaltschaft begründe nun, den Antrag, daß zunächst der Stand Schaffhausen verhalten werde, den Hartmann einzubürgern, durch Art. 11 Ziffer 4 & 7 des Bundes-Gesetzes über die Heimathlosigkeit, da die Polizei-Behörden des Kantons Schaffhausen keine Veranlaßung gehabt haben, einem Fremden, als welchen Hartmann sich darstellte, ein Wanderbuch auszufertigen, zumal ein solches, welches den Vorschriften des Art. 5 litt. C des Concordats vom 22. Juny und 2. July 1813 widerspreche; eventuell müße Zürich sei es allein oder mit Schaffhausen bei Einbürgerung des Hartmann in Mitleidenschaft gezogen werden, da sein Verfahren den Vorschriften des Vollziehungs-Dekretes vom 14. July 1828. A. a ebenfalls nicht entspreche.

F. Der Stand Schaffhausen verlange, daß die Klage des Bundesrathes definitiv, eventuell zur Zeit abgewiesen werde, weil wie oben dargethan worden, derselbe nicht den rechten Beklagten in's Recht gefaßt habe; eventuell müße die Klage gegenüber Schaffhausen als grundlos verworfen werden, da ein Wanderbuch nie eine Beurkundung der Heimathhörigkeit bilde, sondern den Inhaber nur in die Möglichkeit versetze, die von ihm erlernte Profeßion auf der Wanderschaft sei auch ausdrücklich vorgemerkt gewesen, daß Hartmann nicht von dort, sondern von Augsburg gebürtig sei; Zürich dagegen habe denselben bei sich aufgenommen und über 30 Jahre gehegt, obwohl ihm bewußt gewesen sei, daß das von Hartmann vorgewiesene Wanderbuch hinsichtlich seines Heimathrechts nicht die mindeste Sicherheit gewähre; Art. 11 Ziffer 3 des Gesetzes vom 3. Dezember 1850 müße demnach auf den Stand Zürich Anwendung finden.

G. Der Anwalt des Standes Zürich mache darauf aufmerksam, daß das Wanderbuch vom 11. Maerz 1816 nicht auf eine beschränkte Zeitdauer, sondern unbedingt ausgefertigt worden sei; der Ausdruck: „gebürtig von Augsburg" schließe auch nicht aus, daß Hartmann nicht in Schaffhausen habe ein Bürgerrecht besitzen können; jedenfalls mache die Ausstellung einer Ausweisschrift, als welche ein Wanderbuch unzweifelhaft sich qualifizire, die Behörde, von welcher dieselbe ausgegangen sei, dafür verantwortlich; Zürich habe demnach mit Recht präsumiren dürfen, daß Schaffhausen, gegen alle nachtheiligen Folgen sich werde vorgesehen haben, und in dieser Zuversicht sei dem Hartmann gleich wie andern Gesellen der Aufenthalt in jenem Kanton gestattet worden.

H. Die General-Anwaltschaft sowie die Anwälte der Stände Zürich und Schaffhausen wahren sich eventuell den Rückgriff auf den Stand Thurgau.

<u>In Erwägung:</u>

1. Daß das Bundesgesetz betreffend die Heimathlosigkeit, auf dem Willen beruht, es seien – mit alleiniger Ausnahme der im Art. 10 vorgesehenen Fälle – sämmtliche Heimathlose der Eidgenoßenschaft in einem Kanton einzubürgern, und hienach das Begehren um Abweisung der Klage als unstatthaft erscheint, da, wenn auch die Abstammung des Christoph Hartmann von einer thurgauischen Mutter als zweifellos betrachtet wird, zu Ungunsten eines nicht in's Recht gerufenen Standes nicht angenommen werden darf, es stehen demselben keine Mittel der Vertheidigung zu Gebote, hiemit der Bund nicht der Gefährde der Einbürgerung eines Heimathlosen ausgesetzt

werden kann, während die dießfällige Verpflichtung allein auf den Kantonen ruht.

2. Dass eben so wenig das Begehren um Abweisung der Klage zur Zeit sich rechtfertigt, indem daßelbe nur in anderer Form denjenigen Verschub bezweckt, der durch das erlaßene Vorurtheil bereits aks unzuläßig erklärt worden ist, und nach Art. 8 des provisorischen Proceß-Gesetzes die Einrede mehrerer Streitgenoßen den Beklagten von der Einlaßung nicht befreit, sondern nur bewirkt, daß der Richter einen den Regreß ermöglichenden Vorbehalt aussprechen kann, worauf bedacht genommen wird.

3. Dass das Concordat vom 22. Juny & 2. July 1813, dem auch Schaffhausen beigetreten ist, die Ertheilung von Wanderbüchern an Fremde an die Bedingung knüpft, daß sie Bewilligungsscheine zum Auswandern in's Ausland von ihrer Landesobrigkeit vorweisen können, und Schaffhausen zudem bei Berathung der Vollziehungs-Verordnung vom 14. July 1828 dahin sich aussprach: „es sollten die Wanderbücher nicht anders als auf gültige Reisepäße und Heimathscheine ausgestellt werden dürfen".

4. Daß da nun Hartmann bei seinem Eintritte in den Kanton Zürich im Besitz eines von der schaffhausischen Oberpolizei ausgefertigten keinerlei Restriktionen in sich enthaltenden Wanderbuchs sich befand, die Behörden des Kantons Zürich in den guten Glauben versezt werden konnten, es sei durch diejenigen von Schaffhausen den Vorschriften des Concordats von 1813 Rechnung getragen worden, und hiernach der dem Hartmann gestattete langjährige Aufenthalt in der von Schaffhausen auf mangelhafte Weise gehandhabten Fremden-Polizei seine Entschuldigung finde.

5. Daß übrigens mit Rücksicht darauf, daß Hartmann das 60ste Altersjahr zurückgelegt hat, im Sinne des Art. 3 Ziffer 1. Dem Stande Schaffhausen nur die Duldung und erforderlichen Falls Armenunterstüzung zur Pflicht gemacht werden kann.

Zu Recht erkannt:

I. Werde Hartmann im Sinne der Erwägung 5 dem Stande Schaffhausen heimathlich zugeteilt.

II. Sei dem Stande Schaffhausen überlaßen, den Stand Thurgau im Wege der Regreß-Klage für Uebernahme der Ersteren auferlegten Verbindlichkeiten zu belangen.

III. Bezahle der Stand Schaffhausen ein Gerichtsgeld von Frkn 100, und an den Stand Zürich eine Entschädigung an die außergerichtlichen Kosten von Frkn 50